파리의 풍경 VI

파리의 풍경 VI

초판 1쇄 인쇄 2014년 10월 10일
초판 1쇄 발행 2014년 10월 15일

지은이 루이세바스티앵 메르시에
옮긴이 이영림 외
펴낸곳 서울대학교출판문화원
펴낸이 성낙인

책임 편집 곽진희
디자인 장혜원

출판등록 제15-3호
주소 (151-742) 서울 관악구 관악로 1
대표전화 02-880-5252 | 팩스 02-888-4148
마케팅팀(주문상담) 02-889-4424, 02-880-7995
이메일 snubook@snu.ac.kr
홈페이지 www.snupress.com

ISBN 978-89-521-1603-1 04920
978-89-521-1597-3 04920(세트)

이 저서는 2010년 한국연구재단의 지원을 받아 수행된 연구임(NRF 2010-322-A00006).

파리의 풍경 VI

루이세바스티앵 메르시에 지음
이영림 외 옮김

서울대학교출판문화원

일러두기

1. 이 책은 18세기 프랑스의 문인 루이세바스티앵 메르시에(Louis-Sébastien Mercier)가 1781~1788년에 출판한 총 12권의 『파리의 풍경(*Tableau de Paris*)』을 번역한 것이다.

2. 각 장의 순서는 원서의 장(chapter)의 순서와 일치하며 총 1,050장으로 이루어져 있다. 각 장은 1~4쪽 분량으로 내용 또한 자유롭게 전개되고, 이러한 80~100개의 장이 모여 다시 하나의 권을 이루며, 전체 12권으로 구성된다.

3. 이 책은 I(1, 2권), II(3, 4권), III(5, 6권), IV(7, 8권), V(9, 10권), VI(11, 12권) 총 6권으로 구성된다.

4. 이 책에서 역자 서문은 대표 역자인 이영림 교수가, 머리말은 원저자인 루이세바스티앵 메르시에가 각각 작성한 것이다.

5. 각 장의 번역은 7명의 번역자들에 의해 이루어졌다. I권은 송기형·최갑수·이영림·양희영·장진영 교수, II권은 장진영·이규현 교수, III권은 주명철·송기형 교수, IV권은 최갑수·장진영 교수, V권은 이영림·양희영·장진영·이규현 교수, VI권은 이규현·주명철 교수가 번역하였다.

6. 번역자들은 지금까지 다양하게 사용되어 온 프랑스 역사와 문화 용어와 개념어의 통일을 시도했으며, 원서의 각주 외에 번역서의 이해에 필요한 상세한 주석을 첨부했다. 따라서 본문의 각주는 원서의 각주와 다르며 번역자의 것이다.

7. 사용된 그림들은 원서에는 없는 것이며, 독자들의 이해에 도움을 주고자 첨부하였다.

8. 프랑스어 표기는 외래어 표기 용례에 근거하였다.

9. 참고문헌은 각 권 말미에 넣었다.

10. 찾아보기는 사항별·인명별로 작성하여 권별로 각각 넣었다.

Tableau de Paris

Louis-Sébastien Mercier

Trans. by Lee Young-Lim et al.

Seoul National University Press

18세기 말 파리에서의 삶과 역사

『파리의 풍경(*Tableau de Paris*)』은 18세기 프랑스 문인 루이세바스티앵 메르시에(Louis-Sébastien Mercier)가 1781~1788년에 출판한 총 12권의 책이다. 방대한 분량의 이 책은 검열 당국의 준엄한 감시망을 피해 스위스에서 처음 씌어져 파리와 스위스, 네덜란드, 독일에서 비밀리에 출판되었는데, 출판되자마자 경찰의 추적을 받는 동시에 엄청난 인기를 누렸다. 1781년 『파리의 풍경』 첫 2권이 출판되자 도처에서 주문이 쇄도했다. 1781년에만 5종류의 위조본이 유통되고, 1782년에 첫판본의 2쇄 3,500부가 재간행되었다. 이 책은 다시 같은 해 4권짜리 판본으로 확대되어 9,000부가 인쇄되었다. 1789년 12권이 모두 한꺼번에 출판될 때까지 간행된 다양한 판본과 재간행본, 위조본을 합치면 수백만 부가 유통되었다. 출판물의 홍수를 이룬 18세기 출판업계에서 『파리의 풍경』은 볼테르나 루소의 저술보다 훨씬 더 성공을 거둔 초대형 베스트셀러였던 것이다. 이렇듯 『파리의 풍경』의 인기는 오늘날의 기준으로 보더라도 상상을 초월한다. 그 비결은 무엇이었을까?

책 제목이 시사하듯 『파리의 풍경』은 18세기 말 파리의 모든 것, 일상생활과 거리를 오가는 사람들의 모습, 사회풍속과 관행, 제도와 정치, 도시문제, 직업, 건강 등을 구체적이고 생생하게 묘사한 관찰 보고서이다. 실제로 『파리의 풍경』은 심오한 정치철학서도, 사회개혁 의지를 담은 사상서도 아니다. 그럼에도 불구하고 이 책이 커다란 성공을 거둔 이유는 무엇일까?

저자 메르시에는 누구인가?

우선 메르시에가 과연 어떤 인물인지, 그리고 그가 위험을 무릅쓰고 그토록 방대한 양의 책을 출판한 이유는 무엇인지 살펴보자.

루이세바스티앵 메르시에는 파리에서 태어나서 활동한 전형적인 파리인이다. 1740년 칼을 갈고 금속 무기의 광을 내는 숙련공 아버지와 석수장이의 딸인 어머니 사이에서 태어난 그는, 노동자 계층 출신이었지만 명문 콜레주 데 카트르나시옹(Collège des Quatre-Nations)에서 수준 높은 정규교육을 받았다. 1763~1765년에는 수사학을 가르치는 교사생활을 하기도 했다. 그러나 문학의 꿈을 포기하지 못한 그는 20대 초부터 『메르퀴르 드 프랑스(*Mercure de France*)』에 습작을 발표하기 시작했다. 1766년에는 볼테르의 작품을 모방한 『아랍 시인 이제르벤 이야기(*Hisotire d'Izerben, poête arabe*)』를 발표함으로써 문인으로서의 신고식을 치렀다. 이후 그는 소설, 희곡, 연극이론, 어휘연구, 신문기사, 수필 등 다양한 장르의 글을 발표하며 문인으로서의 길을 걸었다.

메르시에의 출세작은 1770년에 발표한 『2440년, 한 번 꾸어봄직한 꿈(*L'an 2440, Rêve s'il en fût jamais*)』이다. 무명의 젊은 문필가였던 메르시에가 익명으로 발표한 이 작품은 파리에서 큰 성공을 거두었다. 전국에서 주문이 쇄도해서 1770년의 첫판본이 25쇄 출판될 정도였다. 1775년부터 2년간 그는 『귀부인들의 신문(*Journal des dames*)』의 편집장을 맡고 정기적으로 글을 올렸다. 이때 쌓인 원고의 상당 부분이 『파리의 풍경』에 활용되었다. 1770년대에 살롱과 연극 비평 모임에 참여하며 본격적으로 글을 발표하기 시작한 그는, 평생 쉴 새 없이 글을 쓴 다작가로 총 73편의 작품을 발표했다.

그에게 문학은 삶이자 생존 수단이었다. 프랑스 혁명 이전에 활약한 수많은 문인들 중 글을 써서 자신의 생계를 해결할 수 있는 사람은 30명에 지나지 않았는데, 메르시에는 그중에서도 윤택한 생활을 누릴 수 있었던 극소수의 인기작가에 속했다. 그러나 메르시에에게 글이 갖는 의미는 경제적 차원에서 국한되지 않았다. 그는 단순히 돈벌이만을 쫓아다니던 인기작가가 아니었다. 그에게는 글이 곧 행위였고 미래였다. 그는 글을 통해 끊임없이 사회를 비판하고 변화를 꿈꾸며 미래 사회를 설계했다.

메르시에는 그 누구보다 계몽사상의 세례를 듬뿍 받았다. 계몽사상의 태동기인 1740년 파리에서 태어나고, 계몽사상이 절정에 달한 1750~1760년대에 그곳에서 성장하고 교육을 받았으니 말이다. 1694년생 볼테르와 1712년생 루소는 그의 스승이었고, 1743년생 콩도르세와 엘베시위스는 그의 동료였다. 메르시에는 살롱, 문학 클럽, 카페에 드나들며 그들과 교류하고 지적 토론을 벌였다. 그는 인기작가였을 뿐 아니라, 사회에 대한 비판 의식에 가득 찬 지식인이었던 것이다.

메르시에의 출세작 『2440년』은 그의 사회비판 의식이 잘 드러난 대표작이다. 공상소설의 형식을 띤 『2440년』은 메르시에 자신을 암시하는 익명의 남자가 철학자 친구와 파리의 불공평함과 타락에 대해 열띤 토론을 벌이는 장면으로 시작된다. 그 후 잠이 든 주인공은 꿈속에서 700년 후의 파리를 경험한다. 여기서 메르시에는 그 자신이 꿈꾸는 파리의 모습을 묘사한다. 미래의 파리는 성직자도, 사제도, 매춘부도, 군인도, 노예도 없는 사회이다. 그곳에서 사람들은 편안하고 실용적인 복장으로 자유롭게 공론을 즐긴다. 반면 먼 과거의 모습으로 묘사된 1770년 당시의 파리는 부패와 타락이 만연한 곳이다. 『파리의 풍경』은 바로 이 지점에서 출발한다. 그로부터 10년 후 메르시에는 18세기 말 파리를 신랄하게 비판한 『파리의 풍경』을 발표하기 시작했다.

『2440년』과 『파리의 풍경』은 출판되자마자 금서로 지정되고 당국의 추적을 받았다. 그럴수록 인기는 치솟았다. 이상사회를 꿈꾸며 다른 사람들은 무관심하게 지나치는 주변의 모든 위선과 모순을 고발한 메르시에는, 엘베시위스나 돌바크처럼 금서를 통해 계몽사상을 전파한 제3세대 '계몽사상가'였다.

하지만 메르시에는 사상가에 머무르지 않았다. 1780년대 프랑스인들은 대부분 개혁의 필요성을 절감하고 있었지만, 그는 누구보다 용감했다. 1787년에 발표한 『정부에 관한 명백한 관념들(*Notions claires sur les gouvernements*)』에서 그는 세금 감면, 특권 폐지, 능력 위주의 사회, 교회 재산의 일부 몰수, 영국식 농경, 산업 육성책 등 구체적인 정부 개혁안을 제시했다. 혁명이 일어나자 그는 기다렸다는 듯 적극적으로 혁명에 가담했다. 우선 그는 1789년에 일간지 『프랑스 애국 문학 연보(*Annales patrioques et littéraires de la France*)』를 창간하며 언론인으로 활약했다. 1791년에는 루소를 혁명의 선구자로 찬양한 『프랑스 혁명의 일류 저자로 꼽히는 장자크 루소에 대하여(*De J. J. Rousseau, considéré comme l'un des premiers auteurs de la Révolution*)』를 발표했다. 1792년에는 국민공회 의원에 선출되어 직접 정치활동에 나섰다.

메르시에는 확실한 공화주의자였다. 그러나 정치적 현실주의자였던 그는 루이 16세 처형에 반대했다. 공포정치로 치닫던 숨가쁜 상황에서 그의 판단과 선택은 설 곳이 없었다. 결국 그는 로베스피에르와 다투고 감옥에 갇혔다. 메르시에만이 아니라 그 시대 누구도 혁명 과정을 명확히 이해하지 못했고, 또 혁명의 미래를 예측하지도 못했다. 실제로 혁명은 철학자들이나 혁명의 지도자들이 사유하고 의도했던 것과는 상이한 모습과 방향으로 전개되었다.

테르미도르 반동 후 감옥에서 나온 메르시에는 1797년 에콜 상트랄의 역사 교수가 되었다. 1798년에는 『파리의 풍경』의 후편 격으로 혁명 당시의 파리를 묘사한 『새로운 파리』 6권을 발표하며 문인의 자리로 돌아왔다.

혁명가 메르시에에 관해서는 오늘날까지도 거의 알려진 바가 없다. 메르시에는 마라, 당통, 로베스피에르와 동시대 인물이었지만, 혁명 당시 그의 정치적 행적은 화려한 혁명 지도자들의 그늘에 가려졌기 때문이다. 그러나 시대적 변화를 꿰뚫어 보고 이끌어 간 그의 탁월한 통찰력은 『파리의 풍경』을 통해 오늘날까지 생생하게 전해지며 빛을 발하고 있다.

『파리의 풍경』은 어떤 책인가?

파리의 관찰 보고서이자 역사서

총 73편의 작품을 발표한 메르시에의 최고 걸작이자 18세기 말 최대 베스트셀러 중 하나인 『파리의 풍경』은 일종의 관찰 보고서이다. 메르시에의 인생 자체에서 축적된 엄청난 자산이 그 탄생의 밑거름이 되었다. 퐁뇌프와 루브르 사이에 위치한 파리 중심부에서 태어난 그는 파리의 구석구석을 누비며 자랐고, 센 강가에 있던 학교에 다니며 6년을 보냈다. 또한 신문기자로 활약한 경험과 능력, 그리고 정보력을 지닌 그는 누구보다 예리한 관찰자였다. 이 모든 자산을 토대로 그는 자신이 직접 경험하고 목격하던 파리를 신문 기사처럼 간결하고 명쾌하게 묘사했다.

파리는 중세 이래 오랜 역사가 어린 곳이다. 메르시에는 그런 파리에 대해 강한 자부심을 지니고 있었다. 그러나 그는 정작 파리의 빼어난 건축이나 이름난 명소, 기념 건축물에 대해서는 말을 아낀다. 겉모습에 치중한 그러한 종류의 정보를 제공하는 책들은 이미 수없이 많기 때문이다. 실제로 『파리의 풍경』은 광장이나 거리를 지형학적으로 묘사하지 않았다. 대신 마구 뒤엉킨 파리의 모습을 있는 그대로 묘사하고, 그 안에 감추어진 이면의 역사와 변화한 모습을 말해 준다. 건축물의 역사를 전하며 조상의 삶을 이야기하는 『파리의 풍경』이 진정 하고 싶은 이야기는 바로 "18세기 말 파리가 조상이 살던 파리와 얼마나 달라졌는가, 그리고 사회 풍속이 어떻게 바뀌었는가?"이다. 유구한 전통이 서린 도심과 인근 농촌 지역을 잠식해 가는 개발 구역들에 대한 상세한 설명과 다양한 사회구조에 관한 분석을 통해, 우리는 수세기에 걸친 파리의 역사와 사회를 꿰뚫어 볼 수 있다.

『파리의 풍경』이 묘사한 파리의 모습은 만화경처럼 다양하다. 종교생활의 실상 및 결혼과 자살, 카바레의 술주정뱅이, 눈부신 인도산 천, 중국이나 일본산 도자기 등 거리의 다양한 볼거리에 이르기까지 온갖 잡다한 내용의 글을 읽다보면 정치, 사회, 경제, 문화, 종교 면이 총망라된 오늘날의 신문을 읽는 것 같은 느낌을 받는다.

그중에서도 압권은 매일매일 어깨를 부딪히며 살아가던 파리인들의 일상생활에 관한 묘사이다. 18세기 말 당시 파리의 인구는 70만 명에 달했다. 도처에서 몰려든 온갖 부류의 사람들로 들끓는 파리는 거대한 익명의 바다였다. 사람들은 이름도 모르는 채 서로의 팔을 스치거나 혹은 부딪치며 지나갔다. 주인의 심부름으로 온 하인들, 인근 농촌에서 무작정 상경한 어린 소녀들과 아낙들, 머나먼 브르타뉴와 랑그독에서 한밑천 잡으려고 올라온 청년들. 그들은 대부분 파리 성벽에 인접한 변두리 지역에 가까스로 거처를 마련하고, 아침이 되면 중앙시장 근처를 어슬렁거리며 일거리를 찾았다.

파리는 다양한 인종 전시장이기도 했다. 메르시에가 "생각할 줄 아는 사람이라면 파리에서 인류에 관한 모든 것을 알 수 있다"고 언급했듯이, 18세기 말 파리에서는 일본인, 에스키모인, 흑인, 퀘이커교도 등 세계 곳곳에서 온 사람들이 거리를 활보했다.

파리에서는 날마다 한편에서는 사제의 주례하에 한 쌍의 부부가 태어나고, 다른 한편에서는 사제의 종부성사를 받으며 사람들이 죽어갔다. 적어도 외형상으로 보면 파리는 가톨릭 중심지이고, 파리인들은 가톨릭인으로 태어나고 죽었다. 그러나 그들의 일상생활은 신앙심과는 거리가 멀었다. 사람들은 서로 아귀다툼을 벌이고, 거리는 온통 소음과 다툼으로 아수라장이다. 카페에서는 학생들과 글쟁이들이 모여 열띤 토론을 벌이고, 선술집에서는 대낮부터 얼굴이 벌게진 술꾼들이 죽치고 있다. 물장수, 모자장수, 생선 파는 아낙, 서적 행상인들은 손님을 부르기 위해 경쟁하듯 저마다 목청을 높였다. 물건을 팔려는 장사꾼의 찢어지는 목소리 외에도 싸우는 소리, 우는 소리, 사람 찾는 소리로 파리는 하루 종일 소란스러웠다.

시끌벅적한 파리의 모습은 거리의 또 다른 풍경인 사치스런 진열대, 화려한 마차행렬과 기묘한 대조를 이룬다. 마차를 타고 거리를 지나가는 귀족 나리들은 마차 안에서 거만한 눈초리로 거리의 사람들을 내다본다. 이렇듯 『파리의 풍경』에서는 서로 다른 두 세계의 대조적인 모습이 끝없이 펼쳐진다. 위대한 철학자들과 혁명가들의 탄생은 바로 이러한 파리의 양면성에서 비롯된 것이 아닐까?

신랄한 사회 비판서

메르시에는 파리와 살아 숨 쉬는 파리인들의 모습을 묘사했지만, 보이는 것을 글로 표현하는 데 그치지 않았다. 그의 시선에는 철학자의 비판적 시각이 담겨 있다. 실제로 『파리의 풍경』의 진면목은 객관적인 묘사를 하는 동시에, 사회와 풍속에 대한 신랄한 비평을 가하는 중층적이고 복합적인 묘사에 있다.

우선 메르시에가 꿈꾸는 도시는 위생적이고 청결한 근대적 도시이다. 그러나 18세기 말의 파리는 그와는 거리가 멀었다. 그는 센 강으로 온갖 배설물을 쏟아내는 파리의 게걸스러움을 개탄했다. 그가 묘사한 파리에서는 오염과 악취가 진동한다. 도로는 좁고 더러우며 흉측한 건물들로 가득 차 있다. 공중변소와 식수대 주변도 불결하기 짝이 없다. 거리의 공기는 탁하고, 도처에서 온갖 시끄러운 소리들이 울려 퍼진다.

메르시에가 가장 건전한 구역으로 꼽는 곳은 대학가에 인접한, 종교기관과 인쇄소 밀집 지역인 생자크 포부르이다. 반면 가장 불건전한 구역은 파리 한복판의 시테 섬이다. 최고법원이 위치한 시테 섬은 2개의 파리가 압축되어 있는 곳이다. 그곳에서는 사법부의 권위를 뽐내듯 장엄한 건축물이 즐비하고, 정의와 신념을 상징하는 수많은 조상(彫像)들이 늘어서 있다. 경찰의 감시와 염탐도 물샐 틈이 없다. 하지만 그와 동시에 시테 섬은 궁상스런 노점들이 즐비하고, 사기와 협잡, 매춘이 판치는 곳이기도 하다. 거리에는 유랑민들과 거지들이 떼지어 몰려다닌다. 메르시에에 의하면 이들의 수는 10만 명을 넘는다. 『파리의 풍경』에서 그는 권위와 무법, 사치와 빈곤을 대조시키며, 화려한 겉모습에 감추어진 비열한 관습과 폭력, 질병, 매춘, 암거래 등 도시의 온갖 치부를 낱낱이 고발한다.

민중의 삶 자체를 파리의 원천으로 간주한 메르시에는 이 모든 것을 민중의 시선으로 바라보고 묘사했다. 파리 인구의 대다수를 차지하는 민중은 파리의 중앙시장에서 각 구역의 작은 시장으로 연결된 도로망 주변에서 하루 종일 일에 허덕인다. 그러나 파리를 지배하고 있는 사람들은 약 3만 명의 부자 귀족들이다. 파리는 미식가이자 난봉꾼이고 낭비를 일삼는 그들이 판치는 불평등한 세상이다. 부르주아는 그런 가운데서 눈치를 보며 신분상승을 꾀할 뿐이다. 민중을 착취하는 귀족, 기회주의적인 부르주아 외에 경찰의 끄나풀들도 민중의 동요를 감시하고 억압하는 인간 군상으로 자주 등장한다. 『파리의 풍경』이 놀라운 흡입력을 발휘한 비결은 이렇듯 부자와 빈자, 귀족과 평민처럼 계급과 신분의 경계선으로 구분되는 혁명 직전 파리의 사회구조적 모순과 불공평함을 신랄하게 비판한 데 있다.

대중적인 계몽 사상서

메르시에는 어떻게 해서 사회비판자가 되었을까? 그에게 가장 많은 영향을 미친 철학자는 루소이다. 볼테르와 디드로의 영향을 받기도 했지만, 그는 루소의 사상과 문체를 본받으려고 애썼다. 그에게 '루소의 원숭이', '시궁창의 루소'라는 별명이 붙여진 것은 그 때문이다. 그는 특히 루소의 『사회계약론』에 심취했다. '사회계약론'은 홉스와 로크가 주창한 것이지만, 루소에 의해 파리에서 완전히 새로운 어휘로 재탄생했다. 루소의 저술이 인기를 얻으면서 일반의지와 인민주권론은 1780년대 파리에서 정치적 논의의 핵심이 되었다. 그러나 일반 독자들로서는 난해하고 심오한 루소의 『사회계약론』에 접근하기가 결코 쉽지 않았다. 그 징검다리 역할을 한 것이 바로 『파리의 풍경』이다.

18세기 말 파리는 누구나 쉽게 글을 읽고 접할 수 있는 특수한 공간이었다. 17세기 말 유언장에 서명한 파리의 남녀 비율은 이미 각각 85%와 60%로 전국 평균보다 훨씬 높았다. 혁명 직전 프랑스 전체의 문자 해독률이 남녀 각각 48%, 27%인 데 비해, 파리의 문자 해독률은 남녀 각각 90%와 80%로 늘어났다. 더구나 파리인들은 100년 전보다 10배나 더 글을 많이 읽었다. 거리에서는 서적행상인들이 쉽게 눈에 띄었고, 길모퉁이나 노천에서 노점상들이 책을 파는 모습도 파리의 일상적인 풍경 중 하나였다. 파리인들에게 독서는 무료함과 일상의 지루함을 달래줄 수 있는 벗이었다. 독서가 지극히 평범한 일상생활에 자리 잡게 되면서 종교적인 책들은 점차 자취를 감추었다. 사람들이 가장 즐겨 찾는 것은 두껍고 어려운 책보다는 짧은 소책자였으며, 쉽고 재미있는 내용의 글들이었다.

이러한 사회 · 문화적 변화를 예리하게 간파한 메르시에는 책과 독서를 통해 형성된 공중에 희망을 걸었다. 18세기 중엽에 형성된 여론의 기반이 바로 책과 공중이기 때문이다. 우선 그는 공중이 무엇을 원하는지, 그리고 무엇이 그들에게 호소력을 발휘할 수 있는지를 정확하게 파악했다. 그런 다음 『파리의 풍경』에서 계몽사상가들이 제시한 입헌주의, 공화주의, 대의제 등 추상적 담론을 파리의 실상을 통해 구체적으로 전달하는 동시에, 자신의 비판적 시선과 경험으로 재구성했다. 『백과전서』가 모든 지식을 경험론적인 시각에서 총체적으로 재구성한 지식의 나무라면, 『파리의 풍경』은 파리의 모든 것을 메르시에의 경험과 민중의 시선으로 재구성한 문화의 나무였던 것이다.

일찍이 모르네는 『프랑스 혁명의 지적 지원』(1933)에서 지식사회학의 차원에서 제도와 관습, 종교적 광신에 대한 비판, 관용에 대한 찬양과 같은 계몽사상이 어떻게 전파되어 가는가를 추적한 바 있다. 『파리의 풍경』은 모르네가 추적한 지식의 생산과 소비의 관계를 역동적으로 보여주는 증거이다. 메르시에가 파리의 일상생활을 폭로

하고 비판하는 가운데 계몽사상가들의 사상과 담론을 알기 쉽게 용해시켜 전달했으니 말이다. 『파리의 풍경』이야말로 계몽사상을 굴절시키고 전파시킨 공로자였던 것이다.

혁명의 예언서이자 준비서

앙시앵 레짐의 역사는 늘 프랑스사 최대의 화두인 혁명의 기원 문제로 이어진다. 이런 점에서 혁명의 진원지인 파리의 실상을 낱낱이 고발한 『파리의 풍경』은 혁명의 발발과 무관할 수 없다. 그렇다면 『파리의 풍경』은 과연 혁명에 영향을 미쳤을까?

18세기 중엽 이후 출판물의 홍수 속에서 수많은 책들이 사회적 불만과 긴장, 갈등을 토로했다. 어떤 책들은 혁명적 사고와 평등의식을 자각시키는 데 기여했다. 그런 종류의 책 자체가 혁명적 위기를 예고하는 징조였다. 그러나 어떤 책도 혁명의 직접적인 조건을 형성하지는 않았다. 주지하다시피 프랑스 혁명은 정치·사회·경제적 모순에서 비롯되었다. 파리 민중의 불만을 폭발시키고 바스티유 감옥의 습격을 감행시킨 동력은 계급 갈등이었다.

실제로 앙시앵 레짐 말기 파리는 소수의 부자가 극도의 풍요와 사치를 누리고, 대다수 민중은 빵 문제조차 해결하기 어려운 불평등한 사회였다. 1787년 이후 계속된 이상기후 현상은 상황을 더욱 악화시켰다.

민중의 불만은 이미 18세기 후반부터 도처에서 터져 나왔다. 특히 파리는 그러한 동요의 중심지였다. 17세기의 반란은 농촌에서 일어난 국가 조세를 거부한 농민들의 폭동이었다. 루이 14세 시대의 잠복기를 거친 후 저항의 중심지와 주체 세력이 바뀌었다. 18세기의 저항은 도시 노동자들의 음모와 파업의 형태로 나타났다. 노동자들은 선술집에서 회합을 갖고 더 나은 임금과 작업 조건을 요구했다.

불공평하고 불합리한 사회조건에서 그들은 자신도 모르는 사이에 저항의 심성을 공유하고 실천했던 것이다. 노동자들의 저항은 단순히 과거에 대한 동경이 아니라, 장인들에 맞서는 집단적인 계급 저항의 몸짓으로 발전했다. 『파리의 풍경』은 이러한 노동자들의 불복종을 증명하고 또 그것에 영향을 미쳤다.

오랫동안 민중은 사회 · 경제적인 측면에서 피동적이고 수동적 존재였다. 구태의연한 권위와 신분질서에 억눌려온 그들은 『파리의 풍경』을 읽으며 자유와 해방감을 느꼈다. 역으로 『파리의 풍경』은 그러한 민중이 자신의 삶의 주체로서, 나아가 정치적 주체로서의 인민으로 다시 태어나는 과정을 보여주는 동시에 그들을 일깨워 주었다. 이렇듯 민중이 '천민'에서 '인민'으로 바뀌는 과정은 이미 혁명 이전 앙시앵 레짐 아래에서 서서히 나타나기 시작했고, 『파리의 풍경』은 그 징검다리 역할을 했다. 1793년 메르시에 자신이 『파리의 풍경』에서 1789년의 혁명을 예언했다고 주장했듯이, 혁명의 도래를 예감케 하는 이 책은 프랑스 혁명이라는 엄청난 사회적 격변 직전 의식적 혹은 무의식적으로 불안감을 느끼고 있던 파리인들의 심리적 탈출구의 역할을 했을 뿐 아니라, 혁명을 준비시켰던 것이다.

오늘 우리의 자화상

18세기 말 파리의 일상생활을 적나라하게 묘사한 『파리의 풍경』은 17세기 말 베르사유의 궁정사회를 세밀하게 묘사한 생시몽 공작의 『회고록』과 무척 대조적이다. 그러나 둘 사이에는 일맥상통하는 부분이 있다. 생시몽 공작은 『회고록』에서 궁정이라는 좁은 무대를 중심으로 펼쳐지는 추잡하고 비열한 권력의 암투와 경쟁을 미시적으로 분석했다. 인간 내면에 도사리고 있는 권력에 대한 욕망과 인간의 허약함을 꿰뚫어 본 생시몽 공작의 통찰력은 17세기만이 아니라 오늘 우리 사회에도 적용할 수 있다. 『파리의 풍경』도 마찬가지이다. 메르시에가 꿰뚫어 본 18세기 말 파리의 다양한 모습은 18세기 파리만이 아니라 모든 도시가 갖는 보편적 속성이기 때문이다. 이런 점에서 『파리의 풍경』 역시 시공을 초월해서 오늘날 우리에게 시사하는 바가 크다.

물론 230년 전 메르시에가 묘사한 파리의 모습은 오늘날 파리와는 거리가 있다. 파리의 거리를 오가는 사람들 중에는 귀족도 민중도 찾아볼 수 없다. 230년 전의 파리는 우리가 사는 도시와는 더더욱 다르다. 그러나 메르시에가 전하는 18세기 말 파리의 모습은 겉모습에서는 달라도 그 본질에서는 분명히 21세기의 파리, 나아가 전 세계 모든 도시와 일맥상통하는 부분이 있다.

21세기 한국의 도시도 마찬가지이다. 개발 붐 속에서 엄청난 속도로 변화하는 도시의 외관, 대로변의 고층 빌딩과 지저분한 이면도로의 옹색하고 초라한 건물들, 화려한 진열대와 초라한 노점들, 부자와 가난한 사람, 노숙자들 그리고 도처에서 몰려드는 온갖 부류의 사람과 다양한 인종들. 이렇듯 다양하고 대조적인 모습은 18세기 말의 파리나 오늘 우리가 사는 도시나 똑같다. 서로 누구인지도 모르고 바쁘게 스쳐 지나가는 익명의 물결 속에서 파리인들이 느꼈던 고통과 기쁨, 분노와 소외 역시 오늘 우리 삶의 이야기이다. 이런 점에서 18세기 말 『파리의 풍경』은 멀지만 가까운 우리의 모습이자 자화상이다.

왜 다시 『파리의 풍경』인가?

『파리의 풍경』은 18세기 말 파리의 출판업계에서 이례적인 성공을 거두며 문단의 주목을 받았음에도 불구하고, 국내에서는 오랫동안 잘 알려지지 않았다. 『파리의 풍경』이 국내에 본격적으로 소개되기 시작한 것은 최근의 일이며, 그나마 프랑스 문학 분야에서는 거의 언급되지 않고 있다. 이러한 궤적은 『파리의 풍경』이 서구학계에서 겪은 풍파와 무관하지 않다.

혁명 직전 수백만 부가 팔린 『파리의 풍경』의 인기는 혁명이 끝나자 하루아침에 사그라들었다. 1815년 왕정이 복고되고 정통성의 원리가 천명되면서 예술계는 신고전주의에 의해 지배되었다. 이런 상황에서 제도권을 신랄하게 공격했던 『파리의 풍경』이 문학계로부터 외면당한 것은 당연한 현상이었다.

『파리의 풍경』에 대한 관심이 되살아난 것은 1830년 7월 혁명 이후이며, 그 가치를 재평가한 것은 문학계가 아니라 역사학계였다. 프랑스 혁명을 지지하며 혁명의 원인 규명에 몰두한 미슐레와 루이 블랑, 텐느와 같은 역사가들은 앙시앵 레짐 사회를 비판한 『파리의 풍경』을 높이 평가했다. 그러나 그들은 『파리의 풍경』의 앙시앵 레짐 비판에 초점을 맞추었을 뿐, 파리의 구체적이고 일상적인 삶을 묘사한 『파리의 풍경』의 진정한 가치를 제대로 인식하지는 못했다.

20세기 초 이후 역사학이 사회경제사 연구에 지배되면서 『파리의 풍경』은 역사가들의 관심에서 더욱 멀어졌다. 사회혁명론을 주장한 역사가들은 『파리의 풍경』이 계급의식과 투쟁의 문제보다는 자질구레한 신변잡기식 묘사에 그쳤다고 비난했다. 또한 구조사가들은 평범한 일상생활의 묘사 자체를 무가치하게 여겼다.

역사가들이 『파리의 풍경』에 다시 주목하고 그 가치를 재평가하게 된 것은 서구학계의 새로운 연구 동향과 더불어서이다. 1970년대 이후 역사가들은 사회사의 '장기 지속의 감옥'에 갇혀버린 인간성을 복원해 내기 위한 학문적 도전과 보완 작업을 시도했다. 그 과정에서 구조와 계급 대신 성, 가족, 죽음, 사랑, 의복, 음식물 등이 새롭게 조명되고, 과거에 살아 숨 쉬던 인간의 구체적인 삶의 모습을 복원하려는 노력이 전개되었다.

『파리의 풍경』이 재평가되고 역사적 사료로서의 가치를 인정받게 된 것은 이러한 맥락에서이다. 특히 일상사와 풍속사의 시각에서 민중문화를 연구한 아를레트 파르주는 『18세기 파리의 거리에서의 삶(*Vivre dans la rue à Paris au xviiie siècle*, 1979)』과 『취약한 삶. 18세기 파리의 폭력, 권력, 사회성(*La Vie fragile. Viloence, pouvoirs et solidarités à Paris au xviiie siècle*, 1986)』에서 메르시에의 시선으로 파리 민중의 삶을 복원시켰다. 다니엘 로슈도 『파리의 민중. 18세기 민중문화 연구(*Le Peuple de Paris. Essai sur la culture populaire au xviiie siècle*, 1981)』에서 『파리의 풍경』을 인용하며 계몽주의 시대의 여론과 민중문화를 연구했다.

『파리의 풍경』과 메르시에가 본격적으로 학문적 관심이 대상이 된 것은 1990년대부터이다. 그것은 1980년대 이후 서구학계에서 유행한 책과 독서의 연구 경향에 힘입은 바 크다. 특히 책과 프랑스 혁명의 관계에 주목하며 18세기 여론과 출판문화를 연구한 로버트 단턴, 로제 샤르티에와 같은 역사가들은 『파리의 풍경』을 18세기 독서 관행의 실제를 증언해주는 귀중한 자료이자, 실제 독서문화 그 자체를 대변하는 문화적 조건으로 간주했다. 예를 들어, 앙시앵 레짐 시기의 책과 프랑스 혁명의 관계를 연구한 단턴은 『책과 혁명』(1995; 주명철 옮김, 2003)에서 다양한 장르의 문학과 결합한 계몽사상의 생산과 보급, 그리고 그 영향을 보여주는 여러 사례 중 하나로 『파리의 풍경』을 들고 있다. 로제 샤르티에가 『프랑스 혁명의 문화적 기원』(1990; 백인호 옮김, 1999)에서 주목한 것은 18세기의 독서 관행이다. 그는 책과 사상 그 자체가 아니라, 앙시앵 레짐 말기 구체적인 일상생활 속에서 이루어진 독서 방식의 변화를 분석했다. 정치적 · 종교적 권위를 상징하던 책과 경건하고 진지한 독서 방식이 점차 혼자 있는 시간에 자유롭게 즐기는 독서 혹은 함께 모여 비판적 논의를 즐기는 독서로 바뀌면서, 기존의 사고방식과 체제에 비판적인 책이 인기를 끌었음을 강조했다. 샤르티에에 의하면 『파리의 풍경』과 메르시에 자체가 18세기 말 혁명의 문화적 조건을 갖춘 파리의 상황이었다.

국내에서는 현재까지 『파리의 풍경』이 부분적으로 소개되거나 인용되었을 뿐이며, 본격적인 연구가 이루어지거나 번역이 시도된 바 없다. 저자 메르시에에 관한 연구 논문이 발표되기 시작한 것도 최근이다.

『파리의 풍경』은 어떻게 이루어졌는가?

『파리의 풍경』 전체 12권은 총 1,050장으로 이루어져 있다. 메르시에는 각 장마다 구체적인 제목을 붙여 독자의 관심을 끌고 있다. 각 장의 분량은 1~4쪽으로 자유로운 편이며, 내용 또한 자유롭게 전개된다. 이러한 80~100개의 장이 모여 다시 하나의 권을 이루고 있다.

전체 구성을 보면 제1권은 1~104장, 2권은 105~205장, 3권은 206~297장, 4권은 298~357장, 5권은 358~454장, 6권은 455~541장, 7권은 542~603장, 8권은 604~675장, 9권은 676~766장, 10권은 767~849장, 11권은 850~958장, 12권은 959~1,050장까지이다.

방대한 분량의 이 책은 다양한 판본으로 출판되었으나, 가장 정확한 판본은 파리에 위치한 프랑스 국립도서관에 80L3i52c 등록번호로 보관되어 있는 1789년 판본과, 가장 최근 장클로드 보네의 주도하에 메르퀴르 드 프랑스 출판사에서 출판된 1994년 판본이다. 이 책의 번역은 두 판본을 토대로 이루어졌다.

주지하다시피 『파리의 풍경』은 개인적인 작업으로는 번역이 불가능할 정도로 방대한 분량이다. 더구나 정치, 사상, 제도, 문화, 경제, 종교, 풍속 등 다방면에 걸친 내용으로 말미암아 다양하고도 구체적인 지식과 언어적 훈련이 요구된다. 따라서 이 책의 번역은 2010년 이후 앙시앵 레짐 연구자 2명(이영림, 주명철), 프랑스 혁명 연구자 2명(양희영, 최갑수), 프랑스 어문학 연구자 3명(송기형, 이규현, 장진영)의 공동작업을 통해 완성되었다. 그 과정에서 7명의 번역자들은 지금까지 다양하게 사용되어 온 프랑스 역사와 문화 용어와 개념어의 통일을 시도했으며, 번역서의 이해에 필수적인 상세한 주석을 첨부했다. 이 모든 노력에도 불구하고 여전히 번역이 미진하고 부족하다고 느껴지는 것이 솔직한 심정이다. 크고 작은 오역에 대한 두려움도 피할 길이 없다. 독자 여러분의 관심과 지적을 기대하며 앞으로의 수정 작업을 다짐할 뿐이다.

2014년 9월

이영림

머리말

나는 파리에 대한 이야기를 하려고 한다. 건물, 교회, 기념물, 명소 등에 관한 이야기가 아니다. 그런 이야기는 다른 사람들이 이미 충분히 했다. 나는 공적이고 사적인 풍속, 지배적인 사상, 파리인들의 정신의 현재 상황, 요컨대 말도 안 되거나 또는 합리적인, 그러나 항상 변화하는 여러 가지 관습 중에서 나에게 감명을 준 것에 대해 이야기하려고 한다. 또 파리의 무한한 위대함, 지나칠 정도의 풍요로움, 터무니없는 사치에 대해 이야기할 것이다. 파리는 돈과 사람들을 빨아들인다. 또한 다른 도시들을 흡수하고 집어삼킨다. 언제나 파리는 무엇을 집어삼키려고 애쓴다.

나는 모든 시민 계층을 조사했다. 거만한 부로부터 가장 거리가 먼 대상들도 간과하지 않았다. 이러한 대비를 통해 이 거대한 수도의 정신적인 모습을 더 잘 보여주기 위해서이다.

많은 파리 주민들은 자신의 도시 안에서 외국인이나 다름없다. 이 책은 그들에게 무엇인가를 가르쳐 줄 수도 있다. 아니면 그들이 너무 오랫동안 보아왔기에 더 이상 인식하지 못하는 장면들을 더 분명하고 더 정확한 관점에서 보여줄 것이다. 실제로 우리가 매일 보는 사물들을 아주 잘 알고 있는 것은 아니기 때문이다.

만약 이 책에서 광장과 길에 대한 지형학적 묘사나 또는 지난 일들의 역사를 기대한다면 잘못이다. 나는 정신적인 것과 그 일시적인 뉘앙스에 전념했다. 왕비의 인쇄상-서점상인 무타르 가게에는 4권으로 구성된 두꺼운 사전이 있다. 검열관이 승인하고 왕의 특허를 받은 이 사전에는 성, 콜레주 그리고 아주 작은 골목들의 내력이 실려 있다. 만약 어느 날인가 이 수도를 팔아먹을 공상을 한다면, 이 두꺼운 사전이 그에 대한 목록이나 카탈로그 역할을 할 수 있으리라.

그렇다고 목록이나 카탈로그를 만들지는 않았다. 내가 본 것에 따라 그렸고, 가능한 한 내 '풍경'에 변화를 주었으며, 여기저기 색을 칠했다. 내 눈과 이해력으로 조각들을 모아서 펜으로 그려낸 그림이 바로 이 책이다. 작가가 잘못 보거나 잘못 색칠한 것은 독자들이 스스로 교정해야 한다. 독자들에게는 사물을 다시 보고 비교해 보고 싶은 은밀한 욕구가 생길지도 모른다.

내가 한 것보다 훨씬 더 많은 이야기가 남아 있고 내가 관찰한 것보다 훨씬 더 많이 관찰할 수 있지만, 자신이 알고 있거나 배운 것을 모조리 다 쓰려고 하는 사람이 있다면 그는 미치광이가 분명하다.

설사 내가 호메로스와 베르길리우스가 말한 100개의 입과 200개의 혀 그리고 우렁찬 목소리를 갖고 있더라도, 대도시의 대조적인 모습들은 비교에 의해 더욱 두드러지기 때문에 모두 소개할 수는 없을 것이다. "세상의 축약판이다"와 같은 이야기는 아무짝에도 필요가 없다. 세상을 보고 돌아다니며 그 안에 있는 것을 조사해야 한다. 세상 사람들의 재능과 어리석음, 우유부단함과 어찌할 수 없는 허풍을 연구해야 한다. 일반적인 법칙과 끊임없이 충돌하는 개별적인 법칙을 만들어내는 일상적이고 사소한 모든 관습에 대해 주시해야 한다.

1,000명이 똑같은 여행을 한다고 가정해보자. 저마다 관찰자가 되어 여행기를 쓰더라도, 이 사람들 다음에 오는 사람들이 할 또 다

른 재미있는 이야기는 얼마든지 남아 있을 것이다.

나는 여러 가지 악습에 대해 비판했다. 오늘날 그 어느 때보다도 악습을 개혁하기 위해 노력하고 있는 것은 사실이다. 악습을 고발하는 것은 그 철폐를 준비하는 일이다. 이 글을 쓰고 있는 순간에도 몇몇 악습이 없어졌으며, 이러한 사실을 나는 즐겁게 인정하는 바이다. 하지만 이런 악습들은 아주 최근까지 존재했기 때문에 내 이야기가 시의에 맞지 않는다고 볼 수는 없다.

여전히 야만적인 모든 것이 변하고 정화되고 계몽주의의 철늦은 과실인 선이 그토록 많은 오류에 뒤이어 오길 바라는 우리의 간절한 염원에도 불구하고, 이 도시는 무지의 시대 동안 축적된 모든 천박하고 편협한 사상들에 아직도 집착하고 있다. 이 도시는 그런 것들을 단번에 떨쳐낼 수가 없다. 왜냐하면 이 도시는 그 찌꺼기들과 함께 뒤섞여 있기 때문이다. 완성된 정부의 손으로 만들어진 최신 도시는, 불완전하고 뒤얽힌 법과 조롱의 대상이 되는 종교 관습 그리고 지켜지지 않는 민간 풍습으로 알려진 오래된 도시들보다 가다듬고 개선하기가 더 용이하다. 오래된 도시에서는 권력과 부를 장악하고 있는 소수가 건전하고 새로운 사상과 부흥의 원동력인 원칙들을 금지하고 여론의 외침에 귀를 닫기 때문에 없어지지 않는 오류들이 많다.

거짓으로 된 건물은 시멘트로 붙인 것처럼 견고하기 때문에 공격해도 헛일이다. 보수공사를 하길 원하지만, 이런 작업은 새로 다시 짓는 것보다 훨씬 더 어렵다. 몇 군데를 고쳐도 전체와 어울리지 않기 때문에 여전히 문제가 많다. 책에는 그럴듯한 이론들이 얼마든지 있지만, 아주 작은 선이라도 실천하기는 어려운 법이다. 지나친 집착에 의해 완강해진 사소한 개인적 이해관계들이 공익을 저해한다. 공익을 옹호하는 사람은 한두 명에 불과할 때가 많다. 따라서 사람들과 마찬가지로 아직 나이 들지 않은 도시들이 행복한 법이다. 새로운 도시들만이 만인이 동의하고 심오하며 분별력 있는 법을 만들 수 있다.

이 책에서는 화가의 붓만 사용하고 철학자의 성찰은 거의 하지 않았다는 점을 분명히 해야 한다. 풍자를 위주로 했더라면 이 '풍경'이 쉬웠을 테지만, 나는 풍자를 철저하게 삼갔다. 전형화된 풍자는 자극적이고 무감각하게 만들 뿐, 올바른 길로 인도하거나 제대로 바꾸지 못한다는 점에서 잘못된 것이다. 나는 전체적인 그림만을 그렸고, 이것을 넘어서는 일은 공익을 위해서 하지 않았다.

나는 살아 있는 인물들을 보고 이 '풍경'을 그렸다. 지난 시대 이야기를 자랑스럽게 하는 사람들이 많지만, 나는 페니키아와 이집트 사람들의 불확실한 이야기보다는 우리 시대가 훨씬 더 중요하다고 생각하기 때문에 우리 시대의 모습과 현 세대를 다루었다. 내 주위에 있는 것에 각별한 관심이 가는 것은 당연하다. 스파르타, 로마, 아테네 등을 산책하는 것보다는 내 동류들과 함께 살아야 한다. 고대의 인물들은 아주 멋진 그림 소재이지만, 나에게는 단순한 호기심의 대상일 뿐이다. 나와 같은 시대에 같은 나라에 사는 사람을 특히 잘 알아야 한다. 나는 그 사람과 소통해야 하고, 그래서 그 성격의 모든 뉘앙스들이 더없이 소중하게 느껴진다.

분별력 있는 작가가 각 세기말에 자기 주위에 대한 전체적인 그림을 그렸더라면, 풍속과 관습 등 자신이 본 그대로를 묘사했더라면, 이것들이 모여서 오늘날엔 사물들을 비교할 수 있는 진귀한 진열실이 되었을 것이다. 우리가 모르는 수많은 특성들을 발견할 수 있고, 그 덕에 도덕과 입법이 발전했을 것이다. 그러나 사람은 자기 눈에 직접 보이는 것은 대개 무시하게 마련이고, 지난 시대로 거슬러 올라가길 좋아한다. 쓸데없는 사실과 사라진 관습들을 추측하려고 하지만, 결코 만족할 만한 결과를 얻지 못한다. 쓸모없고 공허한 토론 속에 파묻혀 헤맬 뿐이다.

100년 후에는 내 '풍경'을 참고하게 될 것이라고 감히 믿는다. 그림이 뛰어나서가 아니라, 나의 관찰 기록들을 다가올 세기의 관찰 기록들과 연결해야 하기 때문이다. 그래야 후세가 우리의 광기와 이성을 활용할 수 있을 것이다. 현재의 오류를 시정할 수 있는 유익한 진실들을 조금이라도 밝혀보고 싶은 작가에게 가장 필요한 것은, 그가 함께 살고 있는 사람들에 대한 지식이다. 이것이 내가 인정받길 바라는 유일한 공이라고 말할 수 있다.

수도의 성벽 안 사방팔방에서 그림 소재를 찾다가, 적당한 여유보다는 끔찍한 가난을, 그리고 예전에 파리인들이 누린다고 여겨지던 기쁨과 즐거움보다는 슬픔과 불안을 더 자주 만나게 된 것은, 내가 이 슬픈 색깔을 우선시했기 때문이 아니다. 내 붓이 정직해야 했기 때문이다. 내 붓이 참신한 행정가들에게 새로운 열성을 불러일으키고, 몇몇 적극적이고 고귀한 영혼의 동정심을 자극하게 되리라고 믿는다. 나는 이 달콤한 확신이 있어야만 글을 쓴다. 그런 확신이 사라진다면 절필할 것이다.

모든 애국심에는 오랫동안 발에 밟히면서도 차츰 자라서 커지는 식물의 싹과 비교할 수 있는 보이지 않는 싹이 있다고 나는 믿는다.

선이 악에서 나오는 경우도 이따금 있으며, 불가피한 악습이 있고 인구가 많고 타락한 도시에 미덕은 없지만 큰 범죄가 드문 것을 다행으로 여겨야 하고, 억눌린 내면적인 격정의 충돌 속에서는 표면적인 평온만으로도 이미 대단한 것이라는 점을 나도 모르지 않는다. 거듭 말하지만, 나는 심판하려고 하지 않고 그리려고만 했다.

개인적인 관찰에서 나는 인간이 매우 다양하고 놀라운 변신이 가능한 동물이며, 파리인의 삶이 본질에 있어서는 아프리카와 아메리카 미개인들의 유목생활과 마찬가지이고, 200리외* 사냥과 희가극의 아리에타가 똑같이 단순하고 자연스러운 행위이며, 인간은 여기에서

나 거기에서나 자기 지능과 변덕의 힘을 확대하기 때문에 그가 하는 일에는 모순이 없다는 것을 알고 있다. 그래서 장소, 상황, 시간에 따라 개인을 진정으로 변신시키는 무수한 형태들이 나오는 것이다. 크라수스의 궁전이 과시하는 사치나, 미개인들이 사지에 그려 넣은 빨갛고 파란 줄이나, 똑같이 놀랄 필요가 없는 것이다.

하지만 비교라는 것이 행복을 방해하게 마련이라는 점에 비추어, 파리에서는 행복하기가 거의 불가능하다고 실토하지 않을 수 없다. 부자들의 거만한 향락을 극빈자가 너무 가까이에서 볼 수 있기 때문이다. 꿈도 꾸지 못하는 그 엄청난 낭비를 보면서 극빈자가 탄식하는 것은 너무나 당연하다.

당신이 중산층이라면, 다른 곳에서는 괜찮겠지만 파리에서는 가난하다는 생각이 들 것이다. 파리에서는 다른 곳에서는 생기지 않는 욕구가 생긴다. 향락을 보면 누구나 향락을 누리고 싶은 마음이 든다. 이 거대하고 유동적인 극장의 모든 배우들 때문에 당신도 배우가 되지 않을 수 없다. 평온이라는 것은 없다. 욕망은 더욱 강렬해지고 사치품이 필수품이 된다. 자연이 요구하는 필수품보다 여론이 우리에게 강요하는 필수품이 비할 수 없이 더 절실하게 느껴지는 법이다.

빈곤 그리고 이것에 뒤따르는 더욱 끔찍한 굴욕을 느끼고 싶지 않은 사람, 오만한 부자들의 경멸적인 시선에 상처를 받는 사람, 이런 사람은 파리에서 멀리 떠나야 하고, 절대로 가까이 오면 안 된다.

루이세바스티앵 메르시에

* 구체제의 모든 도량형과 화폐 단위는 프랑스어 발음을 그대로 표기한다. 1리외(lieue)는 약 4km(10리).

차례

12권 아! 진실은 얼마나 잔인한가! 보지 못하는 자는 할 말도 없는 법이니

권의 차례

3권 | 최선의 타락이 최악의 타락이다

5권 | 다양성, 내 주제는 그대에게 속했나니

8권 | 전부를 알 수는 있지만, 그렇다고 해서 전부를 벌할 수는 없다

11권

글로 호감을 얻고자 한다면,
진지한 것에서 부드러운 것으로,
즐거운 것에서 준엄한 것으로
넘어갈 줄 알아야 하리라

- 부알로

850 약간 고함치는 것은 좋은 일이다

이제 캥즈뱅 교회는 없다. 폐허가 되어버렸다. 이제 생탕투안 성문도 없다. 불필요하고 거추장스러운 것으로 간주되어 생토로레 성문과 콩페랑스 성문처럼 무너졌다. 시립병원의 공기를 차단하고 생자크 길의 혼잡한 통행을 막아 마음에 거슬리던 샤틀레 감옥도 이제는 없다.

이 도시의 한가운데에서 센 강은 다리 위에 지은 보기 흉한 집들로도 가려지지 않았지만, 이 집들이 무너졌고 내가 글을 쓰고 있는 지금도 무너지고 있다. 이 집들이 무너지는 광경과 그 잔해를 내가 얼마나 기쁘게 목격하고 있는지 모른다! 그 썩은 목재와 벽토 부스러기, 그리고 쥐들의 소굴을 연결하는 그 노란 회반죽은 정말이지 끔찍했다. 적어도 그것들이 무너지면서는 선량한 시민들과 나의 소원이 이루어지고 있다. 왜냐하면 나는 이 누옥들이 거슬려 고함을 질렀고, 마침내 붓을 망치로 삼아야겠다고 생각했기 때문이다. 야만의 흔적을 없애자는 의견이 사방에서 일었다. 음! 수도의 젖줄을 언젠가는 막아버릴 위험이 있는 이 볼품없는 건조물들을 무너뜨림으로써 이 도시에 조망과 위생적인 공기를 돌려줄 때가 아니었을까?

외국인들이여, 우리가 그대들을 위해 마련한 조망을 즐기려 달려오라. 이 도시는 25년 전부터 풍광이 많이 바뀌었다! 우리는 비속한 사람들과 끈질기게 전쟁을 치렀고, 제아무리 야만인이라도 날카롭고 지속적인 조롱소리에 귀가 무감각해질 수는 없다고 여러 책을 통해 그토록 외쳐댔다. 그들도 마지못해 마음을 바꿔먹었다. 나는 장애물이 치워진 이 다리를 호기롭게 활보하고 조망하기 위해서는 반드시 없애야 할 펠트리 길 전체를 손가락으로 가리켜 본다.

우리는 비속한 사람들의 이 마지막 참호로부터 그들을 곧 쫓아낼 것이다. 약속컨대, 반세기 후에는 유럽이 찬탄하고 우리의 첫 함성을 완강한 염세주의자의 외침으로 인정하게 될 도시를 그대들에게 보여주겠다. 다행이다.

그러므로 '약간 고함치는 것은 좋은 일이다.' 나로서는 이 실천에 결코 소홀하지 않았고, 오늘 그 결실을 맛보고 있다.

예컨대, 영국인들이 말하는 대로 신성한 '인신보호법'을 우리가 목소리를 높인 덕분으로 프랑스에 도입할 수 있다면, 신체의 자유는 분명히 조망의 권리만큼, 또 다리에 가득 들어찬 누옥의 철거만큼 가치가 있을 것이다. 독자들이여, 어떻게 생각하는가? … 조금만 기다리자.

851 주택의 높이

너무 높게 지어진 파리 주택의 높이를 억제할 필요가 있다. 몇몇 개인은 실제로 집 위에 집을 지었기 때문이다. 높이는 지붕을 빼고 70피에로 제한되어 있다. 몇몇 동네에서 부르주아들은 불행하게도 맑은 공기도 햇빛도 제대로 누리지 못하고 살아간다. 어떤 사람들은 신비한 사다리[1]만큼 긴 계단을 날마다 힘들게 올라가야 한다. 가난한 사람들이 돈을 아끼려고 거기에 살지만, 장작이나 물을 장만하려면 그만큼 높이 지고 올라가야 하므로 더 많은 비용을 지불하며, 식사를 하기 위해 대낮에도 촛불을 켜야 하는 집들이 적지 않다.

이처럼 주택이 높아지는 것은 특히 길의 폭이 좁아지는 것과 대조를 이룬다. 대로는 마차가 가끔씩만 지나갈 뿐인데도 너무 넓고, 소로는 마차 10여 대가 동시에 지나가는데도 너무 좁아서 늘 혼잡하다.

몽드피에테만이 특별하게 개인주택과는 달리 일정한 높이의 제한을 받지 않는다. 주변 사람들이 이 시설의 높이를 문제 삼아 제소하자 각하 판결을 받았다. 이곳은 모든 동산 담보를 보관하는 공간이므로 무제한의 부지를 필요로 한다. 거기에는 4천만 프랑의 가치에 상당하는 온갖 화폐가 보관되어 있다고 추정된다. 화재가 일어나 파리의 수많은 빈민을 위한 이 마지막 재원을 집어삼켜 버린다면, 이는 가장 엄청난 재앙일 것이다.

1 「창세기」, 28장, 10~20절에 나오는 야곱의 사다리에 대한 암시이다.

852 조감도

노트르담의 탑 높이에서 내려다보면 호화 저택과 구빈원, 극장과 형무소가 뒤죽박죽 섞여 있다. 내가 세어본 바로는 종탑이 대략 240개였는데, 더 있을지 모른다. 누구라도 원한다면 세어보라.

이 좁은 공간에 건물이 얼마나 많은지! 안뜰, 울타리, 정원이 이 공간의 절반을 차지하고 있다. 층층이 거주하는 모든 사람의 생계는 무엇이 보증하는 것일까? 어떻게 드넓은 시골의 주민들이 그들을 위해 씨를 뿌리고 경작하는 것일까? 요컨대, 그들을 먹여 살리게 되는 것일까? 사회의 모든 악이 이 도시에 몰려 있지만, 이 도시는 표면적으로 질서가 유지되고 있어, 라케다이몬[2]에서 시행되었던 공유재산제 사회, 불행한 노예들을 토대로 공고화된 사회와는 정반대이다.

나는 성안에 사람들이 모여 사는 모습을 보면서, 지진이 초래할지 모르는 끔찍한 결과를 생각하곤 했다. 신이여! 1천 년의 노고가 단 2분 만에 수포로 돌아갈지 모르나니, 그와 같은 재앙으로부터 파리를 보호하소서. 궁궐과 주택이 흔들리고, 신전이 무너지고, 궁륭이 떨어져 나간다면, 그 방기되어 방황하는 사회는 어떻게 될 것인가? 그리고 평화와 전반적인 평온 속에서 사법관들이 과중한 업무로 짓눌린다면, 그들이 몇몇 무질서를 차단하기 위해 밤낮으로 대책을 생각해야 한다면, 안식처 없는 이 민중은 어떻게 될 것인가? 어떻게 민

2 스파르타의 다른 이름.

중의 생존을 배려하고, 헐벗은 사람들에게 옷을 입히며, 헤아릴 수 없을 정도의 막대한 잔해로 덮여 마치 드넓은 무덤 속에 쓰러져 있는 것 같은 거대 도시를 되살릴 것인가? 나는 이 영상을 떠올릴 때마다, '오! 이 탑들 아래 화덕이 있다면!' 하고 혼잣말을 하고, 리마와 메시나 그리고 리스본을 기억하고는 경각심에서 재판소 아래, 재단 아래, 봇짐 아래 파묻힌 재판관, 고위성직자, 상인을 상상한다. 질서는 어떻게 될 것인가? 오! 자연에 대한 광적인 방종이 얼마나 자연스럽게 허용되는지 그때야말로 깨닫게 될 것이다. 왜냐하면 이 끔찍한 재앙 속에서 인간은 온갖 원칙을 무시하는 행태조차도 불사하기 때문이다. 폐허 속에 파묻힐 위험을 무릅쓰고 값나가는 것을 찾으려는 탐욕과 물욕이 잔해와 화재의 한가운데에서 솟구칠 것이고, 신에게 자신을 봉헌한 처녀들의 울타리가 무너질 것이다. 누구나 보아왔듯이 그런 혼란한 시기에는 조심성과 정숙성이 제도의 규제와 함께 사라지기 마련이다. 타오르는 불길 속에서도 여전히 난폭하고 사악한 소돔과 고모라 사람들을 우리에게 재현하고 있는 도판은 아마 진실에 매우 가까울 것이다.

신이여! 이와 같은 재앙을 피하게 해주시라! 인간이 그런 추악한 모습을 보이지 않아야 할텐데. 그 예기치 못한 지진이 닥치면 법의 테두리에서 풀려난 인간의 마음에서 온갖 악덕이 빠져나오게 된다. 그러므로 법은 미치광이가 마음속으로 위반하는 그만큼 더 유익하다.

징세청부업자는 부가, 공작부인은 마차행렬이, 고위성직자는 주교관이, 아카데미 회원은 회원석이 없을 것이라는 것도 사실인데, 그토록 많은 다른 끔찍한 유혈의 상념들 중에서 유독 이 상념들은 왜인지 모르지만 미소를 자아낸다. 지난날의 지배자들에게 복종할 사람을 찾아볼 수 없을 것이고, 지배자도 신민도 더 이상 없을 것이다.

"몇몇 선량한 사람의 기도가 없다면 도시가 파멸하리라"는 파리의 격언이 있다. 몇몇 독실한 사람은 그렇게 믿고 그렇게 말한다. 그들의 믿음과 말을 가로막아서는 안 된다.

그러나 사람들이 남아 있다면 경찰이 있을 것이다. 경찰은 도시의 폐허 속에서 나타나 필요와 상황에 따라서는 가혹해질 것이다. 뒤집어진 리스본 위로 형리를 나다니게 하고, 주택의 잔해 사이에 교수대를 세워야 하지 않았을까? 법이 기소와 징벌의 측면에서 갑자기 지구의 내장만큼 격렬해졌다.

베르사유의 경우를 보자면, 드넓은 정원은 늪지가 되고, 넝쿨로 반원 모양을 이루고 있는 휴식 공간이 폐쇄되며, 널따란 길은 모두 봉쇄되는 날이 올 것이다. 왜냐하면 인간이 손을 대지 않을 때 자연의 작업이 시작되기 때문이다. 토착식물은 외래식물과 전쟁을 벌이고, 엉겅퀴는 잔디의 생장을 방해하며, 무성한 쐐기풀은 조각상들을 뒤덮고, 푸르스름한 이끼는 이 조각상들, 누구나 아름답다고 찬탄하는 이 대리석상들의 가슴과 뺨을 좀먹을 것이다. 자연은 사방에서 인간의 정교한 손길을 없애려고 애쓰므로 갈대밭이 성 쪽으로 확장되고, 많은 수목이 성을 둘러싸고는 갈라진 틈으로 뿌리를 뻗고 돌 사이의 간격을 더욱 벌려 건축물을 망가뜨릴 것이며, 천장이 무너져 빛이 쏟아져 들어오고, 바람이 불어 닥치고, 문장들은 지워지고, 폐허 위로 덩굴식물이 기어오르고, 국왕의 위엄이 자리하는 장소에 편백나무가 자라며, 갈라져 사방에서 자연력의 작용에 노출된 이 성의 모든 곳 위로 세월이 흐르면서 식물이 솟아오를 것이다.

전쟁과 세월에 의해 반쯤 허물어지고 온갖 종류의 식물과 수목으로 덮인 독일의 성들에서처럼 스스로 작업하는 자연은 언제나 권리를 되찾아 인간의 손으로 세워진 가장 위풍당당한 건축물들 위로 불멸의 깃대를 꽂는다.

853 두 아름다운 길

유럽에서 어떤 것도 루이 15세 광장과 루아얄 광장[3]을 연결하는 장엄하고 매력적인 길에 비견될 수 없다. 이 길에는 화려한 건조물, 아름다운 주택, 영국식 화단, 그리스풍 정자, 온갖 종류의 볼거리가 눈부실 정도로 모여 있다. 이 길은 길이가 1리외로 장시간의 산책이 가능하다. 가로수가 늘어선 넓고 자연스러운 양쪽 보도에는 날마다 10만 정도의 보병으로 북적되고, 한가운데의 포도(鋪道)는 화려한 마차 행렬 아래 반짝거린다. 보도로나 말을 타고서, 혹은 이륜마차 또는 사륜마차로 이동하는 사람들의 다양한 모습들은 영원할 것 같은 생각을 불러일으킨다.

이 멋진 길은 아직도 더 아름다워질 여지가 있고, 다른 곳에서는 찾아볼 수 없는 온갖 물건들이 모여 있다. 살수용 분수전에 의해 주택과 행인이 먼지로부터 보호되고, 세든 사람들은 자기 집에서 나오지 않고서도 탁월한 조망을 즐길 수 있다.

이 도시의 다른 쪽에는 외곽 신작로가 하나 있는데, 안으로 구부러져 아케이드 형태를 이루고 있는 가로수 아래에서 사람들이 산책을 한다. 이것 또한 엄청난 길이와 폭, 다양성으로 유럽에서는 좀처럼 볼 수 없는 매혹적인 길인데, 가장 아름다운 나무와 가장 아름다운 건조물로 장식된 이 길을 통해 상이군인 병원, 군사학교, 샹드마

3 루이 15세 광장은 오늘날의 콩코르드 광장이고, 루아얄 광장은 현재의 보주 광장이다.

르스로 갈 수 있다.

그러나 이 진귀한 두 길이 완벽하게 아름다워지려면 기마상이 바스티유를 대체하고 이 기념물이 영원히 없어져야 한다. 언제 이런 일이 일어날까? 그렇게 되면 강 위로 새로운 다리가 건설되어, 다른 기슭에서 센 강을 굽어보는 아름다운 테라스로 왕실 식물원이 연결될 것이다.

파리의 웅장한 어귀, 뇌이유 다리와 루이 15세 광장은 확실히 프랑스의 수도에 걸맞다. 파시에서 아르스날까지 강둑길을 멀리서 바라보면 바빌론의 강둑길이 떠오른다. 다리 위에 잔뜩 세워져 있던 누옥은 이제 철거되어 보이지 않고, 유쾌한 조망과 건강에 좋은 넉넉한 기류도 더 이상 가로막지 않는다.

눈길이 센 강의 저편을 따라 늘어서 있는 높은 건물들로 향하는 사이에 파시의 고지대를 장식하는 것은 동화의 궁전들이다. 샹젤리제와 튈르리는 이제 하나의 동일한 산책길을 형성한다. 이 모든 아름다움은 없어져버린 상상력도 끓어오르게 한다.

854 테라스

나는 파리와 사방 4리외 내의 주변이 지구상에서 가장 사람이 많이 사는 공간이라고 생각한다. 벨뷔의 테라스로 올라가보라. 무한히 많은 별장 한가운데에 파리의 까마득히 펼쳐져 있는 놀랄 만한 분지를 발견할 것이다. 그곳의 수문장이 말했듯이, 이 조망은 국왕에게 '1억여 프랑의 수익'에 상당한데, 수문장은 누구에게나 하듯이 황제 조제프 2세에게도 이 흥미로운 말을 어김없이 되풀이했다.

생제르맹의 테라스로, 뫼동과 생클루의 테라스로, 뱅센의 큰 탑으로, 그리고 사누아의 언덕으로 올라가보라. 모두 주민으로 북적대는 성과 촌락과 읍이 새롭고 드넓은 전망 속에서 모습을 드러낼 것이다.

비옥하고 인구가 많은 몽모랑시의 계곡에 가보면 즐거운 광경을 볼 수 있는데, 이와 필적하는 곳은 어디에도 없다. 그러나 파리와 그 주변에서 강한 인상을 주는 것은 모두 거대한 석재로 지어지고 우아한 형태로 경이로운 높이까지 솟아 있는 건조물들이다. 이들은 단조로운 벽돌 건물들로 진력나게 하는 런던의 그 작은 테라코타 입방체들이 아니다.

855 긴 프록코트

제국의 붕괴는 예측할 수 있지만, 이듬해 여자들이 어떤 모자를 쓰고 어떤 장신구를 달 것인지는 누가 알아맞힐 수 있겠는가? 누가 유행의 변화를 예견할 수 있겠는가? 음! 밀단이 예루살렘 신전의 포도에 끌리고, 특히 성궤의 수호를 떠맡은 부족이 입던 장중한 외투가 여자들을 치장하고, 파리의 우아하고 귀여운 여자들이 이 존경할 만한 고대의 본보기에 따라 옷차림을 하게 되리라고 누가 말했겠는가?

856 머리 맵시

현명한 황제 마르쿠스 아우렐리우스의 아내는 철학에 전혀 관심이 없었다. 그녀는 매우 기괴했던 것으로 보이는데, 19년이 채 안 되는 기간에 300가지 상이한 머리 맵시를 과시했기 때문이다. 그러나 그리스인과 로마인, 그리고 우리의 조상조차도 언제나 다양한 '싱그럽고 부드러운' 머리 맵시를 만들어내는 취향이 있었다.

한 여자가 "필요하면 유행을 찾아 로마로 가리라"고 말하곤 했다. 이토록 강압적으로 명령하는 환상적인 여신은 누구일까? 이 여신의 단호한 명령으로 모든 것이 행해진다. 머리털이 내려가고 올라가며, 모자가 온갖 형태를 띤다. 영국식 드레스, 슈미즈, 터키풍의 드레스, 밑단을 참새 꼬리 모양으로 접어올린 블라우스, 끈 달린 짧은 속옷이 차례로 무대 위로 등장하며, 목 주위로 풍성하게 보여 '공갈 숄'이라 명명된 삼각형 숄이 목 언저리를 두드러져 보이게 한다. 반항적인 여자들도 순종한다. 더 정확히 말해, 이 여신의 제국에는 반항적인 여자가 전혀 없다. 챙 없는 모자와 꽂는 빗 그리고 드레스의 엉덩이 부분에 넣는 말총조차 유행에서 벗어날 수 없다. 3개월 전에는 우스꽝스러웠던 것이 유행에 의해 매력적인 것으로 간주된다.

유행에도 불구하고 예쁜 여자는 불복종이 명백한 모반이나 결연한 반항으로 비치지 않는 한 우발적으로 유행에 어긋난 장식을 자유롭게 달 수 있지만, 느닷없이 유행의 권위를 떨어뜨릴 만큼 대담한 여자는 결코 없다. 상냥하거나 예쁜 여자가 제국의 홀을 쥐기에까지 이르는 것은 교묘하고 신중한 준비를 통해서이며, 단시일 안에 유행을 끝장내고자 한 무모한 여자들은 조롱거리가 되거나 대중의 웅성거림을 들음으로써 징벌을 받았다.

얼마 전부터 부인들이 기사 없이 이륜마차로 다니기 시작했다. 혼자서나 둘이서 다니지 남자를 동반하지는 않는다. 성(性)을 바꾸고 싶어 하는 것이 아닌가 하는 생각이 든다.

여성복은 성이 분명해야 하고, 여자의 옷차림은 남자의 옷차림과 대조를 이루어야 한다. 여자는 머리끝에서 발끝까지 여성적이어야 한다. 왜냐하면 남자와 흡사할수록 확실히 손해를 보기 때문이다.

그러나 여자들이 남자들의 관습에 가능한 한 가까워지고 있다. 지금의 모습만 보더라도 남성 예복, 깃이 셋 달린 긴 외투를 입고, 뒷머리를 한 가닥으로 묶고, 손에 가는 단장을 들며, 굽 없는 구두를 신고, 시계 2개를 차고, 소매 없는 조끼를 걸친다.

뒤이어 여자들이 승마를 좋아하고, 즉 남자처럼 민첩하고, 다음으로 화학과 물리학 그리고 식물학에도 관심을 쏟는다. 문예의 지배는 사라졌다. 물리학자가 시인과 소설가를 대신하고, 전기 기계가 연극작품의 자리를 차지한다.

도처에서 물리학이 위세를 떨치기 시작하므로 여자들도 자연 속에 퍼져 있는 보편적인 불에 관해, 에테르를 함유한 불꽃의 전달 매체에 관해 말하기를 좋아한다. 예쁜 여자의 얼굴은 오늘날 화학자의 화로 옆에서 붉어지고 연기로 휩싸인다. 30년 전에는 사람들이 감정을 분석한 반면에, 오늘날에는 전기 충격에 관해서만 말할 뿐이다. 음악이 아무리 완벽해져 있어도 여자들에게 화학이 주는 만큼의 열정을 불어넣지 못한다.

857 구두장이

그가 들어와서는 매력적인 여자 앞에 무릎을 꿇는다.

> 정말로 예쁜 발입니다만, 후작부인 마님. (자신의 선배가 만든 구두를 만지면서) 어디에서 구두를 맞추셨어요? 파리에서 그자들은 따져보지를 않습니다. 마님은 발목이 특히 우아한데, 이 조잡한 구두로는 마님 발목의 우아함이 돋보이질 않는군요. 아니! 먼지로부터라고요? 그럼 마님은 돌아다니시지 않아야죠. 마님에게 구두를 만들어주게 되어 영광이고요, 도안이 작성되었으니, 저의 최우수 조수에게 맡기겠습니다. 저의 조수는 일처리가 신속하고, 재능이 전혀 줄어들지 않았어요. 경의를 표합니다, 후작부인 마님.

이 구두장이는 검은 옷에 잘 분칠된 가발을 쓰고 있으며, 비단 웃옷을 걸치고 있다. 마치 법원 서기 같다.

그의 동업자는 손에 소지가 묻어 있고, 가발이 닳아 헤졌으며, 투박하고 더러운 내의를 입고 있다. 그들은 서민을 위해 일하고, 아름다운 후작부인의 구두가 아니라 조악한 구두만을 제작한다.

신분이 높은 여자의 신발과 하숙집 여주인의 신발 사이에는 어떤 차이가 있을까?

1758년에 나는 구두 한 벌을 3리브르 15수로 구입했으나, 오늘날 1788년에는 같은 구두를 구입하는 데 6리브르 10수를 지불한다. 가죽의 질은 떨어지지만, 더 세련된 맵시가 있다.

수습의사, 외과의사, 젊은 법률가, 공증인의 서기, 젊은 관리, 작가 지망자, 재정학 및 기하학 초심자 등, 우리 모두 예전에는 20수로 극장에 갔으나(교육에는 반드시 공연이 딸린다), 오늘날에는 48수의 비용이 든다. 단계적인 상승은 결코 없었고, 모든 비용이 2배로 뛰었다. 변동은 존재방식에 영향을 미치고, 몇몇 계층의 사람들의 경우 현실적인 생활의 난관을 설명해주기 때문에 변동을 관찰할 필요가 있다. 현명한 정부라면 틀림없이 변동을 살피고 계산하고 평가할 것이다.

구두장이 조합이 있는데, 그것은 구두를 만드는 회원들의 공동체이다. 그들은 옛 사도들처럼 자신들의 수작업으로 살아가고, 시편을 노래하며, 가죽을 무두질한다. 이것들은 양립 가능하다. 즉 기도하고 동시에 노동하는 것이 가능하다. 수사들은 노동을 기도로부터 분리했다는 점에서, 회원 구두장이들은 웅장한 건물에 거주하는 모든 한가로운 수사보다 훨씬 더 예수 그리스도의 제자들과 닮은 점이 많다.

회원 구두장이들은 좋은 상품을 공급한다는 명성이 있다. 누구라도 정말로 기독교도라면 반드시 신사이다. 회원 구두장이들은 가죽에 부과된 새로운 세금이 너무 무겁다고 내게 하소연하지만, 나에게 그들의 불평은 그들이 얼마나 군주의 명에 순종하는 신민인지 입증하는 체념처럼 보였다.

100명 중 90명은 구두값을 현금으로 치르지 않는데, 가난한 구두제조 노동자들은 단골고객을 잃지 않으려면 외상을 주어야 한다.

858 구두 수선공

왜 구두 수선공은 구두장이보다 더 만족하는 것 같을까? 라퐁텐이 나보다 먼저 이 점을 알아차렸다. 구두 수선공은 덜 오만하고 언제나 일감이 넘친다는 것이다. 구두장이는 일감을 찾아나서야 하는 반면에, 구두 수선공에게는 일감이 밀려든다. '행복한 구두 수선공'은 야외에서 생활하고 거의 자리를 차지하지 않는데, 이는 참된 현자의 특징이다. 구두 수선공은 노래하며 일하고, 또 일하며 노래하는데, 또한 자신의 아내가 불손하면 그녀를 때릴 권리가 있다. 이는 대영주도 갖지 못하는 특권이다.

사거리의 모퉁이에서 구두 수선공은 온갖 행인을 바라본다는 점에서, 공적인 사건들의 첫 번째 증인이자 싸움의 첫 번째 재판관이다. 어떤 것도 그의 시선을 가리거나 주변에서 일어나는 모든 일에 관한 그의 판결을 제약하지 못한다. 그들은 달관한 무사태평에 젖어 있는 것으로 보이다가도, 끝없이 다투는 짐수레꾼이나 마부, 짐꾼을 책망하거나 용서하기 위해 밖으로 나가 목소리를 높여 공중에게 말하는데, 그들의 판결은 중시된다.

앙리 4세는 자신의 장화를 수선하게 했지만, 그래도 역시 위대한 왕이었다. 60년 전만 해도 이 도시의 상층 부르주아들은 구두가 서로 비슷비슷했다. 그러므로 예전에는 많은 수가 하나의 공동체를 이루고 있었으나, 이제는 세상에 안정된 것이 전혀 없고 어떤 것도 시대의 폐해로부터 안전하지 않으므로 훌륭한 기량을 찾아볼 수 없다. 그렇지만 구두 수선공은 구두를 완전히 새것처럼 보일 정도로 수선하지 않으면 환불을 요구받는다.

구두 수선공은 자기 구역의 주민 전체가 보는 가운데 살아가므로, 여타 가게에서 몰래 저질러지는 위선적인 야료를 부리지 않고, 하녀의 엉덩이를 정겹게 꽉 쥐면서 그녀의 손을 무뚝뚝하게 잡아 거기에 아무렇게나 입을 맞추고, 푸르슈롱, 신작로의 술집들, 포도주들의 차이와 품질 그리고 가격에 정통하며, 일요일이면 쿠르티유의 귀공자들과 어울리고, 거기에서 물과 술 대신 물만 마시는 사람들을 몹시 싫어한다.

구두 수선공은 매춘 장소에 갈 수 있을 만큼 부유하지 않다. 그러나 그곳을 채우는 여자들을 위해 일할 때면, 자신의 가게로 그녀들을 억지로 오게 해서 구두창을 갈게 한다. 그의 딸은 그녀들의 흉내를 내기는커녕 그녀들을 감히 쳐다보지도 못하고, 일감을 무릎 위에 고정시키는 가죽 끈의 권위, 현재에도 지속되고 여전히 효력이 있는 권위 아래 자신의 어머니처럼 줄곧 얌전하다. 이는 니콜레를 부유하게 하고 소교구의 거물로 만든 반면, 이 행운의 제공자는 구빈원에서 죽는 그 유익한 희곡 중의 하나에서 타코네가 보여준 바이다.

행복한 구두 수선공은 남편이 매질하는 시범을 공개적으로 보이는데, 부르주아들은 (아내의 복종을 다시 이끌어내는) 이 씩씩한 행위를 목격하고서 똑같이 할 수 없음에 한숨짓는다.

구두 수선공은 온화한 시민이다. 왜냐하면 가죽이 귀해지면서 더 상승한 가죽 가격과 관련해서만 정부에 대해 개혁을 촉구하기 때문이다. 구두 수선공은 평소에 술과 아내만을 생각하며, 실제로 모든 것에서 일관성을 추구한다. 그의 주거는 정해져 있는데, 그는 하루를 화주로 시작하면 화주로 끝마치고, 포도주나 맥주로 시작하면 같은 술로 끝낸다. 구두 수선공들이 징세청부업자들로부터 버는 돈보다 징세청부업자들이 구두 수선공들로부터 거두어들이는 돈이 더 많다.

그들은 아직도 파리의 옛 부르주아들처럼 결혼하는데, 1년 동안 번 돈을 혼인날 하루에 모두 탕진한다. 이것은 징세청부업체에 이익이 되는 폐습이지만, 어쩔 건가! 아득한 옛날부터 그들은 음주를 좋아하고, 구두 수선공에게 행복의 중심지는 술집이다.

구두 수선공은 주변에서 일어나는 일을 가장 정확하게 관찰한다. "저기 고상한 척하는 자가 허세를 부리며 지나가는군, 음! 구두창을 갈았고, 재봉사가 외상으로 지어준 멋진 옷을 입고 있지만, 구두장이를 찾지는 못했구먼." 구두 수선공은 이 모든 것을 분간해내고, 자기 동네의 얌전하고 알뜰한 처녀들도 식별하는데, 그녀들은 구두창을 가는 반면에, 비난받는 만큼 쉽게 돈을 버는 다른 처녀들은 구두창 가는 것을 경멸한다. 바로 그가 하녀들의 신발 밑창을 새것으로 갈아준다. 그는 바르게 걷는 하녀와 비뚤게 걷는 하녀를 신발로 알아본다. 그는 순진무구한 일에 종사하지만, 그가 잠시라도 부재하면 아쉬워하는 사람이 많다. 사거리가 도시와 불가분의 것이듯이, 그는 사거리의 본질적인 존재이다. 그가 죽으면 뭔가 비어버린 듯하고, 하녀들이 그의 명복을 빈다.

구두 수선공이 출연하는 공연을 보러 가기 위해 사교계가 몹시 분빌 때에도 구두 수선공에 대한 경멸은 여전하다. 타코네는 구두장이의 역을 할 때에는 완전히 맥이 빠지지만, 구두 수선공들의 역을 완벽하고도 경이롭게 해냈다. 그래서 르캥은 자기 자신보다 못한 모습을 내보이지 않고서는 자신의 역할들에서 빠져나올 수 없었다.

나는 타코네보다 더 천부적인 배우를 만나보지 못한 탓이겠지만, 언제나 프레빌보다 그를 더 좋아했다. 오! 타코네여! 그대는 이제 없고, 내가 그대의 연기와 비교하여 전혀 좋아하지 않게 된 유명한 배우의 영광처럼 그대의 영광도 사라졌다. 나는 프레빌이 얼굴을 찌푸리고 알아들 수 없게 말하는 것을 자주 보았다. 그대의 재능은 정말로 독창적이었다. 타코네는 일단 분노하면 자신의 적에게 너를 물 한 잔처럼 경멸한다고 말했는데, 얼마나 대단한 표현력인가! 그는 루이 금화 꾸러미를 '누르스름하게 구운 소시지'라고 불렀다. 그리고 니콜레가 절망하여 타코네의 품에 몸을 던지면서, 국왕의 잘난 체하는 배우들이 그의 극장에 대해 꾸미는 은밀한 음모를 폭로했을 때, 그는 기획자 앞에 모습을 드러내고는 그에게 다음과 같이 말했다.

서기들의 집으로 노르스름하게 구운 소시지를 가져가오,
그러면 이 혹독한 싸움에서 승리자로 빠져나올 것이오.

관료에 관한 얼마나 깊은 인식인가! 그는 진실을 가볍게 여기는 듯하면서도, 그 성격의 진면목을 파악하고 있었다!

지나치게 경멸받는 구두 수선공은 근대 입법자와 매우 유사하다. 입법자들은 무엇을 하는가? 그들은 계속 법체계를 고치는 데 전념하는 한편, 오래된 것에 새것을 끊임없이 들이대지만, 옛것을 새것으로 온전히 대체하기는커녕 뽑아내지도 못한다. 이것은 영속적인 구두창 갈기와 같다. 구두 수선공의 손에서 새것이 나올 때 그다지 오래가지 않는다. 새로운 법과 옛 법의 통합은 매우 어렵다. 한편으로 구두 수선공은 얼굴을 찌푸리고 자신의 전적인 관심사인 발을 모욕하고, 다른 한편으로 법전은 믿을 수 없을 정도로 기묘해 보이고 법률들은 상충하여 서로 녹아들 수 없다. 슬프구나! 모든 근대 입법자는 정말로 구두 수선공처럼 일했다.

또한 구두 수선공은 다른 모든 신분의 사람들이 거의 알지 못하는 겸손의 미덕을 지니고 있다고 칭송하는 것을 빠뜨려서는 안 된다. 디오게네스처럼 거주하는 그는 모든 화려한 호칭을 경멸한다. 그의 가게 정면 상단에 '헌신 가게'나 '국왕, 왕비, 모 왕자 전하의 구두 수선공'이라는 문구, 또는 '궁정 풍으로'라는 문구는 결코 적혀 있지 않다. 이와 같은 거주지는 그의 미덕에 해로울지 모르는데, 그의 미덕은 그에게 너무 소중해서 그토록 뇌우가 잦은 고장에서 그런 식으로 드러날 리 없다. 어떠한 요구든 어떻게든 만족시킬 수 있는 그의 재능에는 틀어박혀 일하는 조용한 생활만이 걸맞다. 따라서 구두장이나 다른 직업의 명인처럼 남의 힘을 빌리고 많은 수의 직공을 두고서 그들에 기대어 많은 이윤을 남기는 꼴을 그에게서는 찾아볼 수 없다. 그는 자기만 필요할 뿐이고, 자기만 믿는다. 그에게 소원하는 일이 있다면, 그것은 기껏해야 자기 소교구에서 교회지기의 자리를 얻는 것일 뿐이다. 그에게는 헐렁한 외투와 막대기가 야망의 '최대치'이다. 그의 거처에는 종들도 있다는 느낌이 든다. 천성적으로 음악을 좋아하는 그는 중요한 축제의 전야나 당일에 재능을 발휘하고 훌륭한 노래를 연주하여 온 동네 사람들의 갈채를 받는다. 이 재주를 가장 능숙하게 해내는 사람, 파리에서 가장 대담한 종 연주자는 몇 년 전만 해도 이론의 여지없이 생뢰의 구두 수선공이었다. 나처럼 그의 연주를 들은 모든 이는 내 의견에 동의할 것이다.

로앙 추기경이 바스티유에 있었을 때, 정오에 노대에서 산책하게 되어 있는 이 수인을 보고 싶어 하는 사람들이 어느 가난한 구두 수선공의 고미 다락방으로 올라갔다. 이곳의 좁은 천창이 성 쪽으로 나 있었기 때문이다. 그는 천창을 제공하여 1,000에퀴 정도 벌었다. 오! 궁극 목적의 문제는 정말 오묘하구나!

❦ 구두 수선공(동판화, 1750년경)

859 철공

방종과 나태의 딸인 도둑질이 매우 교묘해졌기 때문에, 사람들은 능란한 절도에 대응하기 시작했다. 복잡한 자물쇠를 설치할 필요가 있었다. 이에 따라 오늘날 자물쇠는 기계장치의 최고의 경지가 되어 있다. 한 번 열쇠를 꽂아 돌리는 것만으로 다수의 빗장이 동시에 모든 방향으로 움직여 12~15가지, 심지어는 더 많은 잠금장치가 작동하게 된다.

자물쇠 제조자 역시 열쇠가 없으면 자물쇠를 열 수 없고, 능숙한 솜씨로 모든 걸쇠를 벗겨낸다 해도 아무런 소용이 없을지 모른다.

범죄행위를 결정하는 것은 언제나 유혹인 만큼, 절도를 막기 위해서는 돈을 보이지 않는 곳에 넣어두어야 하고, 따라서 좋은 자물쇠는 경찰의 가장 완벽한 보완물이다. 많은 금액이 적은 부피로 담겨 탈취될 수 있으면서부터 예방조처를 배가할 필요가 있었고, 한 곳에 통째로 보관되어 있어 손재주로 빼낼 수 있는 재물을 감추거나 지키기 위해 자물쇠가 복잡해졌다. 어떤 자물쇠는 대담하게 재물을 만지는 손에 손상을 입히고, 또 다른 자물쇠는 위장용으로 아무리 치밀한 눈썰미라도 속아 넘어가게 하는데, 이를 위해 감지할 수도 예측할 수도 없는 용수철이 작동하게 되어 있다.

고대인들은 자물통도 맹꽁이 자물쇠도 사용하지 않았다. 모든 예술의 완벽성으로 유명한 고대 그리스에는 나무 빗장만 있었다. 자연사학자가 치아 하나를 면밀히 조사하여 그 동물을 알아보듯이, 정치가는 자물쇠의 형태로 정치의 풍습과 개인의 생활습관을 판단할 수 있을 것이다. 가령, 자물쇠가 복잡할수록 백성 사이에 술책과 책략이 더 널리 퍼져 있다. 순박한 민족은 나무 빗장을 사용한다. 걸쇠는 스위스와 사부아의 태반에서 찾아볼 수 있는 잠금장치이다. 콘스탄티노플에서는 동일한 걸쇠가 가게의 유일한 수호자로서 문 안쪽에는 아무런 빗장도 없는데, 터키인의 정직성 덕분에 빗장이 전혀 필요하지 않다. 강둑길에서 쉽게 구해볼 수 있는 음탕한 '빗장' 판화는 이미 타락한 풍속에 기인한다. 이처럼 빗장의 모양을 관찰하다보면 이해가 가는데, 가장 고결한 사람은 유리로 된 집에 사는 이일지 모른다. 빗장 없는 민족은 여자들이 가장 순결하다. 누구나 분명히 느끼듯이, 자연의 으뜸가는 법칙이 일부다처제에 의해 짓밟히는 나라들에 관해서는 말하지 않겠다. 폭군과 그의 노예 사이에는 결코 연합이 존재할 수 없으므로, 그들 사이에는 반드시 끊임없는 반발이 있기 마련이다. 노예는 자유를 회복하기 위해 모든 것을 이용하고 부단히 쇠사슬을 줄로 갈아 끊게 되어 있는 반면에, 폭군은 새로운 쇠사슬을 끊임없이 만들어내는 데 골똘한다. 그럴 경우에는 빗장, 자물쇠로 충분하지 않는 만큼, 인간을 전율하게 하고 자연을 훼손하는 가혹한 수단에 기댈 수밖에 없다.

철물업자는 우리 사이에서 예술가가 되었지만, 공공의 안녕을 보증한다 해도 자신의 기쁨을 보장받지는 못한다. 철물업자의 재간이 탁월하다는 것은 사기꾼과 도둑의 재간이 탁월하다는 증거이다.

철공(鐵工)은 여전히 값비싼 기술이다. 금고와 서류가방에 달리는 교묘한 자물쇠는 금도금을 하거나 반들반들하게 광택을 낸다. 이런 사람은 늘 지니고 다니는 정교한 열쇠로 책상 서랍을 깜빡 잊고 잠그지 않았을 경우 얼굴이 창백해진다. 사랑과 야망 그리고 정치의 비밀은 작동방식을 알기 어려운 철 조각들 아래 감춰지는 만큼, 기술자는 화재와 동시에 폭력의 작용을 예상하여 이 두 가지 공격으로부터 취약한 서류를 보호하기 위해 광범위한 지식을 발휘했다.

뒤이어 철을 건축에 결합하는 기술이 창살로 발전했는데, 창살은 침입을 막으면서도 조망을 가리지 않는 장점이 있다. 철이 목재만큼 유연해졌다. 철을 마음대로 가공하고, 가볍게 움직이는 나뭇가지 형태를 철에 새겨 넣고, 철의 강도를 낮춰 철에 일종의 유연성을 부여하는 것이 가능하다. 수도에서 숱하게 이루어지는 이 작업들에 의해 많은 장식 물품에 내구성이 더해진다. 누구나 생로크 교회 설교단의 난간, 생제르맹록세루아 성가대석의 난간, 고등법원의 철책에 감탄한다. 새로운 방책들의 격자는 어마어마하게 크고 고딕 식으로 육중해서 상상력을 발휘할 수 없게 한다. 가공하지 않은 상태의 이 금속으로 마치 상상력을 질리게 만들고자 한 듯하다. 출입문의 경첩이 잘 돌아가지 않고, 그래서 출입문을 여닫을 때 위험이 따른다.

뷔퐁은 왕실 식물원에 철을 너무 헤프게 썼다는 비난을 받았는데, 실제로 그곳의 많은 격자는 초목의 녹색을 약간 갈색으로 보이게 하고 식물원에 처량한 느낌을 준다. 그래서 이곳을 걷고 있노라면 감옥이나 동물원에서 산책하는 기분이 든다.

1664년에 최초로 고안된 역마차의 의자는 모양이 그다지 보기 좋지 않았고 무겁고 불편했는데, 철공이 연결 용수철을 생각해냄으로써 역마차가 아주 잘 굴러가게 되었고 승차감도 좋아졌다.

860 민사 재판관의 관저

세계에서 이곳만큼 처량한 데도 없다. 이곳에는 번민하는 얼굴들, 고아와 과부들, 불평하는 여자들, 굴욕당한 배우자들, 채무자를 고소하고 채무자의 가구 또는 채무자에 대한 압류를 요구하는 채권자들, 소송대리인들, 서기들, 가처분 신청자들이 있고, 구석구석에는 각양각색의 억양, 펜, 잉크, 언쟁이 득실거리고, 모욕당한 남편, 학대받은 아내, 모독당한 아버지의 모습이 보인다. 저기에서는 점유보호 청구소송, 소유권 확인소송, 주거분할 소송, 친족 모임, 압류물품 공매, 공유재산 경매, 후견의 청구, 후견의 해제, 봉인이 진행된다. 오! 민사재판관은 이처럼 지겹고 역겨운 골칫거리들을 견뎌내야 하니 성격이 어떠하겠는가!

바로 민사 재판관이 법의 이름으로 집행관들에게 압류 지시를 내린다. 사냥한 짐승의 고기가 던져지는 순간을 기다리는 굶주린 사냥개 무리의 모습을 보았는가? 개들은 당장이라도 달려들 태세로 뒤로 물러나거나 앞으로 나서는데, 출입문은 민사 재판관의 목소리를 신호로 부서질 듯 열리니, 그의 혀는 온갖 자물쇠의 열쇠라 할 수 있다.

민사 재판관은 아침에도 저녁에도 변론을 듣고, 끊임없이 두 나누어진 소송 상대방 사이에서 한쪽에서는 돈을 요구하고 다른 쪽에서는 돈을 주지 않겠다고 하는 목소리를 줄곧 듣는다. 그는 이 금속화폐 몇 파운드를 가져오겠다고 경솔하게 약속했지만, 수중에 1온스도 없는 이들을 감옥으로 보내야 한다.

예전에 채무자를 체포하기 위해서는 채무자를 길 한가운데에서도 지목할 수 있는 '입회인'들이 활용되었다. 누구나 자신을 방어할 권리가 있었고, 이에 따라 쌍방 모두 끔찍한 폭력을 행사하는 싸움이 벌어졌다. 그래서 최근 사려 깊은 법률에 의해 신병구속을 통고하기만 하는 관리들이 임명되었다. 그들은 임무를 수행하는 태도가 신중하고 온당하며 일처리가 깔끔하기 때문에, 아무도 그들에게 저항하지 않는다. 모든 것이 별 잡음 없이 진행된다. 나는 이 관리들 중의 한 사람이 식사 중인 채무자에게 명령을 정중하게 통고하는 것을 보았는데, 채무자는 조용히 식사를 마쳤고, 후식이 나올 때에야 마치 긴급한 볼일이 있는 듯이 밖으로 나갔다.

그러므로 입회인들은 이전처럼 죽을 수도 있는 위험이 이제는 사라졌다. 이처럼 법은 적절한 순간에 만들어질 때 아무리 끔찍한 폐습이라도 없앨 수 있다. 왜냐하면 법이 공표된 바로 그날 이 폐습이 근절되기 때문이다.

1771년에는 자발적 압류명령[4]이 저당권을 보유하는 사업소로 대체되었다. 이 칙령 또한 너그러운 처사였다. 왜냐하면 자발적 압류명령은 오래 걸렸고, 탐욕스러운 트집에 허점을 보였기 때문이다.

모든 판결문에 언급되는 파리 시장은 결코 시비를 가리지 않는 재판관으로서 유령과 같은 존재이다. 시장은 이름으로만 세 보좌관을 지배할 뿐이다.

민사 재판관은 민사상의 부채에 의거하여 죄인들을 감옥으로 보내는데, 샤틀레와 콩시에르주리는 여전히 형사범을 위한 감옥이나 포르스 감옥에는 형사범이 수감되지 않는다.

압류된 돈은 실제 압류 서기관들이 보관하게 되는데, 그들은 돈

4 '압류명령'은 유산을 채권자에게 낙찰시키는 판결이고, '자발적 압류명령'은 매매계약에 따라 이루어지는 그러한 판결이다.(『트레부 사전』)

을 빈틈없이 유치하고, 원고와 압류처분을 받은 당사자 사이에서 어느 쪽으로도 기울지 않는다.

몽드피에테가 세워지고부터 사법 당국에 의한 압류, 구속, 동산의 매각이 줄어들었다. 지불이 거절된 어음으로 인한 소송을 상업 재판관들이, 그리고 샤틀레 재판소에서 심리하는 빈도도 예전보다 낮아졌다.

따라서 몽드피에테는 날로 더 필요해지고 있다. 대부금은 1,800만 프랑에 달한다. 이 기구의 건물은 높이가 과도한데도 마음대로 더 올릴 특권을 갖는다. 거기에 온갖 것을 모아놓았으니 우스꽝스런 일이 아닐 수 없다.

파리 샤틀레의 민사 재판관으로 40여 년 복무한 장 르카뮈[5]는 유언장을 작성하는 데 자신감이 있었다. 그러나 장 르카뮈는 잘못 생각했다. 그의 유언장은 여러 하자가 발견된 까닭에 고등법원의 판결에 의해 무효화되었다. 그런데 장 르카뮈조차 제대로 알지 못한 파리의 관습을 누가 속속들이 알겠는가?

5 Jean Le Camus(1636~1710): 르카뮈 추기경의 동생으로서 청원심사관이었다가 오베르뉴 지사가 되었는데, 민사 재판관의 직무에서 성실함과 능숙함으로 큰 명성을 얻었다. 르카뮈는 마침 파리의 관습에 관한 주석들을 남겼는데, 페리에르가 이 관습에 관한 온갖 주석자들의 자료를 편집하여 출판했을 때 그의 주석들도 거기에 포함되었다.

861 여덟 계층

파리에는 분명히 구별되는 여덟 계층의 주민이 있는데, 이들은 (가장 수가 적은) 왕족과 대귀족, 법복인, 금융업자나 무역업자 또는 상인, 예술가, 장인, 인부, 하인, 하층민이다.

법복인은 세 집단, 즉 변호사회와 교회 그리고 의사회로 구분해야 한다. 변호사회는 구성원들의 밀도가 높고, 모두 강렬한 욕망에 사로잡혀 있는 듯하다. 교회는 짧은 깃의 무리를 거느리고 있는데, 그들은 검은 무리를 지어 신학교를 다닌다. 의사회는 온갖 종류의 치료사들을 분파로 두고 있다. 그들은 건강한 사람의 몸보신을 돕기 위해서건, 환자를 '히포크라테스'나 '갈레노스' 또는 '파라켈수스'의 의학설에 따라 치료하기 위해서건, 세모날 또는 내복약을 지참하고 이집 저집으로 다닌다.

금융업자는 징세청부업자에서 단기 고리의 대금업자까지 더 세분할 수 있다. 은행업자라는 이 새로운 집단은 갈수록 극단으로 치닫아 오래지 않아 이 탐욕스럽고 비열한 집단의 중심을 차지할 것이다.

파리에서는 무역과 상업의 정신이 변질되어 지방 무역업자들의 당당하고 강한 어조를 들어볼 수 없다. 대귀족들은 현금으로 구입하지 않으므로, 상인들은 어쩔 수 없이 날마다 그들이나 그들의 하인들 앞으로 가서 굽실거린다. 돈을 지불하지도 않는데 사라고 간청하는 것이 야릇해 보이지만, 이는 그들이 2배로 지불하기 때문이다. 상인 자신이 신용에 의해서만 생존하므로, 상인은 바로 이 상호적인 토대 위에서 활동한다고 할 수 있다. 누구라도 상인에게 돈을 지불하지 않으면, 상인은 자신의 대차대조표를 제시한다. 이 상인들에게는 신용이 떨어져서 기한 내에 상품을 넘겨줄 위험이 상존하며, 이로 인해 그들은 불신하고 불안해하며 야비해진다. 그들에게 이러한 성격이 일단 새겨지면 다시는 사라지지 않고 그들의 행동과 예의범절 그리고 사치스러운 생활에까지 스며든다. 그래서 그들은 서로 모범을 보이고자 하지만 헛일이고, 어색하고 부자연스러운 태도로 언제나 본모습을 감추지 못한다.

예술가들은 상인들보다는 덜 부유하지만 우월하고, 우아함과 너그러움을 언제나 잃지 않는 자주성의 풍모가 있다. 창작에 더 한층 혼을 쏟는 예술가들은 자신들이 만드는 것에 대해 더 높은 안목을 갖추고 있다. 가령, 화가와 건축가 그리고 조각가들은 오로지 예술가일 뿐인 반면, 작곡가는 이 등급 위로 올라선다.

부르주아가 예술가와 문인을 혼동하는 것은 무지 때문인데, 그들 사이에는 커다란 차이가 있다. 문인은 예술가보다 훨씬 더 낫다. 가령, 코르네유와 몰리에르에게서 팔을 잘라냈어도 그들은 여전히 몰리에르와 코르네유였을 것이다. 문인들은 별도의 계층, 즉 '교양 귀족'을 구성한다.

장인들은 가장 행복한 존재인 것으로 보인다. 그들은 자기 자리를 떠나지 않으면서 재주와 솜씨를 생업으로 삼는데, 이는 극히 드물고도 현명한 처신이다. 그들은 야망도 허영심도 없이 생계와 소일거리를 위해서만 일할 뿐이고, 모든 신분의 사람들이 이들을 필요로 하기 때문에 모든 이에 대해 정직하고 정중하다. 예술가들의 생활은 절도가 없고 때로는 방탕한 반면, 장인들의 생활은 건실하다. 그들은 사치스런 예술보다 더 유용한 일거리에 헌신하고 있는 만큼, 잔잔한 의식과 평온한 생활로 보상받는 것 같다. 소목장이는 칠보 화가가 갖지 못한 성실한 태도를 지니고 있다.

뒤이어 이 상이한 계층들에 섞여 있는 건달들과 무익한 사람들, 아담까지 거슬러 올라가는 유구한 귀족 가문의 출신이라고 주장하는 많은 남녀 귀족, 조상들 중의 한 사람이 영웅적인 활약을 했다는 증명서를 지니고 있는 하위 귀족들, 그리고 많은 법원 서기, 법정 경위, 집행관, 많은 서생, '서기'라는 이름으로 세금을 더 무겁게 매기는 많은 수행 하인들이 있다. 철학자의 시선으로 주시할 때, 한심한 직업으로 조국에 적어도 이중의 해악을 끼치는 이 모든 사람들 외에도 산토끼를 지키는 것이 일인 많은 사냥터지기, 무위도식 이외에 다른 일거리가 없는 많은 연금생활자, 다음으로 마부들, 역마차꾼들, 마관 하인들을 덧붙일 수 있다. 이 모든 것에 모두 식욕이 왕성한 인물인 수많은 집단의 수사, 수도 참사회원, 전속 신부를 더할 때, 누구나 참된 이익, 실제의 부로 간주할 수 있는 유일한 이익을 대지의 품에서 끌어내는 데 몰두하는 사람들이 얼마나 적은지 생각하고는 전율하지 않을 수 없다. 노동자들은 국부를 산출한다. 그들 없이는 모든 것이 침체하고, 모든 것이 쇠퇴하며, 모든 것이 사라진다.

런던에서는 누구나 영국 민중의 존엄을 말했으나, 파리에서는 민중을 어떻게 명명해야 좋은지 아는 사람이 없다.

862 외국인

파리 사교계에 대해 자랑하는 말을 들었던 외국인들은 사교계를 구경도 하지 못하고는 매우 놀란다. 여기에서는 각자 자신만의 특별한 습관대로, 나머지 전체에 대해서는 무관심 속에서 살아간다. 직접 집에 들어가 보기도 어려운 마당이니, 통상적으로 외국인을 맞아들이는 사람은 아무도 없다. 그러므로 외국인들은 가구가 딸린 자신들의 저택에만 머무른다. 무도회가 열리는 날이나 몇몇 드문 밤참모임을 제외하면, 모든 집이 닫혀 있거나 비어 있다. 외국인이 처음 몇 차례 방문한 후에는 외국인에 대한 어색함이 가신다. 외국인은 이집 저집으로 옮겨 다니고는, 팔레루아얄과 그 주변으로 되돌아온다. 어느 시대에는 비롱 원수만이 외국인들을 맞아들여 접대했고, 달랑베르만이 민족정신을 희생시켰다. 그들은 세계에 대한 더 나은 믿음에서 민족정신 대신 아카데미 정신을 내세웠다.

유럽의 사방으로부터 외국인들이 도착하여 넘쳐나기 때문에, 그들을 끊임없이 환대하는 것은 곤란한 일일 것이다. 파리인은 개인적인 처신이 매우 자유로운 만큼, 파리인의 마음을 끄는 것보다 더 어려운 것은 없다. 이 대도시에는 상류사회를 위한 모임 장소가 모자라고 앞으로도 늘 부족할 것이다. 상류사회는 분산되어 있는 만큼 유동적이다. 그래서 재미있는 동아리로 불리는 곳에서는 동일하지 않으면서도 조화가 깨지지는 않는 대여섯 가지 상이한 목소리가 섞여 나온다. 그러므로 몇몇 풍속은 탐색하고자 하는 이들에게서 벗어나고 몇몇 집안으로 일시적으로 접근할 뿐인데, 거기에서는 어색하지는 않지만 냉정한 예절이 지켜지는 가운데 모든 것이 진행된다. 초대장을 갖고 갑작스레 찾아오는 모든 이를 존중하여 그들에게 문을 열어주는 것은 또한 일생일대의 일이 아니겠는가? 누가 이것을 뿌리칠 수 있을 것인가? 게다가 외국인들은 아내와 함께 오는데, 이는 또 다른 문제로 그들은 연애의 '초보 단계'에 머물러 있어 바라보거나 말할 때 어김없이 실수를 저지른다.

외국인은 이것을 감수하고서 거의 무턱대고 이쪽저쪽으로 흩어져 끼어들고 파리인의 마음에 들려고 애쓰지만, 파리인은 어느 누구의 비위도 맞추지 않는다. 파리 사교계는 거의 미개 사회와 흡사한데, 미개인들은 우연히 서로 마주치고 번거로운 절차 없이 서로 헤어지며, 그들에게 모든 것의 목적은 권태의 해소이다.

파리에서 외국인은 자신에게 고유한 성격을 유지한다. 가령, 러시아인은 추워 죽겠다고, 영국인은 사람들이 포도주를 전혀 마시지 않는다고, 에스파냐인은 사람들이 친숙하다고, 이탈리아인은 사람들이 틀린 음정으로 노래한다고, 스위스인은 사람들이 도망치듯 식사를 마친다고, 독일인은 프랑스에는 평민만 있다고 외친다.

이탈리아인은 자신의 저택에서 검소하게 지내고 저녁식사에 초대하는 일이 없다. 어쩌다가 손님이 방문하면, 자기 나라에서처럼 아이스크림을 내놓는다. 그림을 보면 경멸하고자 하고, 음악을 들으면 비웃고 싶어 한다. 영국인은 자신의 자주적인 취향을 따른다. 즉 선술집 대신에 음식점으로 가고, 말을 타며, 잘 차려입지도 않는다. 런던의 기후는 유황 성분을 함유하고 동시에 거무스름한 안개가 잦아서, 영국인들은 무엇을 하건 우울하게 행동하게 되어 있다. 그러므로 영국인들은 우리의 햇살에 즐거워하고, 우리의 포도주를 맛있게 마시며, 언제나 육식을 많이 하고, 먹거리에 많은 돈을 쓴다. 영국 여자는 파란 눈이 아름답고 얼굴색이 언제나 하얀색이어서 우리에게는 약간 창백하고 맥이 없고 말수가 적고 진지한 듯이 보여, 발랄하고 우아한 프랑스 여자들과 대조를 이룬다. 포르투갈 사람들은 사치스럽고, 마치 '삼종기도 시간을 알리는 종소리'를 듣기라도 한 듯이 정해진 시간에는 관대하게 행동하며, 성모 마리아의 초상과 수사를 보면 인사를 한다. 폴란드인은 자기 공화국의 부활을 믿는 듯하지만, 민중이 언제나 노예나 농노이기를 바라고, 역사적 사실을 강요하면서 이 예속상태를 정당화한다.

러시아인은 가식적인 예절에 가려져 있기는 하지만 냉혹한 성격이 엿보이며, 속박에 익숙해진 노예들과 마주치는 일이 없는 것에 놀란다. 누군가가 예절바른 러시아인에 관해 디드로에게 말했을 때 그는 "그의 웃옷을 벗겨보시오, 그러면 털로 덮인 가죽을 보게 될 것이오"[6]라고 대꾸했는데, 러시아인을 만나보면 언제나 디드로의 단호한 말을 어느 정도 확인하게 될 것이다. 독일인은 어느 곳에서나 무사태평함과 잔잔한 긍지를 내보인다. 에스파냐인은 여전히 이목을 끌려고 무던히 애쓴다. 즉 남들이 자신에게 감탄하고, 자기 나라가 존중받기를 바라고, 자신이 더 이상 방어할 수 없는 것은 얼른 단념한다.

홀란드인은 식사를 3~4잔의 차로 위장을 씻어내는 것으로 시작하는데, 커다란 햄이 나온 후에는 거의 1파운드를 먹어치우고, 뒤이어 담배 2~3대를 피우고, 카페오레 3잔을 들이키고는, 버터 바른 빵 6개가 나오면 보르도 포도주 한 병까지 마심으로써 점심식사를 끝마친다.

스위스인은 어떤 제안을 받건 무슨 일에도 대처할 수 있고, 온갖

6 러시아 곰에 대한 암시.

나라에서 재능을 발휘한다. 스위스인은 돈을 위해 무슨 일이건 시키는 대로 하지만, 결코 자기 이름을 내걸고서 말하지는 않는다. 젊은 독일인은 고상한 기품과 훌륭한 취향의 패러디 작가이고, 이 나라의 예의범절을 파악하는 일에 대해 다른 외국인보다 언제나 더 소질이 없다.

모든 외국인은 처음 생활하면서 그들의 조언자 겸 인도자가 되는 은행업자를 신뢰할 것이다. 모두가 화류계 여자들을 탐색하고 싶어 하지만, 영국인은 여전히 돈을 가장 많이 쓰는 반면에, 스위스인은 불충분하게 지불하거나 전혀 지불하지 않는다.

조제프 2세를 가장 놀라게 한 것은 고인이 된 보종[7]의 주택이었다. 황제는 한 개인이 징세청부업을 통해 그토록 부유해졌다고 상상할 수 없었다.

유의하라. 이 모든 외국인은 가장 온건한 태도를 내보이지만, 예외 없이 우리 정신의 검열자 겸 교정자가 될 것이니, 그들이 프랑스인들을 겨냥한 짧은 풍자의 자료를 축적한다는 것을 의심하지 마라. 하지만 그들은 바로 그럼으로써 파리인들이 심심풀이와 즐거움의 영역에서 향유하는 특이한 자유와 독자성을 입증하게 된다.

우리는 정중하게 외국인들이 우리나라의 우월성을 느끼게 하기 위해서만 그들 국가에 관해 그들에게 말하고 싶어 하는 것이 사실이다. 질문은 대부분 교활하고, 대답은 거북스러워진다. 일반적으로 파리인은 자신이 관찰한 예술에 틀어박히지 않고 모든 것에 관해 말하고 싶어 한다. 어느 날 라모가 내게 말했다. "나는 무식한 사람이오, 내게 어떤 것에 관해서도 말하지 마시오. 나는 아무것도 알지 못

7 Beaujon(1718~1786): 곡물 무역과 징세청부업으로 막대한 부를 쌓았다. 1773년에는 100만 리브르를 치르고서 엘리제 궁이라는 이름으로 알려진 에브뢰 저택을 취득했다.

하오. 내게 음악에 관해 말하시오. 나는 다른 어떤 것도 알지 못하오. 나는 음악에 관해서만 말할 줄 아오." 라모는 독특한 사람이었다.

863 빗물받이 홈통

나라도 『메르퀴르 드 프랑스』에 기고된 가라의 발췌문만큼 말을 길게 늘어놓는다면 한 장도 끝내지 못할 것이다. 나는 그를 모방할 생각이 전혀 없다. '빗물받이 홈통'에 관해 말하되, 장황하지 않게 하자.

하늘에서 떨어지는 빗물은 저절로 나누어지지만, 빗물받이 홈통으로 모여들면서 격류가 되어 인파의 통행이 잦은 길로 쏟아지고, 사륜마차의 지붕 위 좌석을 치고, 호박단 파라솔을 찢고, 보병들을 젖게 만들고, 길에 깔아놓은 돌을 벗겨낸다.

빗물받이 홈통이 주택의 안마당 쪽으로 향해 있다면 좋은 일이건만, 빗물받이 홈통은 행인들에게로 빗물을 다량으로 쏟아낸다. 이 폭포와 같은 빗물이 서로 교차하며 떨어져 높은 지붕에서 기와와 석고 조각들을 끌어내린다. 빗물받이 홈통의 높이에서는 1온스의 무게밖에 나가지 않는 것이, 낙하할 때에는 무게가 10배로 늘어난다. 머리를 조심하라! 그것들이 머리에 구멍을 낼지도 모른다.

사람들이 파리에 분수의 정경을 부여하고자 한 것 같다. 50피에의 높이까지 물을 뿜어대어 주택 상단의 온갖 오물을 씻어내리는 분사장치가 2만 개나 되니 말이다. 납으로 만든 빗물받이 홈통은 빗물의 통로 아래로 구부러져 있고, 때로는 뇌우와 함께 떨어진다. 노후되어 썩은 목재 빗물받이 홈통은 빗물을 양동이로 퍼붓는 듯이 쏟아낸다. 어디로 피할 수 있을까? 무분별하게 모아진 빗물 때문에 사람이 치인다. 마차에 타고 있는 사람이라면 우렁찬 소리 때문에 마차 바닥이 단단한지 어느덧 살피게 된다.

왜 주택의 벽에 도관을 달지 않았을까? 그랬으면 빗물이 아무런 위험 없이 흘러내려갈 것이다. 빗물받이 홈통은 엄청나게 넓다. 마부와 말 그리고 하인은 불가피하게 격류 아래로 지나가야 한다. 이 격류는 떨어져내려 길 한가운데에 강을 이룬다. 서민은 현관 지붕 아래로 몸을 피하고는 통과했다고 생각한 순간, 세찬 바람에 의해 흐트러져 그들 쪽으로 다시 향하는 물기둥 아래 머리를 숙이는 하인들을 보면서 즐거워한다. 하인들은 서민의 요란한 비웃음 한가운데에서 웃는 척하지만 비에 흠뻑 젖어 있고, 그래서 이 순간만큼은 결코 당당하고 거만한 모습이 아니다.

뇌우가 그치고 나면 포도는 시멘트가 남아나지 않는다. 심지어 칼갈이의 숫돌처럼 반짝거리고 미끌미끌하다. 포석 까는 인부들이 달려와서 피해를 복구해야 한다.

이 빗물받이 홈통은 말라 있을 때에도 빗물을 쏟아낼 때만큼이나 위험하다. 지붕 밑 다락방 주민이 밖으로 내려가지 않고 빗물받이 홈통에 오물을 버린다. 건기의 맑은 하늘 아래에서 빗물받이 홈통은 조심하라고 말하지 않는다. 햇빛이 찬란한데도 홍수가 난다. 불결한 액체가 머리 위로 떨어지면서 고약한 냄새가 진동하지만, 더러운 액체가 빗물받이 홈통으로 흘러내린 이상 경찰서로 가서 고소할 근거가 없다. 창문으로는 어떤 것도 내던지지 않았다고들 말할 것이고, 이 경우에는 벌금을 물리지 않는다. 법에 관련 조항을 감히 추가할 수 있을까? 그러면 범죄가 될 것이고, 변호가 이루어질 것이다.

질투심이 강한 고양이들이 발정기에 서로 아옹대다가 경솔하게도 이 너무 좁아 찾기 어려운 빗물받이 홈통으로 들어가고 한 마리가 떨어지는데, 이 동물은 발톱을 쫙 펴고서 떨어져 지나가는 사람의 머리를 감싼다. 이 경우에 어깨망토를 걸치고 있다면 불행 중 다행일 것이다.

간판들은 철거되었는데, 포도를 망치고 여러 군데를 진창으로 만들며 여러 가지 위험을 쏟아내는 더러운 빗물받이 홈통은 왜 철거되지 않은 것일까? 파리 전역을 가로지르는 생자크 길과 가장 번잡한 길 중의 하나인 아르프 길에서는 보행자들이 흠뻑 젖는 일이 유난히 잦다. 사실 몇 년 전부터 빗물받이 홈통은 비난의 대상이 되어왔다. 새롭게 재건축할 때에는 반드시 벽에 붙인 관으로 빗물을 내려보내도록 명시되어 있지만, 이 유익한 법이 몇몇 길의 경우에는 아무 쓸모가 없는 것으로 보인다. 도로관리관이 주택의 노후화를 금지하기라도 한 듯하다.

864 변소

파리의 변소는 4분의 3이 불결하고 혐오스럽다. 파리인은 눈과 코가 더러움에 익숙해져 있다. 건축가들이 주택의 협소한 부지 때문에 관을 아무렇게나 설치했기 때문에, 변소들이 출입문 옆의 계단에 인접하고 주방과 아주 가까울 뿐더러 역겨운 냄새를 사방으로 내뿜는다. 외국인들은 이러한 변소들의 원형극장을 보면 놀라지 않을 수 없다.

관이 너무 좁아 쉽게 막히는데도 관을 서둘러 뚫는 일이 없다. 그래서 인분이 기둥처럼 쌓여 용변 보는 곳에 닿을 정도이다. 그러다가 관이 과중한 무게를 이기지 못해 터져 집이 침수되고 지독한 악취가 퍼지지만, 아무도 집을 떠나지 않는다. 파리인의 코는 이 지긋지긋한 역경에 익숙해져 있다.

건강이 걱정되는 이들에게 바라노니, 변소라 불리는 이 구멍으로 따뜻한 배설물을 결코 쏟지 말기를! 또한 악취를 풍기는 이 기류에 항문을 벌리지 말기를! 거기에 입을 대는 것이 차라리 더 나을 것이다. 왜냐하면 위산이 악취를 제거할 것이기 때문이다. 이 위험한 장소는 여러 가지 질병의 원인이 된다. 즉 부패 과정에서 생기는 장독이 발산되어 사람들의 몸 안으로 들어간다. 어린이들은 이 감염된 구멍을 몹시 싫어하고, 지옥으로 이르는 길이 거기에 있다고 생각한다. 나도 이런 생각을 어린 시절에 하곤 했다. 농민들은 행복하여라! 그들은 밖에서 공공연히 배설하는 만큼, 원기왕성하고 활달하다.

나의 친애하는 독자들이여, 원인 모를 질병에 걸리지 않기를 바라는가? 이 혐오스러운 구멍에 결코 앉지 마라. 정원이 있다면 대낮에 햇살을 받으면서 배설을 하라. 태양은 온화한 열기에 의해 내장으로 올라가게 되는 이로운 연소(燃素)를 그대들에게 전달할 것이다. 무지한 파리인들이여, 그대들은 정원이 없고 바닥이 석고와 얇은 들보용재로 구성된 여러 층의 건물에서 생활하는 만큼, 시원한 물이 담긴 요강에 용변을 보는 것이 좋겠다. 그대들의 배설물에는 동물 정기가 남아 있으니, 조심하라! 이는 자연 법칙이다. 건강과 관계가 있는 모든 것을 따져보라. 신체의 조화를 가져다주는 다수의 법칙이 있다. 아니! 그대들 중에서 누가 아직 따뜻한 배설물을 불타는 화로 위에 놓으려 하겠는가? 아무도 없다. 그는 불이 자신의 내장을 상하게 할 수 있으리라는 것을 본능적으로 느낄 것이다. 자! 여기에서도 사정은 마찬가지이다. 연장된 관 안에서 독을 배가하기 위해서인 듯 유해성의 농도가 짙어지는 이 수렁을 일상의 활동과 관련되지 않게 하고, 이 진창 색깔, 이 불쾌한 냄새를 피하라. 어떤 동물도 그대들처럼 하려고 하지 않는다는 점에서, 동물에게는 언제까지나 남아 있는 이 본능을 어떻게 습관이 무디게 할 수 있었을까? 고양이와 함께 살고 고양이를 좋아하는 파리인들이여! 고양이를 잘 관찰하고 고양이의 속성을 본받아라. 그대들은 고양이의 정력적인 사랑에 찬탄하면서도, 왜 고양이가 높은 지붕에서 그대들에게 주는 자연학의 교훈을 따르지 않는가? 고양이는 공기와 햇볕을 찾아가고, 발로 흙을 긁어모아 감춰야 할 것을 보이지 않게 숨긴다.

구덩이를 소독하는 기술이 개발되었다. 이 장치는 가로등의 불통으로 이루어지는데, 이 불통의 재를 받는 받침대와 구덩이의 깊은 곳을 연결하는 관을 통해 구덩이에 퍼져 있는 유독한 공기를 빨아올리고 바깥의 공기가 거기로 들어간다.

구덩이, 우물, 정화조의 악취 제거는 여전히 소독 펌프와 송풍기 방식에 의해 이루어지고 있다. 두 회사가 이 이중의 방식에 대한 독점권을 취득했고, 옛 방법에 따른 예의 악취 제거를 모든 이에게 금하고 있다.

공기의 오염은 만성적인 골칫거리로서 수도에 많은 재해를 야기했는데, 이것에 대한 자연사학자들의 관심이 아직 일지 않았으므로 정부에서도 이 해로운 사건들에 유의하지 않았다. 우물, 구덩이, 변소는 많은 불우한 사람들의 목숨을 앗아갔다. 이것들이 폐쇄되고 메워졌으며, 질식 상태로 떨어진 불운한 사람들은 죽은 것으로 여겨졌다. 매장이 곧장 혼수상태를 뒤따랐다.

얼마 전부터야 공기에 탄력과 활기를 돌려주는 불, 이롭고 가장 강력한 물질의 힘이 응용되기 시작했다. 그렇게 되어 많은 불운한 사람들을 죽게 만든 우물과 구덩이가 오늘날 정화되고 있다. 화학 덕분으로 질식의 치명적인 원인이 발견될 수 있었고, 또 성공적으로 억제되었다. 확실한 원칙에 따라 공기정화가 실행되었다. 화학자들에게 감사를 표해야 한다. 왜냐하면 그들의 도움이 없었다면 죽었을 여러 사람의 생명을 그들이 구해주었기 때문이다.

불은 모든 원소를 순수하고 균질한 상태로 되돌리는 속성이 있는데, 바로 이 효과적이고 단순한 수단에 의해 우리는 공기의 오염을 근절하는 데 성공했다.

865 말[馬]

속담대로 파리가 말들의 지옥이라면, 파리인은 말들에게 악마인 셈이다. 어떤 방식으로 마차꾼과 마부가 말을 학대하는지 영국인들은 볼 때마다 혐오스러워한다. 저기 육중한 짐수레를 보라! 짐이 너무나 많이 실려서 말 6마리가 땀에 흠뻑 젖어 모든 근육을 긴장시켜 포도 위에서 서로 간격을 벌리면서 힘을 다하지만, 화물 덩어리는 꿈쩍도 하지 않는다. 가혹하게 채찍을 내리치는 소리가 공중으로 울려 퍼지고 여전히 힘을 쓰고는 있지만, 아무런 효과를 내지 못하는 말들의 편자 아래에서는 불똥이 튄다. 채찍을 쥐고 있는 이 잔인한 광인은 어쩌자는 것일까? 그는 광포해지고, 끔찍한 저주를 퍼붓고, 끌채에 매단 말이 쓰러질 때까지 더욱 세차게 채찍질을 해댄다. 이제 드러누워 헐떡거리는 이 동물을 지독한 짐수레꾼이 채찍의 손잡이로 때린다. 모든 이가 달려들어 말을 짐수레에서 떼어내 일으키고, 말단이 말의 옆구리를 짓누르고 있는 짐수레의 뒷부분에 일꾼 200명이 달라붙어 균형을 유지한다. 이 불쌍한 동물은 엉덩이가 피로 물들거나 발이 부러져도, 서 있을 수 있는 한 짐수레에 다시 매달려 더 가혹하고 더 빨라진 채찍질에 떠밀려서 인접한 사거리에서 다시 쓰러질 때까지 마지막 힘을 다해 짐수레를 끈다. 이렇게 잔혹한 이유는 짐수레꾼을 고용하는 거의 모든 이로부터 짐수레꾼들이 몸소 겪는 냉혹함에서 찾아볼 수 있다.

대귀족들이 사랑하는 말에 대해 배은망덕하다는 것은 주목할 만하다. 그들은 말을 그야말로 변덕스럽게 처분해 버리는데, 오랜 봉사이후 노쇠한 말을 잔혹한 구입자에게 얼른 맡겨버린다. 이렇게 왕족의 자랑거리였던 멋진 준마들이 학대를 일삼는 무뚝뚝한 자들에게 넘어간다. 그들은 자신의 소유가 된 가련한 동물을 끊임없이 술에 취해 채찍질로 재촉하고 괴롭힌다.

이 난폭한 사람들은 말의 마지막 남은 힘을 쥐어짠 후에 냉정하게 피혁상에게 보내는데, 피혁상은 가죽을 벗기기 전에 건초 다발을 절약하기 위해 이들을 굶긴다.

한 구두쇠가 말을 빌리는 데 드는 비용을 줄이고 싶어서 전문 피혁상으로부터 이 불쌍한 동물들을 싼값에 임대했고, 그러고 나서 말들을 죽기 전날까지 죽어라 부려먹었다. 말보다 못한 인간이 얼마나 많은지!

866 증권투기업자

많은 증권투기업자들이 모여들고 레만 호반과 론 강변에서 달려와 수요에 따라 소유 자산을 판다. 그들은 태만과 나태 속에서 때로는 어떤 지출도 하지 않고서 불안과 희망을 다 같이 이용하여 부유해지고, 급기야는 민중의 재난을 이용하여 비겁하게 일하지 않고서 막대한 금액을 벌어들인다. 이는 그들이 주조된 화폐를 사방에서 저열하게 독점할 줄 알았기 때문이다. 광적으로 이익을 추구하는 그들은 치열한 투기의 현장인 증권거래소로 옮겨가서 때로는 품위를 손상시키지 않는 범위 내에서 서로 멱살을 잡고는 치고받는다.

다른 어떤 남용보다도 이 공공연한 폭리 제도가 풍속의 퇴폐를 더욱 조장했다. 은행의 이름으로 소규모 재산을 잠식하는 이 불충한 탐욕이 부끄러움의 외관마저 내던져버린 것인데, 이 저열하고 과도한 견해는 다른 무질서를 유발했다.

이 증권투기업자들은 애국의 관념이 전혀 없다. 민족에 대해서도 이방인이어서, 돈을 숨기고 유연한 책략을 통해 상상적인 불안을 불러일으키는 것밖에는 아무것도 할 줄 아는 것이 없다. 이제는 고결한 활동을 위한 돈이 없다. 이 불모의 금속들이 엉뚱하게도 거의 일상적인 폭리의 획득에 사용된다. 국가의 수요와 각 개인의 수요가 정확히 계산된다. 독점자들은 대중을 모아서 소규모 금고들의 자금을 더 빨리 고갈시킨 다음에, 소규모 금고들에서 자신들에게 도움을 간청하러 오게 만든다. 이제는 과학이나 예술, 관대하고 유익한 기업을 위한 돈이 없다. 끊임없는 폭리의 유혹은 모든 백만장자가 더 많은 돈을 대출받고 남의 돈을 가볍게 생각하게 만든다. 그는 자신이 누리는 신용을 다른 이들에게로 돌려 그들을 마침내 빈털터리로 만들어버린다.

이 증권투기업이 적어도 진정한 이름을 부여받는다면, 질서와 공정의 애호가는 이 비루하고 위험한 조작에 공공연한 수치가 결부되어 있다는 것을 알아차리고서 위로받을 것이지만, 현실은 결코 그렇지 않다. 얼마간의 시간이 지난 후에는 이 엄청난 부가 정당한 것으로 탈바꿈하고, 사람들은 그것의 치욕스런 출처를 잊어버린다. 예술과 직업의 뿌리에 활기를 불어넣지 않고 오히려 메마르게 한 이 탐욕의 손에는 면죄부가 쥐어지고, '금전상인'이기 때문에 위험도 위기도 투자금도 노동도 없이 부를 축적하여 선망의 대상이 된다. 나는 이 졸부들의 마차에 "성급히 부유해지고자 하는 자는 죄가 없지 않으리라"라는 성경의 구절을 새겨 넣고 싶어진다.

빠르게 축적한 재산은 사라지는 것도 빠르다. 예전에는 이러한 재산이 2대와 3대까지 이어졌지만, 자손의 재산을 끊임없이 살피는 신의 팔이 짧아져 복수하는 것도 더 빨라진 것 같다. 우리는 이 증권투기업자들 대부분의 재산이 그들 자신의 손에 의해 사라지는 것을 목격한다. 경력의 마지막을 파산으로 장식한 증권투기업자들이 얼마나 많은지 헤아릴 수도 없다!

'하락'만을 공상하고 '시세차익'에 관해서만 말하는 이 '유가증권'인들, 쟁기와 지주들의 적인 이 족속은 변동에 얽매이지 않는 정기판매를 통해 엄청난 이익을 얻는다.

큰돈을 버는 저열한 수단들이 있다. 이 수단들의 앞머리에 증권투기를 놓을 수 있을 것이다. 왜냐하면 법에 의해 허용된 것일지라도 비열한 치부의 재능임을 부정할 수는 없기 때문이다. 만일 내가 검술교관에게 결투장을 내민다면, 그는 나를 은밀한 일격으로 죽일 테지만, 은행업자와 증권 중개인은 수치스럽고 교활한 조작을 통해 내 재산을 우려먹는다. 전자는 강탈하는 습관을, 후자는 현금을 능란하게 슬쩍하는 교묘한 방식을 둘 다 비겁하게 남용한다. 은행업자와 증권 중개인은 양손을 마주잡고 결탁한다. 어려운 시기의 국가를 위해 재원을 마련하려는 동기 때문에, 이 술책들이 허용될 때여도 증권투기업자들은 여전히 비열한 존재이다. 이는 그들이 일시적인 재원의 증대를 위해 불행한 사람의 수를 늘이고, 또한 그들이 금전의 흐름에 믿을 수 없는 위험한 유혹을 덧붙임으로써 개인의 재산을 고갈시킬 뿐 아니라 상업을 침체시키기 때문이다.

867 불운한 리오누아

『주르날 드 파리』에 '리오누아'라는 이름의 인물에게 닥친 사고가 실렸다. 이런 사고는 천 번에 한 번 보도된다. 만일 경찰이 이러한 몹시 불쾌하고 일상적인 사고들을 보도하게 하고 시민을 치고 나서 그의 몸 위로 지나갔을 마차와 주인 그리고 마부의 이름을 공개하기로 결정한다면, 이 단순한 보도에 의해 야비한 부자가 바퀴 밑에 깔린 불운한 사람 옆에 인쇄된 자신의 이름을 보고는 인정은 없더라도 최소한 일종의 수치심은 느낄 것이고, 따라서 난폭 운행을 자제하리라고 나는 확신한다.

크고 유익한 효과를 낼 수 있는 또 다른 방법이 떠오른다. 그것은 시민의 죽음에 대한 사죄의 의미로 '마부'와 '마차'가 6개월 동안 복상(服喪)하도록 경찰이 명령하게 하는 판결이다. 그럴 경우 마차의 주인은 설령 복상 중인 자신의 마차에 장밋빛 옷을 입고 타는 것이 허용된다 해도 감히 그렇게는 하지 못하고 주변 상황에 맞춰 처신할 것이다. 이 얼마나 웅변적인 예인가! 이처럼 공공선에 대한 사랑이 우리를 지배할 때에는 대수롭지 않은 아주 단순한 조치에 의해 인간을 올바른 길로 이끌 수 있다.

경찰이 물러졌다는 것을 인정해야 한다. 경찰은 몇몇 경우에 눈치를 보는 약점이 있다. 마치 부유한 사람은 소중한 존재이고 가난한 사람은 하찮은 존재인 듯이, 마차 때문에 일어난 사고가 어찌된 일인지 무마된다. 되풀이 말하건대, 가장 잔혹한 데다 불가피하지도 않은 이 범죄행위가 엄중하게 처벌되지 않는다. 누구나 말하듯이,

분명한 일벌백계가 없다보니, 길 위의 포석들이 피로 물들고 더러워진다.

가장 치명적인 사고는 공연이 끝난 직후에 일어난다. 그때에는 관람객들이 몰려나와 황급히 마차에 타고는 승합마차들에 휩쓸리지 않기 위해 마부에게 서둘러 달리라고 재촉하기 때문이다. 주인은 마부에게 이 비인간적인 명령에 복종하지 않으면 해고하겠다고 위협한다. 마부는 말에 채찍질을 하고, 이윽고 말을 제어하지 못하게 된다. 테아트르 이탈리엥 부근은 마차들이 반대 방향으로 연이어 지나가기 때문에 매우 위험하다. 얼마 전에는 길모퉁이에서 24세의 보초병이 가장자리로 피하지 못하고 마차에 치여 으깨졌다. 마부들이 주인의 명령에 따라 가장 빠르게 방향을 바꾸는 내기를 하는 듯하다.

이러한 야만성이 멋진 도시에 수치를 더하는데, 부자들은 이 살인 행위의 장본인인데도 전혀 양심의 가책을 느끼지 않는다! 수도에 가마밖에 없는 것이 내 소원이다. 그렇게 되면 필수품 공급과 공공 토목공사에 소용될 경우 외에는 이 도시에 말이 모습을 보이지 않을 것이다. 즉 사치스런 생활을 위한 말들이 추방될 것이다. 이를 입법화하면 주민 4만 명이 생계를 꾸릴 수 있을 것이고, 사료 소비로 인해 인간에게서 밀밭을 앗아가는 이 많은 말이 사라져 통행에 위험을 초래하지 않게 될 것이다.

아니! 인류가 차형에 반대하는 마당에, 즐거운 공연을 함께한 동포의 사지를 말발굽 아래 짓이길 끔찍한 권리를 부자들로부터 박탈할 수 없단 말인가? 야만인들! 그들은 조금 전만 해도 인정 어린 행위에 감동했고, 인간미 있는 잠언에 갈채를 보냈는데, 도덕의 학교에서 나와서는 마차 바퀴로 동포의 머리를 깨뜨린다. 아! 우리의 애정 희곡들은 이제 그들에게 어울리지 않으니, 그들로 하여금 가장 좋은 좌석에서 일어나 밖으로 나가게 하면 좋겠다! 그렇게 하지 않을 경우에는 극작가들 또한 그들의 공범일 것이다. 아니다! 극작가들은 이 몰려드는 마차들을 싫어할 것이고, 그리고 마차에 타고 있는 이들이 길에서 행인을 죽이기 위해서 자신의 걸작들을 보러 달려온다면 그들을 또한 증오할 것이니, 잔인한 인간들은 이제 우리의 작품들을 관람하지 못하게 하기를! 그들의 참석으로 예술이 모욕당하는 만큼, 우리는 결코 그들의 갈채를 원하지 않나니, 그들은 공연 관람의 자격이 없는 살인자로다! 그들은 미술에 관해 말한다. 그렇지만 그들은 흉포하다. 그들이 인간답게 되지 않는 한 우리는 그들의 호평을 거절한다.

물에 빠진 사람을 구해주는 이에게는 시에서 메달을 주조하여 수여하는데, 들어가자마자 지루해할 살롱에 6분 일찍 도착하기 위해 마부에게 동포의 몸 위로 지나가라고 명령하는 부자는 명예형에도 처해지지 않다니! 너무나 빈번하게 재발하는 이러한 중죄에 비추어 보면, 경찰과 법제의 가증스러운 실상이 명백하게 드러난다.

868 카페 종업원

왕족은 사람들이 보는 앞에서 식사하고, 카페 주인도 왕족과 똑같이 사람들 앞에서 점심과 저녁을 먹는다. "능력 있는 사람은 주목받는 법이다." 카페에서 주인은 고객용 식탁에 앉지만 술을 취하도록 마시지는 않는 반면, 초라하고 강직한 지배인은 구석에서 탄산음료를 마실 때 구운 고기와 샐러드를 먹는다.

카페 종업원들은 왕족처럼 점심을 먹을 뿐만 아니라, 많은 거울 가운데에 잠자리를 마련하므로 잠도 왕족처럼 잔다. 아침과 저녁은 물론 밤에도 자기 모습을 비춰보는 것은 오로지 그들에게만 가능하다. 즉 그들의 침대는 그들이 돌려보내는 신문기자 집단을 대신하고, 행정·재정 등을 꿈꾸는 것도 오직 그들에게만 달려 있다. 왜냐하면 그 모든 거창한 말이 둥근 천장에 배어들어 있기 때문이다. 크고 떠들썩한 목소리로 국정이 논의되던 소란스러운 장소에서 가련한 녀석들이 코를 골는데, 마침내 종업원이 잠자도록 모든 정치인이 떠나버린 것이다. 재정 및 개혁 투사들의 어지러운 추론에 침묵이 이어진다.

소송대리인의 서기는 고미다락에서 잠을 자고, 공증인의 서기는 침실 하녀보다 주거가 더 나쁘지만, 카페 종업원은 멋진 가게가 침실이다. 그로서는 잠자리를 매일 설치하는 것이 집주인에게 내야 하는 월세를 아끼는 방법인 만큼, 그에게는 당연한 일이다. 20분의 1세라는 세금도 아직 그를 옥죌 수 없었다.

밤이 되면 카페 종업원들이 간이침대와 매트리스를 펼 수 있도록 수다쟁이들에게 나가달라고 간청하고 그들을 몰아내는 광경은 정말 볼 만하다. 어떤 사람은 아침 8시부터 밤 11시까지 카페에 눌러앉아 있는데, 혹시라도 카페 종업원이 자리를 만들어주면 그는 때로 걱정되는 밀린 월세를 지불하지 않아도 되지만, 곧 정반대의 숙소를 얻은 셈이 될 것이다. 왜냐하면 반 피에 크기의 거울 위에서 자다가 이것을 산산조각 낼 것이기 때문이다.

시인 라루프티에르[8]는 이 카페 저 카페로 옮겨다니면서 살았다. 가난하지만 정직한 그는 하루에 카페올레 한 잔에 빵 한 조각을 먹는 것으로 만족했는데, 카페 종업원이 자비롭게도 그에게는 특별히 많은 양을 따라주었다. 어느 날 어떤 사람이 그의 궁핍을 딱하게 여겨 그에게 점심을 사주겠다고 했지만, 그는 다감하고 순박했기에 "정말 영광이오만, 어제 점심식사를 했지요" 하고 겸손하게 대답했다.

카페 종업원들은 도심으로, 때로는 상당히 멀리 커피를 배달한다. 그러므로 아무리 얌전한 종업원들이라도 수상한 장소, 즉 남자에게 빌붙어 살거나 더 고약한 여자들의 집으로 들어가지 않을 수 없고, 따라서 그들의 정절이 시험대에 놓인다. 그들은 순결한 조제프를 본받아 굴복하느니 차라리 흰 앞치마를 벗어던져야 한다. 일반적으로 그들은 청결하고 곱슬머리이며, 결코 정장을 하지 않는다. 그들은 웃옷이 몸에 꽉 맞아 몸매를 그대로 드러내며, 언제나 하얀 면직 띠를 허리에 두르고, 손에 커피포트를 들고서 모카커피의 증기를 맨 처음 들이마신다. 술과 설탕은 그들의 재량에 달려 있지만, 그들은 결코 이것들을 남용하지 않는다. 그들은 약제사가 약재에 손을 대는 것보다 비스킷과 마카롱 과자에 덜 손을 댄다.

8 La Louptière(1727~1784): 시인 겸 신문기자로서 프리메이슨 단원이었다.

그들은 몇몇 부정직한 사람들이 작은 은 숟가락을 슬쩍하지 못하도록 경계해야 한다. 이 절도는 저녁에 은제품을 세어볼 때에야 분명히 밝혀진다. 이 슬쩍하는 사람들은 의심을 사지 않도록 옷을 잘 차려입지만, 카페 종업원은 아름다운 복장 아래 악덕이 감춰져 있다는 것을 철학자만큼이나 분명히 알고 있다. 어떤 사람이 숟가락 10개를 계속해서 슬쩍했는데, 종업원이 그의 작태를 주인에게 알리자 주인은 그가 다시 오면 11번째 숟가락을 슬쩍하도록 내버려두라는 명을 내렸다. 그가 어김없이 또 숟가락을 슬쩍하고 나가는 순간에, 주인은 그를 뒤따라가서는 비슷한 숟가락을 그에게 내보이면서 "이게 12번째 숟가락입니다만" 하는 말만 했을 뿐이다. 그는 숟가락을 슬쩍하기는 했으나 근본은 정직했던지, 몹시 부끄러워하면서 용서를 구하고는 자신이 훔친 것을 돌려주겠다고 약속했다.

이 카페 종업원들은 팔레루아얄의 어느 구내로 아이스크림을 배달하거나 장터의 카페들로 펀치를 운반하면서 하루에 10~12리외를 걷는다. 그들은 걸어갈 때 동작의 균형을 유지하고 깨지기 쉬운 용기에 담긴 액체를 엎지르지 않게 다른 이들의 움직임을 예측하는 이중의 재주가 필요하다. 그들의 확실하고 유연한 손은 완벽한 균형을 유지한다. 유리잔 하나가 깨져도 이는 그들의 잘못이 아니다. 그들은 한 손이 부자연스러우면 다른 손으로 붙잡고, 피라미드 형태로 쌓아올린 사발과 물병 그리고 잔들은 차치하고라도 굽 달린 유리잔 10~12개를 오른쪽에 끼워넣고 냅킨을 가볍게 휘날리며 소란스러운 군중을 가로질러 나아간다. 그들이 비켜달라 부탁하지만, 사람들은 들은 척도 하지 않는다. 그들이 지나가도 사람들은 결코 알아차리지 못한다.

그들은 신문과 물 한 잔을 주문하는 손님에게도 아이스크림 12개를 먹는 손님에게만큼 봉사한다. 그들은 뻔뻔스럽게 팁을 요구하지 않고, 손님이 새해 선물로 당과와 폭죽사탕 한 봉지를 주면 그것으로 만족하니, 한 해의 노동이 단 하루로 보상받는 셈이다. 그들의 일상적인 청결이 그들의 도덕적 특성에 영향을 미치는지는 모르겠지만, 그들은 다른 직업의 종업원들보다 태도와 행동이 더 정직하다. 그들은 정치와 문학에 관해 말하는 것을 거의 날마다 듣기 때문에 이따금 우아한 문장을 말하고, 뛰어난 사람들의 말을 듣는 덕분으로 몇몇은 뛰어난 인물이 되었다. 그들은 끊임없이 말하는 가발업자들의 정신과는 아무런 관계가 없다. 실제로 더 많은 양식을 지니고 있을 뿐만 아니라, 모든 점에서 훨씬 우월하다.

날마다 지져대고 분으로 뒤덮는다고 머리 안쪽이 좋아질 리 있는가! 술집 종업원과 카페 종업원을 나란히 놓고 보라! 차이가 엄청나다. 전자는 더럽고 방종한 반면에, 후자는 품위가 있어 보인다. 모든 것은 한없는 미묘한 차이들로 구성된다. 나는 다른 이들에게 이를 입증하고 싶다. 왜냐하면 나는 누구보다 이를 확신하기 때문이다.

869 여성 예찬의 소멸

여자들은 예전에 추켜주는 말을 많이 들었고, 온통 배려와 친절을 누렸으며, '기사'들이 줄곧 귀부인을 흠모했다. 여자를 정중하게 대하고 숭배하는 풍속이 끊이지 않고 이어졌다. 오늘날은 치하의 대상이 남자들이고, 여자들이 허락하는 한도 내에서 여자들을 기이하게 바라보면서 이들을 예찬할 뿐이다.

오늘날의 젊은 남자들은 여자들과 분리되어 있고, 모임에서나 무도회에서도 여자들을 홀로 내버려둔다. 여자들은 대개의 경우 짝이 없어 말을 걸어줄 남자를 눈으로 찾지만, 같이 춤출 남자를 구하지 못한다. 젊은 남자들은 멀리 떨어져 무리를 이루어 이 짝 없는 여자들에 관해 그녀들에게 들리도록 말한다. 엘리자베스 여왕의 면전에서 서민 남성이 낮은 목소리로 말한 찬사를 서민 못지않은 남자들이 큰 소리로 말한다. 가장 낮은 계층의 언어가 상위 계층으로 올라왔다.

아무리 젊은 남자도 여자들에 대해 결코 거북해하지 않는다고 큰소리로 말하며 대화를 그만두고 귀부인 곁을 떠나 당구를 치러 가거나 운수를 건 어떤 승부를 즐기러 간다. 남자들이 많이 몰리는 논쟁의 장은 여자들이 치장의 도구들과 함께 고독하게 기다리다 못해 지쳐버린 방에 인접한 구석진 곳이다.

예전에 가장 고결하고 세심한 예절의 중심이었으며 여자들에게 늘 새롭고 실질적인 경의가 바쳐지던 궁정에서도, 이제는 사람들이 여자들 앞을 인사도 없이 지나가고, 여자들의 영향권에서 떨어져나온 듯하며, 여자들에게 비꼬는 말을 자주 사용한다. 우리 풍속이 이렇게 변한 원인은 내가 여기에서 설명하기에는 너무 미묘하다. 여자들은 이렇게 방치되면서 남자가 되었고, 제멋대로 떠돌아다니기 위해 남성복을 입고 자신들만의 여행과 용무 그리고 한담을 즐기며, 이를 통해 남자들이 완전히 배재된 은밀한 관계를 맺고 모든 것에 대해 음모를 꾸민다. 이처럼 품행은 풍속을 예고하고, 몸의 움직임은 영혼의 움직임을 보여준다. 남자와 여자의 이러한 분리는 그들이 이제는 서로를 찾지 않고 그냥 서로 마주칠 뿐이라는 것을 말해주고도 남는다.

870 각양각색의 머리모양

생피에르 신부는 "가발의 수요에는 끊임이 없을 것이다"라고 말하곤 했으며, 그래서 하녀들과 관계해서 낳은 자식들을 가발제조업자로 만들었지만, 그의 생각은 들어맞지 않았다. 이제는 사람들이 가발을 쓰지 않는다. 궁정의 의사들만 하더라도 머리털을 호박단 주머니로 감싸거나, 적어도 자연 그대로의 머리털과 흡사한 가발을 쓰고 다닌다.

그 풍부한 인조 머리털의 유행은 아주 기묘한 현상이었다. 오래된 아파트에 아직도 걸려 있는 그 초상화들, 갑옷과 쇠사슬 토시를 걸치고 칼까지 찬 채 물결치듯 흘러내리는 엄청나게 풍성한 가발을 쓰고 있는 남자의 초상화는 정말 우스꽝스러운 모습이다. 갑옷에 가발이라니!

예전에는 검은 옷에 가발을 쓴 차림으로 궁정에 출입하던 의사들이, 오늘날에는 생머리에 여러 가지 색상의 옷을 입는다. 군주들이 이런 차림을 바란 것이다. 색깔로 근엄한 신분을 나타내는 제복이 사라졌다는 것을 나는 만방에 알리는 바이다. 이제는 사람을 외양으로 식별하는 일은 거의 없다. 검은 옷을 입고 있지 않더라도 의사라는 사실로 충분하지 않을까?

가발의 고안에 힘을 실어준 이는 바로 루이 14세이다. 그는 이 치장의 우스꽝스런 남용을 조장한 장본인으로서, 국민의 머리모양을 망가뜨림으로써 이와 동시에 우리의 유구한 기개를 일정 부분 소멸시켰다.

수염을 기르지 않는 풍조에 따라 짧은 머리가 다시 유행하는데, 콧수염만큼은 길렀으면 좋겠다. 내 생각이지만, 용모에 우아함을 더하는 데에는 콧수염만한 것이 없다. 윗입술의 움직임은 미묘하여 감지하기 어려운데, 이 가장 미세한 움직임이 콧수염을 통해 드러날 수 있다.

유행은 풍향계라 할 수 있는데, 나는 결코 유행을 비난하지 않는다. 무엇이건 널리 퍼지다보면 권위를 갖게 되는 법이다. 사람들이 머리털을 길게 기르다가, 뒤이어 머리털로 관(冠) 모양을 만들거나 땋아 내려뜨리는 경우를 제외하고는 짧게 깎았는데, 이는 성 베드로의 삭발머리를 본뜬 것이었다. 이 유행이 서양에 널리 퍼졌다. 동방 사람들은 머리를 완전히 밀었는데, 이는 성 바울의 삭발머리를 따른 것이었다. 이러한 유행들이 퍼져나가는 과정에서 매우 중대한 사안과 관련하여 교서, 공의회, 파문이 잇달았다. 실제로 곱슬머리에 관한 논쟁이 은총의 효율성에 관한 논쟁에 못지않았고, 성 프란체스코회의 어느 수사가 기구(氣球) 발명의 영광을 악마에게 돌렸던 것처럼, 곱슬머리는 악마의 심술 탓으로 간주되었다.

프랑수아 2세와 앙리 3세 치하에서 널리 퍼진 짧은 머리와 컬한 머리에 뒤이어 루이 13세 치하에서는 긴 머리가 유행했고, 이 유행이 일반화되면서 가발도 덩달아 매우 길어져 둥글게 말린 머리카락이 호주머니 안으로까지 흘러내릴 정도였다. 긴 가발이 애호되는 동안에는 말들도 꼬리가 넓게 풀어헤친 상태였지만, 말의 꼬리를 갑 안에 넣는 것에 생각이 미치자마자 사람들이 머리털을 주머니로 감싸게 되었다.

모자의 역사는 곱슬머리의 역사보다 훨씬 더 다양한데, 이 다양성 앞에서는 아무리 박학한 사람이라도 맥을 쓰지 못한다.

짧은 머리가 제국을 너무 심하게 휩쓸 것 같다. 청결, 편이성, 시간절약, 어쩌면 건강까지 이 유행에 기인하는데, 실제로 머리는 땀이 많이 나고, 따라서 늘 청결이 유지되어야 한다. 게다가 짧은 머리는 파리인들에게 완벽하게 어울리고, 이 경우 용모는 정신과 일치를 이루게 된다.

머리맵시로 인해 생겨난 온갖 관습 중에서 스위스와 독일에서 찾아볼 수 있는 것이 가장 우스꽝스럽다. 가발 제조업자가 당신의 머리를 다듬어준다. "수염이 많이 자랐어요." 당신은 그에게 "면도해 주시오"라고 말한다. 가발 제조업자는 당신을 맞대놓고 비웃으면서 영문 모를 말을 한다. "그럴 수 없어요." 가발 제조업자는 면도기를 다루지 못하도록 법으로 엄격히 금지되어 있으며, 그것은 전적으로 젊은 외과의사만이 할 수 있는 일이라고 설명한다. 머리에 분칠이 끝나면, 젊은 외과의사가 면도용구를 들고 도착하기를 기다려야 한다. 1만 금을 준다 해도 그는 외과의사의 일을 하지 않을 것이다. 스위스에서는 이 규범이 절대로 어겨서는 안 될 정도로 매우 신성한데, 나는 사법관들이 이 터무니없는 규범에 관해 빌헬름 텔의 동상이 무너지기 전에는 결코 이 규범을 위반하는 일이 일어나지 않을 것이라고 추론하는 것을 목격한 적이 있다. 스위스와 독일의 사법관들이 제시하는 가장 타당한 이유는, 이 관습 덕분으로 게으름뱅이 한 명이 아니라 두 명이 먹고산다는 것이다. 그것 참 대단히 사려가 깊군!

871 구빈원의 매춘부

몇몇 매춘부의 경우에는 여성들에게 요구되는 정숙 규범에 대해 태만한 것이 잘 고쳐지지 않는다. 물론 동정심이 많고 인정이 넘쳐 친구를 돕기 위해 자신의 치마까지 주는 매춘부도 여럿이다.

그 타락의 상태에서도 부끄러움을 아는 매춘부들도 있는데, 그녀들은 선고를 받아 구빈원에 수용되는 경우 이를 몹시 두려워한다. 판결의 순간에 칼을 쥐고서 수용 선고가 내려지면 자신을 찌르겠다고 말하고, 선고의 순간에 실제로 자신을 마구 찌르는 매춘부도 있었다.

그녀들은 구빈원에 감금되어도 품행이 순화되지는 않을 뿐더러, 나올 때 보면 더 문란해져 있다. 왜냐하면 여자들에게 실제 감금보다 더 파멸적이고 심한 방종이 더 쉽게 전파되기 때문이다. 너무 경솔하게 구빈원에 집어넣는 경향이 있다. 발끝으로 악덕을 스치기만 한 여자도 염치의 가르침을 금방 잊어버리고는 다리 중간까지 담그는 것을 무서워하지 않는데, 그렇게 되면 무관심한 태도가 되면서 정숙성을 회복할 여지가 사라진다.

매춘부인데도 일말의 성실성을 내보이는 드문 경우도 있었다. 한 남자가 종이 끼우개를 그녀 옆에 놓고 나갔는데, 그녀가 열어보니 할인금고[9]의 어음이 6만 리브르 정도 들어 있었다. 이 어음을 가로채

9 세원 할당의 대가로 국왕에게 자금을 대는 최초의 할인금고는 1767년에 설립되었다가 1769년에 활동을 중단했다. 새로운 할인금고가 은행업자 이자크 팡쇼에 의해 제안

면 일시에 큰돈을 버는 것이었지만, 아니다! 그녀는 자신의 골방에서 나와 구역의 경찰 책임자를 찾아가서는 종이 끼우개를 온전히 그에게 맡겼다. 이에 그 관리는 깜짝 놀라는데, 그녀가 이 어음의 가치를 매우 잘 알고 있으며, 혼자서도 쉽게 이 어음을 돈으로 바꿀 능력을 갖추고 있다는 것을 알고는 더욱더 놀란다. 가난한 매춘부의 이러한 신고는 각성을 촉구하는 측면이 없지 않았다. 실제로 많은 사람이 아무리 정직하더라도 그녀와 같은 상황에 처한다면 의외의 습득물을 돌려주지 않았을 것이다. 종이 끼우개의 임자는 자신의 부주의를 깨닫고 재빨리 경찰서로 달려갔는데, 거기에서 자신의 유가증권을 되찾고는 놀라고 기쁜 마음에 가련한 매춘부에게 1만 프랑을 남겨놓았다. 그녀는 이 정당한 증여를 받아들이고서 매춘 일을 그만두었다.

구빈원에 감금된 매춘부는 나가기도 하고 들어오기도 하지만 일정하게 500~600명을 헤아리는데, 오래 수용되어 있을수록 더 뻔뻔해진다. 그녀들은 이곳에 들어오기만 하면 마지막 남은 수줍음과 자존심까지 잃어버리는 듯하다. 악덕의 깊이는 미덕의 높이를 능가한다. 내 필설로 이루 다 말할 수 없을 정도로 지저분하고 인간이 짐승 이하로 타락할 수 있다는 증거를 제공하는 이 최악의 무절제는 그 여자들이 동일한 장소에 감금되어 함께 지내는 탓이 아닌가 생각한다.

그녀들은 음식이나 어떤 부당한 처우에 대해 항의해야 할 때면, 서로 연락을 취해 반항을 준비한다. 음모가 입에서 입으로 금방 전파되는데, 그녀들의 반항 방식이 무엇인지 아는가? 동일한 신호에 따라 모두 동시에 무시무시한 고함과 울부짖음을 내지르는 것이다.

되어 1776년 3월 23일자 튀르고의 결정으로 설립되었다.

가슴에서 길게 끄는 날카로운 억양으로 터져나오는 이 폭발은 밤낮으로 예상치 못한 시간에 되풀이된다. 이 아우성을 처음으로 들은 사람은 정말로 충격을 받는다. 이 고함소리는 거의 1리외 떨어진 곳까지 퍼져나간다. 위협을 하거나 징벌을 내려도 아무런 소용이 없다. 이러한 반항은 잘못이 실제로건 겉보기로건 시정될 때까지 계속된다.

매춘을 줄이고 싶은가? 본디 여자들에게 속해 있던 모든 직업을 여자들에게 되돌려주고, 바느질하거나 여자의 시중에 종사함으로써 품위를 잃어버린 남자들에게 경멸을 퍼부어라. 이 비겁한 남자들은 여성의 소유를 가로채고 여자들에게서 생업을 빼앗는 셈이니, 그들이 여자들의 가장 큰 적이다.

872 상자 제조인

나는 상자 제조인의 가게에 있기를 좋아한다. 그곳은 깨끗하고, 둘러보는 것마다 편리하고 유용하지 않은 것이 없다. 호화로운 옷장이나 인기 있는 가구는 찾아볼 수 없다. 가벼운 나무 궤짝은 누구에게나 필요하고, 때로는 정직한 사람이나 유능한 사람의 재산으로 채워지며, 대개의 경우 하녀, 충직한 하인, 유덕한 극빈자에게는 보물이 된다.

상자 제조인의 가게에 있으면 기분이 좋아지는데, 거기에서 위대하고 참된 우주체계, 즉 '끼워 맞추는 체계'의 표징을 목격할 수 있다. 그렇다, 큰 것 안에 작은 것이 들어가 있는 그 상자들을 가만히 바라보면서, 도토리나무가 도토리 안에 들어 있는 것이 이런 식이겠구나, 우리 모두가 어머니의 품안에 안겨 있는 것이 이런 식이겠구나 하고 속으로 중얼거린다. 바로 여기에 자연의 법칙이 있는데, 이에 상상력이 자극되고 이성이 온전히 발휘된다.

거기에서 나는 더 중요한 또 하나의 교훈을 얻는다. 상자 제조인은 관을 만든다. 누가 그것을 차지할 것인가? 아마 나일 것이다. 거기에 인간을 마지막으로 상대하는 상인이 있고, 도시와 인생을 가득 채우는 모든 떠들썩한 소리의 종말이 있다. 인간을 관찰하고 얼굴에서 갖가지 인상을 읽어내고 싶은가? 관을 어깨에 들쳐 메고 고인의 집으로 배달하는 상자 제조인의 뒤를 따라가라. 다시 말하건대, 그의 뒤를 따라가라. 그리고 그와 마주치는 각 행인들의 표정을 주시하라. 누구나 예외 없이 거치게 되는 이 마지막 장의(長衣) 쪽으로 슬그머니 던지는 눈길에서 영혼의 진실이 들어날 것이고, 의식의 상태와 용기의 정도를 읽을 수 있을 것이다. 오만한 사람은 마차 안쪽으로 머리를 돌리고, 어떤 사람은 얼굴을 찌푸리고, 또 어떤 사람은 두려운 기색을 내보인다. 어떤 왕족은 마주치면서 혀를 차는 것처럼 보인다. 그는 방부 처리되어 납으로 된 관 안으로 들어가게 될 것이다. 다른 사람과 마찬가지로 관 속에 뉘어 여기에는 심장, 저기에는 내장이 놓일 것이며, 묘비명을 갖게 될 것이다. 그렇다고 덜 죽게 되는 것일까? 넋을 놓고 이 관을 바라보는 아무개는 자신의 젊은 육체와 무정한 마음을 거기에 기울여 볼 것이다.

산만한 군중을 가로질러 길을 열면서 빈 관을 운반하는 상자 제조인은 순회하는 인간성 탐구자가 아닌가!

독자들이여, 상자 제조인의 뒤를 따라가보라, 그러면 어떤 화가도 상상하지 못한 그런 얼굴들을 보게 되고, 펜으로는 표현할 수 없는 일련의 교훈적인 인물을 기억 속에 간직하게 될 것이다. 그렇게 되어 아무리 사소한 것들이라도 검토할 줄 아는 사람의 경우에는 이것들이 인간 영혼의 드넓고 어두운 지평을 생생하게 비춰주고, 따라서 찰나적으로 장막이 걷히며 열렸다가 다시 닫히는 이 구름을 가로질러 일어나는 것을 눈으로 아주 신속하게 간파할 수 있다.

873 딸의 혼사

파리에는 결혼시켜야 할 딸들이 하도 많아서, 어느 집에서나 그런 처녀를 한 집에 4명꼴로 찾아볼 수 있을 정도이다. 상층 및 하층 계급은 독신생활을 쉽게 벌충하지만, 부르주아로 말하자면 처녀들의 독신생활이 죽도록 괴로운 일이어서, 여러 부르주아 처녀의 경우에는 태어나지 않은 편이 더 나을지 모른다. 이 계급의 시민들은 심성이 오만, 어리석음, 야망으로 얼룩져 있고, 이로 인해 한낱 지물상 딸의 결혼이라도 공주의 결혼만큼 어려워진다. 지물상 부인은 세상 사람들 모두가 자기 딸을 바라본다고 착각할 뿐더러, 과오가 발생하거나 자기 집안보다 못한 사람과의 결혼이 이루어지지나 않나 하고 사관(史官)들이 잇따라 확인하려 들 것이라고 생각한다. 따라서 서민만이 결혼한다. 왜냐하면 소송대리인의 딸이 공증인과 결혼하는 것을 가로막고 사무원과 법원 서기 사이에 엄청난 격차를 벌이는 이 경직된 저울을 서민은 아직 사용하고 있지 않기 때문이다. 보석세공인과 철물업자, 식품-비계판매상과 양초업자 사이에 영원한 분리선이 있기까지 한 것 같다.

그런데 이 악습은 프랑스 전역에 퍼져 있고, 지방도 이 악습에서 자유롭지 않다. 그만큼 서로 잇닿아 있는 신분들이 어리석은 오만으로 인해 분열되어 있다는 뜻이다. 많은 처녀가 독신생활을 하는 것은 현대의 커다란 악습인데도, 우리의 법제는 풍속과 신분의 변화에 적극적으로 부응하지 못했기 때문에 해결책을 찾기는 거의 불가능하다. 그러므로 『아가씨들』이라는 내 책을 출판한다면 진기한 책이 될 것이고, 법과 관습의 모순 그리고 상반되는 관념들을 닥치는 대로 뒤섞는 잘못을 명백하게 밝혀줄 것이다.

몰디브 군도에서는 아버지들이 딸을 아주 어린 나이에 결혼시킨다. 왜냐하면 딸이 남자가 필요한데도 그저 참고 견디게 하는 것은 그들이 말하듯이 큰 죄악이기 때문이다.

가구 없는 방에서 어린 처녀가 거의 발가벗고 초라한 침대에 누워 있는 모습을 보라. 그녀는 손에 편지 한 장을 들고 있다. 그녀는 자신에게 풍요를 선사하고 자신에게서 명예를 앗아갈 제안에 대해 '예'라고 말하게 될까? 그녀는 싸우지만 결국 굴복하게 된다. 그녀는 혼자이고, 그녀에게는 도움, 부양, 굳세고 유덕한 기개를 타고난 남자가 필요하다. 이 판화에서 그뢰즈는 우유부단을 잘 묘사했지만, 거기에는 정신의 동요가 섞여 있다. 화가의 의도가 뚜렷이 드러난다. 누구나 알다시피 가난은 유혹에 버티지 못하는 법이다.

여자가 지참금을 가져오지 않아도 된다면 많은 혼사가 이루어질 것이고, 여자는 온화함, 부덕, 정절, 섬세한 재치, 가사에 대한 지속적인 관심 등 온갖 천부적인 매력을 보여줄 것이며, 거기에 자식들을 더하여 몸소 자식들을 기를 것이다. 그러면 누가 결혼하지 않겠는가?

지참금은 필연적으로 여자들의 지배력을 불러들이고, 여자들의 지배력은 영혼과 재능 그리고 기개를 무디고 무기력하게 만든다.

874 반지

요즈음은 사람들이 큼직한 반지를 끼고 거드름을 피우며, 이제는 '튀르카레'[10] 같은 사람의 손이 드물지 않다.

어떤 여자의 손은 보석 상자와 같은데, 그 보석들이 아주 오래된 것이라면, 그녀는 조각된 보석들이 들어 있는 함의 견본을 지니고 다니는 셈이다. 그만큼 우리 아내들에게서 결혼반지는 눈에 띄지도 않고, 커다랗고 불경한 반지들이 변함없는 사랑의 징표를 가려버린다.

예쁜 여자의 손을 잡을 때면 동그란 반지들과 삼각형 보석들의 감촉만 느껴지니, 섬세한 손의 윤곽을 감지하기 위해서는 여자의 손에서 이것들을 빼내야 한다.

세네카는 손가락에 한두 개의 유산을 끼고 있는 여자들의 허영심에 관해 말한다. 이 거만한 사치생활이 우리 사이에 퍼져 있어서, 타원형이나 네모꼴 또는 평탄하거나 오톨도톨한 각진 마름모꼴 합성 보석의 한가운데에 아주 큰 다이아몬드가 여덟 갈래의 뾰족한 끝으로 고정되어야 한다.

나는 싱그럽고 가벼운 옷차림, 그리고 가벼움과 우아함에 대한 취향의 다양해진 유행을 좋아하는 만큼이나 이 반지들을 싫어한다. 왜냐하면 다이아몬드, 진주, 조각된 보석, 이른바 '값비싼' 보석과 관

10 Turcaret: 르사주에 의해 창작되고 1709년 코메디 프랑세즈에서 초연된 같은 제목의 희극에서 주인공의 역할을 한 인물이다. '튀르카레'라는 이름은 우스꽝스럽고 무지한 졸부 금융업자의 상징처럼 사용된다.

계가 있는 모든 것, 그 모든 사치생활은 내게 유치한 짓, 괴상한 치장으로 보이고 또한 파괴적인 호사이기 때문인데, 그 모든 패물은 가장 무용하고 가장 기만적이며 가장 한심한 상업 부문만 북돋을 뿐이다. 그런데 사치생활, 허영심, 오만과 관계가 있는 모든 것들만이 부자들의 시선을 끈다. 그들의 가슴은 노출 부위를 장식하는 데 소용되는 보석이나 다이아몬드만큼 냉혹하다.

875 5월 10일

해마다 이날이면 생드니 교회에서 루이 15세의 명복을 비는 미사가 거행되고, 고인이 된 왕 앞에서 스네즈[11]의 주교 귀하에 의해 행해진 성 목요일 설교의 텍스트가 "40일만 지나면 니누웨가 무너지리라"[12]였다는 것이 어김없이 환기된다. 루이 15세는 실제로 3월 31일에서 40일 후인 5월 10일에 죽었다. 이러한 상황의 일치 덕분으로 나중에 동일한 설교자가 루이 15세를 위한 추도사를 할 때 비장감이 더해졌다.

이러한 우연에 의해 대중들은 강한 인상을 받고, 다른 사건들은 결코 불러일으키지 못하는 성찰을 부추길 뿐만 아니라, 종교와 관계를 맺고 있어 위압적인 예견에 집착하는 이들의 정신에 많은 영향을 미치게 된다.

아직 육필원고 상태인 장자크 루소의 『고백록』 후속편에는 "루이 15세와 나는 보편적인 증오를 공유했는데, 루이 15세는 죽었고, 보편성은 오로지 내가 감당해야 할 것이 되었다"라는 대목이 들어 있다. 이와 같은 문장을 쓴 사람을 어떻게 동정하지 않겠는가? 이와 같은 사상을 낳는 두뇌 구조는 얼마나 특이한가!

11 Senez: 알프스 남쪽의 작은 도시로 5세기부터 주교관의 소재지였다.

12 요나가 한 예언(3장 4절)의 되풀이로, 아시리아 제국의 수도 니누웨는 기원전 612년 메디아인들과 신바빌로니아인들에 의해 무너졌다.

876 인두세 징수를 위한 가택 점거인

가진 것이 적은 사람은 적은 것으로 살아갈 수 있지만, 가진 것이 전혀 없는 사람은! … 어떤 나라, 어떤 정부, 어떤 사람에게나 태어날 때부터 노예인 사람이다. 그런 사람은 공적이거나 사적인 공사판에서 보잘것없는 임금을 받고 일하므로 자기 팔로 먹고사는 셈이다. 전 재산이라 해야 고작 50에퀴밖에 없는 개인이 파리에 20만 명이라는 것은 결코 과장이 아니다. 그런데도 도시는 존속한다!

인두세 담당 서기는 세금을 내지 않는 이의 집으로 사람을 보내 '점거'하는데, 이 파견자는 미납자의 집에 이를테면 죽치러 와서 본의 아니게 거주하게 되는 파란 제복의 남자이다. 그는 위협을 하고 압류 가능한 돈이 들어오는지 염탐한다. 그의 수고에 대해서는 미납자가 일당을 지불해야 하는데, 누구나 알 수 있듯이 그 일당은 싸게 매겨지지 않는다. 푸른 제복의 남자는 종종 소총을 그곳에 놓고 사라진다. 그는 다른 곳으로 가서 다른 소총을 놓아둘 것이고, 이렇게 해서 새로운 일당을 챙긴다. 이러한 종류의 사취가 어느 정도 벌이가 되기 때문에, 푸른 제복의 남자는 나리나 나리들에게 얼마간을 건네는 제2의 프티 장[13]이라고 추정할 수 있다.

13 프티 장은 라신의 희곡 「소송광」의 유명한 등장인물로, 이 희곡은 그의 긴 독백으로 시작된다. 메르시에가 간접적으로 환기하는 것은 바로 이 긴 독백의 한 대목이다. "나와 마주쳐 모자를 벗고 인사해도 소용없어/ 문지기를 매수하지 않고는 결코 우리 사무실에 들어오지 못할 거야./ 돈이 없으면 문지기도 없어, 내 문은 닫혀 있었지./ 내가 나리에게 얼마간을 건네곤 한 것은 사실이야.…"

'카트르맹'이라 불리는 노동자가 있었는데, 이 불행한 사람은 손이 둘이지만 어린 자식이 넷이었다. 그는 알코브 역할을 하는 벽난로를 자신과 자기 가족의 잠자리로 꾸몄다. 그는 7층에 살았는데, 어느 날 내가 잠금장치 없는 그의 문을 열었더니, 방이 코딱지만 했다. 그는 반쯤 병색인 얼굴로 벽난로에서 기어나와 내게 말했다. "인두세 징수를 위한 가탁 점거인인 줄 알았어요."

해마다 인두세를 어쩔 수 없이 면제해 주어야 하는 이러한 부류의 극빈자가 너무 많다. 납부할 수 없었지만 언제라도 형편이 나아지면 다시 납부할 수 있도록, 이따금 누군가가 공개적으로 그들을 위해 납부해 준다.

877 부자의 식탁

부자들은 추잡한 면이 있다. 그들은 포도주를 절약하여 돈을 저축하고, 음식이 처음 나올 때 나쁜 포도주를 내놓는다. 후식은 니스를 칠한 한결같은 장식의 나무쟁반에 담겨 나온다.

부자들은 보기에 좋을 만한 모든 것, 가령 긴 접시에 담긴 요리, 잘 어울린 앙트르메를 제공하지만, 눈으로 평가할 수 없는 포도주의 질은 형편없다. 그들은 물을 마시고, 손님들에게는 자신이 마시다 남긴 포도주을 섞은 하인들의 포도주를 마시게 한다.

부자들의 식사는 과시적인 반면, 가난한 사람의 집에서는 모든 것이 빵, 고기, 포도주로 한결같고 희귀하거나 특별한 것이 전혀 없지만 모든 것이 맛있고 먹을 만하다.

남의 하인에게 술을 권하는 것, 따로 술을 마시는 것, 물도 포도주도 평가할 수 없는 것, 그리고 목이 마를 때 하인을 기다려야 하는 것보다 더 생뚱맞은 관습이 있을까? 마시는 것과 먹는 것이 어떻게 분리되었을까? 부자들은 귀찮은 사람과 식객이 오는 것을 방지하기 위해 이 불편한 관행을 생각해냈다. 이해는 가지만, 정식으로 초대를 받아 점심식사를 하러 오는 이들에게도 불편하기는 마찬가지이다.

부자들이여, 물병과 술병을 식탁 위에 놓거나, 물과 술을 내 식욕에 맞춰 마실 수 있는 곳으로 점심식사 하러 가는 것을 묵인하라.

포도주가 나쁘면 결코 맛있는 식사가 아니다. 랭스 시에 거의 200년 전부터 보관되어 있는 성유병(聖油甁)을 가져다준 천사는 이제 다시 나타나 기적을 증명하지 않지만, 랭스의 포도나무들은 성유

병보다 더 오래된 것이고 샹파뉴 포도주는 즐거움을 크게 고취하므로, 내가 그것을 마실 터인 한, 나로서는 결코 성유병에 관한 역사가들의 말을 반박하지 않겠다. 그러나 상냥한 사람들 사이에서 반란이 일어나 물병과 포도주병을 식탁 위에 올려놓지 않는 이들의 집으로는 식사하러 가지 않게 되었으면 좋겠다.

부자들의 식탁 위에는 후식이 반짝이는 도자기에 담겨 나오고 오래된 단것이 상큼한 과일을 대신한다. '사블레'가 칸막이와 도안이 되어 있는 그릇에 담겨 후식으로 나온다. 얼마나 우스꽝스럽고 불필요한지! 얼마나 초라한 호사인지!

878 비싼 생선값

나는 바다 생선을 먹으려고 바르플뢰르의 암벽으로 가야 했다. 파리에서는 생선에 붙는 높은 세금 때문에 생선 사먹기가 선뜻 내키지 않는다. 노르망디에서는 신의 섭리로 아주 다양한 생선이 풍부하게 나고, 모든 해안에서 풍요로운 고기잡이가 가능하다. 청어 무리가 마르지 않고 떼지어 다녀 자연의 너그러움에 입을 다물지 못할 정도이다. 반면에 관직과 특권 그리고 과세 때문에 결국 어업이 위축되어 파리의 서민은 더욱더 바다 생선을 먹지 못하게 된다. 실제로 루쿨루스 같은 사람들만이 생선을 사먹는다.

이처럼 인간이 만든 뛰어난 세무의 재능으로 인해 자연의 후한 인심이 소용없게 되고 대양의 문이 닫히는 셈이다. 실제와는 달리 바다가 파리에서 200리외나 떨어져 있다고 생각할지도 모르는데, 그만큼 생선이 품귀현상을 빚고 있다. 바르플뢰르 해안에서 나오는 가자미는 역마차로 수송되어 곧 부패하기 시작할 지경인데도, 수도의 성문으로 들어오면서부터 값이 11배나 오른다. 곧 부패할 생선을 운반하기 위해 역마가 필요하고, 생선이 우리 식탁에 오르기까지 징세청부업체에서 세금을 걷어간다. 그리하여 왕국의 삼면을 둘러싸고 있는 바다가 중국이나 일본의 바다와 거의 똑같이 수도와 무관한 것이 된다. 바다에서 공급되는 많은 어종, 대양에서 헤엄치는 물고기들의 종렬, 주기적으로 우리 연안에 몰려오는 물고기들의 무리, 그 어떤 것도 과세의 가혹성을 누그러뜨리지 못하여 자연의 너그러움이 속절없이 자취를 감춘다. 세율이 가혹할 정도로 높아서 이 천혜의 선물을 밀어내기 때문에, 파리처럼 인구가 밀집한 도시의 생계도 충족시킬 수 있는 풍부한 생선이 우리의 연안을 아무런 결실도 남기지 않고 지나쳐간다.

바닷가에는 게나 대게가 발에 밟힐 정도로 풍부하고, 생선의 종류가 다 알 수 없을 정도로 많다. 그 온상은 심해이고, 도처에서 물고기가 산출된다. 그런데 징세청부업체에서 맛있고 건강에 좋은 먹거리에 대해 오늘 먹지 않으면 내일 부패할 터인데도 과세한다. 이 음식물을 서기와 징세청부업자들에게 내맡겨 가격의 폭등을 방치한다면, 이 도시의 방책들은 오염될 것이다.

신의 섭리는 타당한 이유가 있지만, 행정가들의 행태는 정당하다고 판단할 수 없다. 신의 섭리로 인간의 먹거리는 도처에 널려 있어 도처에서 은은한 맛이 넘쳐나고, 물고기는 번식력이 강하고, 심해의 세계는 도시들로 흘러넘치려고 하는 반면, 가혹한 인간의 손은 과세를 탐욕스런 괴물과도 같은 것으로 만들어 굶주림을 초래한다!

생선에 대한 온갖 세금을 없애는 것은 존엄한 정부라면 마땅히 해야 할 일이지 않나 싶다. 뭐라고? 다시 말하지만, 물고기는 물에서 나오면서 죽어 해체되고, 자양분이 풍부한 부위는 얼마 지나지 않아 부패하여 역한 냄새를 풍기지만, 대양에 넘치는 물고기를 먹을 권리에는 대가가 따르게 마련이다.

가련한 어부는 물고기를 잡기 위해 작고 허술한 배를 탔고, 마부는 말들에서 땀이 계속해서 방울져 떨어질 만큼 전속력으로 역마차를 몰았다. 말들은 수고에 대한, 감당한 위험에 대한 보수를 거의 받지 못한다. 비굴한 징세청부업자는 모든 서민의 입을 막아버리고 생선이 가득한 해안을 불모의 해안으로 만들어버릴 것이다! 여기에서는 인간의 미개하고 무질서한 상태가 사회질서를 위한 법보다 우세하다. 정말이지 대양에서 변함없이 풍요롭게 나는 먹거리가 어떻게 대다수의 생계에서 박탈될 수 있었단 말인가?

879 파리 상수(上水)회사의 주식

파리 한가운데로 흐르는 센 강은 상류에서 흙을 실어와 연안을 비옥하게 해주는 나일 강이 아니다. 화학자들은 우리에게 센 강의 물이 위생적이라고 보증한다. 그러나 관건은 강물을 모든 주택으로 공급하는 것이다. 그래서 양수시설이 세워졌는데, 곧바로 이 사업에 투기 바람이 불었다. 회사, 은행업자, 증권 중개인, 브로커 등이 출현했고, 이로 인해 마술처럼 주식값이 폭등했다. 마치 양수시설이 돈을 찍어내기라도 하는 듯했다. 크리솔로그 피가로는 이 회사의 얼굴이었는데, 그때부터 자신의 애국심과 무사무욕을 평가받을 수 있었다.

우선, 양식 있는 사람들은 어떻게 용수의 보급이 수백만 프랑의 이익을 내는 거래 대상일 수 있는지 의아해했다. 뒤이어 독점자들이 생겨났고, 순진한 일반인들이 몰려들었다. 일반인에게 막대하고 비현실적인 자본이 대출되었고, 가장 대담한 사기행위들이 온갖 감언이설에 기대어 기승을 부렸다.

물 운반자들을 군대식으로 조직한다느니, 물의 판매권을 획득한다느니, 모든 무료 우물을 없앤다느니, 강물을 막는다느니 하는 말이 돌았고, 이 열광이 탐욕스럽고 타산적인 사람들의 논리 속으로 스며들었다. 그래서 크리솔로그 피가로가 펜을 들었다.

그 시기 동안 날마다 파리의 포도(鋪道)가 몸살을 앓았다. 상수도관이 터지면 포도 10투아즈를 파헤쳐야 하고, 왕래가 잦은 길들이 막히고, 마치 이 도시를 폭격하듯이 끊임없이 포석을 벗겨내는 듯 모든 출입문 앞에는 진흙탕 구덩이가 생기니, 상수회사의 주주들로 인해 포도와 공중 교통에 유발하는 손해가 막심했다.

따라서 은행업자와 브로커, 투기업자들의 계획은 나쁜 전조로 비치고, 오래지 않아 도박꾼의 무리만이 눈에 띌 뿐이다. 그들은 능란한 술책으로 처음에는 대중을 속이지만, 나중에는 대중의 경멸에 직면하게 된다.

이는 실제로 벌어진 상황으로, 양수시설로부터 흘러나가는 물 전부로도 상수회사가 제공한 추문을 씻어낼 수는 없을 것이다. 결국은 자본가들도 대담한 협잡을 경신했다는 뒤늦은 후회에 사로잡힌다.

양수시설은 또한 갑작스럽게 폭발할 위험이 있는데, 그렇게 되면 공중으로 치솟는 화약창고의 폭발에 맞먹는 재앙을 초래할 수 있고, 게다가 끊임없이 포도가 파헤쳐짐으로써 길이 진흙탕으로 변해서 통행할 수 없게 된다. 베네치아의 곤돌라 뱃사공들은 서로 부딪히지 않고 모든 방향으로 빠르게 교차한다. 그들의 그 대단한 솜씨는 하루 종일 줄곧 발휘된다. 파리에서 삯마차 마부들은 사정이 다른데, 상수회사가 파헤친 길에서 많은 사고가 발생한다. 그러니 우리에게 순수한 애국행위로 발표되곤 한 것이 강도질로 변질된 것이다. 크리솔로그 피가로로 하여금 글을 쓰도록 할 필요가 있었다.

파리에서는 돈을 위해 돈에 투기하는 것이 불가피할 것이며, 이로 인해 돈이 모든 기업의 유일한 목적으로 간주되어 왔다. 따라서 누구나 앞다투어 금전을 갈취하려 하고, 저마다 자기 이웃의 범법행위나 무지를 유리하게 이용한다. 분별 있는 한 세대를 타락시키는 데에는 이 지배적인 탐욕으로 충분할 것이다. 정부에서 복권 사업과 종신연금 칙령들로 탐욕의 본을 보이는 판이니, 사람들은 모든 탐욕스럽고 타락한 열정을 서로 북돋아 상업을 투기로 대체하고 재정의 유통을 생산활동으로 착각하는 것도 어떻게 보면 당연하다고 말할 수 있다. 온갖 종류의 가난을 빚어내는 원천은 이러한 돈의 작용으로 인한 것인데, 이것을 선전하는 사람과 동시에 이것에 혹하는 사람이 이로 인해 타락하고, 자금도 없고 일하지도 않으면서 끈질긴 투기로 부유해질 수 있다는 생각이 이로 인해 퍼져나간다.

880 왕립 운수업체

사방에서 누구나 독점적 특권을 요구한다. 대중의 가난한 일부가 작은 마차를 몰면서 자기도 먹고살고 말도 먹여살리는 만큼, 왕립 운수업체의 독점적 특권은 가난한 일반인들에게 많은 타격이 된다. 그래서 많은 마차 소유자들이 마차를 세놓거나 날마다 사용할 권리를 박탈당했다.

이 운수업체의 큰 마차들은 정비가 제대로 되지 않았을 뿐더러, 특히 발판이 위험하다. 마부는 승객보다 가방과 소화물에 더 신경을 쓴다. 운송요금은 선불인데, 청부업자들은 수익을 쥐어짜려고만 하고, 암거래를 위한 봇짐들 때문에 그렇지 않아도 좁아터진 좌석들이 더 협소해진다. 마차의 속도는 마부의 기분에 달려 있다. 이 마차들은 불쾌감을 주고 그 불쾌감의 정도가 날로 심해지는데도, 독점적 특권으로 인해 경쟁이 없기 때문에 일반인들은 나쁜 대우를 받고, 이에 불만을 터트려도 아무런 소용이 없다. 업소는 많은 점에서 비난받을 만한데, 실제로 청부업자들은 용서할 수 없는 실수를 많이도 저질렀고, 선량한 시민이라기보다는 오히려 가혹하고 악착스런 징세청부업자의 모습을 보였다. 그러므로 누구라도 공익을 위해 이 독점적 특권의 폐지를 바랄 것이 틀림없다. 왜냐하면 이 특권 때문에 승객들이 학대받고 있을 뿐만 아니라, 아무리 정당한 요구도 여전히 금지되어 있기 때문이다.

나는 이 왕립 운수업체에 수치를 안기는 폐습에 관해 작은 책을 한 권 쓸 용의가 있다. 마차와 마부를 선택할 정당한 권리가 왜 시민들에게서 박탈되었단 말인가? 내 좋을 대로 다닐 수 없다면 훌륭한 도로가 무슨 소용일까?

그렇지만 이 운수업체들은 무엇보다도 공정성을 우선시한다. 그래서 언급하는데, 이 운수업체들은 더없이 귀중한 이점을 지니고 있다. 승객이 있건 없건, 마차는 출발하게 되어 있다. 승객이 한 사람뿐이더라도, 그가 선택할 수 있는 어떤 마부보다도 훨씬 저렴한 요금으로 그를 실어다주지 않을 수 없다. 그러므로 이 운수업체들을 유지하는 것이 바람직하지만, 대중이 대접받는 방식만큼은 개선될 필요가 있다. 불행히도 대중은 지나가는 존재인 반면, 행정가들은 금전을 지니고 있고 공공의 선이나 악을 좌지우지하는 이들과 늘 가까이 지낸다.

881 이것이 하렘일까?

가구가 갖춰진 의상실을 처음으로 본 외국인들은 하렘의 관념에 사로잡힌다. 거기에는 계산대에 잇따라 앉아 있는 못생긴 인물들 옆에 젊은 여자들의 발랄한 얼굴이 보이는데, 그들은 유행에 따라 다양하게 변하는 방울 모양의 술과 조잡한 장식품을 옷에 달고 있다. 행인들이 그녀들을 곁눈질한다. 이 아가씨들은 손에 바늘을 들고서 끊임없이 바깥으로 눈길을 보낸다. 귀빈석은 유리 출입문에서 가장 가까운 데에 있다. 이 아가씨들은 행인들을 주시하면서 즐거워하고, 그만큼 많은 애인을 본다고 상상한다.

그녀들이 예속 상태의 대가를 받는 순간, 즉 다른 누군가가 계산대로 와서 앉게 되면, 그녀들의 즐거움은 금방 중단된다. 그녀들을 가장 고통스럽게 하는 것은 자신의 경쟁자인 미녀들의 얼굴을 예쁘게 꾸며주어야 한다는 점이다. 그녀들은 화장실로 가서 같은 여성에 대한 질투를 가라앉히고, 돈을 지불한 여자들을 신분에 따라 더욱 아름답게 해주어야 한다.

때로는 가장 방치되어 있는 여자가 가장 아름답게 꽃피는 경우가 있는데, 호사가들이 목을 지키고 있는 만큼 17세 미녀는 가게에서 영국식 대형 사륜마차 안으로 훌쩍 뛰어들기만 하면 된다. 이는 그녀에게 우연히 굴러들어오는 일종의 복권이다. 그녀는 가게 아가씨였다가, 3개월 후에는 촌티를 벗고 거드름을 피우면서 돌아와서는, 옛 여주인에게 후원을 확약하고 낮은 목소리로 그녀를 비꼬는 옛 동무들을 질투에 불타게 하며 자기만족의 표정을 짓는다.

덜 예쁜 여자들이나 가장 불운한 여자들은 정숙해 보이지만, 이 미덕이 엄밀하게 말해 퍼져 있지 않은 집으로 슬그머니 돌아간다. 그녀들은 자신이 집에서 저지르는 사소한 과오들을 결코 자신의 기질이나 방종한 취향 탓으로 돌리지 않고, 자신을 비루한 의상실 여직공들과 구별되게 해주는 옷과 모자 그리고 구두가 없다는 탓만 한다. 이것은 대꾸할 말이 없는 완벽한 변명이다.

호사가들은 젊은 날에만 가능한 부드러운 감촉, 싱그러움이 이 매력적인 성에 있다는 것을 알고 있는데, 자연은 여성의 봉긋 솟기 시작하는 젖가슴에 한철만 지속되는 홀딱 반할 만한 매력을 부여한다. 천상의 곡선은 눈 깜박할 사이에 지나가는 아름다운 햇살처럼 달아나고 사라진다. 18세의 젖가슴은 애석하게도 이제 16세의 젖가슴이 아닌데, 위대한 화가와 아름다움에 민감한 사람만이 아름다움을 관찰하고 숭배하며 그림이나 글로 옮기면서 이 생명, 건강, 젊음의 보물을 알아본다. 대부분의 인간에게 박혀 있는 둔한 눈에는 매혹적인 형태를 고갈시키지 않고 증가시키는 자연의 관대한 기적이 보이지 않는 법이다.

882 자선협회

이 협회는 파리에서 가장 훌륭한 단체로 인식되는데, 이곳에서는 단순하고 척박한 이론이 아니라 분별 있는 선행의 실천이 일상적으로 이루어지고 있다. 약속한 것을 지키는 이 협회는 모든 가난한 사람의 어머니로서, "노인의 지팡이, 맹인의 눈, 과부의 벗, 고아의 아버지, 아이가 많은 가족의 버팀목, 절름발이의 발, 불구자의 손"으로 불려왔다.

1,300~1,400명이 생활에 필요한 원조를 받고 있다. 자선은 선행보다 더 희귀한 질서와 엄격한 절약을 낳았다. 기부금이 엉뚱하게 쓰이지 않고, 실제의 고통을 완화하는 데 온전히 들어간다. 혜택이 증가하고, 원조가 정기적이며, 정다운 위로가 적선과 분리되어 있지 않다. 요컨대, 이 협회는 이름에 꼭 들어맞는 기독교 시설이다. 이 협회는 종교가 고취하는 온정과 철학이 북돋는 바른 식견을 온전히 간직하고 있으며, 다른 사람에게 적선하고 눈으로는 감사의 말을 촉구하는 사람이 아니라 적선을 실행하게 하는 단체이며, 불운과 가난에 찌들어 있는 골방으로 스며들고, 도처로 확대되며, 필요한 것에 먼저 대응하고, 운영위원들은 원조의 실행만 하는 듯하다. 인류의 명예를 높이고 인간의 가슴을 빛은 손에 찬양을 바치게 하는 이 협회는 정말로 칭찬할 만하다. 이 협회의 구성원은 600~700명으로서 하나같이 공공선을 소중히 여긴다. 애석하구나! 이토록 아름다운 왕국에 인류를 위한 자선가가 이토록 적은 것은 무슨 까닭일까?

정부는 가난과 절망으로 인한 범죄를 예방하는 이 너그러운 시민들에게 많은 것을 빚지고 있다. 바로 그들 덕분으로 질서와 평온이 유지되는 것이다. 그들 이전에는 가난한 사람들 중에서도 80대 및 90대 노인들, 선천적인 맹인들, 출산을 앞둔 여자들, 가족의 생계를 떠맡고 있는 홀아비들, 자식 10명을 부양해야 하는 부모들, 불구의 노동자들에게 도움의 손길이 미치지 못했다. 오늘날에는 더한 고통을 겪고 있는 이들에게까지 온갖 원조가 제공된다.

가난한 사람들에게는 찬사를 받아 마땅한 이 '자선협회'[14]보다 더 다정하고 세심한 친구가 있었던 적이 없다. 그렇기 때문에 선행을 하는 기술에도 일종의 지침이 부과될 필요가 있고, 적선에도 반성이 수반되어야 한다.

이 자선의 그루터기에서 새싹들이 날마다 더 많이 움틀 수 있기를! 이 그루터기의 가지들이 언젠가는 왕국 전체에 환대의 그늘을 드리울 수 있기를!

14 이 협회는 1780년 설립되어 적어도 1883년까지는 존속했다.

883 연지

60세가 넘어서도 계속 연지를 바르고 변함없이 세상 돌아가는 형편을 좇는 화장한 여자들은 파리에서만 볼 수 있다. 이 한결같은 여자들은 100년의 얼굴과 윤회의 모습을 하고서 서로 만나지만, 시쳇말로 70대가 되어야 비로소 노인이다. 63세는 노인 축에 들지도 못한다.

푸줏간 종업원들의 못생긴 정부(情婦)들은 길턱 모퉁이에 앉아 핏빛의 연지를 바른다. 팔레루아얄의 경박한 매춘부는 장밋빛 연지를 바른다. 연지의 선택은 매우 중요한 일이다. 배우들은 작은 조명등과 잘 어울릴 수 있는 연지를 사용하는데, 가까이에서 보면 고대인들의 가면 같아서 소름이 끼치지만 눈이 거기에 금방 익숙해진다. 소심한 아녜스는 연지를 바르지 않고서는 절대로 연기하지 않는다.

통 크게 처신하는 궁정 여자들은 작은 단지의 대금으로 1루이를, 귀족 가문의 여자들은 6프랑을, 매춘부들은 12프랑을 치르고, 연지를 조금씩만 바르는 부르주아 여자들은 값을 흥정하지 않는다.

안주인과 하녀 사이의 가장 크고 일상적인 언쟁은 연지의 선택에 관한 것인데, 날마다 되풀이되는 이 언쟁은 머리 맵시에 관한 언쟁보다 빈번하다. 무슨 말이 더 필요하랴. 흔히는 안주인이 거울을 힐끗 보고는 연지 단지를 바닥에 내동댕이친다. 그 작은 단지의 안쪽에서 인생의 봄날을 발견하고자 하는 것 같지만, 그것은 결코 마술적 효력이 없다. 왜냐하면 이 마술적 효력은 사랑에 빠진 남자의 눈, 콩깍지가 쓰인 눈에만 있기 때문이다.

884 작은 키

일반적으로 키가 작은 남자들은 내게는 다른 사람들보다 더 심술궂어 보인다. 그들은 키가 큰 사람들보다 더 화를 잘 내고 더 짓궂고 더 비열하다.

내가 본 적이 있는 범죄자들 중 신체형을 받으러 가는 자들, 배신하고 살인한 자들, 독으로 살인을 자행한 자들은 모두 키가 작았다. 프랑스 이외의 곳에서도 마찬가지로 잔혹한 영혼은 옹색한 육체에 깃들어 있다는 사실이 나의 눈에 띄었다. 여자들도 키가 작은 쪽이 키가 큰 쪽보다 더 악독하다. 키 작은 여자들은 격하고 사나운 열정에 빠지는 경향이 있다. 날씬한 남자는 살인자가 되는 경우가 드물고, 키가 작고 땅딸막한 남자들이 가장 덜 선량한 축에 든다.

'지하감옥'을 식탁에서 '파이' 자르듯이 여는 어느 대신을 나는 수차례 보았다. 그의 정부는 공공연히 '봉인장' 장사를 했다. 누구나 현금으로 지불했고, 그러면 치명적인 명령이 건네졌다. 그는 누구라도 바라기만 하면 죄악에 도움의 손길을 내밀었고, 자신에게 증오도 분노도 일으키지 않은 수천 명의 정직한 사람들을 감옥으로 보냈다. 저런! 비겁하게도 타인의 탐욕에 굴복하는 이 가장 경멸할 만하고 가증스러운 대신[15]도 키가 작았다.

데뤼는 체격이 작고 호리호리했다. 잔혹한 살인을 저지른 데뤼의

15 1761~1775년에 국무대신이었던 생플로랑탱을 간접적으로 가리키는 것 같다. 그는 루이 15세의 군대에 복무하는 동안 봉인장을 남발했다.

친척 오른 백작을 섭정이 윤형(輪刑)에 처하게 했을 때, 죄인의 키가 작았기 때문에 X형 십자가가 마련되었다. 파리의 서민은 '대귀족'에게 윤형이 가능하지 않다는 확신에 젖어 있었고, 그래서 청어 파는 어느 여자가 자신의 동료에게 말했다. "저게 오른 백작이라고 생각하지! 에이, 아냐, 아냐, 돈을 받고 저런 형을 대신 당하는 키 작은 경비대 병사야." 이런 것이 하층민이다. 이 재담은 직접 들은 증인이 젊은 시절의 내게 이야기해 준 것이다.

885 임종 성체배령

나는 임종 성체배령의 행렬과 마주쳤다. 가난한 서민 2명이 뒤를 따르고, 다른 2명은 예전에 붉은색이었던 닫집을 운반하는 가운데 신부가 발걸음을 재촉하고, 교회지기와 요령잡이가 앞장 서서 개울을 건너뛴다. 내가 따라가니, 이 행렬은 더럽고 어두운 골목길에서 출입문 앞에 멈춰선다. 신부는 시커멓고 비틀린 계단을 올라가서 처참한 빈곤의 기색이 역력한 일종의 고미 다락방 안으로 들어선다. 거기에 노파가 쓰레기 같은 잡동사니에 둘러싸여 반쯤 썩은 밀짚 매트 위에 드러누워 있다. 이 극심한 방치 상태에서 죽어가는 노파의 머리를 들어올리고는 신부가 노파에게 말한다. "자매여, 모든 이가 당신을 잊고 있어도, 내가 왔으니 다행이오. 우주의 주인이신 하느님을 영접하시오. 하느님께서 당신을 방문하러 오십니다. 더 좋은 삶이 당신에게 예정되어 있소. 당신을 시험하시고 자비로운 가슴으로 당신을 기다리시는 하느님을 믿고 고통을 견디시오."

이 버려진 여자가 눈을 뜨고 기쁨의 눈물을 흘리면서 위로와 격려의 말을 듣는다. 가난이 그녀를 삶에서 떼어놓았지만, 종교가 편안한 영면을 확약한다. 그녀는 온전히 희망에 부푼다. 신부는 그녀를 축복하고, 그녀의 죄를 사하고, 그녀의 영혼을 경건한 생각에 잠기게 하고나서는, 몇 가지 물질적인 도움을 남기고 떠난다. 대귀족들이 방문하지 않았지만 사제들이 이중의 원조로 감싸는 이 여자의 죽어가는 눈빛에 감사와 사랑 그리고 신앙심이 감돈다.

물론 나는 감동을 받았고, 연민의 눈물을 흘렸으며, 이 엄숙하고 자비로운 제식을 공경한다. 종교의 위엄이 그 좁아터진 고미 다락방을 가득 채우고 있었다. 나는 기도를 계속하는 신부를 뒤따라 비틀린 계단을 내려왔는데, 그는 한 손으로 성함을 들고 다른 손으로는 끊어질지 모르는 낡은 줄을 잡은 자세로, 하인의 무리 전체가 횃불과 촛대를 들고 있었을 저택에서 보여준 것과 동일한 존엄과 열의를 유지했다.

아니! 방치된 가난한 사람은 종교인의 이러한 내방을 소중한 은혜로 여기고, 이러한 내방은 목적이 신성한 만큼이나 민중의 불우한 일부에게 유익하고 필요하다는 것을 누가 나와 함께 느끼지 못하겠는가?

886 국왕의 파리 행차

루브르 궁은 비어 있고, 완공되지도 않을 것이다. 내가 알기로 군주는 거기에서 24시간 머무른 적이 없다. 왕이 파리에 올 때면 전역이 진동하고 민중이 몰려든다. 마치 중국의 황제가 오기라도 한 듯이 모두가 왕의 얼굴을 보려고 뛰어간다.

누구나 원하면 베르사유에서 왕을 볼 수 있다. 아니! 나는 파리인의 절반이 베르사유에서 왕을 본 적이 없다고 주장하는 바이다. 내가 잘 아는 미혼의 두 노파는 35년 전부터 베르사유로 여행하려고 궁리하지만, 형편이 나쁘지 않는데도 여전히 계획만 짜고 있다. 나는 그녀들을 볼 때마다 베르사유에 관해 마치 로마라도 되는 듯이 그녀들에게 묘사해 준다.

모름지기 군주라면 자신의 나라를 두루 돌아다니면서, 꽉 채우고도 남을 위대성의 쾌락을 조금만 인간성의 즐거움과 바꾸어도 많은 중요한 진실을 얻을 수 있을 텐데! 아니, 군주의 이동에는 이 희귀한 즐거움이 그에게 금지되어 있는 만큼의 어려움이 있어 그는 자신의 위대성 때문에 거의 궁전에만 매어 있으며, 우리가 날마다 듣고 보는 것을 그가 듣고 보는 것은 불가능하다. 군주를 위해 팔다리를 잃은 군인들의 노년을 후원하는 군대의 수장이 최근에야 상이군인 병원을 방문했을 뿐이다.[16]

16 1788년 6월 12일 루이 16세가 상이군인 병원을 방문한 것을 말한다.

민중이 길에서 무리지어 달리고, 도시의 성채가 붉게 물들고, 포병대의 포성이 울리고, 함대의 깃발과 등불이 바다를 뒤덮는 광경을 보는 것은 큰 즐거움일 것이다. 그렇지만 인간사회의 온갖 관계를 목격하고 이 기이한 사다리의 모든 단을 디디며 올라가보고 모든 등급을 보러 다니는 것은 훨씬 더 큰 즐거움이다.

그러므로 우리가 작은 범위 내에서 배워나가는 운명을 타고나지 않았을 때, 일상의 몇몇 실천적 인식, 몇몇 세부 사항은 자연의 질서와 부합하는 지식에 비하면 터무니없고 쓸모없다.

앙리 4세는 수도에 거주한 우리의 왕들 중에서 마지막 왕이고, 그 이후로 우리의 군주들은 수도에 냉담했다. 그들은 유럽에서 그처럼 신민과 멀리 떨어져 지내는 유일한 군주들이다. 하지만 이는 매우 중요한 정치적 고려에 따른 결정이다.

프랑스 왕의 파리 행차는 누구나 상상할 수 있듯이 영국 왕의 런던 행차와 늘 대조된다. 프랑스 왕이 베르사유 궁에서 나오면 조신의 무리가 그를 둘러싸고, 또 기마대가 그의 호화로운 사륜 포장마차를 에워싸며, 스위스인 근위대와 프랑스인 근위대가 대로를 장악한다. 대도시의 입구부터 전하께서 곧 이를 장소까지 근위대는 더 넓고 쾌적한 공간을 확보하기 위해 사방에 밀집대형으로 서서 민중을 뒤로 물러서도록 가능한 한 밀어낸다. 가게 문을 닫으라는 명령이 내려지고, 모든 일이 중단된다. 행렬이 앞으로 나아가고, 말을 타고 달려오는 장교들의 목소리에 근위대가 더욱 밀어내려고 애쓴다. 무더워서 숨이 막힐 지경이다. 확 트인 포도 한가운데에서 군주의 마차가 거침없이 나아가고, 군주는 "국왕 만세"의 함성을 듣고 몇 움큼의 주화를 운집한 사람들의 머리 위로 떨어뜨리면, 가장 힘센 이들이 주화를 줍기 위해 군중 속에서 길을 뚫는다. 이 거친 충격, 이 느닷없는 전투에 버틸 힘이 없는 이는 무슨 화를 당해도 어쩔 수 없다. 지저분한 상의를 걸치고 가는 사슬로 짜인 토시를 낀 건달들이 "국왕 만세"를 맹세하고 외치면서 24수짜리 주화를 차지하려고 서로 치고받는다.

영국 왕은 가마를 타고 낡은 창을 든 3명의 병졸이 뒤따르거나 앞장서는 가운데 왕비 궁전[17]에서 성 제임스 궁전으로 이동한다. 아무도 걸음을 멈추지 않고, 아무도 이 행차를 쳐다보지 않지만, 바로 이 왕이 대영제국의 항구에서 150척의 전함을 출동시키고 동인도 등을 자기 신민의 역량으로 장악했다.

17 오늘날의 버킹엄 궁.

887 '하원'

이것은 옛 코메디 프랑세즈 맞은편의 옛 프로코프 카페에 있는데, 궁정의 작태를 가장 신랄하게 야유하는 장소이기 때문에 조롱하듯이 이렇게 부르는 것이다. 이런 식으로 영국식 자유의 성소가 우스꽝스럽게 모방된다.

세금을 매기는 권리는 오직 하원에 있을 뿐이다. 이 점에서 하원의 권한은 독자적이고 절대적이다. 각 의원은 마음대로 자유롭게 발언할 권리가 있고, 대신들과 정면으로 대립한다. 요컨대, 로마 원로원의 전성기에 어울리는 웅변가들이 있다. 그곳에서는 순수한 자유의 불꽃이 반짝이고 절대 꺼지지 않는다. 각 지방 도시에서 모든 시민에 의해 다수결로 선출된 의원 500명이 영국 의회의 절반을 이루고, 다른 절반은 왕국의 귀족들이 의석을 차지하는 '상원'이다. 모든 것이 이 양원에서 다수결로 결정되고, 국왕은 양원에서 거부하는 것을 집행하게 할 어떤 권한도 없다.

우리의 '하원'은 프로코프 카페에 있고, 옆방은 '상원'이라 불린다. 우리는 세상 사람들의 절반이 경배하는 메카의 예언자를 연극으로 깔보고 헐뜯었던 것처럼, 이웃나라 사람들에게서 그토록 존경받는 이 명칭들을 장난삼아 사용한다.

영국에서 '국왕은 잘못할 수 없고' 이는 영국 정부의 조직에서 공인된 원칙인 반면에, 프랑스에서는 대신들이 군주 모르게 행한 것에 대해 민중이 너무 가볍게 군주를 원망한다. 어느 대신에 관해 다음과 같은 코르네유의 찬탄할 만한 두 시행을 심복에게 털어놓았을 프랑스 군주는 여럿일 가능성이 농후하다.

> 네게 말할까, 아라스프? 그는 나를 너무 잘 섬겨왔지,
> 내 권력을 불리고는 내게서 그것을 모조리 빼앗아갔어.[18]

18 코르네유, 「네코메드」, 2막 1장, 413~414행.

888 영어

40년 전에는 영어가 우리에게 조금도 익숙하지 않았고, 그래서 국왕의 집무실에 영국 문서를 즉시 설명할 수 있는 사람이 아무도 없었다. 누군가가 대합실로 가서 영어를 아는 사람이 있는지 물었지만, 깊은 침묵만이 감돌았다. 마침내 한 종사가 나섰는데, 그는 칼레 출신이었고, 칼레가 영국과 가까운 덕분으로 영어를 알고 있어서 이 문서를 번역했다. 이에 국왕은 그를 용기병 중대장으로 승진시켰고, 1천여 루이의 금화를 하사하기까지 했다.

오늘날에는 소설이 한 권 나오자마자 번역가 20명이 달려들어 서로 먼저 차지하려고 한다. 늘 그렇듯이 가장 신속한 사람이 가장 능숙한 사람이다. 이 분야의 공장들이 있다. 제자들이 스승을 위해 번역하는데, 재봉사가 문하생들에게 어느 옷을 뒤집어 다시 지으라고 지시하는 것과 동일한 방식으로 번역 작업이 진행된다. 두 번역가가 호주머니에 동일한 책의 번역본을 넣고 출판사에서 서로 정면으로 마주쳤을 때, 그들이 얼마나 놀랄지 상상해보라. 그들은 두려움으로 얼굴이 창백해진다. 왜냐하면 어느 한 사람의 것이 채택되면, 다른 한 사람의 것은 무용지물이 되기 때문이다.

그러므로 파리에서 영국 문서를 해독하는 것은 이제 40년 전에 희소했던 만큼 일반적이다. 이는 틀림없이 국민의 생각에 영향을 미쳤을 것이다. 따라서 문학이 아카데미 회원들의 옹졸하고 소심한 취향에 의해 제한되어도 영국 색을 띠게 되었다. 우리의 언어로 옮겨진 여러 정치학 저작물에 힘입어 우리는 자연권, 시민권, 그리고 정치적 권리에 관해 이해하게 되었다. 모두가 영어를 몰랐던 루이 14세 시대의 작가들은 이러한 권리를 거의 소홀히했다. 우리를 통치하는 군주에게 이 공화주의 언어가 이제는 생소하지 않은데, 친애하는 시민들이여, 우리의 입장에서 볼 때 이는 잘 된 일이다!

존엄한 진리여, 하늘 높은 곳에서 내려오라.
우리의 글에 그대의 힘과 빛이 퍼지게 하라.
왕들이 그대에게 귀 기울이는 습관을 갖도록.

독일어 번역가들도 있지만, 그들은 자신이 번역하는 언어를 잘 알지 못해서 프랑스어에도 별로 능통하지 못한 듯이 보이고, 그래서 막일꾼으로 불린다. 본빌 같은 사람은 스스로 막일꾼이었다고 자인하고, 이를 자신의 못난 운명 탓이라고 한탄한다. 그럴 이유가 있을까? 건축가로 태어나지 못했을 때에는 막일꾼일 필요가 있다. 그런데 한편에 '르투르뇌르'처럼, 그리고 '리코보니'처럼 정교하고 명확하고 힘차고 우아한 번역가 한 사람이 있으면, 다른 한편에는 한 장마다 가장 아름다운 본보기들을 얼마간 왜곡하는 '본빌' 20명이 있는 법이다.

독일 저자들은 주제 넘게 평가하고자 하는 어리석음을 빈약한 문체에 더하는 이 삼류 작가들에 의한 곡해에 대해 불평한다. 독일 저자들은 이 막일꾼들의 둔한 요령부득의 손으로 옮겨지느니, 차라리 프랑스에 전혀 알려지지 않는 것이 자신에게 더 나을 것이라고 말한다. 가죽 벗기는 사람이 자신의 칼을 챙겨서 우아함과 장중함 그리고 활력 가득한 유연하고 당당한 준마들을 떠나도록, 나는 그들의 정당한 불평을 마땅한 일로서 두루 알리는 바이다.

한 예쁜 여자가 영어를 배우고 나서 번역을 한다. 그렇다고 그녀에게 저자의 호칭이 붙지는 않는다. 그것은 그녀가 우아하게 가지고 다니는 여분의 장신구일 뿐인데, 이런 방식으로 그녀는 푸짐한 재치로 여자들을 공격하는 엄정한 비판을 모면한다.

영국의 여러 연극작품이 우리의 무대에서 공연된 것은 바로 르투르뇌르에 의한 아름답고 힘찬 셰익스피어 번역 덕분이다. 그의 번역을 유익하게 활용하면서도 그의 이름을 빠트리는 저자들은 마땅히 그에게 감사를 표해야 할 것이라고 나는 생각한다.

889 여배우의 사정

이것은 극장의 비밀이고, 작가의 마음에 들지 않는 극작품의 공연을 중단하는 기법이자, 관객에 대한 과오를 땜질하는 방편이다. 또한 경쟁관계에 있는 여배우에 대한 소소한 복수이고, 태만과 게으름 그리고 이기심의 구실인 데다, 기타 등등 모든 것에 대한 대답이다.

몸이 불편한 여배우라! 코르네유는 더 이상 희곡을 쓸 수 없고, 러시아와 독일의 왕족들은 헛된 기다림이지만 어느 연극을 관람하지 않고는 떠나지 않을 것이다. 몸이 불편한 여배우라! 모든 저녁식사 자리에서 그녀가 이야기될 것이다. 음, 이봐요! 지금부터 그녀는 하루에 두 번 정기적으로 마차를 타고 그녀를 왕진하러 오는 두 의사와 내통하고, 온 동네의 포도에 두엄, 진흙투성이 매트를 깔지 않겠소? 그런데 그녀는 아프지 않소? 오, 의심 많은 사람들 같으니! 여배우가 비밀 출입문을 통해 빠져나가 시골에서 기분전환을 하고 있다고 중상하는 말까지 나올 것인데, 연기를 하는 여자가 안달하는 관객을 속이거나 달래기 위해 대수롭지 않은 연극을 전혀 생각해내지 않았다는 것은 정말 놀랄 만한 일이다.

모든 이가 공연 벽보의 관용어법을 귀로 듣는데, 실제로 "○○○ 양이 질투에 사로잡힌 애인의 주먹질에 얼굴에 상처를 입고 볼이 부었다"느니, "○○○ 양에게 베누스의 발길질이 가해졌다"느니 하는 내용을 벽보에 큰 글자로 적을 수 있겠는가? 그러나 여배우가 예쁠 때나 여배우에게 재능이 있을 때, 관객은 이러한 사정을 믿는 체하고 그녀의 근황을 떠들썩하게 묻는다. 이는 익살극이 된다. 근엄한 의사들이 돈을 받고 이 술수에 연루되는데, 그들은 이럴 경우에만 예외적으로 확실하게 치유한다.

이러한 소극이 6주일간 또는 2개월간 지속된다. 그러고 나서 여배우는 병색이 아직 남아 있지만 회복되기 시작했음을 보여주는 특별 화장을 하고 다시 나타난다. 여배우를 '살페트리에르'로 보내버리겠다고, 그녀가 1층 입석 손님에 대해 대역죄를 저질렀다고 울부짖던 이 동일한 관객이 이튿날 '무릎을 꿇고' 그녀를 열광적으로 맞이한다. 그녀는 이제 배우로서의 자질을 2배로 인정받는다. 또한 그녀의 술수와 가장된 공손이 호의적으로 받아들여지고, 그녀의 무례함마저 용서를 받는다.

애꿎게 작품 공연이 중단된 작가들이 모욕당했다고, 이는 예술에 대한 모독이라고 아무리 외쳐도 소용없는데, 그들의 말에는 아무도 귀를 기울이지 않는다. 여배우가 이기고, 모든 의학도가 "그녀의 집 앞에서 의사의 마차를 보았다"고 되풀이하여 말한다. 그러고 나면 지하의 모든 아스클레피오스가 상상의 치유를 실제의 치유로 탈바꿈시킨다.

그러나 자연이 여성에게 물론 고리(高利)로 파는 쾌락의 대가를 여배우가 지불해야 할 때에는 그녀로서도 어쩔 수 없는 사정이 생긴다. 왜냐하면 아기 때문에 멜포메네와 탈레이아의 배가 하녀들의 배처럼 둥글게 부풀어 오르고, 그렇게 되면 이다메나 위제니의 역을 연기하면서 임신한 모습을 보일 수 없기 때문이다. 여신이 이 세상에서 디오메데스 같은 남자와 마주칠 때에도 여배우에게 어쩔 수 없는 사정이 생긴다. 왜냐하면 디오메데스가 아프로디테를 찌르는데, 만일 아프로디테가 여배우라면 그녀는 몸이 불편하다는 문구를 벽보에 넣게 했을 것이기 때문이다. 음! 디오메데스 같은 남자의 난폭함을 어떻게 폭로한단 말인가! 이 끔찍한 폭행은 상상으로도 의심할 수 없게끔 반드시 숨겨야 한다. 손톱자국이 난 얼굴을 어떻게 관객에서 보인단 말인가? 팔이 부러졌다면 분노가 덜할 것이다. 왜냐하면 이러한 범죄들은 잔혹하기는 해도 드러나지는 않기 때문이다. 내 말하노니, 그것들은 감춰지고, 의과대학의 의학박사들도 이러한 추문을 은폐하는 것이 지위에 어울린다고 생각한다.

그러므로 '여배우의 사정으로 공연 연기'라는 알림은 많은 사항, 가령 변덕, 원한, 오만, 그리고 격앙되었거나 짓궂은 사랑의 온갖 상처를 의미하는 것이다.

도도한 클레롱이 동료 '뒤부아'와 함께 공연하기를, 그가 외과의사에게 대금을 치르지 않았다고 해서 거부하지 않고 갑작스레 실신한 척하거나 '몸이 불편한' 척했다면 그녀는 극단에 남아 있었을 것이고, 연습하지 않음으로써 춤의 재능이 사라지듯이 자연스러움이 절반 이상 상실되면 사라지게 되는 재능을 잃어버리지 않았을 것이다. 또 이 여배우의 무례 이후 20년이 지나 『주르날 드 파리』에서 우리에게 이 은퇴를 영웅적인 희생으로 변환시키고, 이를테면 이 작위적인 포기를 크리스틴과 샤를 5세의 양위에 빗대게 되지는 않았을 것이다.

어느 다른 배우는 연기가 서투를 때 야유당할 위험을 무릅쓰는데, 이는 1년에 3만 4천 프랑을 버는 것으로는 충분하지 않다고 생각하고 변함없이 갈채받기를 바라기 때문이다. 그는 사임하지만 자신의 성명(聲明)을 지방으로 가져갈 것이고, 박해받은 위인의 행세를 하고, 벌이가 2배로 늘어나며, 안목이 있는 수도 사람들을 심판자로 원하지 않았다는 것에 자부할 것이다.

890 작가여! 작가여!

영국인은 우리의 극장이 안팎으로 무장 병정에 의해 에워싸여 있는 것을 보고서 깜짝 놀라는데, 여기에는 정당한 이유가 있다. 몰리에르가 우리를 웃게 만들고 코르네유가 우리의 영혼을 드높이는 바로 거기에 소총들이 즐비하고, 보초들이 관객의 목소리를 억제하고 모든 움직임을 통제한다. 그러나 1층 입석의 관객들이 희곡작가를 큰 소리로 비난할 때에는 불분명하고 무질서한 고함으로 극장이 떠나갈 듯해도 내버려둔다.

1층 입석 관객들은 작가들에 대해 준엄할 뿐만이 아니라 매우 무례해졌다. 그들은 작가의 작품만을 판단의 대상으로 삼아야 할 터인데도, 작가의 인격을 공격하는 권리까지 부여받은 듯이 처신한다. 흔히 공연의 말미에 방금 끝난 마지막 장에 새로운 장을 덧붙이기라도 하듯이 그들은 '작가'의 출현을 큰 소리로, 그것도 몹시 열광적으로 집요하게 요청한다. 그들의 함성은 누릴 권리가 없는 것을 무례하게 요구하는 노골적이고 추잡한 성격을 띠고 있다. 그들은 희생자가 무대로 불려나올 때까지 고함을 점점 더 크게 질러대는데, 이럴 때 그들의 갈채는 모욕 이외의 어떤 것도 아니다.

광란하는 1층 입석 관객들의 강압적인 아우성에 굴복할 만큼 자신을 존중하지 않는 작가들이 어떻게 있을 수 있는지 모르겠다. 모든 작가는 관객의 광적인 소동을 용납하지 않을 권리가 있다는 사실을 어떻게 관객은 의식하지 못하는 것일까? 판단의 대상은 엄연히 작가의 운문이나 산문이지, 그의 생김새와 옷차림 그리고 몸가짐이 아니다.

결국 몽벨[19]의 무대 출현이 요구되기에 이르렀고, 그가 나타났다. 오! 「메로프」의 작가로부터 이 관행이 시작된 이후 그것을 종결시키게 되어 있는 이는 바로 몽벨이다.

1층 입석 관객들이여, 라리브라는 이름의 배우를 몰아낸 후에 「올리드의 이피제니」 중의 다음과 같은 반구(半句)에 익살스러운 격정으로 갈채하면서 말장난 하시게나.

> 멀리서 연안이 신음하고 ….[20]

1층 입석 관객들은 다른 곳에서 찍소리도 못하는 만큼 극장에서 제약 없이 외쳐대고 싶어 한다는 데에는 공감이 간다. 그러나 그들이 작가들에 대해 이와 같은 방종을 행한다면, 작가들도 이제는 프랑스 무대를 위해 어떤 작품도 창작하지 않는 것이 좋을 것이다.

19 Monvel(1745~1812): 코메디 프랑세즈의 단원이자 극작가.

20 '연안'의 원어는 'La rive'인데, 이것이 비극배우 라리브(Larive)를 함축한다는 점에서 말장난이 성립한다.

891 부슈리 길의 카페

친애하는 독자들이여, 그대들에게 미리 경고하는 바이지만, 연극을 좋아한다면 공연이 시작되기 전에 무대 뒤에서 일어나는 일을 보러 가지 않도록 유의하라. 그곳은 일종의 어두운 동굴이다. 거기에서는 온갖 색깔과 모습의 유령들이 자세히 볼 새도 없이 혼란 속에서 무질서하게 배회한다. 온갖 연령층의 남녀 배우들이 하나의 얼룩덜룩한 무리를 이루고 있는데, 어떤 배우는 반쯤 옷을 입은 상태에서 영웅이 신는 반장화로 곧 바꿔 신을 테지만 다 떨어진 구두를 신고서 화려한 겉옷을 서둘러 걸치고 있다. 또 다른 배우는 무대 뒤 고정된 양초 끝에서 퍼지는 불빛 아래에서 얼굴을 찌푸리고 의미가 잘 이해되지 않아 그만큼 더 힘든 각자 맡은 역의 대사를 외우기 위해 애쓴다. 또 어떤 배우는 거울 한쪽 구석에서 발걸음, 몸짓, 그리고 뛰어오르고 떨어지고 다시 일어나고 돌진하고 공중곡예를 하는 모든 움직임을 규칙적인 동작에 따라 민첩하고 소란스럽게 연습한다.

옆에는 카르타고의 여왕이 찢어진 안락의자에 앉아 있는데, 그녀의 시중을 드는 이라고는 반쯤 햇볕에 그을린 얼굴로 그녀를 바라보고 웃는 흑백 혼혈인밖에 없다. 오귀스트는 연지를 다시 바르고, 역겨운 냄새를 풍기는 등잔의 심지에 자신의 모조 월계관을 태운다. 오로즈만은 아름답고 유덕한 자이르[21]를 찌르게 되어 있는 단도를

21 Zaïre: 볼테르의 동명 희곡에 등장하는 여주인공.

허리춤에 차고 그녀와 함께 까불어대면서 파국을 우스꽝스럽게 연습한다. 가장 친밀한 말놓기와 가장 저속한 욕설이 코르네유와 라신의 숭고한 관용어법을 뒤덮는다.

이 세상에서 부활절 2주간 동안[22] 파리의 부슈리 길에 위치한 작은 카페에서 일어나는 일에 필적할 만한 것은 없다. 지방 극장의 모든 책임자가 극단을 구성하기 위해 일종의 공개 시장으로 달려와 위풍당당한 발걸음으로 전나무 무대바닥을 밟고 있고, 이쪽에서는 자기 자신을 팔고 저당하기 위해 무리지어 달려오는 모습을 상상해보라. 여윈 여왕, 애교부리는 연인, 자칭 대머리 귀족 아버지, 쉰 목소리, 떨리는 손, 용모가 역에 어울리는 파렴치한 하인, 언제나 극작품에 무용한 만큼 서투른 공손한 심복, 변함없이 청춘의 정열과 매력을 지니고 있다고 생각하면서 늙어가는 귀공자가 거래된다.

어수선하게 뒤섞여 있는 남녀 배우들이 서로 알아보고 경쟁을 벌이며, 모두 서로에 대해 우월하다고 생각한다. 실제로 각자 형편없는 재간에서는 그러하다. 그러나 보잘것없는 자가 품위를 띠며 으스대고, 가끔 사육장 한가운데에서 공작의 오만과 어리석음을 과시하고, 프랑스어가 가까스로 이해되는 왕국의 벽지에서 자신에게 아낌없이 쏟아진 갈채를 주위의 모든 거위새끼에게 이야기한다. 황후가 한 달에 140리브르로 계약을 맺고, 심복은 겨우 75리브르 받는데도 추가로 프롬프터의 노릇까지 해야 한다고 한숨 짓는다.

요컨대, 거기에는 왕국의 극장 무대 위에서 언어, 희곡, 올바른 태도, 양식을 왜곡하지만, 열광적인 갈채를 마찬가지로 받고 있는 모든 이가 무더기로 모여 있다.

22 프랑스 전역에서 부활절을 전후한 2주간은 극장이 의무적으로 문을 닫는 기간이었다.

서로 알아보고 무대 위에서만큼 거짓된 격정으로 서로 포옹하는 친구들, 은밀한 질투만큼 실재로 적개심도 갖고 있고, 자기 얼굴에 대한 자부심이 대단하여 연상의 비쩍 마른 여배우에게 추파를 던지는 미청년, 보수를 적게 주는 극장 책임자와 야유로 보수를 지불하는 관객에 대한 암암리의 저주, 이 모든 것은 그들이 제공할 수 있을 공연보다 더 새롭고 더 다양하며 더 재미있는 볼거리를 이룬다.

운수업체의 마차로 북부에서 도착하는 이는 승합마차로 남쪽을 향해 곧 떠날 것이고, 마르세유에서 도착하는 이는 곧 스트라스부르로 향할 것이다. 그들의 위치와 이동은 우연히 결정되는데, 그들은 가스코뉴에서 울부짖을지, 노르망디에서 울부짖을지 알지 못하고 계약을 맺었다가도, 변덕이나 필요 때문에 2시간 후에 파기하고, 자신을 과대평가하거나 시장에서 파는 가금류처럼 자신의 가치를 떨어뜨리고, 맹세했다 서로 칭찬했다 욕설을 퍼부었다 한다.

이 카페는 극예술의 이 고결한 매개자들로 넘친다. 그들은 길의 봇도랑에까지 무리지어 빽빽이 들어차 있다. 한 사람이 창을 간 구두와 대조되는 남은 무대의상을 입고 있는데, 웃옷은 화려한 반면에 반바지는 대충 수선한 흔적이 역력하다. 그들에게 어디로 갈 것이냐고 물으면, 그들은 아이소포스처럼 "전혀 아는 바 없다"고 대답할지 모른다.

온갖 종류의 가축이 거래되는 장터만큼 기이한 이 특이한 장터 한가운데에서 극장 책임자들은 배우들의 값을 흥정하면서 이리저리 돌아다닌다. 극장 책임자들은 싼 값으로 고용하고 싶은 배우에게 알랑거리고, 특히 선금을 주겠다고 말한다. 계약한 남자배우가 서투른 여자배우의 애인이기 때문에 그 둘은 함께 받아들여지고, 극장 책임자가 별거에 관해 말하면 그의 얼굴을 빤히 쳐다볼 것이다.

사실 이 배우들은 머리에 15~20가지 배역이 들어차 있어서 예술에 관해 더 배울 것이 없다고 확신하며 대담하게 말함으로써 예술의 기초가 단단하다는 믿음을 준다. 지방행 극단들이 일차로 구성되고 나면 찌꺼기가 남는다. 저런! 내 친구들이여, 오래지 않아 이들은 천민을 즐겁게 해주는 순회무대로 퍼질 것인데, 가령 '데스탱'과 '카베른'은 스카롱이 그의 저서 중에서 형편없지는 않은 유일한 것으로 상찬해 마지 않았다.

이 가식적인 사람들의 얼굴에서 여러 가지 정념들이 드러났다 감춰졌다 한다. 그들은 유럽의 모든 도시를 익히 알고 있으며, 때로는 유럽의 모든 악습을 이야기한다.

그러니까 지방 극장에서 연민의 부드러운 감정이나 우스꽝스러움의 날카로운 표현에 의해 우리의 정념을 바로잡기 위해 묘사하는 이 사람들이 관찰되고 흥정되며 선택된다. 수도의 훌륭한 배우들 중의 한 사람이 우연하게나 호기심 때문에 이 천민의 무리 사이에 끼어든다면, 그는 가장 차가운 경멸의 미소를 지을 것이다. 왕실 배우라는 직함은 그로 하여금 자신을 다른 부류로 생각하게 만든다. 이에 비하면 주교가 소교구의 불쌍한 성당 관리인을 바라보는 시선이 덜 오만할 정도이다.

여가수들로 말하자면, 주의 깊게 살펴보라. 그녀들은 그 수가 드물기 때문에 더 도도하고, 터무니없이 비싸다. 아리에타 여가수는 멜포메네와 탈레이아보다 비싸다. 일반적으로 그녀들은 더 젊고 더 잘 차려입었으며, 다수의 숭배자에도 불구하고 덜 불손하다.

직업 때문에 온갖 걱정거리와 모욕에 시달리는 배우를 달래주는 것은 그의 광적인 자유이다. 배우는 이러한 자유를 누리기 때문에 야유에 그다지 상처를 입지 않고, 관객의 영향력에 대해 방약무인으로써 복수한다.

그렇지만 배우들은 국민이 자랑스럽게 여기는 작가들의 도구이고, 천재의 존경할 만한 해석자이며, 직업상 무대 주인들의 영광을 퍼뜨릴 책임이 있는 사람이다. 이 모든 익살광대는 이 카페에서 나선 이후 온갖 도시로 가서 자신들이 일용할 양식으로 삼는 만큼 자신들만의 소유물로 간주하는 불멸의 걸작들을 공연할 것이지만, 무대 주인들은 배은망덕한 젖먹이와도 같다. 탐욕스런 극장 책임자들은 자신들의 저급한 취향에 맞춰 새로운 희곡들을 훼손하고, 자신들의 양육자에 대해 조금도 고마움을 느끼지 않는다.

여자들이 공연의 책임자인 경우도 있는데, 어떻게 이와 같은 역할이 여자들에게 어울릴까? 모를 일이다. 몽탕지에는 왕국을 순회하는 극단과 보조자들이 있고, 캉과 루앙의 실력자인데, 이것도 특권이다. 프랑스에서는 오락도 포함하여 모든 것이 특권에 의해 좌우되기 때문이다.

어떤 여자 책임자가 탐욕스러우면, 지방은 따분한 곳으로 변하게 된다. 지방 관객은 그녀의 변덕 때문에 간접적으로 타격을 입게 되어 있다. 타인의 안색, 얼굴표정, 몸짓을 감안하면서 생활비를 버는 것은 상식을 벗어난 특이한 관례가 아닌가! 희극이건 비극이건 공연 책임자에게는 거저일 때가 좋다. 극히 적은 금액이더라도 금전적 관례가 문제될 때에는 상태가 나빠지기 시작한다.

892 루이 금화

몇몇 시기에는 루이 금화가 희소했다. 이 금화를 도박자들이 필요로 하고 여행자들이 찾고 수전노들이 탐내기 때문이다. 루이 금화 하나가 15수까지, 때로는 그 이상의 금액으로 환전된다.

누가 이 일을 하는가? 바로 루주 다리에서 통행세를 징수하는 사람인데, 그는 리아르 동전만을 받는다. 이 동전을 받는 덕분으로 그의 수입은 루이 금화로 이루어진다. 그는 모든 통행인에게서 루이 금화를 2수로 사서 5수에 되판다. 평생 리아르 동전만 취급하는 사람의 집에서 누군가가 필요로 할 때 500~1,000루이를 구할 수 있다니 흥미롭지 않은가? 1786년에 새로 주조된 루이 금화는 가치가 옛것만 못하다. 새것에는 루이 16세의 얼굴이 잘못 새겨져 있다. 평범한 인물의 초상도 잘못되면 안 되는 마당에, 하물며 강대국 군주의 초상을 그르치면 이는 예사로운 일이 아니다. 이러한 실수는 용납할 수 없다. 국왕의 얼굴은 6리브르 가치의 에퀴 은화에서만큼 루이 금화에서도 왜곡되어 있는데, 이는 평소 무덤덤한 이들도 놀랄 정도이다.

할인금고의 어음으로 인해 루이 금화가 덜 필요하게 되었지만, 어음의 편이성 때문에 도박의 열기가 더 뜨거워졌다. 어음은 도박꾼들의 무분별한 열정을 가려준다. 즉 그들은 시각과 상상력에 강한 인상을 주는 노란색 루이 금화 대신 검은색 어음만을 보면서 더 심한 무절제에 빠져든다.

탐욕의 망상에 법이 무슨 소용일까? 저절로 벌을 받게 되는 범법행위들이 있다. 도박은 최초의 예찬자들도 저주하지만, 파멸로 치닫기 위해 특별한 수속을 밟아 어두운 요새로 몸을 피해 도박을 하는 사람의 경우에는 아무리 사려 깊은 법이라도 무용지물이 된다. 즉 이제는 옛법이 그에게 영향력이 없고, 요새 안까지는 새롭고 신성한 법이 미치지 않는다.

893 독특한 계책

죽게 마련인 인간은 본질이나 출신이 다르더라도,
정오의 종이 울리면 누구나 점심을 먹어야 한다.

무료로 먹고 게다가 돈을 내는 하숙인을 두는 것은 희귀하고 특이한 계책인데, 이렇게 하는 사람이 있다고는 아무도 들은 적이 없을 것이다. 이러한 약삭 빠른 경제의 완벽한 경지에 이르려면, 생제르맹 포부르나 생토노레 포부르에서도 날마다 취사가 이루어지는 커다란 저택들 인근에 거주해야 한다. 우선 네 접시가 들어갈 수 있는 양철 상자를 구입하고, 심부름꾼을 둔다. 이것이 마련되면, 큰 주택의 요리사를 잘 사귀어 놓고, 남은 음식값을 그와 흥정한다. 통상적으로 한 달에 27프랑이 든다.

이 모든 조건을 갖춘 약삭 빠른 사람들 중에서 한 달에 36리브르를 내는 하숙인을 둔 사람이 있었다. 4시 반에 그가 양철 상자를 심부름꾼에게 들려 보냈고, 요리사의 조수들이 풍성한 식탁에서 대부분 손도 안 댔거나 조금밖에 먹지 않은 음식을 그 양철 상자에 담았다. 이를 비밀에 붙이고 있는 요리사는 특히 고기가 쉽게 상하고 남기는 음식이 많은 여름에 주인이 놀랄 정도로 여러 날 계속해서 풍부하게 음식을 조리해 내놓는다.

베이징에서 로마까지 다녀보라. 이 세상 어떤 곳에서 이러한 종류의 연금을 찾아보겠는가? 그렇지만 나는 이런 사례를 직접 보았는데, 나의 한 지인은 한 달에 27프랑으로 브리온 백작부인 댁의 남은 음식을 마음대로 가져갔다. 그는 지방 출신 하숙인에게 이 음식을 제공하고서 거의 공짜로 가져온 것이나 마찬가지인데도 늘 감사의 말을 들었고, 이 음식으로 자신의 배도 채우고 하숙비도 챙겼다.

여인숙 식당에서 늘 좋은 대접을 받기 위한 또 다른 계책을 알고 싶은가? 여기 있다. 배회하는 점심 손님들은 새로 문을 열고 새로운 간판을 내건 모든 여인숙 식당을 알아보는데, 그런 곳에 가면 한 달 동안은 대접이 후하고, 침대 시트가 깨끗하며, 하인들도 친절하고, 주인이 공손하고, 맛있게 조리된 요리가 나온다. 그러나 열정과 정성에도 한계가 있어서 한 달이 다 되어 갈 때는 모든 것이 변한다. 깔끔함이 덜하게 되고, 정성과 배려가 불결함과 태만으로 대체되어, 점심 손님들은 4주가 지나면 새로운 여인숙 식당을 찾아나선다. 최근에 파이, 영계, 기름 살을 넣은 어린 토끼, 색깔이 다른 두 가지 과일이 출입문에 파란색으로 그려진 여인숙으로 그들의 관심이 쏠린다. 이러한 출입문의 그림은 더 생생하고 더 선명하다는 점에서 그들에게 '신장개업'한 업소임을 알려준다. 좋은 대접을 받기 위한 비법을 알고 있는 그들은 이런 곳을 처음 얼마간 계속해서 출입하는데, 30~40일 동안은 음식이 양호하지만, 그 이후로는 서서히 나빠진다.

내 친애하는 독자들이여, 잘 새겨들었을 것이다. 저녁을 먹지 않는 점심 손님들처럼 돌아다니면서 새로운 여인숙 식당에서 한 달 동안 좋은 대접을 받느냐 못 받느냐는 이제 그대들만의 몫인데, 아마도 1년에 12군데 이상을 선택해야 할 것이다.

부슈리 길의 여인숙 식당은 언제나 음식 값이 저렴한데, 36수로 배를 거의 가득 채울 수 있고, 게다가 그 여인숙 식당의 홀이 음식물 입자로 가득해서 이곳들의 공기를 들이마시는 것만으로도 여분의 한 끼 식사가 된다. 다음으로 프랑스의 갖가지 지방, 예컨대 가스코뉴, 프로방스, 리무쟁, 프랑콩트, 노르망디, 피카르디 등의 억양을

2~3일 내에 터득하게 되는 이점이 있다. 요리사 조수들의 고함과 하녀들의 날카로운 소리에 뒤섞이는 이 사투리들의 어수선한 소리로 완벽히 야단법석이다.

가진 것이 보잘것없는 사람들, 독신자들, 노총각들, 외국인들은 이 여인숙 식당들을 자주 이용하는데, 이는 자기 집에서 끼니를 잇자니 겨우 허기를 면할 정도의 수프와 죽만으로 계속 연명하지 않는 한 돈이 너무 많이 들기 때문이다. 중앙시장은 오전에 이미 물건이 동나고, 날마다 급식 관리인들의 가공할 집단에 섞여 전쟁을 치르는 것은 파리인들의 골칫거리이자, 부자들이 행사하는 사실상의 횡포이다. 급식 관리인은 식료품들을 만져보면서 한 차례 둘러보고는, 다시 지나가면서 가장 양질의 물건들을 커다란 채롱에 담는다. 양질의 식료품들이 여전히 진열되어 있지만, 이미 팔린 것이어서 한 조각도 살 수 없으니, 서민이나 하찮은 가정을 위한 것이라고는 아무것도 없다. 눈으로는 풍요를 구경할 수 있어도, 배로는 결핍으로 고통을 느끼게 된다. 이처럼 부자들로서는 많은 돈을 들이는 것이 아니지만 다수가 굶주리게 된다. 급식 관리인들은 대량으로 사들여서 뒤이어 서로 되파는데, 이러한 매점(買占)은 날마다 벌어진다. 급식 관리인들은 식료품 가격이 자신에게 별로 중요하지 않고 또한 주인이 급식비를 그렇게 면밀히 검토하지 않기 때문에, 다른 구매자들, 하위의 요리사들로 하여금 더 비싼 값을 치르게 함으로써 그들을 지배한다. 하찮은 물건만을 구입하게 되는 가난한 사람은 부자를 위한 식탁의 대가를 치르는 셈이다.

따라서 하층민을 위한 먹거리에 있어서 파리가 가장 나쁜 곳이라고 할 수 있다. 기숙사나 신학교에서 젊은이들이 1년 내내 배고픔을 호소하지만, 식료품이 지나치게 비싸고 기숙생들과 신학생들의 학사 조리사가 자기 주머니만 두둑하면 학생들의 체질 약화에는 그다지 신경 쓰지 않기 때문에, 즉 그들에게 작문, 발표, 번역, 그리고 군사훈련을 글자 그대로 먹이고자 하는 것 같기 때문에, 잘 먹어야 하는 나이의 청소년과 청년의 식사가 가혹한 경제로 인해 오히려 빈약해진다. 이처럼 긴축재정은 위험을 수반하고, 인간사회라는 살아 있는 나무의 연약한 뿌리까지 말리는 끔찍한 타격을 가한다.

레스토랑 경영자의 식탁에서 식사를 하고 싶은가? 높은 가격 때문에 오래지 않아 싫증이 날 것이다. 그럴듯한 약속에도 불구하고 음식의 영영가가 높지 않을 뿐더러, 가진 것이 보잘것없는 사람은 접근부터가 불가능한 것 같다. 이 음식점들은 성 프란체스코회 수도원의 구내식당에 비유되는데, 그곳들에서는 냅킨이 제공되지 않고, 대화가 금지되어 있으며, 식사가 끝나고도 식욕이 충족되지 않고, 6리브르를 쓰고도 배가 부르지 않을 정도로 음식의 양이 적다. 요리 목록을 주의 깊게 살펴도 소용없는데, 거기에 나와 있는 것은 견본일 뿐이다. 그런데도 기력을 완전히 회복하려면 레스토랑에 가는 것으로 충분하다고, 거기에서 들이마시는 공기, 요리의 증기, 그리고 가격표를 읽는 것만으로도 틀림없이 배가 찰 것이라고 믿는 것 같다.

아주 저렴하게 계산하면서 그 가격표를 면밀하게 검토하지 않고 경솔하게 거기에 있는 그대로 요리를 요구한다면, 24리브르를 지출하고도 그다지 배가 부르지 않을 것이다. 그러므로 먹기 전에 계산하고, 주머니에 돈이 없다면 식욕을 억제해야 한다. 농업 및 자연의 재생산에 관한 그토록 많은 훌륭한 책이 나오고도 먹고살기 위해 40년 전부다 3배의 비용이 드는 것은 무슨 연고일까?

894 공공의 배은망덕

계절마다 온갖 악천후를 뒤로 하고, 어두운 밤에 추위를 무릅쓰고 빙판 위로 식료품을 파리에 가져다주고, 이 천혜의 선물을 시장에 펼쳐놓기 위해 7~8리외 떨어진 곳까지 달려가는 이 서민들을 어떻게 대우할까? 차일도, 그들을 맞아들일 천막도, 그들을 보호하기 위한 차양도 없다. 그들은 양식을 공급해주러 가는 도시에서 빗물받이 홈통의 물, 포도의 습기, 그리고 하늘 천막과 마주칠 뿐이고, 때로는 그들의 식료품이 흙탕물에 휩쓸려간다.

우리의 현명한 조상은 시장을 한 구역에 모여 있도록 제한했는데, 지금 생각해봐도 이 계획은 합리적이다. 시장들이 너무 멀리 떨어져 있었던 것이다. 구매자가 채소를 산 후에 생선을 사고 또 버터를 사기 위해 여기저기 멀리 달려갈 것인가?

시장은 공공의 편의를 위해 모여 있어야 한다. 음! 한 동네는 소음과 소란에 휩싸일 것이지만, 그 외 다른 동네들은 그 피해를 면할 것이다. 게다가 시장이 도심에 위치해 있는 만큼, 어떤 동네도 불평할 권리가 없다.

물론 특별한 장터들이 있을 것이지만, 식탁 위로 모이게 되어 있는 갖가지 식료품을 갖춘 시장을 서로 떨어뜨려 놓고 시장의 유대를 끊어놓는다면, 서민은 시간을 강제로 빼앗기고, 인접한 길에는 더 힘이 들고 시간을 들여 채롱을 채우며, 짐수레를 들거나 끌고서 구매자들이 여기저기 다녀야 하므로 그만큼 더 큰 혼란이 초래된다.

그러므로 시장이 하나의 장소에 모여 있어야 하고 다른 모든 계획은 상식에 어긋난다고 저잣거리 여자들이 목청껏 외쳤다면, 그녀들은 유력인사들보다 더 많이 알고 있는 것이다. 그러나 상스런 여자들이 한 말이라고 해서 아무도 귀를 기울이지 않았다. 저마다 자기 일에는 일가견이 있게 마련이다. 생선 파는 여자들의 모임과 그녀들 중 유력자들은 우리 조상의 상식이 망각되어서는 안 된다고, 또한 맛있는 요리를 만들기 위해서는 모든 것을 수중에 두어야 하는 것과 마찬가지로, 한 군데에서 구할 수 있는 것을 여러 곳으로 찾아다니면서 시간을 낭비해서는 안 된다고 지적했던 것 같다.

895 살아 있는 금고

1749년 밀 독점으로 인해 허수아비 교수형에 처해진 어떤 사람이, 1756년[23]의 전쟁에서 설탕을 매점하여 수천만 프랑의 거부가 되어 예배당을 짓고 몇몇 자선을 행하는데, 사람들이 그의 과거를 잊고 그의 지나간 비리를 용서하니, 과연 부는 죄를 사해주는 것인가! 그를 살아나게 해주는 대가로 의사가 그로부터 '하루에 1천 리브르'를 받았다는 이야기가 돌았는데, 대중은 순진하게 그것이 사실이라고 믿었다. 요컨대, 이 현대의 마이다스는 부의 힘으로 남다른 존경을 획득했다. 그가 엄청난 거부였기 때문에 저마다 그의 의사이기를 자청했고, 그가 죽는 것을 바라지 않았다. 죽음의 낫에서 벗어나게 된 그의 삶 한 시간에 얼마의 가치가 있는지 모두들 계산에 열중했다. 그의 삶에서 하루가 연장되어 받게 되는 종신연금만으로도 가련한 작가 한 사람을 부자로 만들어 주기에 충분했을 것이다.

이 황금 송아지가 병들었을 때, 의사들은 그에게 '옹브르 시누아즈' 극장이나 '바리에테 아뮈장트' 극장을 처방했고, 그가 죽었을 때에는 저마다 그의 친척이어서 그의 재산을 상속하고 싶어 했다. 그러니까 많은 재산은 큰 명성을 가져다준다?

한 지방 출신자가 이 플루토스의 파농페[24] 집에서 점심식사에 참석했는데, 곤들매기 요리가 나왔다. 그는 이 민물고기의 이름이 생각

23 7년 전쟁이 시작된 해.

24 panomphée: 제우스의 별칭 또는 제우스에게 부가되는 형용사.

나지 않아서 "부인, 이 강의 지사[25]를 제가 조금 먹겠습니다"라고 말했는데, 이 식탁의 좌중에 지사 3명이 있어 이 농담은 명예훼손으로 빈축을 샀다. 결국 이 지방 출신자에게는 출입금지령이 내려졌다.

무고한 큰 재산은 결코 없다는 것이 사실이라면, 이 금고에 얼마나 많은 비난이 쏟아졌겠는가? 음! 오늘날 그에게는 무엇이 남아 있을까? 그는 요람 안의 애를 돌보는 예쁜 여자 몇 명을 '용병'으로 고용했고, 베누스 정원의 어떤 꽃에 불명예의 대가로 지참금을 지급했으며, 여유 있는 저택 또는 부의 궁궐에 거주하는 하인들 대부분이 하는 일로서 출입문을 개폐하고, 마루판을 문질러 깨끗이 닦고, 토끼 고기에 구멍을 내어 양념을 넣고, 마차를 몰고, 개를 데리고나가 산책시키는 고된 일을 하다가, 이러한 노고에서 벗어난 몇몇 하인을 상이군인 병원의 혜택을 누리게 해주었다. 실제로 이 사람이 하는 일 없이 논다는 것은 상상도 할 수 없는 일이었다. 그는 지칠 줄 모르고 계산하는 타산적인 사람이었고, 만일 죽음이 타산의 대상이었다면 그가 자신의 금고에 죽음까지도 꼭꼭 집어넣었으리라는 데에는 의심의 여지가 없다.

25 강에서 곤들매기는 지방에서 지사가 행사하는 만큼의 권한을 누린다.

896 권투선수

우리에게는 주먹을 쥐고 서로 치고받는 거친 일류 선수들이 없지만, 두뇌들끼리는 싸우리라고 확신할 수 있는데, 이는 불가피한 것이다. 이로부터 소책자들이 나온다.

온갖 감정을 겪게 되는 일반 사람들은 이러한 종류의 싸움을 좋아한다. 그들은 작가들이 서로 부딪히는 것을 보고 싶어 하고, 그들로 하여금 전쟁을 벌이도록 부추기고 자극하며, 그들이 서로 가하는 타격에 만족해한다. 욕설을 가로질러 진실의 잔가지들이 드러나고 사실들이 분명해진다.

전투나 포위공격 이야기를 탐독하는 것과 동일한 이유로, 싸움꾼이 조금이라도 유명하기만 하면 그에게 구경꾼이 몰린다. 싸움을 벌이면서 타격을 당하지 않는 것은 불가능하므로, 두 일류 선수는 어느 쪽이나 다소간 상처를 입게 된다.

파리의 일반 사람들은 런던의 일반 사람들만큼 선수들이 타박상 입는 것을 좋아하지만, 파리인은 기백의 실추에 집착을 보이는 만큼 더 섬세하다. 이 부문에서의 무절제는 모든 이가 익히 알고 있다. 펜을 든 손놀림이 난폭하고 격렬하다.

베르가스[26]가 보마르셰에게 한 말을 기억하는가? "나는 그대의 삶, 그대의 삶 전체를 잘 알고 있소. 그대의 삶은 혐오스럽소." 일찍

26 Bergasse(1750~1832): 1775년부터 파리에 정착한 변호사로, 유명한 코른만 소송사건에서 보마르셰와의 다툼으로 유명해졌다.

이 영국 권투선수가 더 격렬한 펀치를 날렸을까? 그리고 도데 드 조상이 받은 모든 펀치는 또 얼마나 강력했는지! 그렇다, 타미즈[27] 강의 연안에처럼 우리에게도 권투선수들이 존재한다. 이 일류 선수들의 이름은 매우 유명해서 어린이들도 그들의 이름을 알고 있다.

칼론과 네케르[28]는 이 권투선수들 사이에 넣지 않겠다. 이 둘 사이의 논쟁은 두 위대한 국민이 지켜보는 가운데 벌어진 경쟁으로서, 공익과 애국심이 관건이고, 각각의 창은 해명의 빛을 반영한다. 이와 같은 고결한 맞대결은 모든 시민의 관심을 끈다. 힘이 대등한 두 적수가 대상에 관한 많은 견해를 우리에게 제시하는 것은 우리 같은 시시한 투사들에게 매우 유용하다.

모든 유명인은 자신의 위대성에 보탬이 되는 유익한 반대자를 타고난다. 모든 것은 상대적이므로, 이 세상에서 모든 사람은 서로 싸우게 되어 있다.

재능 전체가 어느 한 개인에게서만 실현되지는 않는다. 이러한 완벽성은 정신 속에 생각으로만 존재하는 형이상학적 대상이다. 누구나 약한 측면이 늘 있는 법이고, 우리는 저마다 서로에 대해 확실히 더 큰 그릇이지만, 아무도 자기 그릇의 테두리를 뛰어넘을 수는 없다.

뱀 2마리가 서로 마주쳤는데, 하나가 다른 하나의 꼬리를 먹기 시작했고, 다른 쪽에서도 똑같이 했다. 결국 뱀 2마리는 모두 서로를 먹었고, 현장에는 아무것도 남지 않았다.

이 횡설수설한 이야기가 널리 퍼졌었는데, 나중에 그것을 진지하게 검토한 이들의 비웃음을 사기는 했지만, 그것은 명성을 위해 서

27 Tamise: 런던의 템스 강을 프랑스어로 이렇게 부른다.

28 이 두 전직 재무총감이 서로의 재무행정에 관해 벌인 유명한 논쟁을 암시한다.

로 다투는 두 공인의 표징이다. 그들은 둘 다 일반 사람들 사이에서 명성을 잃었다.

그러나 평안을 매우 싫어하는 고집쟁이들이 있어서, 그들 중의 하나가 파리에 도착할 때면 누구나 펜의 전쟁과 가장 추잡스러운 전쟁이 곧 시작되리라고 생각한다. 실제로 두 일류 선수가 서로 격렬하게 충돌하고 잉크와 욕설이 넘쳐흐른다. 그렇지만 대중은 싸움꾼들을 웃음의 희생물로 삼고, 그들은 결국 웃음거리가 된다. 왜냐하면 펜과 종이의 전사들이 마음속 깊이 간직하고 있는 어리석은 자존심의 대가를 대중은 으레 돈으로 치르기 때문이다.

897 무의미한 문학적 언사

오늘날에는 대학의 '키키' 또는 '칸칸'[29]이 조롱의 대상이지만, 여전히 아카데미 회원들과 신문기자들은 똑같이 하찮은 문제들에 대해 토론한다. 『메르퀴르』에서 나쁜 비극작품을 정말 진지하게 비평하지 않는가? 라아르프는 예전에는 『메루퀴르』에서, 오늘날은 '냉 사방'[30]과 '팡토치니'[31] 사이에 위치한 리세[32]에서 옛 교수들의 '키키'와 '칸칸'을 다른 용어들로 되풀이하고 있다.

뭐라고! 그토록 쓸모없는 대상들에 관한 낡은 견해를 여전히 지겹도록 되풀이하다니! 부알로, 라신, 볼테르에 관해 할 말이라고는 의미 없는 것들밖에 없는데도, 그것들을 예술 및 예술의 온전한 발아와 언제까지나 혼동하면서 이 작가들에 관해 말하다니! 오! 청중은 다음과 같은 말을 하는 자만큼 우스꽝스럽다.

말과 소리만 있고 다른 어떤 것도 없다.[33]

파리에서는 이런 식으로 모호한 문장을 다듬는 사람들 때문에

29 16세기에 라틴어 'quisquis'와 'quamquam'의 발음과 관련하여 대학을 뒤흔든 오랜 논쟁에 대한 암시이다.

30 Nain savant: '박학한 난쟁이'라는 뜻으로, 비평가 라아르프의 작은 키에 대한 암시이며, 또한 극장의 이름이기도 하다.

31 Fantoccini: '꼭두각시'라는 뜻으로, 이탈리아 인형극이 공연되는 극장의 이름이다.

32 Lycée: 1785년 설립된 교육기관으로, 왕립 콜레주와 유사한 기능을 했다.

33 호라티우스, 『서한집』, I, 1, 34와 『서정시집』, 17, 6과 17, 78 그리고 5, 76.

시간이 낭비되는데, 그들이 예술에 관해 말하면 예술이 퇴보하고, 말이 부풀면 타고난 재능이 쇠잔해진다. 여러 강좌에서 연설가는 말의 홍수를 쏟아냈을 것이지만, 아무것도 말하지 않았을 것이다. 왜? 그 문학적 견해들의 실질적인 내용은 프랑스에서, 팔레루아얄에서 돌고 돌아 악순환 속으로 들어가기 때문이다.

그런데 인간의 생각을 불러일으키는 많은 흥미로운 대상이 부알로의 시행과 라신의 반구를 독자들의 취향에 내맡기라고 우리를 압박하고 자극하며 우리에게 요구하는데, 어떻게 이 쓸데없는 성직자 회의 말들이 여전히 이야기되고 있는 걸까? 우리는 찬성하건 반대하건 그야말로 아무런 차이가 없는 그 무익한 문제들에 진지하게 몰두함으로써 유아기로 다시 떨어지고 싶어 하는 것일까? 엽문을 선택하여 인형극을 보러 달려가는 어린이들이 내게는 그 틀에 박힌 객설을 주의 깊게 듣는 사람들보다 더 현명한 것으로 보인다.

그런데 여자들은 거기에서는 실내복 차림이 허용되고, 옷에 유충 모양의 장식 끈을 단 남자들이 있는, 그곳에 있어 그날과 이튿날의 저녁식사 약속을 얻어낼 수 있기 때문에 거기로 간다. 어떤 야비한 남편이 아내를 리세에, 미술의 신전에 가지 못하게 막을 수 있을까? 이것은 루이 14세 시대의 말기에 아내가 예수회 설교를 들으러 가는 것을 남편이 막았던 것과 다를 것이 없다.

898 지방 문인

문학에 종사하는 사람 3만 5천 명이 수도에 있는데, 이는 있을 수 없는 일이다. 시민들은 대부분 자신의 가게 일에 전념하고 어느 독일 신문기자를 알지 못하는 것과 마찬가지로, 뷔퐁과 그가 불후의 명저 40여 권을 쓰는 데 도움을 주고 있는 39명도 알지 못한다.

파리로 들어오면서 퐁트넬이 어디 사는지 물은 스웨덴 귀족이 이 유명인의 거주지를 사람들이 모른다는 사실에 분개한 것은 잘못이었다. 세관원은 퐁트넬 같은 사람을 거추장스럽게 여기고, 부르주아는 유명한 은행업자, 의사, 외과의를 없어서는 안 되는 필요한 사람이기 때문에 사귀게 된다. 감히 말하건대, 파리에서 가장 이름난 문인들은 그들뿐만 아니라 그들의 작품까지도 전혀 알려져 있지 않다. 아무리 뛰어난 인재라도 이 다수에 파묻혀 버린다. 사실상 파리인 중에서 적어도 절반은 볼테르가 어떤 사람인지, 그가 무엇을 했는지, 심지어 그의 연극적 성취도 모르고 있다.

지방 도시들은 책과 저자에 관한 정보량이 주민의 수와 비례한다. 누가 생각이나 했겠는가? 문인에게는 파리에서보다 오히려 지방에서 태어난 것이 유리하다. 왜? 그가 어느 정도 성공을 거두자마자, 그가 나고 자란 지방의 주민이 그에게 관심을 기울이고, 그의 재능을 높이 사며, 그와 일체가 되고, 저마다 "내 그럴 줄 알았지"라고 말하기 때문이다. 지방 주민은 자기 지방 출신의 위대한 인물들이 수도를 채우고 있다고 말하고 생각하는 허영심이 있고, 인파에 파묻혀 거의 눈에 띄지 않는데도 시청 안에 작가의 흉상을 세운다.

파리의 문인은 이점이 적은데, 아무도 그렇다고 단언하지 않는다. 파리의 문인은 단합심이 강한 노르망디 문인, 그리고 특히 몽테스키외의 뒤를 잇는다고 생각하면서 줄곧 그를 인용하는 가스코뉴 문인들과 여전히 싸우고 있다. 파리의 문인은 자신의 고장에서 결코 예언자가 아닐 뿐더러, 프로방스 문인이나 랑그도크 문인보다 박한 대접을 받는다. 실제로 지방 문인들에게는 웅변과 유사한 약간의 수다와 다변이 언제나 허용된다.

파리의 부르주아는 공연을 즐기지만, 돈을 내는 것으로 모든 이에 대해 할 바를 다했다고 생각한다. 나는 통속적으로 '대단한 부르주아'라고 불리는 그런 사람과 이야기를 나눈 적이 있는데, 그는 테아트르 프랑세의 배우들을 지나치게 칭찬했다. 이 배우들은 사람들 앞에서 낭송하는 모든 것을 깊은 마음속으로부터 끌어낸다는 것이었다. 나는 그들이 사실은 작가들의 문장과 견해를 외어서 되풀이한다는 것을 그에게 알려주었다. 그는 '몰레'[34]가 자신의 역을 생각해냈고 '프레빌'이 몰리에르 같은 사람이라고 순진하게 믿고 있었던 것이다.

참 책도 많고 도서관도 많구나! 누구나 이렇게 말할 것이다. 음! 하지만 이 도시민의 4분의 3은 책을 읽지 않고, 어떤 다른 것도 읽지 않는다.

사방에서 하층민은 왕립 복권에서 1등에 당첨되면 왕의 식탁에서 식사를 하고 '1등 복권의 후작'이라는 칭호를 얻게 될 것이라고

34 Frnaçois-René Molé(1734~1802): 유명한 배우로 그는 1754년 (『제네이드』에서 브리타니쿠스와 올랭드르의 역으로) 테아트르 프랑세 무대에서 첫발을 내딛었고, 1761년에는 협회 회원으로 받아들여졌다. 40년 동안 비극 또는 특히 희극에서 대략 126가지 역을 소화한 그는 관객에게 즐거움의 원천이 되었다.

되풀이하며 말한다. 실제로 이 행운은 프랑스 국왕이 되는 것보다 훨씬 더 드물다. 2,500만 명 중에서 한 명의 왕이 있는 반면에, '1등 복권'에 당첨될 확률은 거의 4,400만분의 1이다. 그러므로 프랑스 국왕이 되는 것보다 1등 복권에 당첨되는 것이 더 놀라운 일이다.

이 행운은 한 사람을 모든 문인을 다 합친 것보다 더 유명하게 만들 것이고, 사람들이 그의 집을 에워쌀 것이다. 누구나 거리에서 그가 지나가는 것을 보려고 걸음을 멈출 것이고, 산책로에서 그를 뒤따를 것이며, 시장 상인들이 단체로 그를 깍듯이 예우할 것이다.

생자크 포부르에 사는 어떤 사람은 나이가 113세였는데, 파리의 모든 동네에서 누구나 그의 주소지를 알고 있는 것 같다. 반면에 장자크 루소의 집이 어딘지 묻는다면 낭패를 당할 것이다. 따라서 명성이라 불리는 것이 파리에는 결코 실재하지 않는 셈이다. 왜냐하면 명성의 종류가 너무 많고, 한 동네에서의 명성이 다른 동네에서의 것과는 반대이기 때문이다.

지방 문인은 자신의 소도시에는 결코 존재하지 않는 사람들 사이의 평등을 파리에서 발견한다. 여기에서는 출신이 전혀 문제되지 않는데, 술집 주인의 아들이건, 자신을 백작이라고 말하건, 누구도 그에게 뭐라 하지 않는다. 그로서는 보잘것없으면 일반적인 어투로 자화자찬하면 될 것이고, 정직해지면 지방 억양이 젊은 시절의 탈선과 함께 용인되어 교제가 용이한 사교계로 들어간다. 누구나 이제는 지나치게 격식을 차리지 않는다. 그렇다고 해서 덜 예의바른 것은 아니다. 지방에서는 아직도 걷고 앉고 코를 푸는 방식이 매우 중시되는 반면, 파리 사교계에서는 이 모든 우스꽝스런 예법이 없어졌고, 누구나 날마다 이 불편한 예의범절의 족쇄를 벗어던진다. 수도의 위대한 정신 덕분으로 이 유치한 짓거리로부터 해방이 이루어진 만큼, 공손한 마음이 세련된 예의범절보다 선호된다. 누구나 결국 지방 문인의 말씨를 묵인하고, 그것을 비웃는 것은 아주 야비한 짓으로 간주된다. 누구나 그가 독창성이 조금밖에 없더라도 돋보이게 하려고 애쓰고, 그가 어떤 작품을 내면 그의 모든 향토 사람이 의식적으로 굉장한 작품이라고 외쳐야 한다고 생각하는 것처럼, 누구나 순수한 예의로써 멋진 작품이라고 되풀이하여 말하게 된다. 이에 비하면 파리의 작가는 외로운데, 파리의 작가에게는 주민의 함성이 뒤따르지 않는다.

899 알그랭의 디아나 여신 조각상

뤼시엔에 있는 이 조각상은 현대 조각의 걸작이다. 조각가는 생동감으로 가득한 이 조각상을 완성하기 위해 아름다움을 뽐내는 700~800명의 여자들에게 옷을 벗게 했다. 그렇다고 해서 그가 경건하지 않거나 순결하지 않은 것이 아니었으며, 그의 작업은 파리에서만 이루어질 수 있었을 것이다. 한 번에 6리브르를 받고 자신의 가장 은밀한 매력을 드러낼 미녀 700~800명을 다른 곳에서 구할 수 있었겠는가?

화가와 조각가들은 매춘부들의 야한 매력으로부터 처녀들의 순결한 아름다움을 빚어내 우리의 신전을 장식하니, 바로 여기에 그들의 기이한 특권이 있다! 때때로 반종교적이고 짓궂은 화가는 오페라 극장의 여가수와 유사한 몇몇 특징을 성녀에게 부여했다. 바람둥이들은 세속의 붓에 의해 신성화된 무대 뒤의 처녀들을 언급한다.

때로는 순결하나 평범한 아가씨들이 모델 역할을 한다. 그녀들은 어머니의 손에 이끌려 화가의 화실로 오고, 악덕에 전혀 물들지 않은 무구한 매력을 드러낸다. 그녀들이 화가에게만 어쩔 수 없이 드러내는 것은 가난 때문인데, 실제로 순결성의 베일이 반나체의 젊은 여자를 덮고 있다. 그녀는 얼굴을 붉히지만, 모욕당하지는 않는다. 무구성은 존중될 것이고, 혹시라도 수줍은 감정이 일어도 이 손해는 자부심으로 보상된다. 화포로 옮겨가고 곧 불멸의 것이 될 그녀의 매력은 찬사를 받을 것인데, 이 찬사는 미술가의 입에서 이미 시작된다. 자신의 동무들은 내세울 것이 없으리라는 것을 그녀는 본능적으로 느낀다. 그녀는 애인이 화가를 대신하게 될 때라면 모면할 수 있는 이 위험에서 벗어나기 위해서인 듯이 부끄럽지만 만족한 표정으로 자기 어머니의 품에 안긴다.

900 참된 예절

참된 예절은 확실히 자연스러운 반면, 부르주아적일 뿐인 예절은 왠지 모르게 불편하다. 사회도덕에서는 모든 것이 극히 작은 것들로 구성된다. 예절은 자존심의 온갖 양상을 억제하고, 이렇게 표현하는 것이 허용된다면 인간에게 내재하는 이 악덕의 불쾌한 땀을 향기롭게 하는 미세한 기술이다.

엄밀한 의미에서의 무례는 상스러움에서보다는 오히려 오만함에서 시작된다. 사교계의 관례에 의해 사회생활이 규제되지 않는다면 지긋지긋한 사람이 얼마나 많겠는가! 사교계의 규칙 덕분으로 대화, 놀이, 식사의 질서가 확립되는데, 그것들이 없다면 끔찍한 자존심의 화살이 계속 난무할 것이다. 그것들이 무뎌져 있음에도 불구하고 여전히 표출되지만, 이에 비례하여 속박되는 자존심을 보라. 자존심이 눈에 띄지만, 이는 자존심이 평온하고 상처를 주지 않는 것으로서, 이웃의 자존심이 그것을 달게 받아들이기 때문이다.

자존심이 너무 강한 사람들이 있다. 누구나 처음 볼 때부터 그들에게 예절의 방패를 내세운다. 그들은 이 방패가 없다면 당신을 찢어발길 호랑이이다.

관습에 정통하고 성격이 본질적으로 선량한 사람의 상스러움은 왜 묵인되는 것일까? 이는 그가 당신에게 상처를 주려고 하지 않는다는 것을 당신이 느끼기 때문이다. 왜 어떤 사람의 예절은 여전히 모욕일까? 이는 허영심, 오만, 경멸, 거만이 번지르르하나, 어색한 예절 아래에서 땀방울처럼 새어나오는 것을 당신이 느끼기 때문이다.

따라서 사람들은 감지하기 어려운 악의와 오만의 공격을 물리치기 위해 존경의 표시를 생각해냈다. 용모가 부드럽고 눈길이 선량하고 정감 어린 말을 하는 사람은 곤란한 것을 말해도 당신의 기분이 상하지 않을 수 있지만, 예절 바르다는 평판이 난 어떤 사람의 부자연스러운 칭찬은 때때로 당신의 마음에 부담감을 주게 된다.

901 구변 좋은 사람

맹인인 데팡 부인은 어느 사교계로 들어가서 구변이 좋다고들 하고 20군데의 집에서 완전히 똑같은 주제를 줄곧 되풀이하는 사람들 중 하나에 귀를 기울이고는 말했다. "여기에서 읽는 이 시시한 책은 뭐지?" '라바롤' 같은 사람이 말하고 있었다.

아무개는 아침에 저녁의 대화를 습득하고, 또 아무개는 일종의 공모자와 의견을 모으면서 멋진 말이 남의 입에서 준비되는 주제를 주문하며, 또 다른 아무개는 적절한 표현을 듣고서 얼른 나와 삯마차를 타고 이 표현을 마치 자기가 만들어낸 것인 양 이 도시의 말단까지 퍼뜨리고 다닌다.

다변은 평범한 사람들에게서 높이 평가되지만, 가장 약삭빠른 사람은 언제나 신문을 읽고서 인용한 자이다. 3일 후에 보면 그는 기억력이 좋을 뿐이지, 그 이상의 어떤 것도 지니고 있지 않다.

속이 깊은 사람들은 많이 말할 여유가 없고 깊이 생각하며 귀를 기울인다. 그러나 귀를 기울일 줄 아는 이는 별로 없다. 반면에 대화를 서두를 줄만 아는 이는 대단히 많은데, 그들은 매우 불량한 관찰자일 뿐임이 드러난다.

풍부한 상상력을 타고난 사람들을 구변 좋은 사람으로 간주해서는 안 된다. 그들은 즉석에서 창출된 흥미로운 이야기에 빠져들고, 원대하고 감동적인 창작을 이런 방식으로 연습한다. 프레보 사제가 바로 그런 사람이었는데, 청중은 그가 하는 말에 대한 관심과 그가 말을 중단할지 모른다는 불안 속에서 새벽 4시까지 마음을 졸였다.

그의 베네딕트회 동료들은 규정을 잊고서 그의 주위에서 눈물을 흘렸다.

디드로도 그런 사람이었다. 디드로는 『에밀』이나 『엘로이즈』의 아름다운 대목과 같은 말을 했지만, 그것들을 짓지는 않았다. 루소는 글을 쓸 때 타고난 발상의 재능이 몹시 탁월한 날쌘 능변가를 늘 염두에 두었는데, 누구라도 순수성, 효력, 매력, 위엄이 언제나 대등한 그 아름다운 강의 원천에 있게 되었을 때에는 이 능변가로부터 억양을 채택하지 않거나 용모를 취하지 않는 것이 불가능했다. 자체로부터 온갖 효과를 끌어내는 이 능변에는 풍자적이거나 신랄한 표현이 결코 섞이지 않았다.

리세에서 디드로의 말은 꼭 들어보는 것이 좋지 않았겠는가! 나는 디드로와 루엘[35]의 말을 자주 경청했다. 디드로와 루엘에게 귀를 기울인 적이 없는 사람은 화술의 영향력도 열정의 설득력도 경험하지 못하고, 한 사람이 다른 사람에게서 무엇을 얻는지 알지 못한다. 내가 평생 경청한 모든 사람 중에서 루엘과 디드로의 표현력이 가장 뛰어났다. 나는 여러 시간 내내 디드로에게 귀를 기울였고, 그는 나만을 위해 말했다.

루엘의 말은 영감을 주었고 벼락이 치는 듯했다. 그는 내가 조금도 생각해보지 못한 예술을 내가 좋아하게 만들었다. 루엘은 나를 계몽했고, 내 마음을 사로잡았다. 내가 모든 예술을 차례로 쇄신할 그 과학의 신봉자로 변한 것은 그 덕분인데, 그때부터 나는 화학을 존중했다. 루엘이 없었다면 나는 약제사의 막자사발 이상의 것을 볼 줄 몰랐을 것이다.

35 Rouelle(1703~1770): 강의에서 격정과 열의로 유명한 화학자.

902 『백과전서』의 문인 100명

어떤 사람이 말하길, 책은 '백'의 가치가 '하나'만 못하고 '하나'가 '백'의 가치를 갖는 그만큼 많은 '화폐'라고 했다. 옳은 말이다. 이를테면 뛰어난 관찰력을 지닌 한 명의 천재로 인해 동시대의 과학자들이 사라진다. "어디에서 재치를 팔죠?" 하고 한 바보가 말했다. "오! 아름다운 그림이군요!" 하고 또 다른 바보가 말하자, 화가가 대답했다. "색도 팔레트와 붓처럼 가게에서 팝니다."

아둔한 출판업자들이여, 그대들은 도서관 '백' 군데만 있으면 책을 만드는 데 충분하다고 생각한다. 나는 그대들의 목록을 볼 때면 어깨에 짊어진 동전의 무게에 눌려 죽은 코레지오가 떠오른다. 천재의 책은 자연 안에 있지, 결코 선반에 과적되는 것이 아니다.

우리의 목공들에게 단단한 선반을 주문하자. 왜냐하면 팡쿠크라는 『체계적 백과전서』의 '기업가'가 나타났기 때문인데, 그는 1787년 5월 14일의 취지서에서 "유럽의 출판계에서 일찍이 실행된 적이 없는 가장 중대한 기획"을 수행하기 위해 일하는 "100명의 문인"에 관해 우리에게 말하고 있다. 공장 주인이 자기 노동자들의 노동력을 자랑할 때와 동일한 어조로 그는 자기 문인 노동자들을 칭찬한다.

그러니까 예술과 모든 과학이 '기업가'의 목소리에 종속되고, 예술과 과학의 깊이가 자모순으로 나열될 것이 틀림없다. 이 '문인 100명', 이 '사상가 연대(聯隊)'의 작업과 성찰 후에는 적용 범위가 넓고 백과사전에 포함되지 않을 견해가 어떻게 나올 것인가? 그러리라고 믿는다면 경솔한 일일 것이지만, 타키투스나 베이컨 또는 몽테스키외의 어느 대목은 우리에게 '군사적 도덕 분야'를 진지하게 말하는 '백과사전' 60권보다 과학을 더 깊이 파고들어간다.

'군사적 도덕 분야'라는 말에 나는 실소를 금치 못했다! 18세기 말에 이 두 낱말을 병치하기 위해서만 60권이 나왔더라면 '사상가 연대'는 시간을 낭비하지 않았을 것인데, 실제로 독자들이여! 보다시피 이 두 낱말 사이에 사람들이 마지못해 쓰는 한 권이 있고, 그러고 나서 사람들은 비크 다쥐르에 의한 의학 항목과 마르몽텔에 의한 '마드리갈' 항목을 읽는다. 그러니 어떻게 과학의 보유자이지 않겠는가? '사상가 연대'는 필연적으로 인간의 지식체계를 마감할 것인데, "유럽의 출판계에서 일찍이 실행된 적이 없는 가장 중대한 기획 이후에는" 이제 인쇄할 책이 없다.

오, 코레지오여! 그대는 동전에 짓눌렸는데, 그 금액을 작은 금화로 가져갈 수 있었을 터이고, 그랬더라면 그 나이에 죽지 않았을지도 모른다. 오, 끔찍한 백과사전이여! 그대는 코레지오 같은 사람 여러 명을 곧 죽게 할 것이다.

그러나 『체계적 백과전서』를 위한 100명의 문인, 대령 ○○○, 상등병 ○○○, 부관 ○○○, 그리고 '실행을 지휘하는' 우두머리 팡쿠크는 훌륭한 희극의 소재이다. 기동하는 의사들, 법률가들, 화학자들, 문학자들과 문법학자들 등을 보라. 오, 아리스토파네스여! 나는 (팡쿠크에 의해 용병으로 고용된) '100명의 저자들'에 관해, 그리고 이 출판업자가 말하듯이 "유럽의 출판계에서 일찍이 실행된 적이 없는 가장 중대한 기획"에 관해 의연하게 이야기하기 위해 그대의 작품을 다시 읽겠다.

소송대리인이 변호사를, 약제사가 의사를, 석공장이 건축가를, 상인이 예술가를 고용하듯이, 출판업자 팡쿠크는 백과사전이라는 건조물의 모든 제작자들에게 보수를 지불한다. 그러므로 부를 소유하고 있는 사람은 천재를 마음대로 부리는 것 같다. 아! 부는 '백과사전'를 간행하게 할 수 있지만, 라브뤼예르나 타키투스의 4쪽을 쓰게 할 수는 없다.

903 대식가 시인

두뇌의 작업으로 위장의 정기가 소진되건, 창작하면서 단식을 하건, 모든 시인은 대식가이다. 반대로 산문가는 시인처럼 먹어치우지 않는데, 시인은 시행이 우아할수록 식탁에서 더 많이 먹으니, 어떻게 질식하지 않고 말하는 것일까?

내가 잘 아는 한 시인은 손에 작은 쌍안경을 들고(왜냐하면 근시였기 때문이다) 식탁 가운데의 요리는 물론이고 양쪽 끄트머리의 모든 요리를 요구했다. 때로는 접시들이 동시에 그에게 도착해서 그의 머리 위에서 교차하기도 했다. 후식 전에 그는 정신을 집중하고 자신의 작은 쌍안경을 다시 집어들어 식탁에 나와 있는 요리 일체를 탐색했으며, 그러고 나서 몸을 숙인 하인의 귀에 대고 낮은 목소리로 "이봐, 내가 골고루 다 먹었어?" 하고 물었다. "그렇습니다, 나리, 확실합니다." 충직한 하인이 대답했다. "그럼 빨리 후식을 갖다 줘."

"그가 내 접시로 먹으러 왔다"라는 말은 사이가 틀어진 사람에 대해 역정이 난 어중간한 재력가나 부르주아의 언어인데, 부르주아만 유일하게 자신이 먹거리를 제공한 사람들을 '기식자'라고 부른다. 사교계에서 이미 먹은 식사는 중요하지 않고, 어떤 의무도 뒤따르지 않는 법이다.

정말 상냥한 사람보다 식탁에 솜씨 좋게 차려진 음식이 더 많으니, 회식에 참석한 유쾌한 사람들에게 감사해야 하는 것은 바로 음식이다.

어느 정도 발이 넓은 사람은 갖가지 초대를 조정하기 위해 계속

곤경에 처할 뿐만 아니라, 어느 한 군데 초대라도 참석하지 못한다면 사교계에서 체면을 유지할 수 없게 된다.

904 흰색

오늘날의 여자들은 흰색을 좋아하는데, 흰색은 모든 색깔 중에서 가장 이점이 많다. 흰색은 햇빛의 효과, 즉 색깔의 동조(同調)를 높이니, 바로 여기에 조화가 있다. 흰옷의 여자는 언제나 옷을 잘 차려 입은 셈이고, 우리의 여자들은 고대 무녀의 옷차림을 하고 있다.

그러나 흰옷은 깨끗하게 세탁하지 않으면 광채를 내지 못하므로 여자를 돋보이게 하기는커녕, 오히려 여자의 아름다움에 손상을 입힌다. 흰옷이 눈에 확 띄는 싱그러운 광채를 잃는다면, 검은색 옷을 입는 편이 더 나을 것이다. 아무리 작은 얼룩이 묻더라도 옷에 그늘이 지고, 그렇게 되면 지저분한 여자처럼 보인다.

데모스테네스는 무엇이 웅변가의 본질인가 하는 질문을 받고, "첫째도 화술, 둘째도 화술, 셋째도 화술"이라고 대답했다. 또 어떤 사람은 무엇에 의해 도시의 성채가 함락되는가 하는 질문에, "첫째도 돈, 둘째도 돈, 셋째도 돈"이라고 말했다. 무엇이 여자의 가장 좋은 치장인가 하는 질문을 받은 사람은 "첫째도 청결, 둘째도 청결, 셋째도 청결"이라고 즉각 대답했다.

905 바람직한 태도

사교계 생활을 하거나 서열이 대등하지 않고 직무가 엇갈리는 사회에서 살아가는 인간은 법을 보충하는 것이 필요하다고 금세 느끼게 되는데, 그것이 바로 예절이다. 예절은 일종의 평등을 회복시키고, 친절이 근본임을 보여준다.

철학 전체에 있는 가장 세련된 것은 감정을 상하게 할지 모르는 것을 삼갈 줄 아는 것이고, 다른 사람의 자존심과 관련이 있을지 모르는 것을 말하거나 행하기에 충분할 정도로 섬세하고 신속한 재간을 갖추는 것이다. 철학자 외에는 참으로 예의바른 사람이 없는데, 철학자는 서투르거나 어색할지 모르지만 온갖 종류의 예법을 생생하게 느낄 것이다. 사교계의 경험과 관습에서 예절을 배운다고들 말한다. 피상적이고 외피가 매우 얇아 인간의 추악한 속마음이 훤히 드러나는 예절의 경우에는 그럴 수 있다. 분명히 공손하게 행동하지만, 모든 것을 자신에게 연관시키는 것처럼 보이는 사람들이 사교계에는 가득하다.

페늘롱, 장자크 루소, 생피에르 신부에게는 무례함이 생각조차 할 수 없는 일이었는데, 그들은 선한 성격이 몸가짐을 통해 드러났고, 멍하거나 말없이 있어도 어느 누구에게도 상처를 입히지 않을 수 있었다. 예절을 표현하는 모든 동작에 마음이 깃들어 있지 않으면 아무리 품행이나 몸가짐, 용모, 어투, 발언이 좋아도 결코 남들의 관심을 끌 수 없다. 그런 사람이 예의를 지키지 않는 것은 오로지 마음이 냉혹하고 정신이 모질기 때문이다.

뻣뻣하거나 무거워보이는 행동, 무절제하거나 경박한 수다, 조급하거나 경솔한 동작, 엉뚱한 말, 오만하고 부적절한 판단은 성격의 바탕에서 나온다. 고결하거나 다정하거나 너그러운 사람은 정중한 예법을 신속하게 분석한다. 그래서 예의바르지 않고서는 도덕 선생이 될 수 없는 것이다. 예의범절을 지키지 않게 되는 것은 언제나 오만 때문이다.

사교계의 사람들은 초심자들에게 예의바른 사람이 되어야 한다고 말할 뿐, 어떻게 해야 예의바른 사람인지는 말하지 않는다. 예절의 미묘한 차이는 매우 다양해서, 감성이 섬세하지 않은 사람은 자신이 예의바르다고 생각하지만 사실은 기분을 나쁘게 만들거나 마음에 상처를 주게 된다.

사교계에는 많은 상이한 신분이 있기 때문에, 오랜 경험이 없으면 관례적인 격식을 완벽하게 파악하지 못하게 된다. 어느 유력한 사람을 예로 들건대, 그는 자기 집에 어떤 손님을 혼자이건 함께이건 방문 동기에 따라 어떻게 맞아해야 하는지 알고 있으며, 손님을 돌아가게 하거나 만족한 상태로 돌려보낼 수 있는 정확한 때를 알고 있다.

지루하게 하는 것이 실은 가장 무례한 것이다. 이러한 무례를 느끼게 되는 것은 특히 궁정에서이지만, 이 점에 관한 교훈은 아주 짧게만 들을 수 있을 뿐이다.

잘 해석된 정중한 미덕은 가장 순수한 이성의 미덕으로 귀착된다. 모든 인간의 영혼 밑바닥에는 이성을 깊이 생각하도록 하는 비밀조항이 적혀 있다. 누구에게나 남에 대한 접대와 예의범절이 필요하다. 이 도덕적 의무를 거부당할 때면 일종의 씁쓸함, 상심을 느끼지 않는가? 따라서 그것은 당신의 행복에 불가결하다. 그러므로 각각의 사람에 대해 예의를 갖춰야 한다. 오늘날의 한 작가는 이 도덕적 의무를 오랫동안 저버렸다가 모두의 반감을 샀고, 자신에 대한 가혹한 독설 때문에 작품에서 찾아볼 수 있는 아름다운 필치로 명예로워진 것보다 더 많은 피해를 입었다. 남들을 거북하게 하지 않기 위해서는 어느 정도 자신의 판단에 거리낌이 있어야 한다.

요컨대, 근엄한 사람들이 자기 입장에서 모욕에 대해 경쾌하게 복수하는 것이 세련된 예절이나 고상한 풍속을 가장 분명하게 보여주는 것이다. 날카로운 경구가 간수의 빗장보다 더 효과적이다. 풍속이 모든 상황에 적용될 때 법은 거의 위력을 잃는다.

예절은 생활의 모든 불편을 떨쳐버리는 데 소용되고, 이 점에 비추어 행복의 길에서 중요한 한 걸음이다. 따라서 누구나 무례하지 않을 때 예절의 면에서 많은 진전을 이루고, 풍속의 부드러움과 친절에 힘입어 거의 본능적으로 예의바르게 된다.

906 몽타르지스의 즉결 재판소

1782년 3월 21일자 참사회의 결정에 근거해서 이 즉결 재판소는 '월랭'과 그의 공범 200여 명에 대해 예심을 진행했다. 그들은 10년 전부터 습격을 자행하여 왕국의 일부분을 유린했다. 아름다운 프랑스 왕국에 강도나 부랑자 1만여 명의 적군이 존재한다는 사실을 알아야 한다. 그들은 해마다 다시 충원되고 온갖 종류의 범법행위를 저지른다. 3,700명으로 구성된 기마헌병대는 대로를 휘젓고 다니는 이 악한들과 끊임없이 전쟁을 벌이고 있다.

기마헌병대는 악행을 예방하고 악인들을 겁먹게 하며 군중집회를 해산시킨다. 시민들의 안녕은 바로 이 부대의 경계 덕분이다. 이에 힘입어 시민들은 어느 정도는 조심해야겠지만, 거의 위험 없이 어느 계절에나, 밤낮 어느 시간에나 왕국의 가장 먼 곳이라도 다닐 수 있다.

1년에 수백만 프랑의 국고가 이 내전에 들어간다. 여기에는 빈민 수용소들에 소용되는 비용이 포함되어 있다. 바로 그곳에 부랑자, 노숙인, 순수한 걸인, 대로의 매춘부, 요컨대 타락한 인간의 무리가 흘러들어간다. 정부의 가장 유익한 활동들 가운데 하나는 이 공공의 적을 가능한 적게 하는 것이다.

나는 다른 장에서 키 작은 사람이 가장 위험하다고 지적했다. 건강한 거지는 언제나 키가 5피에를 넘지 않는 부류에 포함되어 있다. 강도처럼 부랑자도 키가 큰 사람이 드물고, 그 모습이 대부분 혐오감을 준다.

한심한 일이지만, 재산이 있는 한 사실상 빗장이 필요할 것이다. 한편으로는 게으름으로 인해, 다른 한편으로는 일하지 않고 즐기려는 위험한 경향으로 인해 재산이 있는 사람들이 공격당한다. 신고를 받고 어느 곳으로나 출동하는 기마헌병대가 없다면 범법행위가 더 늘어날지 모른다.

주목할 만한 것은 파리 안에서보다 파리 인근에서 절도가 더 많이 일어난다는 사실이다. 도시민에게는 자물쇠, 수위, 경비대, 경찰이 있는 반면, 면적이 넓은 재산을 갖고 있는 농촌 주민들은 더 많은 절도에 노출되어 있다. 대부분의 절도가 성무일과 동안에 저질러지는데, 이 시기에는 시골 사람들의 집이 거의 언제나 열려 있다. 그들은 개인의 안전과 유가증권의 보관에 그다지 신경을 쓰지 않고 무사태평하게 살아간다.

그러므로 열쇠업자들과 기마헌병대의 기병들은 절도의 유혹을 물리치고 절도의 위험을 드러냄으로써 절도를 억제하는 셈이다.

영국인들은 좋건 싫건 어쩔 수 없이 기마헌병대에 기대게 된다.

시골 주민들은 말, 가축, 농기구, 가금, 물고기를 도난당한다. 강도질은 교회에까지 미쳤고, 도둑들은 제례용기, 등잔, 성체 그릇, 태양 모양의 은 접시, 미사용 물병을 탈취했다. 이러한 절도를 저지르기 위해서는 중개인과 공모하고 여러 수단이 동원되어야 한다. 범죄의 결실로 이익을 얻기 위해서는 장물을 감추고 부수고 녹이고 금은 세공사에게 팔아야 하기 때문이다.

이러한 신성모독이 일반화되었고, 이는 금세기의 신앙심 상실이 원인이라고들 아우성이다. 아니다, 그러니 인간의 마음을 분석하는 그대들이여, 이 불경한 도둑의 대부분은 범죄와 고요한 어둠의 한가운데에서 면병을 성체포 위에 경건한 존중의 마음으로 버렸다는 것에 유념하라. 공공의 신성한 경배 대상 앞에서 그들은 손을 멈추었으며, 과감한 모습을 감추고 공손해졌다. 그러므로 그들은 유대인도 아니었고, 그리스도의 현존을 부정하는 신교도도 아니었다. 그들은 신앙을 지니고 있는 도둑으로서, 제단을 더럽히지 않고 금속만 가져가고자 했고, 어쩌면 손을 뻗치면서도 무릎을 꿇는 강도이자 동시에 수사로서, 감실을 부수면서도 종교의식을 존중했다. 그만큼 인간에게서는 양극단이 양립한다!

이러한 신성모독에 뒤이어, 가장 마음을 아프게 하는 범법행위는 시골에서 가난한 사람이 가난한 사람의 것을 훔치는 것이다. 몇 년 전부터 시골은 하는 일 없이 놀고먹는 행태, 음주벽, 일거리 부족으로 야기되는 이 절도로 몸살을 앓고 있다. 밀렵감시인들과 산림감시원들이 공공의 안전에 기여하고 있다는 사실을 덧붙이자. 빈민수용소들은 보호시설이자 동시에 징벌의 수단이다.

기마헌병대는 또한 쓸모없거나 위험할 수 있는 다수의 개인을 수도에서 몰아낸다. 그들은 수도의 안전과 동시에 부자들의 예민성에 희생되는 셈이다. 그들은 귀찮은 걸인, 버림받은 여자, 순수한 걸인 부부의 자식으로서 죄가 있다기보다는 오히려 가련하다. 기마헌병대는 이 기이한 남녀들 중에서 수도로 흘러들지 모르는 약 1,500명을 밀어내고 350명을 집으로 돌려보낸다.

부랑자가 가장 많이 나오는 직업은 재단사, 구두 수선공, 가발제조업자, 요리사이다.

가장 고질적인 부랑자는 '순수한 걸인'이다. 아무개는 8~10번 감금되고 나서도 다시 구걸을 시작한다. 영국 정부에서 흔히 사용하는 수단인 수출[36]을 왜 사용하지 않을까?

---

36 해외 유형지로의 강제 이주를 말한다.

빈민수용소로 독자를 안내하는 것은 나의 주제가 아니지만, 다만 빈민수용소가 파리에 더 많기 때문에 그곳에 관해 말하는 바이다.

내가 말하고 싶은 것은, 다만 체질에 맞지 않게 양털을 잣거나 물레를 돌리는 느릿한 일에 건장한 걸인을 고용하는 것은 우스꽝스럽다는 것이다. 이 부랑자들에게는 그들이 아직 젊을 때 완력을 쓰도록 하거나 규석을 빻게 하고, 그들을 석공, 포장인부, 토목인부로 만들어야 할 것이다. 그들에게 근력이 좋다는 것을 알려주고, 근육의 작용과 탄력성을 알게 해주어야 할 것이다.

생드니 수용소에는 상황을 목격하거나 이름만 들어도 경악하지 않을 수 없는 사람들이 있다고 하는데, 그들이 처해 있는 굴욕적인 처지는 가난으로 인해 영혼이 시든다는 것을 생각하지도 않고, 불행한 사람들을 가난 때문에 죽고 싶도록 내버려두기까지 하는 사람으로서는 상상조차 할 수 없는 것이다.

이 수용소에서 매우 중요한 사항이 관찰되었다. 그것은 남자에게서보다는 여자에게서 도덕관념이 실제로 더 쉽게 흐려지고, 부도덕과 방탕의 길에서 여자가 더 멀리 나아간다는 점, 그 어떤 부랑자보다도 여자가 수용소에서 더 규율에 따르지 않고 더 완전히 악에 젖어 있는 모습을 보인다는 점이다. 남자들은 자기 운명을 감내하고 복종하는 반면, 여자들은 욕설과 비난으로 서로 괴롭히고 어떤 규제책에도 꺾이지 않는다. 여자들이 모든 종류의 수치에 무감각해지는 지점이 있는데, 그럴 때면 무관심한 태도가 형성되고, 신의 빛이 진창에 파묻힌다. 불명예스럽고 역겨운 만큼이나 이 기이한 파렴치함을 감출 필요가 있다.

완전히 새롭고 이를테면 넓은 범위에 퍼져 있기 때문에 온갖 경찰 명령에서 벗어나는 무질서가 대로에서 숱하게 눈에 띈다는 점에서, 이 불우한 여자들에 관한 보도를 접하면 소름이 끼치게 된다. 일정한 구역 안에서는 경찰이 이 무질서를 억제할 수 있지만, 빈곤과 농사의 겉모습으로 위장하고서 배회하다가 많은 어둠의 소굴로 숨어드는 방탕을 어떻게 추적할 것인가? 방탕은 큰길가의 여인숙 식당들을 에워싸고, 역참과 함께 움직이며, 지방 도시에서 크고 작은 마을까지 성병을 퍼뜨린다. 이러한 방탕은 대도시의 경우보다 대책이 덜 확실할 뿐더러 더 늦기 때문에 인류의 타락을 더 부추긴다. 따라서 기술에 힘입어 적어도 이 골칫거리와 싸움을 벌이고, 이들의 확산을 막을 수 있는 도시의 성벽 안에서 고급 매춘부들로 인해 초래되는 폐해보다 더 큰 폐해가 시골에서 이 불우한 여자들로 인해 발생한다.

907 공공장소

공공장소는 악덕에 대한 무관심과 취객에 대한 방관 속에서 도둑과 불량배가 와서 걸려드는 올가미이다. 불량배와 도둑은 매춘부, 팁, 카드놀이로 밤을 보내기 위해서만 도둑질을 하기 때문이다.

시골에서 늑대를 유인하기 위해 썩은 고기를 끌고 가는 것처럼, 경찰은 위험한 불량배들이 제발로 오도록 몇몇 장소를 개방하여 다른 곳으로 그들을 쫓아다니는 수고에서 잠시 벗어난다.

매춘부들은 모집책에 소용된다. 술집에서 중죄재판을 개정하는 고용인 주역은 자신의 정부를 징집 대상자에게 양보하고, 징집 대상자에게 술을 마시게 하고 술값을 지불해 준다. 방탕한 며칠이 지나면 젊은 탕아는 자신을 팔지 않을 수 없고, 병사로 변한 이 노동자는 징집의 날 맛본 쾌락의 결과로 구빈원에서 죽을 때까지 몽둥이 아래에서 훈련을 받게 된다.

모병관은 술집에서 징집 대상자들에게 좋은 음식을 대접하면서 말한다. "친구들, 수프, 전채, 고기구이, 바로 이것이 연대의 통상적인 급식이야, 하지만, 까놓고 말하지, 파이와 아르부아 포도주는 특식이야, 까놓고 말하지, 아르부아 포도주나 파이는 먹지 못하게 되지만, 통상적인 급식을 생각해 보라고, 수프, 전채, 고기구이, 아참, 샐러드를 잊어먹었군." 이 말에 21세의 노동자 30명이 입대한다. "까놓고 말하지, 아르부아 포도주나 파이는 먹지 못하게 되지만"이라는 이 말에서 섬세한 능변이 엿보이는데, 이로 미루어 도처에 연설가가 있음을 납득할 수 있다.

❦ 도시의 모병관들, 오브레의 판화(1777년)

908 편집자

누구나 머리보다는 손으로 훨씬 더 쉽게 쓰므로, 어느 편집자가 출판업자에게 접근해서 한 장당 얼마를 쳐서 몇 권의 책을 만들겠다고 말한다. 편집자가 유능할수록 출판업자는 더 기뻐하고, 이튿날 예약 접수가 시작된다. 편집자는 자신의 재간과 재능을 온통 '취지서'에 쏟아 붓는데, 취지서가 완성되면 그의 일은 끝난다. 왜냐하면 이제는 책들을 잘게 찢고 '8절판'이었던 것을 '4절판'으로 바꾸기만 하면 되기 때문이다.

때때로 편집자는 '소설 총서'나 '프랑스 여행가' 또는 '여행 개요' 등 새롭거나 특이한 제목을 생각해내는 것으로 할 일을 다한 셈이 된다. 이 기발한 솜씨가 발휘된 후에는, 이제 출판업자가 돈을 지불하기만 하면 된다. 출판업자는 돈을 지불하고 부유해진다. 왜냐하면 흩어져 있는 조각들을 모으는 편집자가 깊이 생각하지 않았는데도 우리의 성찰에 많은 자양분을 제공하고, 스스로는 사유하지 않았는데도 우리에게 사유능력을 마련해 주기 때문이다. 이처럼 편집자는 자신에게 없는 것을 남에게 주고, 그럼으로써 "누구도 자신이 가지고 있지 않는 것을 줄 수는 없다"라는 유명한 금언을 뒤집는다.

라포르트 신부[37]는 훌륭한 작가 6명이 자신들의 걸작으로 벌 수 있는 돈보다 훨씬 더 많은 돈을 편집물들로 벌어들였다. 그러나 이

37 La Porte(1718~1779): 전직 예수회 수사로, 편집 아틀리에를 설립하여 왕성한 활동을 벌였다.

분야에서 가장 능숙한 마술사들이나 재간과 대담성으로 유명한 사람들이라도 신문의 붉은색, 노란색, 회색 표지 모두에 자신의 막대하고 영속적인 수작업 조판을 예고하는 데제사르[38] 같은 사람 앞에서는 빛이 바랜다. 그는 라포르트 신부의 후임이 되었지만, 그의 계획은 훨씬 더 구체적이었다. 그는 가장 두꺼운 것들만을 계획하여 변론에 역사를, 역사에 판례를 집어넣고, 가장 대립적인 것들을 연결하고 뒤섞으며, 내용은 그대로 두면서 책을 다른 책으로 끊임없이 바꾸고, 동일한 내용을 제목만 바꿔 열 번이나 다시 찍어내니, 발행인 무타르를 위한 참으로 엄청난 압승 아닌가! 그에게서 호화 장정의 백과사전 형태를 띠게 될 경찰 사전이 곧 나올 것이다. 예전에는 '백과사전'을 펴내는 데 100명의 집필자가 필요했지만, 지금은 한 명만 필요할 것이다. 아니! 이 감동적인 저작물을 읽으면서 누가 기쁨과 찬탄의 눈물을 흘리지 않겠는가? 아무도 흘리지 않을 것이거나, "자기 마음속의 호의적인 견해를 표명하지 않을 것이다." 이는 데제사르가 우리에게 말한 바로서, 그의 단언에 의하면 어쩔 수 없이 지방에서 며칠을 보내야 하는 사정이 있어서 출판사에 들렀고, 창고에 있는 책들을 둘러보다가 '4절판' 책을 읽으면서 눈물을 흘리는 한 노인을 창틀 구멍으로 언뜻 보았다는 것이다. 그것은 데제사르에 의해 편집된 『보편경찰사전』이었다. 이 편집자가 외쳤다. "아니, 이 부패한 시대에도 고매한 사람들이 아직 있구나!"

38 Des Essarts(1744~1810): 주로 법적인 성격을 띠는 많은 저작물과 대개의 경우 성급하고 불완전하고 흔히 부정확한 편집물의 저자 겸 발행인이었다.

909 네 형제

서로 다른 재기를 타고났고 이것을 인정하는 분별력도 갖춘 네 형제가 있었다. 그들은 일찍부터 부에 대한 큰 관심으로 똘똘 뭉쳤는데, 상호 유대 없이는 큰 재산의 축적이 불가능하기 때문이었다. 첫 회합에서 둘째가 발언권을 얻어 맏이에게 말했다.

큰형은 천재성과 창의성이 있지만 상식은 없어. 어찌되든 간에 계획을 생각해내. 나는 하늘로부터 논리성을 부여받았지만 천재성은 없으니, 큰형의 계획을 수정하고 교정하여 실현 가능한 것이 되게 할게. 그리고 막내야, 너는 생각이 없지만 금빛의 혀를 갖고 있잖아, 대신들의 부속실에 자리를 잡고서 그들에게 우리의 계획을 상세히 설명해라. 대신들은 구변 좋은 사람에게 사로잡히잖아.

그가 마지막 남은 손아래 동생에게 말했다.

너는 금고를 흔들림 없이 지켜라. 우리는 아주 쉽게 흥분하는데, 너는 그런 걱정이 없으니, 우리가 쓰게 되는 돈의 엄정한 회계원이 되어라. 그러면 네 바퀴 달린 우리의 짐수레는 아주 잘 나갈 거야.

이처럼 서로 결속한 네 형제는 이 지혜로운 협약을 어기지 않고 꼭 지켰다. 회계원은 회계원일 뿐이고, 구변 좋은 사람은 청중에게 말하는 사람일 뿐이고, 천재적인 사람은 양식 있는 사람이 엉뚱한 가지를 잘라내 줄기의 수액을 더 잘 보존하는 것을 가만히 내버려 두는 가운데, 그들은 넷 다 번창했다. 그들이 바로 40년 전에 막대한 부를 향유한 몽마르텔[39] 형제이다.

39 메르시에가 말하고 있는 네 형제의 실제 성은 파리스(Pâris)이다. 그들은 루이 14세의 군대에 식량을 납품하면서 큰 부를 쌓았다.

910 위조자

유가증권을 위조하는 사람들 때문에 모든 은행업자에게 비상이 걸렸다. 이 범죄적인 위조를 완벽하게 해내는 기술로 인해 공공의 신용이 손상되었다. 한 위조자는 대담하고도 정교한 손재주로 '백'을 '천'으로 변조했고, 어떤 자는 서명의 위조에서 더 나아가 지불증서의 문자를 제거하여 그것을 채권으로 둔갑시켰으며, 어떤 자는 처음에 검은색이다가 날이 갈수록 퇴색하고 급기야 완전히 사라져 백지만 남기는 잉크의 제조 비법을 이용했다. 이 갖가지 조작은 처음 보면 위조를 알아차릴 수 없을 정도로 완벽한 수준에 이르렀다. 또 어떤 자는 서명의 몇몇 글자를 이용해서 통용 서명을 환어음의 서명으로 변모시켰다.

이와 같은 어음을 받은 이들의 놀라움을 상상해보라! 그러나 위조를 위한 허위의 기술이 있다 해도, 동일한 기술이 범법행위의 구체적인 물증을 제공한다. 숙련된 화학자들과 필경사들이 잉크의 변질과 문자의 변조를 면밀한 조사와 경험에 의해 알아낸다.

비난받아 마땅한 위조를 식별하는 기술이 『백과전서』에서 폄하되어 있다는 것은 부당하다. 위조자들은 약물의 효과나 결과 또는 약물이 종위 위에 남기는 흔적을 알지 못하며, 따라서 조금이라도 종이의 투명도에 변화가 생기면 범법행위가 명백히 드러난다. 한편, 화학자들은 이전 잉크의 실재를 알아보고, 의심스러운 조작에 의해 종이의 고무질이 제거되었는지 알아차린다. 위조자가 모든 조치를 취해도, 그의 손이 늘 대담하고 언제나 능숙하다가도 어떤 부분에서 실수하지 않을 수 없고, 따라서 이 징후들이 증거로 바뀐다.

그러므로 위조자들과 가짜 어음 제조자들은 자신들의 자칭 발견을 보호막으로 삼지만, 소용이 없다. 그들의 은밀한 비법들은 속속들이 밝혀지고 재판관의 눈에 드러난다. 인간의 간교한 속마음이 알려지면서부터, 재판관들은 끈질기고 정확한 심문으로 인간 마음의 깊은 악의를 상쇄하게 되었다.

시청의 지불증서가 예전에는 양피지였다가 오늘날에는 종이로 대체되었는데, 그 이유는 다음과 같다. 이 지불증서에는 통상적으로 두 공증인의 서명이 들어간다. 수혜자가 사망하면 다수의 이 양피지 지불증서가 공증인의 서명을 제외하고 교묘하게 완전히 지워졌고, 아래에 서명한 공증에 의해 죽은 자가 살아 있는 사람으로 보증되었으며, 위조자가 그 연금을 탔다. 이처럼 국왕 대신 상속받음으로써 국왕의 돈을 사취한다. 종이는 고무질 때문에 동일한 변조가 행해지면 흔적이 남기 때문에 양피지가 종이로 대체된 것이다.

911 광인

인간의 비참함을 엿보게 하는 광경이 있다면, 그것은 열흘 전만 해도 우리와 대화를 나눈 동류의 사람이 질병이나 번민으로 쓰러져 갑자기 감금당하고 벽에 고정된 침대에 누워 혈족도 친구도 알아보지 못하고 광란하는 머리의 착란으로 아무 말이나 해대는 모습을 보는 것이다.

바보처럼 미소 짓고 어린이 수준의 본능까지 잃어버린 것 같은 얌전하고 멍청한 광인은 내게 훨씬 더한 충격을 준다. 실제로 사슬을 물어뜯는 광인보다, 사슬을 보여주고 사슬을 갖고 놀면서 멍청하게 웃는 광인이 나는 더 무섭다.

이러한 굴욕 상태로 떨어진 뉴턴이나 몽테스키외를 상상해보라! 말문이 막혀 느낌을 표현할 수 없을 것이다.

미치광이에 대한 치료가 그나마 조금 더 성공적으로 이루어진 곳은 파리의 시립병원인데, 거기에서는 온갖 종류의 광기에 대한 배려와 관심이 여전하다.

미치광이에 대해 일반인들의 연민을 기대하고 요구하는 것은 전적으로 옳은 일이다. 동양인들은 광인을 하늘의 은혜를 입은 존재로 간주하고, 저마다 광인을 자기 집으로 데려오려고 열의를 보인다. 발레의 스위스 사람들은 '백치'를 존중해 준다. 이들 민족은 아무리 광인이더라도 이성이 조금은 남아 있는 것으로 간주하고, 광인의 난폭성을 전혀 두려워하지 않는다. 우리는 온갖 종류의 광인을 한 장소에 모아 뒤섞어 놓는다. 광포한 광인이 얌전한 광인 옆에 있고, 그렇기 때문에 질병이 완화되기는커녕 악화된다. 이윽고 편집광이 자기 얼굴과 몸의 흉측한 상처를 찢기에 이른다.

이성을 약화시키고 생명을 잃게 하는 질병은 지금까지 관찰의 대상이 아니었고, 해부학의 발전에도 불구하고 미치광이의 뇌에 어떤 주목할 만한 변화도 줄 수 없었다.

광기에 빠진 인간의 가장 큰 불행은 다른 광인이 옆에 있는 것이다. 왜냐하면 생각하기도 끔찍한 것은 광기가 신경의 감염이고, 이 감염이 누구나 목격하는 사례들을 통해 전파되며, 심지어 아주 건강한 머리로까지 퍼진다는 점이기 때문이다.

난폭한 광인은 비세트르와 살페트리에르에 감금된다. 광인을 감시하는 사람들 대부분은 일정한 시간이 지나면 용모가 흐트러지고, 이 영역에서 모방의 능력은 매우 해롭고 신속하고 대단해서 그들 중에서 여럿이 광인으로 변한다. 이들을 감시하는 것은 아무리 냉정한 사람에게서도 연민의 눈물을 자아내는 고통스러운 일이다. 왜냐하면 이성의 희생이 목숨의 희생보다 더 가혹하기 때문이다. 그리고 자비심에서 보살핀다는 것이 때로는 난처하고 참담한 결과를 수반한다는 것을 생각할 때, 공포에 사로잡히지 않을 수 없다. 그렇게 되면 자비심은 … 감히 말을 잇지 못하겠는데, 오, 하느님! 그대를 바라보시니라, 치명적인 용기인 듯하다.

인류의 외침이 사방에서 들리고 자비로운 연민의 온갖 감정을 받아 마땅한 이 불우한 사람들에게 안식처가 생겨날 수 있게 되기를! 실제로 사회가 보호되는 것은 가장 약한 사람들과 악덕의 결과가 아닌 불행들 덕분이다.

슬프게도 원인을 알 수 있건 없건 불붙는 상상력, 큰 고통, 괴롭고 깊은 번민 등 인간의 지적 능력을 공격할 수 있는 질병은 너무도 많다!

거의 모든 광인은 이치를 벗어난 야망과 잘못 이해된 종교로 인해 생겨난다. 어떤 광인들은 자신을 '왕, 교황, 군주'라고 생각하고, 또 다른 광인들은 대신의 자리를 차지하거나 왕자들을 교육하고 싶어 하는데, 대부분은 반미치광이이다. 하지만 내가 본 광인들은 자신이 갇혀 있고 자신에게 사람들이 상냥한 감정을 갖고 있다는 것을 이해하고 있었다.

질병이 시작될 때 치유의 가능성이 있다는 것은 누구나 경험으로 알고 있다. 바로 여기에서 부의 이점이 명백히 드러난다. 광기에 빠진 부자는 다른 미치광이와 함께 거주하지 않고, 그래서 가장 위험한 것, 즉 접촉을 두려워할 필요가 없다. 부자는 치유될 수 있지만, 가난한 사람은 다른 미치광이들 사이에서 병세가 악화된다. 가난한 사람은 열악한 대우, 느닷없는 불안감, 위협으로 인해 상태가 나빠지고, 간간이 정신이 돌아오지만 이로 인해 착란이 배가되기만 하고, 가장 격렬한 발작을 일으키며, 이윽고 공포만 느끼게 된다.

가장 좋은 치료는 파리 시립병원에서 이루어지는데, 여전히 개선될 가능성이 있다. 가령, 검은색 약초, 목욕, 샤워는 좋은 효과를 내고, 머리에 강한 고약을 바르는 것은 훌륭한 처방이다. 그러나 해수욕은 아무런 가치가 없고, 아편은 매우 잘 듣지만 조심해서 다루어야 한다.

모방에 의한 전염은 가장 피해야 하는 것이다. 생활습관이 편집증의 원인일 때에는 편집증을 없애기가 매우 어렵다. 그런 사람은 너무 예민한 감성 때문에 어떤 대상에 너무 큰 가치를 부여하게 되고, 오랜 침묵 속에서 깊은 번민에 사로잡혀 있으면 담즙의 변질이 일어나 담즙이 흐르지 않게 된다. 따라서 한 대상에 대한 습관적인 전념을 배척할 필요가 있다. 이러한 전념에서 가장 잘못되고 가장 터무니없는 관념들이 유래하기 때문이다.

얼간이들의 부류는 일반적으로 어떤 치유의 희망도 없다.

사회에 퍼져 있는 건강한 사람 20명 중에는 내가 보기에 정신이상이 명백하고 얼굴에 광기의 모든 초기 증후가 이미 나타나 있는 사람 한 명은 언제나 존재한다는 것을 나는 많은 관찰의 결과 단언할 수 있다. 내가 내 앞에 자리한 사람을 주의 깊게 바라보고 나서, 내 옆에 앉아 있는 사람에게 저 사람 눈을 보니 미친 것 같거나 아니면 곧 미칠 것이라고 말하자, 옆 사람이 내게 태연히 말했다. "이미 미쳤어요, 선생."

얼마나 놀라운 광경인가! 나의 대화 상대자는 이 끔찍한 질병에 충격을 받아 건전한 생각은커녕 병적인 생각에만 몰입하고, 욕망에 어떤 합리적인 목적도 없으며, 목소리가 변하고, 말이 과격하고 무모하며, 시선이 사나워지고, 나를 가까스로 알아본다.

나와 안면이 있는 한 시인에 관해 감히 말하겠는데, 그는 황홀경에서 편집증으로 갑자기 넘어갔다. 불행한 질베르[40]는 '부알로'를 우리 사이에 틀림없이 되살려놓을 듯했고, 부알로의 기법을 많이 구사했고 부알로의 희귀한 정확성을 체득하고 있었지만, 거기에 더 많은 혈기를 더했을 것이다. 다음의 두 시행은 모든 이가 암기하고 있고 그가 라아르프의 현학적인 비평에 대해 내세웠던 것이다.

자신의 비극 뮤즈가 비틀거리자 완전히 좌절하여,
거듭된 몰락의 끝에 아카데미의 권좌로 떨어졌다.

40 Gilbert(1751~1780): 사회의 부패와 철학자들의 진영을 비판하는 대단히 신랄한 시들, 특히 풍자시집 『18세기』(1775)를 썼으며, 또한 『최후의 심판』과 『우에상 전투』를 비롯한 서정시집을 남겼다.

그는 이 밖에도 여러 아카데미 회원에 대해, 그리고 자신과 함께 그들을 조롱한 나에 대해서도 못지않게 유쾌한 시행들을 지었다. 그러나 낙마의 후유증으로 그에게 광기가 덮쳤고, 그는 시립병원으로 들어갔는데, 거기에서 내가 잘 모르는 문서들을 탈취당할지 모른다는 두려움과 불안 때문에 길이가 6푸스[41]인 병실의 열쇠를 훔쳐서 감추었다가 삼켜버렸다. 이 편집광은 이 행동에 의해 자기 병실에 대한 감독을 피할 수 있다고 생각했고, 외과의학의 연대기에서도 보기 드물고 거의 생각할 수도 없는 현상을 제공했다. 즉 그는 아무도 짐작하지 못한 가운데 식도에 이 열쇠가 걸려 있는 상태로 3~4일을 더 살았다. 그가 자신의 목을 가리키면서 "여기에 열쇠가 있다"고 말하곤 했을 때, 누구나 광기 탓으로 돌린 이 말의 의미가 시체를 절개하고서야 비로소 이해되었다.

이 탁월한 작시가는 온갖 가난에 시달리다가 재능을 펼칠 수 있을 만큼 쪼들리지 않게 되었을 때 애석하게도 이렇게 죽었다. 그는 파리에 도착해서 몇몇 부잣집의 문을 헛되이 두드린 후에, 부득이 퐁뇌프 위에서 여러 날 잠을 청했다고 내게 여러 차례 말했다. 이렇게 퐁뇌프 위에서 잠을 자면서 여러 날 밤을 보내면 시인에게 혈기가 생기게 되는 법인데, 그가 냉담한 부자들에 대해 지었을 시들은 신만이 알고 있다!

41 6푸스는 16cm가 약간 넘는 길이이다.

912 자정 미사

이것은 젊은이들과 얼빠진 사람들을 위한 야간 축제이다. 그들은 교회에서 교회로 전전하지만, 이는 세 번의 미사 중에서 어느 하나라도 경청하기 위해서가 아니라, 여자들과 처녀들을 쳐다보기 위해서이다. 음악은 이 추잡스런 순례의 핑곗거리이고, 방종이 극에 달한 나머지 악사들을 연주하지 못하게 한 적도 있으나, 여전히 인파가 몰렸고 교회 정문에 병사들을 배치해야 했다. 생쉴피스에서는 보초들이 20걸음 간격으로 도열한다.

이 얼빠진 사람들도 예배를 존중하기는 하지만, 자정 이후 처녀들과 여자들을 주시하는 데에서 더 즐거움을 얻는데, 그녀들은 통상적인 경우라면 이 시간에 잠자리에 든다. 몇 년 후에는 자신들의 괴상한 언동에 얼굴을 붉히게 될 이 분별없는 젊은 무리들이 마구 돌아다니고 말하는 것은 방종이지 무신앙이 아니다.

그러나 생쉴피스에서 신성한 예배가 거행되기 위해서는 머리에 모자를 쓰고 어깨에 소총을 맨 보초들에 의해 보호를 받아야 한다면, 이를 외국인들은 어떻게 생각할 것인가?

913 유행 신문

프랑스에서의 유행은 에스파냐에서의 페루 광산과도 같다고 콜베르는 말하곤 했다. 다양한 취향의 치장을 위한 여성복 상인들의 상상력은 고갈되지 않는 자원만큼이나 무궁무진하다. 한 신문은 궁정이나 도시, 시골에서뿐만 아니라 살롱, 술집, 규방, 긴 의자에서도 변화하는 이 모든 다양한 의상을 의도적으로 보도한다. '볼테르'가 '메조뇌브'보다 우월한 만큼이나, 여성복 상인들은 '헝겊모자 제조자'보다 우월하다. 온갖 종류의 여성 의상들을 마르고 꿰매는 양재사들, 그리고 의복의 동부(胴部)와 코르셋을 만드는 재봉사들은 건축물의 석공이라 할 수 있지만, 여성복 상인은 노리개를 만들고 예쁜 무늬를 박고 적절한 주름을 넣는다는 점에서 전형적으로 건축가이자 장식가이다.

하녀는 머리 손질을 하지 않는 만큼 그에 대한 소질이 필요하지 않고, 하는 일이 나날의 옷차림과 치장하지 않은 상태에서의 머리 맵시에 제한된다. 그렇지만 때로는 연지에 관해 의견을 피력하고, 충직성이 분명하게 입증될 때에는 분에 관한 속내 이야기의 상대가 되며, 그 밖의 은밀한 채비를 거드는데, 이는 신뢰의 '극치'를 보여준다. 색조와 피부를 희게 하고, 체질과 나이에도 불구하고 주름을 없애기 위한 은밀한 작업이 얼마나 많은지!

"안녕하세요, 무슨 일 있어요? 아주 흥분한 것 같아요." "하녀가 무례해요." "저런! 내보내 버려요!" "그러고 싶지만 내 치장에 대해 안목이 있어요." "참한 하녀를 구해줄게요, 당신이 그 애와 이미 그렇게 많이 다투었으니 말입니다만…. 놀랍도록 글을 잘 읽어요." "당신 쪽의 하녀나 바꾸시죠." "누가 당신을 그토록 자상하게 돌보아 주나요?" "내 하녀는 여기에서 일어나는 모든 것을 내게 알려주어요. 이것은 그녀가 할 수 있는 일의 최소한의 것이고, 그 외에도 무례한 하녀를 여전히 데리고 있는 이유가 있죠. 당신에게 모든 것을 말해야 하나요? 그녀는 입이 자물쇠라고요."

914 뤽상부르 궁전

여러 해 전부터 이곳은 미화를 위한 장식이 계획되어 있었는데, 사업이 더디게 진행되는지 아무것도 이루어지지 않고 있다. 어떤 것도 진척되지 않았고, 토지를 취득하려는 자들이 전혀 없다. 루벤스의 그림 24점은 이제 거기에 없고, 대신 규방과 작은 아파트들이 지어졌다. 산책로는 얼마 전에 아주 흉하게 잘려져 누가 보아도 이점이 없고, 수도의 가장 아름다운 자랑거리 가운데 하나일 수도 있었던 이 궁전의 외관이 마치 압류 상태이기라도 한 듯이 황폐화되어 있다. 팔레루아얄에 비하면 이곳은 사막이고, 요컨대 이 넓고 아름다운 대지(垈地)가 왕제(王弟)의 소유라고는 생각도 할 수 없을 지경이다.

로베르 드 프랑스, 클레르몽 백작, 생 루이의 여섯 번째 아들은 현재 프랑스를 통치하고 있는 부르봉 분파의 시조이다. 뤽상부르에서 산책하면서 왕가가 루이 12세, 즉 자손을 남기지 않은 이 훌륭한 군주의 직계라고 생각하는 몇몇 부르주아에게 이 사실을 되풀이하여 들려줄 필요가 있다.[42]

한편, 최근 파리로 온 어느 독일인은 '메디치 상인 가문'이 우리 왕들의 귀족 신분을 많이 타락시켰다고 말하였다. 따라서 우리 왕들

42 Robert de France(1256~1317): 보베지의 클레르몽 백작, 프랑스의 왕실총감, 부르봉 왕가의 시조. 성왕 루이와 마르그리트 드 프로방스의 여섯 번째 아들이 샤롤레와 아네스의 영주인 장 드 부르고뉴의 딸이자 부르봉의 상속인인 베아트릭스 드 부르고뉴와 결혼했는데, 부르봉 왕가의 연원은 바로 여기에 있다.

은 몇몇 독일 기사단 모임에서 '귀족 계보의 증거를 제시할' 수 없을지 모른다.

외국인의 물결이 몰리는 팔레루아얄은 이 도시 다른 쪽의 물기를 말려버린다. 모든 것이 팔레루아얄 인근으로 옮겨가서 거기에 넘쳐나고, 따라서 생제르맹 포부르는 빈약해졌다. 그러므로 견제와 균형이 필요한 것 같다. 그렇게 되면 부르주아들의 개인 재산이 불어날 것이고, 이 도시의 두 부분이 풍요로움, 화사함, 인구, 상업 등의 면에서 서로 필적하게 될 것이다.

뤽상부르 궁전의 풍부한 부지에 엄청나게 많은 새로운 자랑거리가 들어서서 이 궁전의 면모가 바뀐다면 더 많은 사람이 이곳을 찾을 것이고, 이 도시의 가장 아름다운 부분 가운데 하나가 지금은 조금씩 한산해지고 있긴 하지만 다시 활성화될 수 있을 것이다. 내 주변에서는 이곳의 인구감소에 대해 불평하고들 있다. 그렇지만 뤽상부르에 인접해 있는 막대하고 값비싼 땅을 점유하고 있는 샤르트르 수사들은 이전의 간청에 변함없이 모르쇠로 일관한다. 이제는 고독의 분위기가 사라졌다는 점을 그들에게 아무리 입증해도, 그들은 주변의 세속적인 목소리가 전혀 들리지 않는 완전한 '사막'에서 지낸다고 주장한다.

팔레루아얄은 고급 매춘부들, 무감각해진 방탕아들로 넘치고 저속한 이야기들이 거침없이 오간다. 반면 뤽상부르에서는 점잖고 평온하며 고독하고 철학적인 산책이 가능하고, 정직한 부르주아의 얌전한 딸들이 보이고, 어머니들이 단정하게 걷고, 형제들이 자매 옆에 붙어 있어도 부끄러워할 이유가 없으며, 40대의 남자가 자기 아내와 친구처럼 팔짱을 끼고, 눈길과 옷차림에 절제가 묻어나고, 요란한 소동이 일거나 혼란스럽고 상스러운 목소리들이 마구 뒤섞이지 않고, 정원이 사람들로 북적거려도 쥐죽은 듯 고요하며, 학구적인 젊은이들, 성실한 문인들, 성직자들, 진지한 사람들, 의무와 신분에 충실한 가장들, 그리고 이 시대의 풍속에 물들지 않고 미래의 타당한 명성을 열망하는 현명한 학생들이 돌아다닌다.

방종과 추잡한 언동에 눈살을 찌푸리거나 얼른 고개를 돌려버릴 일이 없는 이 평온한 정원에서는 이 도시의 꼴불견이 저절로 추방되고, 고담한 '마르쿠스 아우렐리우스'를 읽을 수 있으니, 더 이상 무슨 말이 필요하랴. 이는 팔레루아얄에서는 감히 실행하지 못할 일인데, 실제로 주변의 것을 질타하는 것 같은 딱딱한 책이라면 모든 이의 눈길이 쏠리지 않게끔 얼른 호주머니 안으로 집어넣을 일이다. 음! 무절제가 기승을 부리는 장소에서 독서를 모독하는 것은 추문이 아니겠는가?

스위스인 문지기들이 먹거리를 주고, 건강에 좋은 일로서 넝쿨식물 올린 아케이드 아래 야외에서 사람들이 점심을 먹고, 다른 곳보다 요리에서 싸구려 식당의 냄새가 덜하고, 팔레루아얄의 뻔뻔한 요식업자나 레스토랑 경영자들처럼 음식 값이 터무니없이 비싸지 않다. 정말로 모든 것이 다 좋다!

915 금은 세공사들의 강둑길

금은 세공작업의 완벽함으로 유럽의 모든 보석이 이 강둑길에 몰려 있는 세공사와 보석상의 손을 거치지 않을 수 없을 정도에 이르렀다.

세공된 금속의 더미가 참으로 대단하다! 순도 검증을 통과해야 하는데, 순도 검증은 막대한 권리이다. 검인을 위조하는 금은 세공사는 오래지 않아 부자가 되지만, 위조자가 무릅쓰는 위험도 인쇄업에서와는 비교할 수 없을 정도로 엄청나다. 인쇄업의 경우에는 노이샤텔의 '포슈' 같은 업자나 리옹의 '르뇨' 같은 업자, 캉의 '르루아' 같은 업자, 브뤼셀의 '르프랑크' 같은 업자를 채포하는 일이 없다. 위조 검인은 '성령'이라 불리고, 대부분 차마 말로 할 수 없는 장소에 감춰지는데, 방문자들은 감히 거기로 들어가려 하지 않는다.

이 강둑길을 지나가는 행인들의 모습이 가게에 진열되어 있는 아름다운 은 접시들에 비친다. 산토끼가 넉넉히 들어갈 수 있는 길쭉한 접시들도 있다. 볼록한 부분이 세공된 넓고 두꺼운 수프 그릇들이 판매대에 잔뜩 쌓여 있고, 빠진 것 없이 모두 갖추어져 있어야 하는 '필수품들'로 가득 채워진 무거운 상자들이 멋지게 닫혀 즐비하게 놓여 있다.

식탁용품 옆에는 곧 미래의 '예하'에게로 넘어갈 지팡이와 십자가가 있고, 성배와 성반은 후식용 샹파뉴 포도주를 담기 위해 깊이 파인 용기들 옆에 있다. 대야 옆에는 향로가 놓여 있고, 미사용 물병들은 소금단지들과 인접해 있으며, '태양 모양의 접시'와 '성유'[43] 용기는 갸름한 형태의 식탁용 기름병들을 마주보고 있다. 금은 세공사의 가게에서는 모든 것이 여전히 비종교적이지만, 언젠가는 신으로부터 선택받은 사람들과 버림받은 사람들 사이의 분리가 일어나게 되는 것처럼 분리될 것이다.

남편이 될 이들이 결혼식 바로 전날 지참금의 표징인 '메달'과 영원한 사랑의 표징인 '결혼반지'를 사러 온다. 그러나 반지는 저울에 올라오지 않는다. 아내가 기대하는 가장 비싸고 귀한 보석들은 여전히 제자리에 있고, '3금 색깔의 니스'를 칠한 통이나 패물, 싸구려 장신구들이 서랍에서 나온다. 이것들 중에서 물건을 고르고 값을 치러야 한다.

여자들이 금은 세공품을 판매하고 무게를 재는데, 여자 판매상은 손가락에 찬란한 다이아몬드 반지를 끼고 있는 데다 손이 아름다운 만큼 더 경쾌하게 무게를 달아 고객의 시선을 저울의 움직임에서 벗어나게 한다. 또한 여성의 후견인인 양 처신하고, 작은 결혼선물에 대해 그만큼 더 호의적으로 말하며, 언제나 남편의 마음을 움직여서 처음 생각보다 구매를 더 많이 하게 만든다.

서민은 언제나 금 십자가, 큰 은컵을 구입한다. 프티 부르주아는 아내의 출산에 필요한 사발을 사는데, 만일 이러한 선견지명이 없다면 아내의 불만을 감당해야 한다.

이 모든 금은 세공사는 은 마르[44]와 순도의 가치가 불변이므로 오로지 '만듦새'에 의거하여 돈을 벌 수 있을 뿐인데도 하나같이 생

43 Saint Chrême: 『트레부 사전』에 의하면 "주교에 의해 축성되어 성세성사, 견진성사, 신품성사, 종부성사를 행하는 데 소용되는 기름"을 말한다.

44 marc: 귀금속을 재는 옛 중량 단위로서 244.5g이다.

활이 넉넉하다. 특별한 비결 없는 직업은 없다 해도, 금은 세공은 이러한 종류의 기교와 비결이 가장 많은 직업이다. 게다가 귀금속들이 세공될 때에는 언제나 얼마간의 조각이 남는데, 이것들을 어떻게 처리하느냐가 기교와 비결의 관건이다.

낱개로 10만 개에 달하는 은그릇이 한쪽 끝에서 다른 쪽 끝까지 길게 줄지어 있는 이 찬란한 강둑길은 도둑들에게 유혹의 대상이 아닐 수 없다! 숟가락, 포크, 귀걸이 등 세세한 것들이 셀 수 없을 정도로 많다. 그러나 이것들 중에서 단 하나도 습격당하지 않는다. 이 보물들 한가운데에 조용히 앉아 있는 여자가 안전한 상태에서 고객과 단 둘이서만 무게를 달고 공손하게 대금을 치른 후가 아니면 아무도 손을 대지 못한다. 다른 거래에서는 찾아볼 수 없는 내가 잘 모르는 어떤 자연스럽고 정중한 예절이 금은의 판매에서는 고취되기까지 하는 듯하다.

(포토시[45]의 광산보다 더 풍요로운) 이 강둑길에서는 낮이건 밤이건 어떤 폭력행위도 일어나지 않고, 욕망이 눈길에서 멈춘다. 가게들의 잠금장치가 견고할 뿐더러, 이 구역에는 사람이 많이 산다. 금은 세공에는 다수의 조각가, 세공사, 문양장식가, 남녀 광택 직공이 종사한다. 키가 5피에 6푸스인 어느 건장한 사람은 평생 갑(匣)에 자로 금을 긋는 일만 하고 있으며, 어떤 사람은 무기 장식을 만들고, 또 어떤 사람은 인장과 상표를 새기고, 또 다른 사람은 금에 더 생생한 색깔을 띠게 하는 등 작업이 세분되어 있다. 이 하찮은 기술들이 예술과 '데생' 학교에서 유래하는 만큼, 금은 세공의 무의미한 치장은 생각하는 존재에게 어울리지 않는다. 그러나 부자들이 언제나 하늘 높

45 Potosi: 은광으로 유명한 볼리비아의 산.

은 줄 모르는 허영심에서 유익하고 고결한 예술보다 선호하고 매수하는 그 유치한 예술에 대해 우리가 퍼부은 비난의 대상에는 포함되는 것이 확실하다.

그렇지만 보석점에서 서랍을 여러 개 동시에 열어 보석을 늘어놓게 하고는 그것들 중 하나를 슬쩍 낚아채는 사람들이 있다. 당당한 풍채의 매우 고상한 사람들이 하찮은 뒹케르크에 끼어든다고들 하는데, 나는 그들에게 다른 사람들보다 더 감시받고 있다는 사실을 친절하게 알려준다.

916 요리사

똑같은 일자리가 어떤 나라에서는 고귀하고 또 어떤 나라에서는 비천한 것은 선입견 때문이다. 에스파냐에서는 제복 입은 하인들이 하나같이 자기를 주방장보다 더 높이 평가하는데, 이는 맞지 않다. 요리사는 하인이 아니다.

1750년 무렵에 파리 납세구의 지사가 자기 집에서 연주회를 개최했는데, 검은 우단 연미복에 고가의 웃옷을 걸치고 있는 어떤 남자가 그의 눈에 띄었다. 모르는 사람이어서 그의 하인들에게 저 미지의 인물이 누구냐고 물었고, 그들은 요리사라고 그에게 대답했다. 이 음악 애호가는 몸치장과 옆에 찬 검에도 불구하고 연주회장에서 물러나라는 명령을 받았다.

이처럼 도를 넘은 장식물을 옷에 다는 것은 프랑스에서 제복을 입지 않는 하인들에게 일반적인 모습이다. 출납원, 서기, 집사, 성의 관리인, 주세 징수업자, 승마교습 조교, 배우 등 재능 있는 사람치고 귀족의 의복을 걸치지 않는 자가 없다. 날마다 없어서는 안 되는 명인, 즉 유능한 요리사에게 귀족의 의복을 못 입게 할 이유가 과연 있을까? 요리사의 비법은 유쾌하고 난해한 화학이다.

파리에서 음식의 기술은 한껏 발전한 상태에서 제빵을 제외하고 뚜렷이 구별되는 여섯 등급으로 나누어진다.

식탁의 배치, 식료품의 선택과 구매, 구매처에 대한 정보, 적절한 사용을 위한 보관, 부패의 방지, 눈에 띄는 낭비의 방지, 이 모든 것이 '급식 관리인'의 일이다. '주방장'은 포타주, 전채, 앙트레, 앙트르

메로 구성되는 상당히 많은 일이 있다. 화덕에서 구워내는 모든 것은 '과자 제조인'의 소관이다. '구이 조리인'은 가금을 적절히 비육하고 고기를 양념하며 버터 들인 종이에 싸서 굽고, 작은 새나 어린 토끼, 자고새 새끼, 잔 불치를 굽기 위해 포도나무나 노간주나무의 가지를 이용할 줄 알아야 한다. 후식으로 말하자면, '이탈리아 당과 제조인들'의 재능이 필요한데, 그들은 설탕을 다루고 아이스크림을 만들고 후식을 꾸미는 데 다른 누구보다도 능숙하다. 지하 저장고를 포도주로 채우고 가능한 한 개량하기 위해서는 '포도주 전담자'가 꼭 있어야 한다. 이 일자리 각각은 유능한 사람을 1년 내내 고용하기에 충분하다.

식욕이 가장 완벽한 요리사나 맛있는 음식이 적의 검보다 더 위협적이라는 말을 우리는 운문과 산문으로 끊임없이 듣고 있다. 잘못된 생각이다. 한 번은 서투르게 조리된 일정한 양의 음식으로, 다른 한 번은 아주 잘 조리된 같은 음식을 동등한 식욕으로 배를 채워보라. 그러면 소화에 있어 현격한 차이를 느낄 것인데, 후자는 소화가 훨씬 더 쉽게 되고, 전자는 더 힘들게 된다.

포도주가 푸르고 초라할 때 술을 조금이라도 지나치게 마시면 해로운 반면에, 양질의 포도주는 약간 지나치게, 심지어는 약간 더 진하게 마신다 해도 아무런 탈이 없고, 이튿날 두통도 몸의 불편함도 남지 않는다.

이제는 없어졌지만 과거에는 나쁜 요리법으로 인해 스튜에 너무 많은 밀가루가 들어갔고, 수프나 고기 국물, 젤리, 소스에서 기름기가 제거되지 않았다. 너무 많은 비계가 사용되었고, 향신료의 비율이 맞지 않았다. 그런데 지방은 잘 소화되지 않고 위장을 힘들게 하며, 모든 종류의 양념, 향기, 기분을 좋게 하는 맛을 흡수해 버린다. 현대의 좋은 요리법에서는 액체에 지방이 조금도 남지 않고, 식료품이 어느 정도 소화하기 쉬워지면서 솜씨 좋게 혼합된 향신료는 위장의 탄력을 좋게 하고 위장의 기능을 돕는다. 그러므로 탁월한 요리사는 당연히 신경을 써서 구해야 하고, 특히 일한 대가를 두둑하게 받아 마땅하다.

그런데 요리사는 식욕과다를 조장한다. 배부른데도 먹게 한다? 요리사를 변호할 두 가지 방법이 있는데, 하나는 사실에 의해서이고, 다른 하나는 추론에 의해서이다. 현대의 루쿨루스, 클레오파트라, 그리고 풍성하고 맛있는 음식이 차려진 식탁에 익숙해진 다른 이들이 지나치게 먹지 않고, 대부분의 수사와 수입이 적어 식탁의 음식이 초라한 모든 이보다 훨씬 덜 먹는다는 것은 날마다 확인되는 사실이다. 정작 요리사들은 매우 적게 먹는다. 따라서 그들이 내는 진미는 조악한 포식에 책임이 없다.

요컨대, 나쁜 음식의 절제에 무슨 장점이 있겠는가? 손님을 접대하는 집주인은 그들이 자신의 집에서 그랬던 것보다 그날 자신의 집에서 더 행복하도록 해야 한다. 나는 어느 의학박사로부터 음식 1온스를 더 먹는 것이 반 온스를 덜 먹는 것보다 더 낫다는 말을 들은 적이 있다. 지나치게 많은 양의 비료로 인한 초목의 손해보다, 너무 적은 비료로 인해 초목에 초래되는 해가 더 큰 법이다.

요리사는 무슨 노력을 해도, 자기 관리를 아무리 잘해도, 예전에 능숙했을지라도, 50세가 되면 미각이 둔해진다.

이 요리사들의 손은 정말로 검다! 한 요리사는 끊임없이 집게손가락 끝에 소스를 묻혀 빨아먹어서 거기만 하얀색이었는데, 어느 날 집주인이 그에게 "손이 참 더럽기도 하군!" 하고 말했다. "아! 나리, 이건 아무것도 아니죠, 제 발을 보셨더라면!" 집주인이 달아난다. 즐거움을 잡치지 않고 먹고 싶다면 주방으로 내려가서는 안 된다.

어느 왕족이 종군하는 중에 몹시 굶주렸는데, 작은 개울의 가장 자리에서 그의 점심을 준비하며 요리사가 술에 취해 비틀거리면서 소스를 맛보았고, 그러자 급식 관리인이 그를 호되게 야단쳤다. 이에 요리사가 말했다. "계속 으르렁거리면 점심을 전부 개울 속으로 던져버리겠어요." 적군 앞에서는 한 치도 물러서지 않은 왕족이 이 말을 듣고서 창백해졌다. 그는 자신의 요리사를 조심스럽게 달랬다.

요리사는 꼭 필요한 사람으로, 요리사가 없다면 부자들이 가난한 사람들보다 실질적으로 우월한 근거가 과연 무엇이겠는가? 왕세자, 즉 왕국의 추정 상속인이 영양결핍으로 괴로움을 겪는다고 얼마 전에 의사들이 말했다. 그를 치유하기 위해서는 빨리 요리사를! 소화불량에 대한 불안 때문에 그에게 절식이 처방되었는데, 이로 인해 그는 한참 자랄 나이에 기진맥진했고, 고귀한 신분 때문에 단식하게 되었다. 고귀한 신분 따위가 대수인가! 농부의 아들은 배가 고프면 먹고, 어린이들은 먹어야 한다. 나는 절대 단식을 하지 않고 단식을 혐오한다. 나는 『포르토블레의 철학자』에서 1781년의 왕세자 탄신을 축하한 바 있지만, 요리사 양반들이여! 어린 왕자를 위해 신경을 써주기를 그대들에게 간청하오. 나는 음식의 절제를 권장하지 않는 의사들을 위해 오드 한 편을 준비하고 있는데, 그들만이 유능한 의사로서 치유할 것이다.

요컨대, 요리사는 두 가지 치명적인 질병, 즉 '배고픔'과 '목마름'에서 벗어나기 위해 찾아가야 하는 의학박사이다. "우리는 모두 상인이다." 보병, 기병, 해군 장교, 성직자, 법조인, 궁정인, 징세청부업자, 상업인 등 모두가 오로지 맛있는 음식을 여럿이 함께 먹기 위해 일한다. 누구나 가장 벌이가 되는 일거리를 구하는 것은 어느 날 이웃사람, 지인, 친척, 친구에게 좋아하는 음식을 대접하기 위해서일 뿐이며, 따라서 요리사가 없으면 삶도 없다.

917 크리스토프 드 보몽

1752년 내게 '견진성사'를 베풀어준 전직 파리 대주교. 그의 얼굴은 내 기억에서 결코 사라지지 않을 것이다. 미래의 어느 날 내가 그에 관한 이야기를 역사에 남기게 되리라고는 생각조차 하지 못했는데, 실제로 루이 15세 치하에서 그는 매우 중요한 역할을 했고, 그래서 자신에 관한 미래의 역사가를 변변찮은 나에게서 찾을 생각이 없었다. 당시에 프로이센 왕은 그를 '프랑스에서 유일하게 일관성 있는 사람'으로 불렀다. 그는 평범한 사제였다가, 어느 날 높은 지위에 올르게 되었는데, 이는 여전히 목격되기는 하지만 오늘날에는 그렇게 되려면 더 많은 것이 필요하다. 그는 장자크 루소의 유명한 편지, 너무나 칭송받고 있는 파스칼의 『지방으로부터의 편지』보다 우월한 걸작으로 이름이 영원히 남게 되었다. 물론 역사에서 흥미진진한 모습을 띠게 되는 이 고위성직자에 관해 지어진 더 나은 것이 여기 있다.

신은 그에게 자비심을 주었고
악마는 그를 고집쟁이로 만들었나니,
그는 불관용의 해악을
자비심으로 가렸다.

그는 고위성직자 직에서 두 차례 승진을 거듭한 끝에 파리 대주교 직에 이르렀고, 프랑스 교회의 민감한 부분이 되었다. 당시에 그는 자신에게 계속 시련을 안겨준 고등법원과 싸움을 벌였다. 자신의 진영을 위한 열정으로 가득한 이 고위성직자는 절대로 굽힐 줄을 몰랐다.

그에 대해 운명의 총애를 받는 사람 중의 하나라고 충분히 간주할 수 있다. 가세가 기운 가난한 귀족 집안에서 태어난 그에게 다행히도 파리에서 공부할 비용을 댈 만한 것이 간신히 마련되었다. (구비전승에 따르면) 그는 소르본 지구의 마송 길에서 어느 가발제조업자의 집 4층에 거주했는데, 집주인은 여러 차례 주거비와 식비의 지불기한이 지났다고 그에게 경고하였다고 한다. 그 이래로 나는 몇몇 사제가 타고난 운명도 아닌데 높은 신분으로 올라가는 것을 본 적이 있다. 뻔뻔스러움은 변변치 않은 재능과 아주 잘 어울린다.

교황 칙서는 루이 14세를 괴롭혔고, 1717년 10월 7일 국왕은 '우니게니투스' 칙서에 찬성하거나 반대하는 글과 말을 금한다고 선포한다. 이 개탄스러운 싸움이 끝난 것은 불과 40년 전인데, 유감스럽게도 이 싸움은 루이 15세 내각을 흔들었고 더 중요한 문제들에 기울어야 할 관심을 모조리 휩쓸어갔다. 전혀 다른 시대에서였더라면 '크리스토프 드 보몽'의 타고난 불굴성은 혁명을 초래할 수 있었을 것이다. 왜냐하면 사람의 무리를 굴하게 하는 것은 바로 흔들리지 않고 확고부동한 기개이기 때문이다. 그러나 고해 증명서와 예수회를 그토록 사랑하는 특이한 대주교에게는 철학과 지지자들이 너무 늦게 왔다.

이 성직자들 사이의 싸움은 이제 어떤 흔적도 남아 있지 않고, 사람들이 정치 문제에 관한 논쟁 쪽으로 돌아섰다. 이 중요하고 새로운 문제를 활기차고 위엄 있게 다룬 이 사람들의 무리는 주목할 만하다.

918 티투스 황제

내 생각에 그는 미래의 어느 날 자신의 배 위에 십자가가 조각되리라고는, 또 한 팔에 들린 십자가와 다른 팔에 들린 가시 면류관에 의해 자신의 마노 반신상이 무장되리라고는, 그리고 파리 생트샤펠의 미사가 집전되는 가운데 자신이 이러한 모습으로 성가대 선창자의 무거운 지팡이를 압도하면서 참사회원 13명에게 둘러싸여 이동하리라고는 짐작하지 못했다.

성왕 루이에 의해 건립된 생트샤펠이 얼마 전에 철거되었다.

참사회원들이 신성한 유물들을 지키고 있었는데, 이 유물들은 금과 은 그리고 보석들로 둘러싸여 있다. 예전에 우리의 왕들은 이 유물들의 탐욕스러운 구입자이자 강한 집착의 소유자였다. 그런데 이 모든 경건한 보물로 무엇을 할 것인가? 이 고딕 기념물, 누구나 석조 부분의 참신성에 탄복하게 마련인 이 이중 가로 회랑의 교회는 어떻게 될 것인가?

뱅센의 생트샤펠에는 아기 예수의 '젖니' 하나와 예수가 세상을 구원하기 위해 갈보리 동산에서 흘린 소중한 '피 한 방울'이 보관되어 있다. 이 고대의 거룩한 유물들이 어디로 옮겨갈 것인지 모르겠다. 이 두 유물을 감탄하며 바라보고 감화를 받은 입장에서, 다음 세기에도 호기심 많은 신자들에게서 이것들을 볼 기회가 박탈되지 않기를 바랄 따름이다.

919 생제르맹 포부르의 문인과 생토노레 포부르의 문인

때로는 재기발랄한 사람들만큼 어리석은 자도 없다. 일반적으로 그들은 이 세상에 모든 것이 자신을 위해서만 존재하기를 바란다. 샹포르 같은 사람의 말을 들어보라. 그는 상상력이 고갈되어 있다. 저런! 자신처럼 위대한 아카데미 회원은 아무것도 쓰지 않아야 하고, 자신이 하지 않는 모든 것을 멸시하기만 하면 된다는 견해를 그는 내보일 것이다.

이런 사람은 몇몇 대수롭지 않은 연금을 확보하거나 몇몇 아카데미 회원을 사귀게 될 것인데, 이를 위해 갑자기 생제르맹에서 이사하고, 생토노레가 아카데미, 문단의 파벌, 그리고 특히 맛있는 식사를 하는 징세청부업자들에게 더 친숙하기 때문에 곧 거기에 거주할 것이다. 이는 독실한 무슬림이 가능한 한 메카에 가까이 다가가는 것과 같다.

문인은 루브르 인근에 거주하게 되자마자 자신이 콜레주의 하인이었다는 것, 자신이 10년 동안 대학의 진창길을 성큼성큼 걸었다는 것을 잊어버리고, 팔레루아얄 구역에 살고 있기 때문에 (샹세크라는 별명이 매우 잘 어울리는) 로크니콜라 샹포르처럼 '고상한 문학'을 하고 있다고 자처한다. 게다가 이 어리석은 말을 진지한 어조로 내뱉고, 자신을 귀찮게 하지 않는 사람들에게로 다가가서 파리에만 안목, 지식, 재기가 있다고, 인간의 지식은 분명히 튈르리 부근이 중심지라고, 생제르맹 포부르의 주민은 이미 활기찬 영향력을 빼앗겼다고, '훌륭한 취향'을 갖기 위해서는 생토노레 길을 넘어가면 안 된다고 주장한다. 이 영원한 진리들과 감히 싸움을 벌이려는 비지코트는 누구일까?

이 문인은 나선형의 껍데기 속에서 '여기가 우주'라고 줄곧 대뇌는 달팽이와 유사하게, 선(線)의 끄트머리 점을 자칭 천재의 체류지로 간주한다. 그는 개울을 건너지 않았고, 안락의자에 더 가까이 혹은 그 안에 머무르며, 벌써 형식을 무디게 만들고 주제의 범위를 좁힌다.

종교, 법, 풍토, 그리고 풍속은 각 민족의 문학에 독특한 자국을 새겨 넣는다고, 글쓰기 기법은 작가들의 성격에 따라 무한히 변한다고, 재능은 드물다고 생각한 만큼이나 많다고, 모든 시학은 "우리가 이렇게 묘사하기 때문에 이렇게 묘사해야 하고, 우리가 이 집에 가고 취향이 거기에 있기 때문에 바로 거기에 거주할 필요가 있다"는 말을 의미할 뿐이라고 달팽이 껍데기의 거주자에게 말하라.

또한 작품이 어떤 나라에서는 자연의 충실한 모사일 수 있고, 다른 어떤 나라에서는 자연을 넘어서 있다고 '달팽이'에게 말하라. 그러면 아카데미 회원이나 아카데미 회원 지망자는 이제 당신의 말을 듣지 않고, 당신에게 더 이상 귀를 기울이지 않을 것이다. 심지어는 "민족들의 문학은 생토노레 포부르의 문학을 존중해야 한다. 왜냐하면 온 세계에서 이루어지고 이루어질 모든 것의 심판자들이 바로 거기에 근거지를 두고 있기 때문이다"라는 건방진 말을 되풀이하고는 더 이상 말할 필요가 없다고 생각한다.

그는 우리의 학술단체에 들어올 만한 인물이다.[46]

46 몰리에르의 「상상의 환자」에서 아르강이 조롱삼아 의사로 받아들여지는 세 번째 막 간극에 대한 암시이다.

920 마리보

그의 이름은 길 이름이 되었고, 그의 문체는 가식이 있는 글쓰기 방식으로서 '마리보다주(marivaudage)'라고 불린다. 글쓰기 방식에 가식을 보태는 모든 이는 반드시 마리보 길에 거주할 것이고, 따라서 비에브르, 뒤이어 ○○○, ○○○, ○○○ 등은 틀림없이 거기에 가장 멋진 아파트를 소유할 것이다. 자연스러운 문체에서 벗어나거나 가장 진부한 생각을 지나치게 기교적인 표현으로 펼쳐내는 모든 작가는 거기에 살고, 세련된 문장의 애호가들이나 아카데미의 아첨꾼들은 모두 장터에서 꼭두각시들이 일렬로 줄을 서듯이 거기로 이사했을지 모른다.

우리에게는 새로운 길들, 즉 사르틴 길, 코카트릭스 길, 르누아르 길, 칼론 길, 크룰바르브 길이 있다.

칼론 길이라! 누구나 이 길을 기억할 것이다. 제기랄! 도대체 어떤 부류의 사람이 이 모든 길의 명명을 주관할까? '페토디아블' 길, '라' 길, '푸앵' 길, '마르무제' 길, '피에르오라르' 길 또는 '장팽몰레' 길의 명명자도 변함없이 동일한 정신이라고 말해야 하지 않을까? 크리스팽[47]은 "기억을 풍요롭게 하기 위한 것이 아닌 불한당 같은 길 이름들이 있다"고 말하는데, 이는 분명히 맞는 말이다. 땅 밑으로부터 늘 솟아나는 이 모든 길에서 국가에 소중한 이름을 환기하는 길

47 1707년 르사주의 희극 「자기 주인의 경쟁자 크리스팽」에 등장하는 인물이다.

이 하나라도 있는가? 뒤그클랭, 튀렌, 앙부아즈, 쉴리의 이름을 찾아보려는 것은 헛일이 아닌가? 라퐁텐, 마시용, 페늘롱을 비롯하여 그토록 많은 이름이 '크룰바르브'[48]보다 훨씬 더 우아한 사상을 상기시키지도 않을 것이고, 전혀 다른 방식으로 기억에 고정되지도 않으리라고 그렇게 생각하는 것일까?

우리의 옛길 대부분은 변형되었지만 여전히 외설스러운 이름이 붙어 있는 만큼 우리 조상들의 파렴치를 증명해 주는데, 그들의 과자에 나타나고 그들의 식탁을 뒤덮은 음란한 형태들을 우리는 감히 재현하지 않을 것이다. 그들이 야만스러웠다는 데에는 동의하지만, 우리는 우리대로 부와 권력을 너무 숭배하고, 특혜가 있는 모든 것을 예찬하며, 지위가 약간이라도 높은 모든 이에게 존경을 값싸게 팔아넘긴다.

섭정 시대에는 성공을 서두르는 하인이 호화 사륜마차 뒤에서 바퀴를 스치면서 안으로 뛰어들었다. 오늘날에는 '회사'라는 이름 아래 끊임없이 가려지는 '투기'가 공익의 탈까지 쓰고서 이 동일한 성공을 거의 소문도 없이 폭력적으로 거두고, 모든 것에 이 허울 좋은 구실이 겉치레 장식으로 달린다. '공익'을 표방하지 않는 금융업이 없고, 웬만한 지위에 오른 사람들은 그들로 인해 궁핍해진 이들에게 "귀찮게 굴지 마, 조용히 있어, 이게 다 당신들 좋으라고 하는 일이야"라고 되풀이하여 말해왔다.

48 Croulebarbe: 크룰바르브 길의 이름이 유래한 파리 부유층으로, 그의 조상인 장 드 크룰바르브가 파리에 정착한 이래 그의 가문은 크룰바르브 길에 있는 대규모 포도밭과 물레방아를 소유했다.

921 세 시인의 대화

카이유와 뱅뱅, 파동의 대화이다.

카이유 : 방금 내가 읽어드린 시 어떤가요? 내가 보기에 몹시 반하신 것 같던데. 아무튼 느끼신 대로 친구로서 솔직히 말씀해 주세요.

뱅뱅 : 훌륭합니다.

파동 : 순전히 고대의 시 같군요.

카이유 : 내게 미적 감각이 있다는 말씀인가요?

뱅뱅 : 천재성이 있어요, 천 재 성. 그러나 미적 감각이라…. 그것은 천재성과 다르지요.

카이유 : 아니, 선생, 내게 미적 감각이 없다는 말씀인가요? 나는 선생을 어느 정도 인정해 드리는데, 잘 아시면서, 말하자면….

뱅뱅 : 내 말대로 이 시를 출판해 보세요, 이 시는 놀라울 정도로 평판을 얻겠지요.

카이유 : 벌써 여기저기에서 읽어주었답니다. 듣는 사람들은 모두 박수를 쳤지요. 남성들은 감동했고, 여성들은 깜짝 놀랐지요.

파동 : 여성이 시에 조예가 깊은 줄은 몰랐는데요.

카이유 : (주머니에서 목록을 꺼내들며) 여기 보세요, 공작부인 3명,

후작부인 6명, 백작부인 8명이 내 시낭송을 듣고 싶다고 합니다. 내가 강조하는 곳마다 이상하게도 여성들이 주로 감동합니다.

파동 : 카이유 선생, 출판하세요, 출판이요. 아카데미가 선생에게 문을 열어줄 테지요.

카이유 : 사실 그런 약속을 받았답니다. 아카데미 회원들도 내 시의 여러 부분을 듣고 뒤로 자빠졌어요.

뱅뱅 : 인쇄하면 그들을 더욱 놀라게 만들겠지요. 선생의 시집을 읽은 사람들은 당신의 시에 미적 감각이 있는지 없는지….

카이유 : 글쎄요, 아직 모르겠습니다. 나는 낭송하는 편이 더 좋아요. 나를 찬양할 준비를 하고 모인 사람들이 내가 시를 낭송하면 충실히 찬양하지요. 그런 모습을 보는 것만큼 기쁜 일이 또 있을까요?

뱅뱅 : 선생은 모든 시인이 조금이나마 이바지하게 만들었습니다.

카이유 : 맞아요. 위대한 대가들은 모두 그랬지요. 더욱이 명암….

파동 : 그 이야기는 그만 하지요. 자연의 풍광을 그리는 사람은 자연만큼 위대하고 파격적이어야 합니다.

뱅뱅 : 조금 잘 정리되어 있다고 해서 거슬리는 일이야 없겠지요. 선생은 톰슨[49]의 시를 번역하지 않으셨던가요?

카이유 : 아, 내가 지은 시의 앞머리에 번역시를 놓으라는 말씀이시군요. 위대한 대가들처럼 여기저기에 놓지 말고….

뱅뱅 : 자, 걱정 마세요, 아카데미에 빈 자리가 나오면 바로 당신 차지가 될 테니까요. 내가 장담한다니까요.

49 James Thomson(1700~1748): 스코틀랜드의 시인.

파동 : 시가 죽지 않는 이상 모든 표가 당신에게 쏠리겠죠. 당신의 시는 모든 문을 부숴버릴 것입니다.

카이유 : 하기야 모두 그렇게 말하지요. 그러나 모든 초대에 응하려면 사실상 비극 배우의 가슴을 가져야겠죠. 내가 숨어지내면 사람들은 성가시게 나를 찾을 테고, 결국 나를 무덤에서 다시 파내겠죠.

뱅뱅 : 출판해요, 출판해…. 만일 그 시가 인정받지 못하면, 나라도 나서서 대중과 인정사정 봐주지 않고 한바탕 말다툼을 벌일 테니까요. 대중에게 진짜로 감상하는 방법을 가르쳐주렵니다.

파동 : 시를 출판한 뒤 영광에 휩싸일 때, 우리가 오늘 당신에게 한 작은 역할이나 부디 잊지 말아주세요. 말이야 바른 말이지, 우리가 당신의 천재성을 처음 알아보지 않았나요? 게다가 아카데미, 공작부인, 엉터리 시인들에게 당신의 시를 널리 알려주지 않았나요?

뱅뱅 : 인쇄업자를 찾아가세요. 살롱에서 박수를 받는다 해도 어디 성에 차겠어요? 당신은 좁은 물에서 이름을 떨칠 사람은 아니니까요. 벽을 뒤로 밀어버려요. 프랑스 전국이 당신의 시를 읽도록 말입니다.

파동 : 당신은 롱사르[50]만큼 이름을 떨칠 겁니다. 그러나 롱사르보다 더 정당하게 명성을 얻고, 더 오래 누리겠지요.

카이유 : 오, 선생들, 내게 별로 미적 감각도 없고 질서라고는 전혀 없다는 사실을 깨우치게 해주셨으면서, 그렇게 말씀하

50 Pierre de Ronsard(1524~1585): 프랑스의 시인.

시다니….

뱅뱅 : 위대한 시는 과감하게 세상을 향해 발을 내딛고, 정처 없이 길을 떠나야 한답니다.

파동 : 질서는 평범한 사람들을 위한 것. 당신은 높은 바위 꼭대기에 앉은 새의 눈으로 본 것처럼 사물을 그립니다.

카이유 : 파동 선생, 아주 훌륭한 생각입니다. 그래요, 앞으로 내가 시를 쓰기 시작할 때는 바위 위에 앉으려고 노력하겠습니다. 그러면 무질서도 정당화할 수 있겠지요.

뱅뱅 : 대상을 철저히 조사한다면 질서 있게 잘 가꾼 공원보다 더 아름답게 그릴 수 있지 않겠습니까? 그러니까 조사를 철저히 하면 모든 것을 설명하는 요소를 얻게 되겠지요.

카이유 : 오, 나는 모든 책을 베껴서 그러한 요소를 추렸습니다. 나는 비천한 산문을 보지 않습니다.

뱅뱅 : 그러니까 인쇄업자를 찾아가시라니깐. 단 2행만 예로 들어도, 이 시를 찬양하지 않을 사람이 어디 있겠습니까?

모든 스위스인은 포도즙에 흠뻑 젖은 채,
즐겁게 춤추며 깎아지른 바위산 위로 간다네.

파동 : 스위스인은 이 시를 거듭거듭 낭송하겠지요…. 출판하세요, 출판, 조금이라도 지체하면 당신에게 돌아갈 영광이 사라질 수 있어요.

카이유 : 친애하는 찬미자들이여, 그렇다면 당신들 말을 듣겠습니다. 당신도 만족하고, 대중도 만족하겠죠. 내 시를 인쇄하러 가겠습니다.

뱅뱅과 파동의 대화이다.

뱅뱅 : 순례자 같으니라구! 저 사람 좀 돌았어요. 당신은 그의 시가 인쇄소에서 얼마나 잘 꾸미고 나올지 보게 될 거요.

파동 : 사람들은 엉망진창의 시에 파묻혀 잠들겠지요. 내 생각에 그는 속아 넘어간 게 틀림없어요.

뱅뱅 : 내가 기대했던 게 바로 그거요. 이 시는 오늘 신성할지 몰라도, 내일모레면 악마도 거들떠보지 않을 테지요. 사필귀정이지요. 사람들이 나의 시를 아름답게 낭송할 때, 그들은 나 자신도 시인이고, 그보다 먼저 시인이 되었으며, 그것도 슬기로운 시인이라는 사실을 어찌 깨닫게 해주지 않으리오!

파동 : 오, 선생은 그저 미적 감각을 최우선으로 치시는군요….

뱅뱅 : 그 작은 친구에게는 그림자가 없어요. 끊임없이 땅에 코를 처박고 살기 때문이지요. 나는 하려고만 든다면 천재성을 발휘할 수 있습니다. 그러나 그보다는 미적 감각이 너무 앞서서 탈이지요.

파동 : 선생이야말로 언제나 성공할 수 있어요.

뱅뱅 : 오, 나를 부러워하는 사람이 얼마나 많은지요! 내가 여태껏 극장 바닥석에서 내 적들이 내 작품을 공격하는 것을 여섯 번이나 보았다면 믿을 수 있겠어요?

파동 : 너무 많긴 많군요…. 우리의 제2의 바르타스 선생은 그가 앉은 바윗덩어리가 끔찍하게 굴러 떨어지리라고 기대하지는 않겠지요.

뱅뱅 : 그렇다면 진심으로 웃어주겠소. … 나는 지금 프랑스의 시를 소생시키는 일이 내 임무라고 생각합니다. 사람들은 내

시를 읽고 윤기가 없다고 말해요. 그러나 그들은 진정한 미적 감각을 면밀히 검토하지 않고서 그렇게 말하지요. 나는 내가 말할 때 아무도 나를 비난하지 않는다는 점을 처음으로 증명하겠습니다.

922 귀족의 세대

세대(quartier)이라는 말은 옛날 영묘, 또는 부모나 조상의 무덤, 망자의 조상 무덤 네 귀퉁이에 놓는 것, 말하자면 방패꼴 모양의 표지에서 온 말이다.

모든 것은 시간이 흐르면서 스러진다. 장 2세가 세운 별 기사단(ordre de l'Etoile)의 아름다운 좌우명은 "별은 사람이 갈 길을 비춰준다"는 것이었는데, 이는 나중에 야경대 기사들의 좌우명이 되었다.[51] 생라자르 기사단[52]에 허원을 하고 가입한 기사들과 지휘관들은 8갈래 녹색 십자가를 꿰맨 옷을 입는다. 중요한 예식이 있는 날에는 그 십자가를 붙인 외투를 입는다. 이 녹색 십자가는 왕의 큰동생이 단장인 기사단의 뚜렷한 표식이다. 새로 생긴 이 녹색 리본에 익숙지 못한 파리의 하층민은 이 기사단이 뭐하는 사람인지 언제나 물어본다. 왜냐하면 그들은 녹색보다는 청색에 익숙하기 때문이다.

생루이 기사단[53]은 불의 색깔 리본으로 만든 십자가를 갖는다. 왕은 이 기사단의 단장이며, 바로 그 때문에 왕관을 물려받을 예정자가 태어날 때 이 십자가로 장식한 옷을 입히는 것이다.

51 샤를 8세(1470~1498)는 별 기사단을 없애고 자신이 창설한 야경대 기사들이 입는 겉옷에 별을 붙이게 했다.

52 ordre de Saint-Lazare: 종교적 성격의 기사단.

53 ordre de Saint-Louis: 1693년 루이 14세가 군대에 복무한 사람들에게 보상하려는 목적으로 창설한 기사단.

성령 기사단[54]은 넓은 푸른색 리본을 허리에 두른다. 그들은 십자가를 목이나 가슴에 달지 않고, 허리에 두른 리본 위에 단다. 이런 모습은 독특하다.

금은 세공업자는 누구도 성령 기사단의 목걸이를 살 수 없다. 그것은 개인이 아니라 기사단의 소유물이고, 기사가 죽으면 그가 달고 다니던 십자가는 기사단으로 되돌아가야 하기 때문이다.

또한 루이 11세가 창설한 생미셸 기사단이 있다. 그들은 검은 리본을 단다. 루이 14세는 아르두앵 망사르와 앙드레 르노트르[55]를 생미셸 기사로 임명했다. 이 기사단은 문필가, 시 행정관, 징세관도 받아들였다. 이들은 평민이었기 때문에 이들을 기사로 임명하기 전날 밤 귀족 증서를 발행해 주었다. 『초록 초록』을 지은이는 꽤나 위선자였는데, 검은 리본을 간절히 원했으며, 결국 그것을 얻었다.[56]

기사제도를 놀리고 싶은 부르주아는 밥상에 앉을 때 자신이 '원탁의 기사'라고 말한다. 그는 전통 기사보다 더 잘 먹는다. 왜냐하면 옛날 기사들은 직접 소금이나 양념을 가지고 다니면서 요리를 해먹었으며, 직접 사냥해서 먹고 살았기 때문이다. 그들이 노루를 죽이면 나무식탁 위에 올려놓고 돌로 눌러 피를 짜냈다. 오늘날의 기사들은 더 좋은 음식을 먹는다. 그러나 이들도 역시 조상의 기억을 더듬는다.

일반인은 돈이나 그 밖의 상당한 보상보다는 법랑으로 만든 십

54 ordre de Saint-Esprit: 1578년 앙리 3세에 의해 창설된 기사단.

55 Jules Hardouin-Mansart(1646~1708): 프랑스 고전주의 건축의 선구자 프랑수아 망사르의 조카로서 왕의 조영총관(1699)이 되었다.
André Le Nôtre(1613~1700): 정원설계사로서 베르사유 궁을 설계했다.

56 『초록 초록(*Vert-Vert*)』의 저자 장 바티스트 루이 그르세(Jean-Baptiste Louis Gresset, 1709~1777)는 1775년 귀족이 되고, 1777년 초 생미셸 기사가 되었다.

자가와 리본을 더 소중하게 여기기 때문에 군주들은 행복하다. 군주들은 푼돈을 쓰고서 상당한 봉사를 받을 수 있기 때문이다. 이처럼 사람들은 외부의 표시를 얻으려고 피를 흘린다.

옛날에는 노란 리본 기사단이 있었는데, 이를 앙리 4세가 폐지했다.

족보학자 셰랭이나 그 후계자는 한 가문에서 다른 기사단 소속 기사가 나오려면 도대체 몇 세대가 필요한지 조사했다. 그는 모든 기사의 계보를 연구하였기 때문에 진정한 판사 같은 존재였다. 사람들은 그의 조사 결과에 부들부들 떨었다. 누구는 기뻐하고, 또 누구는 속삭이고, 또 누구는 파산할 만큼 난관에 처하기도 했다. 세상에 문관귀족이 너무 많기도 하였지만, 저명한 사람은 별로 없었다. 이처럼 엄격한 계보학에는 "아침에 쉬는 사람이 있으면, 점심 때 쉬는 사람도 있다"는 철학적 시가 통하지 않았다.

여기서 우리는 근본적인 차이를 본다. 그러나 사람들은 궁정의 모든 환상을 정면으로 마주친다. 무관귀족은 끊임없이 법관들을 모욕하려고 한다. 가스코뉴 사람, 프로방스 사람, 플랑드르 사람, 브르타뉴 사람이여, 모두 증서를 가지고 달려가 보라! 셰랭이나 그의 후계자는 당신을 푸대접할 것이다. "당신은 몇 대째 귀족이지요? 봅시다. 256년 전통이라구요? 보잘것없는 집안이로군요! 도대체 이런 족보를 가지고 무엇을 원하시는지!" 원하는 것이 있다면, 오로지 궁정의 명예이다. 다시 말해서, '여성은 알현, 남성은 사냥과 호화 마차'를 원한다. 그것은 장차 전하의 밥상에 초대받을 수 있는 자격이기 때문이다.

프리메이슨 집회소에 모인 형제들은 청색, 녹색, 적색의 리본에 십자가와 온갖 종류의 표장으로 울긋불긋 치장했다. 그들은 마치 왕족이나 된 것처럼 화려하게 꾸민다. 어떤 부주의한 형제가 어느 날

집회소에서 나와 길을 걸었다. 길에서 하층민이 그를 보고 인사했다. 그는 사람들이 익살맞게 각하라 부르는 소리를 듣고 그제야 제정신을 차렸다. 그는 '4~5개의 리본'을 걸고 있었기 때문에, 그를 만나는 사람들은 두 번, 세 번이나 인사를 했다.

923 가발장수의 소식

사람들은 도대체 어디서 생긴지도 모르고, 어떻게 유통되는지도 모르는, 게다가 거짓말보다 더 모순에 찬 가짜 소식을 가발장수의 소식이라고 부른다. 왜냐하면 그러한 소식은 진실뿐만 아니라 관습과 사물의 질서를 모두 거스르기 때문이다.

그러나 이러한 소식이 우리의 눈길을 끄는 때도 있다. 그래서 우리는 그 소식에 귀를 기울이지만, 곧 어리석게도 속았음을 알게 된다. 그래서 가장 우스꽝스러운 소식은 이집 저집을 거치면서 떠돌아다니다가 결국 저절로 힘이 빠져 소멸한다. 이 싱거운 소식을 전하는 사람들은 사물의 연관성을 전혀 모르는 채 어쩌다 몇 마디 주워듣고 옮긴다. 그러나 배운 사람은 역사를 통해서 단 한 사람이 단 한 주 만에 제국의 얼굴을 바꿀 수 있음을 알며, 모든 것에 귀를 기울인다. 왜냐하면 그는 가능성의 순서에서 나오는 것을 판단할 줄 알기 때문이다.

외국에서 유통되는 몇몇 신문은 끔찍한 소식을 가득 담고 있다. 사실을 부정하거나 묵인하는 것보다 왜곡하는 것이 더 위험하다. 그럼에도 신문은 유통되는 나라의 취향에 맞게 사실을 가공한다. 그러므로 거기에 실린 찬사는 빈정거림보다 더 거짓이다. 외국 사람들은 가발장수의 소식을 무조건 믿는다. 신문 발행인은 입을 가리고 웃는데, 그들은 그보다 더 모순에 찬 소식이란 없음을 알기 때문이다. 옛날 러시아인들은 가발장수를 가정교사로 두고 그의 과학과 정치관을 믿었던 적이 있다. 그리고 독일에서는 사물의 본질까지 손상시켜 우리가 도저히 인정할 수 없는 요소를 담은 터무니없는 이야기가 아직도 나돈다.

독자여, 이 세상에서 가장 희귀한 것, 주먹만한 다이아몬드보다 더 희귀한 것이 무엇인지 아는가? 그것은 건전하고 조직적인 사고를 하는 머리이다. 대체로 사람들은 형편없는 논리에 사로잡혀 있다. 그들은 어리석음, 거짓, 잘못을 게걸스럽게 들이마신다. 그들은 존경과 찬사를 앗아갈 만한 것은 무엇이건 가장 환영한다. 그들은 망설이지 않고 열광하지만, 자연히 악의, 심술궂음, 빈정거림의 상태로 되돌아간다. 모든 사람의 명성을 헐뜯는 소리라면 가리지 않고 무조건 주워듣고 싶어 하는 사람은 특별한 동아리에 들어간다. 거기 모이는 사람들은 서로 허물을 용서해 준다. 만일 공중에게 인정받지 못하는 것을 항상 두려워한다면, 그만큼 다른 사람들의 갈채에 무덤덤해진다. 공중의 눈에 새롭게 보이는 것이 위험하겠지만, 그보다 더 슬픈 일이란 갈채를 받는 일이다.

924 과학 아카데미의 승인

오늘날 가장 하찮은 장인도 이 저명한 단체의 승인을 받아야 한다. 내가 보기에 이 단체는 자신에게 걸맞지 않은 데까지 내려간다. 예를 들어, 우리가 신거나 벗는 구두는 아주 반짝거리는 검은색이다. 상인들은 '멋들어진 왁스'라는 신축성 있는 칠(니스)을 파는데, 이것은 구두를 반짝거리게 만드는 물질이다. 이 칠을 과학 아카데미가 승인해 주었다. 그러나 이 저명한 기관이 정부의 요청으로 오텔디외 병원에 대하여 구구절절이 값진 보고서를 냈는데, 역사상 가장 셈을 잘 하는 도사도 울릴 정도였다. 파리의 한가운데 있는 오텔디외 병원은 침대 하나에 환자 여럿이 서로 남의 발에 코를 박고 꼭 붙어 살 만큼 좁기 때문에, 그 자리에 병원 4개를 지어 환자를 나누라는 보고서였다.

과학 아카데미만큼 견식 있는 단체라면 정부의 눈이 파악하고 포용해서 부흥시켜야 할 다양한 대상을 모을 수 있는 렌즈 노릇을 해야 할 것이다.

나는 이렇게 조직된 단체를 믿고 싶다. 다시 말해서 문법적으로 하찮은 것에 관심을 쏟는 대신, 사물에 관심을 쏟는 기관이 행정에 대한 여러 부분의 의견을 내놓는다면, 그 기관은 비범한 일을 해낼 것이라고 믿고 싶다.[57] 편견의 프리즘으로 얻은 그릇된 지식을 가지

57 전자는 아카데미 프랑세즈이며, 후자는 과학 아카데미를 가리킨다.

고도 뭐든 잘 안다고 생각하는 우두머리는 보잘것없는 사무실을 이끌어가면서 항상 실수나 저지르겠지만, 이 아카데미의 구성원들이 훨씬 더 좋은 결론을 이끌어 내리라는 사실을 누가 의심하리오?

925 변호사 명단

변호사들은 자신들의 '그림(tableau)'[58]을 그리는 화가들이다. 화가는 그림을 그릴 때 특정 요소를 너무 빛나게 하여 다른 요소를 죽이는 일을 원치 않는다. 그래서 변호사들은 자기 단체에 위험한 빛이 되는 이름이면 지워버린다. '그림'에서 너무 튀는 이름은 반드시 삭제되게 마련이다. 그러고 나서 그들은 그럴 듯한 핑계로 그 누구도 동료의 평범한 경계선을 넘을 특권을 누리지 못한다고 말하리라! 제명된 변호사가 불평이라도 하면, 그들은 그가 '로마법'을 사랑하지 않는다고 공개적으로 비난할 것이다. 다른 회원들도 이처럼 우스운 혐의를 뒤집어 쓸 날이 있으리라!

변호사들은 개인적인 위신과 절대적 독립성을 되찾으려 하지 않으리라! 왜냐하면 그렇게 해서 검사들의 공동체와 꼭 닮은 '그림'을 찢어버리기는 싫기 때문이다.[59] 그들이 아직도 알아차리지 못하는 불행이 여기 있다.

58 여기서 '그림'은 변호사 명단을 뜻한다. 변호사회 회장은 선임자 회원 몇 사람의 도움을 받아 해마다 명단을 작성한다. 파리 고등법원의 변호사 명단에 이름을 올리려면 4년간 경력을 충분히 인정받아야 한다. 만일 어떤 이유로든 변호사회가 후보자를 명단에 올리지 못하겠다고 결정한다면, 그 내용을 밝히지 않고서 등록을 거부할 수 있고, 구성원에게 징계, 일시적 자격정지, 영구제명 따위로 제재할 수 있었다. 그 단체는 회원이 너무 많고, 너무 권위주의에 물들었다고 비판을 받았다.

59 변호사들은 한편 검사들보다 더 우월하게 되기를 바라고, 다른 한편 직업활동을 하려고 자발적으로 모여 변호사회를 만들었다고 생각했다. 그러므로 메르시에가 검사들의 공동체와 변호사회가 같은 모습이라고 한 이야기는 전혀 해가 없다고는 할 수 없다.

926 클뤼니 저택

제1왕조[60]의 왕들이 살던 평범한 궁전에는 오늘날 서적상 무타르[61]가 산다. 그는 율리우스 황제가 밤참을 먹던 장소에서 저녁을 먹고, 그의 하녀들은 샤를마뉴가 자기 성질을 조금 지나치게 물려받은 딸 둘을 가두었던 방에서 산다. 샤를마뉴는 어느 날 이른 아침에 깨어 방안을 거닐다가 밖을 내다보았다. 창문 밖 어슴프레한 작은 마당에는 작은딸이 눈밭에서 수석대신을 등에 업고 있었다. 그가 보기에 아주 이상한 광경이었으리라. 황녀는 무거운 짐에 짓눌려 곧 주저앉을 듯하면서도 가까스로 마당 끝까지 용감하게 걸어갔다. 이렇게 해서 아침에 다른 사람이 눈 위에 남자의 발자국을 볼 수 없게 만들어, 두 사람의 사랑을 확실하게 비밀로 지킬 수 있었다.

샤를마뉴는 자기가 잘못 보았다고 생각했다. 그러나 사랑은 모든 위험에 맞서고 거리를 뛰어 넘는다. 슬기로운 황제는 딸을 엄격하게 다스리면 부끄럽게 만들 것이라고 판단했다. 그는 오랫동안 충성스럽게 봉사한 아인하르트를 용서하고 딸과 결혼하도록 명령했다. 그러고 나서 그는 황녀가 그 같은 방법을 생각해냈고, 아인하르트에게 그렇게 하자고 강요했다는 사실을 깨달았다.

60 제1왕조(la première race)는 메로빙거 왕조, 제2왕조는 카롤링거 왕조, 제3왕조는 카페 왕조이다. 앙리 4세부터 루이 16세까지 왕들은 제3왕조의 부르봉 가문이다.

61 Nicolas-Léger Moutard: 서적상이지만 1777년 인쇄업자 면허도 받았다. 1779년 그는 클뤼니 수도원의 저택에 살기 시작했다.

이 즐거운 장면이 바로 무타르의 저택 마당에서 벌어졌을지 모른다. 그는 역사책을 읽을 줄 모르면서도 어쨌든 출판은 하는 사람이다.

이웃의 좁은 거리에 사는 어떤 젊은이가 애인을 만나려고 자기 창에서 맞은편에 있는 애인의 창까지 16자나 되는 널빤지를 걸쳐놓았다. 출렁거리고 위험한 다리가 30자 높이에 걸렸지만, 젊은이는 그것을 건넌다. 그는 나이가 훨씬 더 든 뒤에 그 이야기를 했다. 누군가 그에게 물었다. "그때 겁나던가요?" 그가 대답했다. "암, 집에 돌아갈 때는."

927 알베르 선생의 목욕탕

알베르 선생의 목욕탕은 청결과 건강을 지켜준다. 그곳은 목욕탕 가운데서도 가장 아름답고 편리한 곳이다. 거기서는 증기욕이나 훈증욕을 할 수 있다. 물을 아래서 위로, 위에서 아래로, 또는 옆에서 뿜어주기 때문에 의사가 원하는 부위에 물을 뿌릴 수 있다. 물을 30통이나 담는 대리석 욕조에서 목욕도 할 수 있다.[62] 이 넓은 욕조에서 헤엄을 칠 수도 있지만, 몸의 열로 물을 데우지는 못한다. 아무런 위험도 없이 냉수욕과 강수욕의 이점을 누릴 수 있다.

그곳에는 유럽에 단 하나밖에 없는 신기한 분사장치가 있다. 이 장치는 물을 아래서 위로 힘차게 뿜어주기 때문에, 마치 끊임없는 관장장치를 작동시키는 것 같아서 따로 관장기를 마련할 필요가 없다. 따라서 피스톤과 분사기가 없는 상태에서도 내장의 원하는 부분을 씻어낼 수 있다. 치료의 절반이 깨끗한 물로 씻는 과정이므로, 이 분사장치를 2시간만 작동시켜도 약사 12명이 보름 동안 일하지 않아도 된다. 분사장치 위에 구멍 뚫린 의자를 놓고 앉기만 하면, 물살이 치솟아 올라 항문 속으로 4촌이나 뚫고 들어가 부드럽고 확실하게, 또 오랫동안 풍부하게 내장을 적셔준다.

아시아의 인도에서 발달한 안마 기술은 불행히도 유럽에서는 아직도 겨우 걸음마 단계이다. 더운 나라에서 실시하는 기술과 우리

62 한 통은 약 268L이다.

기술을 비교하기는 어려울 것이다. 아무튼 인도 안마사들이 섬세하게 주무르고 유연하고 기발하게 손을 놀리는 기술을 우리가 따라잡을 날은 오지 않을 것이다.

강 위에 설치한 더운 물 목욕탕은 24수를 받지만, 수건을 제공하지 않는다. 파리 사람들은 바로 거기서 때를 벗긴다. 그런데 파리 사람의 절반이 때를 한 번도 씻지 않으며, 평생 목욕탕에 한 번도 가지 않는다.

928 1762년 4월 3일 왕령

이 왕령은 우리 민족이 살갗을 희게 간직하도록 하고, 우리 민족의 우아함을 전파하려는 목적에서 나왔다. 또 주인을 따라 아메리카에서 프랑스로 들어온 흑인이나 혼혈인의 수를 제한한다. 왜냐하면 이들의 수가 상당히 늘어났으며, 자칫하면 이들과 프랑스인의 피가 뒤섞일 수 있기 때문이다.

당국은 흑인을 해군성에 등록하게 하였고, 등록증이 없는 경우 체포하여 아브르 항구로 데려가 식민지로 향하는 배에 태워 쫓아냈다. 그러나 공작부인이나 지체 높은 부인들은 아직도 흑인을 곁에 두는 경우가 있다. 프랑스 수비대의 군악대에서도 흑인을 볼 수 있다. 그리고 어린 흑인에게는 너그럽게 대했다.

흑인노예 무역은 흑인노예법(Code noir)의 보호를 받았다. 기독교도들의 머릿속에서 탐욕과 욕심이 모든 사상과 뒤섞이는 것을 보면서, 철학은 자연과 인류의 영원한 권리를 옹호하려고 노력했다. 런던에 먼저 생긴 단체를 본받아 만든 박애주의 협회는 오늘날 우리가 커피를 마시고 설탕을 먹는 즐거움 때문에 (복음서를 읽으면서도) 희생시킨 사람들을 노예제도와 그로 인한 불행으로부터 구하려고 노력하고 있다.[63] 이 단체는 인간 정신이 진보한다는 사실, 보편적 윤리

63 브리소, 클라비에르, 콩도르세는 1788년 2월 9일 파리에 '흑인의 친구들 협회(Société des Amis des Noirs)'를 설립했다. 이들은 혁명기에 지롱드파로 분류되고, 몽타뉴파와 권력투쟁을 벌이다가 정치무대에서 쫓겨난다.

가 각 나라의 윤리를 이긴다는 사실, 다시 말해서 마치 '원칙처럼 되어버린 범죄'를 이긴다는 사실을 증명한다. 전제정이 쇠막대기를 휘두르며 개인적인 이익을 추구하면서 남에게 은밀히 고통을 주고 있음에도 불구하고, 정의는 마침내 자신의 권리로 되돌아가게 마련이라는 것은 진리이다. 우주의 왕이라 할 인간은 사방에 자기 이름을 새겨 놓았으나, 그의 폭군들이 저지르는 그릇된 행동은 벌건 대낮 뭇사람의 시선을 그리 오래 견디지 못할 것이다.

929 변호사 사무실

마구 휘갈겨 쓰고 인지를 붙인 종이를 담은 그릇이 있다. 종이가 참으로 수북히 쌓였구나! 검게 변하고 먼지가 날리는 종이더미 한가운데서 불쌍한 소송인들이 흐느끼는 소리가 난다. 그들은 인지대를 지불하고, 집행관, 변호사, 검사, 서기에게도 돈을 지불한다. 그처럼 돈을 써댄 송사에서 남은 것이라고는 달랑 문서 하나뿐. 소름끼칠 정도로 난해하게 휘갈겨 쓴 문서 하나이다. 그렇다면 변호사 사무실의 직원은 무슨 일을 하는가? 그는 먼지 나는 문서를 펼치고 작은 쪽지를 찾는다. 그것은 어느 날 여러 가족을 떨게 만들고 형제들을 파멸시킬 쪽지이다. 그는 영원한 분열의 원천을 알아보고 빙그레 웃는다. 이 다갈색 문서를 보는 사무원은 어떤 젊은이가 라신의 작품을 읽고 느끼는 감정보다 더 즐거운 감정을 느낀다.

이 구부정한 서기들을 보라! 그들은 인지를 붙인 서류에 펜대를 굴린다. '좋았어, 가정의 불화, 자존심 대결, 심술쟁이의 음험한 공격이 지속될수록 징세청부업의 수입은 늘어나겠는걸.' 소송이야말로 이 세상에서 잉크를 제일 많이 소비하게 만드는 일이다. 그것은 상업보다 더, 아니 문학보다 더 잉크를 퍼뜨린다. 소장을 대대적으로 쓴다 해서, 그것도 수백만 장을 써댄다고 해서 서로 트집 잡고 싸우는 일이 사라지지는 않는다. 소송은 왕을 부유하게 만든다. 인지는 왕관을 꽃무늬로 장식해 준다. 오, 송사여! 오, 인지여! 오, 왕의 존엄함이여! 오, 변호사 사무실이여!

930 몰리에르

프랑스 극단(코메디 프랑세즈)의 대휴게실, 유리로 만든 벽난로 위에는 몰리에르 상이 놓여 있다. 거기서 그는 다른 극작가들을 지배한다.

그는 자기 집에 있다. 그리고 그는 칸막이 좌석의 주인 같다. 그는 혼자이며, 이러한 고독은 그만의 천재성을 상징한다.

어째서 볼테르의 상을 2개나 만들었는가? 그는 어째서 현관에도 있고, 응접실에도 있는가? 이처럼 그를 두 군데에 놓는 것은 만족할 줄 모르는 그의 허영심과, 자신을 재생시키고 싶어 하던 과도한 욕망을 묘사하고 싶기 때문인 듯하다.

레냐르, 피롱, 뒤프레니, 토마 코르네유는 왜 천재의 은신처에 있는가? 대휴게실에는 프랑스 연극의 대가들만 남겨놓아야 하며, 다른 작가들은 작은 휴게실에 옮겨놓아야 옳았다. 최고의 작가 4명만 모아놓은 희귀한 조합은 그 어떤 작가 명단보다 더 많은 얘기를 해주었을 텐데.

철학자는 필시 몰리에르가 어떤 목적으로 작품을 썼고 어떤 교훈을 주는지 하나하나 검토하면서 비난거리 이상을 찾아낼 것이다. 그의 작품이 그의 시대에 유익했는지 위험했는지 생각해볼 것이다. 당시 사람들은 몰리에르가 살아 있을 때 공공연히 “사실상 비열한 행위를 가르치는 선생님”이라 불렀다. 그러나 그가 죽은 뒤 사람들은 그가 가장 슬기롭게 관찰했으며, 가장 예절바른 철학으로 깊이 있게 행동하였다고 평가했다. 중상하는 사람이건 찬양하는 사람이건 돈이 들어갈 일은 없다. 사람들은 위대한 인물이 살았을 때는 질투하면서 괴롭히다가도, 죽은 뒤에는 슬그머니 찬양할 정도로 어리석다.

우리는 몰리에르가 그의 시대를 바로 잡았다는 점에서 존경해야 마땅하다. 그는 사회를 괴롭히던 여러 가지 우스꽝스러운 요소와 수많은 악덕을 바로잡아 주었고, 사회도 그 점에 대해 그에게 고마워했다. 그러나 우리는 그가 여러 군데에서 품위와 훌륭한 풍속을 훼손했다는 사실을 감출 수 없다. 그는 한결 같이 훌륭한 작품만 쓰지는 않았다. 연극은 사람들을 모으는 일종의 공중교육과 같다. 공중교육이야말로 연극의 가장 중대한 효과라 하겠다.

몰리에르의 가족은 그가 희극배우가 되는 것을 용납하지 않았다. 그는 포클랭 가문[64] 사람들에게 극장에 마음대로 들어가도록 해주었지만, 아무도 그 권리를 이용하지 않았다. 오히려 그는 가문의 족보에서 제명되었다. 당대 사람들은 이러한 편견에 깊이 사로잡혔다. 왜냐하면 그가 영광에 휩싸인 위대한 시인이었다 해도, 사람들은 그가 희극배우였다는 사실을 용서할 수 없었기 때문이다.

이 정도가 끝이 아니다. 그는 왕의 시종이었다. 어느 날 그가 왕의 침대를 보살피려고 했을 때, 다른 시종은 희극배우와 같은 자격으로 일을 하고 싶지 않다고 하면서 그와 함께 일하려 들지 않았다. 왕이 그 사실을 알았고, 아주 화가 났지만 말을 하지 않았다.

그보다 더 심한 예도 있다. 국왕 비서들은 유명한 음악가 륄리가 루이 14세를 즐겁게 해주려고 「서민 귀족」에서 (비록 가면을 쓰고 등장하지만) 이슬람교 성직자 역할을 맡는다는 사실을 알고서 오랫동안 그 연극을 승인하지 않으면서 일을 어렵게 만들었다. 그 연극은 무

64 몰리에르의 본명은 장 바티스트 포클랭이었다.

연극이고 가면극이며, 궁정에서 오직 왕 앞에서 왕을 즐겁게 하려고 공연하려는 것이었는데 말이다. 지배적인 의견은 몰리에르가 아첨의 죄를 지었다는 것이었다.

1661년 파리에는 극단이 5개 있었다. 그리하여 연극이 발전했고 프랑스 연극의 전성기가 왔다. 상황이 천재를 만들어내지 못한다 하더라도 천재가 도약하도록 도와준다. 몰리에르는 자기 극단을 가지고 있었다. 그는 자기 작품을 선보여 효과를 미리 살피고 여러 번 고치면서 완성시켰다. 그는 왕의 보호를 받았는데, 왕이 연극을 봐주기만 해도 그는 열정을 불사를 수 있었다. 그에게는 저명한 친구가 많았는데, 이들은 그의 작품을 소중하게 생각해 주었다. 그는 날마다 박수를 받으면서 용기를 얻었다. 박수야말로 이 시인을 지탱해 주었으며, 새로운 작품을 쓰게 만들어 주었다. 그는 20회 또는 25회나 공연한 뒤에야 작품을 출판했다. 그의 작품이 성공하였다는 사실에 호감을 느끼는 독자들은 그의 작품을 읽으면서 다시 한 번 배우들의 연기를 눈앞에 떠올렸다. 그는 명예로운 일을 해서 정당한 수입을 얻었다. (수입이 1년에 거의 3,000리브르나 되었다.) 그는 날마다 딴소리를 해대고 단조롭게 웅웅거리는 삼류 작가들의 소리에 귀를 기울이지 않았다. 이들은 알다시피 언제나 가장 정당해야 할 저울을 수없이 바꿔가면서 뭇사람의 정신적인 무게를 달기 때문이다. 오늘날 전보다 더 어려워진 극작가의 길로 빠져드는 사람은 누구나 헛된 이익만 꿈꿀 것이다. 문필가는 아무것도 얻지 못한다. (결코 아무런 도움도 얻지 못한다는 뜻은 아니다.) 단지 정의만 얻을 수 있을 뿐이다. 사람들은 문학생활이 아무런 대가를 바라지 않는 것이라고 생각하듯이, 정의를 기대할 권리가 있다. 사람들은 문필가가 홀로 예술을 실천하도록 내버려둔다.

그러나 사람들이 이 시인의 희극작품을 여러 편 읽을 때, 그가 여성을 노예 취급하던 나라와 시대에 글을 썼다고 말하지 않겠는가? 그는 프랑스의 풍속보다는 보카치오를 더 많이 모방하고, 이 외설스러운 이야기꾼의 뒤를 좇아서 남편과 가정교사를 무뚝뚝한 폭군처럼 묘사하며, 여성을 유혹하는 연인을 기발하고 매력 있는 남성으로 묘사하였다. 그는 작품에서 방탕하고 음란한 여성의 주장을 변호한다. 그는 부르주아 계층의 엄격한 풍습을 벗겨내고, 모든 가문의 때 묻지 않은 모습과 평화를 단언한다. 그의 작품에는 물의를 빚을 요소, 오늘날 여성의 비행과 그들이 음란한 생활로 빠져들 성향을 강화해 주기에 적합한 요소가 가득하다. 사람들은 그가 결혼의 가장 신성한 의무를 우스꽝스럽게 만드는 작품을 썼다고 말하리라. 이처럼 위대한 시인의 작품에서 미풍양속을 해치는 독성은 어리석음의 재앙과 나란히 나타난다.

공중은 예술의 명예를 훼손하는 무대를 무너뜨리고 거기에 제2의 프랑스 극단을 세우라고 요구한다. 그러나 그것을 얻어내지 못한다.

931 교회 안의 추잡한 행동

착한 농민이나 가장 하층민이 미사나 저녁 기도에서 노래를 부르는 경우가 있다. 그들은 사제의 입에서 나오는 노래를 듣기만 했을 뿐, 다른 곳에서 배울 기회라고는 전혀 없었다. 그러므로 그들은 라틴어 노랫말을 이해하지 못한 채 목청껏 소리만 지른다. 그렇게라도 해야 뜻도 모르면서 부르는 지겨운 상황을 벗어날 수 있으리라.

우리는 개혁교회의 특징이라 할 예절을 성당에서 보기 어렵다. 종교행사를 너무 많이 하여 오히려 존경심이 약해진 때문인지, 아니면 파리 사람들은 조용히 존경심을 보여주면 어디 덧나기 때문인지 모르겠다. 그들은 몸을 움직이면서도 정신은 딴 세상에 있는 것 같다. 어떤 상황이 조금이라도 길어지면 참지를 못한다. 파리의 젊은이는 대개 과격하고 참을성이 없다. 초점 없는 눈으로 오가는 사람을 멍하니 바라본다. 의자를 빌려주는 사람들은 손을 내밀고 동전을 짤랑거리면서 신도들을 괴롭힌다.

사람들은 마치 광장을 지나다니듯 교회를 휘젓고 다닌다. 물론 꼭 집어서 불경이라고 하지는 못하겠지만, 그들은 고개를 빳빳이 들고 다닌다. 피조물이 창조자를 경배하는 교회에서 고개를 쳐들고 다니는 것을 존경심의 표시라고 말하기 어렵다.

그들은 몇 마디 설교를 듣고는, 마치 뽐내는 사람의 말을 듣고 털어버리기라도 하려는 듯 머리를 흔들면서 자리를 뜬다.

말이야 바른 말이지, 설교란 반 시간을 넘겨서는 안 될 것이다. 사람이 집중할 수 있는 시간은 겨우 그 정도 시간이기 때문이다. 각자가 해야 할 의무에 대한 알찬 내용을 담으면서도 짧은 설교는 긴 연설보다 더 힘차리라. 설교의 진정한 범위는 25분 정도, 아니면 길어도 반 시간을 넘어서 안 된다. 모든 것이 너무 오랫동안 조용히 있고, 단조로운 목소리를 계속 들려주며, 모든 감각을 집중시킬 정도로 주의를 끌고, 너무 오랫동안 정신을 집중하면, 사람들은 졸리고 지치게 된다. 교회 재산관리위원이면 누구나 이같은 일을 겪는다. 그들은 대중교화 사업과는 아주 다른 일을 하기 때문이다.

가장 신심 깊은 신도라 해도 일에 치이고 소화작용의 영향을 받으면 꾸벅꾸벅 조는 일이 있겠지만, 만일 신성한 웅변가(사제)가 아주 사려 깊어 밥때를 피해서 청중을 모이게 해준다면 그런 장면을 보지는 않으리라. 웅변가가 우레 같은 설교를 하는데, 신도는 참을 만큼 참다가 마침내 코를 고는 소리로 화답하는 터무니없는 모습을 보지는 않으리라.

일부 사제는 자기가 쓴 글을 마치 연극대본처럼 공공연히 붙여놓는 파렴치한 일을 저지른다. 아카데미 회원과 문필가들이 그 글을 미리 읽어보고 좋은 인상을 받게 된다. 표를 팔고 보초를 세운다. 들어가기 힘들다. 지체 높은 분들이 타고 오신 마차들 때문에 북적거린다. 이제 첫 공연이 시작된다. 관객은 코를 풀고, 침을 뱉고, 의자를 딸깍댄다. 그래도 그것은 연극의 양식에 만족했다는 뜻이다. 웅변가는 네모난 모자를 손에 들고, 대부분 회의적인 청중에게 인사하면서 마치 희극배우처럼 기쁨을 감추지 못한 채 눈을 반짝인다.

아카데미의 예배당에서 신성한 웅변가가 연설하기 전, 미늘창을 든 스위스 초병이 외친다. "여러분, 왕 전하께서는 박수를 금하셨습니다." 옛날에 교회는 극장이 아니라는 사실을 벽보로 파리인들에게 알려야 했다. 이렇게 주의를 주지 않으면 선교의 장소는 독백을 늘어놓는 극장이 되었으리라.

사람들은 설교자를 공공연히 테이스트[65]라고 부른다. 설교단에서 우리는 평범한 인물을 만난다. 이러한 종류의 글을 짓는 일보다 더 쉬운 일은 없기 때문이다. 어떤 웅변가는 돋보이고 싶은 욕심으로 설교문에 힘이 들어간 표현을 집어넣거나 '정치적 언어'를 쓰기도 한다. 그 말을 들으면 마치 30년 전에 '백과전서에나 나올 법한 언어'처럼 들린다. 이것은 아주 심각한 농담이다. 장소, 시간, 주제, 게다가 말하는 사람의 의복과 어울리지 않을 정도로 '격렬한 양식'을 사용한 기묘한 연설보다, 훌륭한 사제가 권고하는 내용이 언제나 호감을 불러일으킨다.

평범한 설교자들은 이따위 야바위짓을 하지 않는다. 그들은 실제로 15~20개 정도의 설교를 머릿속에 준비해두고, 필요할 때 잘 섞어서 쓴다. 예를 들어, 성 요셉의 날이면 이렇게 말한다. "성 요셉은 목수였습니다. 그분은 고해실을 지었습니다. 그러니까 형제들이여, 고해를 하러 가십시다." 다른 날에는 이와 거의 비슷하지만, 내용을 세련되게 조금 바꾼다.

오늘날 성직록을 가진 사람 밑에서 사제 노릇을 하는 신부나 아카데미 회원의 집에서 미사여구를 사용하는 철학자들이 쓴 설교를 보면, '십자가 표시'와 복음서에서 따온 '문구' 이상의 기독교적 요소를 찾기 어렵다.

소교구 가운데 제법 규모가 크고 한꺼번에 미사를 여러 번 드리는 곳은 무질서의 극치를 보여준다. 사람들은 일요일 '독송 미사'를 들었다고 자랑하고 나서 사제에 대해 말하면서 도망친다. "신부님은 아주 훌륭했어." 또 어떤 이는 이렇게 말한다. "이제야 벗어났군. 나

65 테이스트(théiste)는 장자크 루소가 『에밀』에서 자연 종교(religion naturelle)를 지칭하면서 쓴 '테이슴(théisme)'에서 나온 말이다.

는 미사에 참여했지."

교회가 혼란스러우면 기도와 정신집중의 장소가 될 수 없다. '독송 미사'에 대해 사람들이 이러쿵저러쿵 할 때, '대미사'는 합창대석에서 홀로 노래한다. 대미사곡을 큰 소리로 노래하면, 각각 분리된 예배당 안에서 성물을 봉헌하는 사제들의 목소리를 흡수한다. 두건을 쓴 성가대는 쇠창살을 막은 성가대석의 나무의자에 앉아서 뱀 모양의 관악기를 분다. 풍적의 웅웅거리는 소리가 귀를 먹먹하게 만든다. 종소리까지 울리면 그것은 시끄러운 불협화음이 된다. 그러나 온갖 예식이 진행되는 모양에 넋을 잃고 빠져든 서민은, 특히 제단을 덮은 장식품과 은제 성구, 금실 은실로 수를 놓은 법복을 보면서 연신 감탄한다.

932 병원 관리자

나는 병원 관리자의 중요한 기능과 가난한 사람들의 신성한 행복, 공공재산 관리자의 엄격한 청렴성에 대해서, 또한 어떻게 하면 이러한 감수성을 되살려 그의 모든 행동을 청렴하게 만들어 줄 것인지 깊이 생각해 보았다. 그것은 졸음이 쏟아지는 상태에서 꿈을 꾼 것이 아니라면 환상이었을지도 모른다. 아무튼 그 내용은 다음과 같다.

어둡고 호젓한 숲의 한구석을 거닐고 있을 때였던 것 같다. 달은 높은 산 뒤에 숨어 있었다. 그러나 산 위로 별이 떠올랐다. 발 밑에서 둔중한 소리가 들려 갑자기 두려워지기도 하였다. 바람도 불지 않는데 나무들이 흔들리고 있었다. 나는 달이 천천히 구름 속에서 나타나는 모습을 보았다. 달은 구름 때문에 조각난 것처럼 보였고, 각 조각이 갑자기 창공의 수많은 별 사이로 떨어졌다. 별은 창백해져 도망치듯 사라지고 있었다. 그러고 나서 갑자기 이웃 마을의 모든 종이 저절로 울리기 시작했고, 음울한 종소리가 길게 공중에 퍼졌다. "이 세상이 끝나고 있다! 이 세상이 끝나고 있다!"

모든 사람이 제각기 혼비백산하여 갈팡질팡하였다. 더 이상 인간의 언어가 아니라 혼란스럽게 울부짖는 소리만 들렸다. 어떤 이는 하늘을 향해 두 팔을 벌리고, 또 어떤 이는 얼굴을 감쌌다. 곧 사람들의 발 밑에서 사라지기라도 하듯이 땅이 꺼졌다. 사람들은 모두 땅과 함께 깊고 가물가물하여 끝간 데를 모를 허공으로 떨어지는 것처럼 느끼면서 두려워했다. 땅 위에 건설된 모든 도시가 무너졌다. 마치 강한 불길에 초가 녹아내리듯이…. 나무, 숲, 아니 자연의 모든 식물들도 쓰러졌다. 마치 인류가 이 땅의 척박한 핵 위에서 가련하고 슬프고 벌거벗은 것처럼 느낄 정도로…. 그 핵은 쇠보다 더 단단했다. 그 가슴 아픈 모습을 보면서 푸른 관목의 싱싱하고 행복하고 온화하던 모습을 그리워하지 않을 수 없다.

모든 사람은 자기 의지와는 상관없이 불 뿜는 화산 30개에 둘러싸인 평원에 모였다. 이 섬뜩한 빛에서 보니 모든 사람은 옷, 직함, 영예, 또는 과거의 위대함을 모두 벗은 알몸이었다. 어른 아이 할 것 없이 모두 평등하게 발가벗은 모습이 슬프게 보였다. 우레같은 목소리가 들렸다. "우주의 대심판이다!" 각자 말없이 판결문을 받았다. 붉게 타오르는 불길과 무시무시한 빛 속에서 무릎을 꿇은 사람, 기진맥진한 사람들을 보았다. 모든 사람이 무서운 목소리를 들었다. 그것은 그들의 양심에 질문을 던졌다. 사람들은 죽은 듯이 움직이지 않았고, 단지 귀만 열려 있었다. 그들에게 두 번째 목소리가 들렸다. 그 목소리는 먼저보다 못지않게 장중하였지만 좀 더 부드러웠다. "영원한 존재는 자비롭다. 그는 인간의 자식들을 용서하고 자기 곁으로 불러모으기를 바라신다. 한 사람만 제외하고 모든 죄인은 은총을 받을 것이다."

모든 사람은 두려움에 몸을 떨면서 되뇌었다. "단 한 사람만 예외이다. 그러면 그는 누구인가? 누구?" 어버이를 죽인 자, 독살한 자, 살인자, 중상자들은 모두 가슴을 치면서 말했다. "하느님은 우리를 버리셨다." 모두가 비탄에 빠진 채 아무 말도 하지 못하였다. 모든 사람들은 기다리면서 정신이 혼미해졌다. 똑같은 목소리가 온세상을 뒤흔들었다. "단 한 사람만 예외이다 … 그는 … 병원의 관리자이다."

그러더니 불행한 영원의 문이 모두 열리고 그 죄인을 집어삼켰다. 그리고 모든 문이 닫혔다.

933 클라이브 경

나는 파리에서 그를 보았다. 그의 집에서는 그의 냉혹한 양심이 무시무시한 목청을 드높이고 있었다. 그는 자신이 모은 막대한 재산에 파묻혀서 자기 내부에서 터져 나오는 회한의 외침소리를 들었다. 그것은 마치 고대 로마의 술라 장군이 키우던 개들처럼 그를 따라다니면서 끊임없이 울부짖었다.

그는 힌두스탄에서 중요한 역할을 하였다. 그는 무굴의 부왕을 폐위했다. 그는 이 세상에서 가장 부자였다. 그러나 그는 자신과도 함께 살 수 없는 사람이었다. 어두워지면 그는 두려움에 몸이 얼어붙었다. 굶어 죽은 인도인들의 유령이 그 앞에 나타났다. 그러면 그는 자기도 모르게 비명을 질러댔다.

그는 영국인들에게 벵골과 함께 막대한 영토를 안겨주었다. 도대체 그것은 무슨 의미가 있는가! 탐욕스럽고 잔인하지 않은 사람은 전사와 정치인이 될 수 없다는 말인가? 사실 클라이브 경은 그런 사람이었다. 그는 황금에 눈이 먼 사람이었다. 그는 용기와 천재성을 모독할 정도로 인도인을 잔인하게 대했다. 마치 멕시코에서 잔인한 일을 저지른 에스파냐 정복자들처럼 그도 잔인했다. 그는 1억 3천만 파운드나 되는 재산을 모았고, 게다가 동인도회사는 그에게 16만 파운드 은급도 약속했다. 그러나 그는 그러한 재산을 하나도 누리지 못하였다. 그에게 무슨 비극이 일어난 것일까? 갑자기 그는 피압제자가 압제자에게 가져다주는 회한에 사로잡혔다. 그는 부당함과 잔인함에 대해 말하는 소리를 들었던 것일까? 그는 자신에게 말했다.

"나는 부당하고 잔인했다." 잔치를 벌일 때면 내면의 목소리가 외쳤다. "이 음식은 모두 남이 흘린 피의 대가이다."

그는 밤에 혼자 잘 수 없었고, 마차도 혼자 타고 다니지 못했다. 그의 야망 때문에 죽은 인도인들이 창백한 얼굴에 피를 흘리면서 끊임없이 그의 눈앞에 나타났다. 후회와 삶의 무게를 더 이상 견딜 수 없게 되자 그는 스스로 면도칼로 목을 그었고, 그렇게 해서 물욕이 인간을 얼마나 타락시키는지 본보기를 남겨주었다.

라부르도네[66]는 위대한 인간, 겸손하고 온건한 애국자로서 조국에 봉사했다. 그는 위대한 해군, 장군이자 능란한 행정가였다. 그러나 그가 유럽으로 돌아갔을 때, 바스티유 감옥이 기다리고 있었다. 그는 거기서 2년 이상 흐느끼며 지냈고, 석방된 뒤 큰 고통을 겪고나서 죽었다. 그는 국가에 봉사한 대가를 그런 식으로 받았다. 그럼에도 그의 운명은 클라이브 경의 운명보다는 덜 가혹했다. 영국의 행정가는 끊임없이 후회했지만, 라부르도네는 그렇게 살지는 않았다. 프랑스 정부는 곧바로 너그러운 시민을 부당하게 대우했음을 인정했다. 라부르도네는 이 세상에서 흔히 만나기 어려운 사람이었던 것이다. 이같은 사람은 몇 세대에 한 명 나올까 말까 한다.

나는 바스티유 앞을 지날 때마다 속으로 이렇게 말한다. '저 곳은 고결한 라부르도네를 가두었던 곳이다.' 바스티유 감옥과 라부르도네의 이름은 내 기억 속에서 하나로 연결되었다. 이것이야말로 지금까지 그랬듯이 앞으로도 이 왕립감옥에 대하여 가장 설득력 있는 논평을 할 수 있는 근거가 되리라.

뒤플렉스는 푸대접을 받았고, 총애를 잃었다. 나는 토마 아르튀

66 La Bourdonnais(1699~1753): 일찍이 프랑스 동인도회사에 들어가 인도양에서 활약한 인물이다.

르 드 랄리가 푸디체리에서 돌아와 참수당하는 것을 보았다. 헤이스팅스는 영국 상원에서 재판을 받았다. 인도의 폭풍우는 유럽 모든 나라의 법원까지 물결에 휩싸이게 만들었고, 인도에서 중요한 역할을 한 사람들에게 많은 영향을 미쳤다.

934 자기

고대의 과학을 지지하는 사람들은 오늘날 동물자기의 발견에 대해 논쟁을 한다. 그들은 티아나의 아폴로니오스[67]가 자신의 손가락으로 환자를 여러 방향으로 이끌어 주면서 건강을 되찾게 해주었다고 말한다. 그들은 현대인들에게서도 기구(氣球)를 빼앗아버리고 싶어 한다. 그들은 엠페도클레스[68]가 에트나 화산 연기를 타고 하늘로 올라갔다고 주장한다. 엠페도클레스의 몸을 감싼 외투가 공처럼 부풀어 올라 공중으로 떴다는 것이다.

자연에서 일어나는 일은 거의 모두 사람의 호기심을 심하게 자극하거나 황폐화시킨다. 최면술사는 호기심을 자극한다. 우리는 잘 알지 못하는 세계에 산다. 우리 주변에서 경이로운 일이 일어나고, 우리는 수많은 기적을 딛고 걸어 다니며, 불가사의한 일에 몰두한다. 이는 우리가 새로운 것을 발견하는 데 가장 생생한 흥미를 느끼기 때문이다. 따라서 뭔가 새로움을 얻을 수 있다고 믿는다면, 그것을 거부하기보다는 결과에 속는 한이 있더라도 빠져드는 성향이 있다. 사람은 한층 높은 지식을 갖추어 삶을 발전시킬 수 있다는 희망을 품고 산다. 우리는 무지하기 때문에 메스머의 자기학이나 최면치료

67 Apollonios(16~97): 예언자, 기적을 일으키는 사람으로서 다신교도의 그리스도로 불렸다.

68 Empedocles: 기원전 5세기 그리스의 의사이자 과학자로 에트나 화산에 빨려 들어갔고, 화산이 분출할 때 그의 신발만 나왔다고 한다.

술을 고분고분 따른다. 그러나 최면치료술은 자기학의 최상품이며 거품일 뿐이다. 메스머는 자기가 창안한 체계에 이같은 영역이 생기리라는 사실을 눈치채지 못하였다. 더욱이 그의 체계는 아주 신비롭고 심오하며 믿을 수 없기 때문에, 우리는 웃거나 무릎을 꿇어야 한다. 나는 두 가지 중 하나도 해보지 않았다. 그저 관찰하고 기다릴 뿐이다.

만일 사람들이 몽유병에 대해 말하는 내용이 사실이라면, 사람이란 어떤 존재란 말인가? 우리 영혼의 문을 열어주는 것, 아니 그것이 무엇이건 몸과 실제로 독립할 수 있고 독립한 것처럼 보이는 존재는 얼마나 신비스럽고 이해할 수 없는 합성물이며, 얼마나 고상한 발견이란 말인가! 우리처럼 약한 존재가 전혀 모르는 사물과 질서를 그 얼마나 기막히게 배열해 놓았는가! 그것은 우리 없이, 우리의 의지와도 상관없이, 커다란 연쇄에 얽혀 있다. 그러니 "믿어도 위험하고, 믿지 않아도 위험하다."

퐁트넬이 말했듯이, 새로운 발견은 때때로 우리의 상상의 세계를 뒤집어버렸다.

메스머는 자신이 발견한 것을 이용하여 돈을 많이 벌었다. 그러나 그 돈은 그의 손에서 새나갔다. 그는 제자들로 하여금 궤변을 늘어놓고, 지적 세계에 제멋대로 뛰어들게 만들었다.

베르가스 같은 몇몇 자기 이론가들의 흥분, 과장된 몸짓, 그리고 특히 글은 웃음거리가 될 만하다. 그러나 질병을 치료하기에는 약하고 불확실하긴 해도 질병을 일으키는 원인, 표지가 확실히 존재하기 때문에, 언젠가 자연의 무한한 심연 속으로 침투할 수단이 될 수 있는 것을 멸시하거나 무시해서는 안 되리라. 그러므로 사람들이 격렬히 열광한다 하더라도 그들을 관대하게 보아줘야 한다. 그들이 우리를 속이려고 마음먹었다면, 우리는 곧바로 그 사실을 알아차릴 수 있을 것이다. 우리가 관대하게 보아줄 때, 자기 도취한 사도 베르가스는 자기 자리를 찾을 것이다. 모든 것이 거기서 오기 때문이다.

935 굴대

수백만의 짐수레꾼이 적당량의 2배나 되는 짐을 싣고 짐마차를 몬다. 그들 중 누구도 굴대에 대해서는 생각해보지 않았다. 그들은 다른 사람들보다 거기에 흥미를 느꼈겠지만, 굴대를 처음 고안한 사람의 말에는 귀를 기울이려 들지 않았으리라.[69] 남극에서 북극까지 온 세상의 기술의 역사란 이렇다. 인습이 인류를 데리고 다닌다.

모든 짐수레의 바퀴를 감싸는 테는 옛날보다 3배나 넓어졌다. 영국인의 기술을 모방한 결과, 땅을 파고 망가뜨리는 대신 단단하게 다질 수 있게 되었다. 그러나 이처럼 다행스러운 변화를 가져올 때까지 행정적인 명령이 필요했다. 수레꾼이 스스로 그같은 변화에 적응했을 리 없다.

69 굴대(essieux roulants)를 처음 만든 사람은 마테(Matté)라는 목수였다.

936 책의 검열

검열에는 두 가지가 있다. 하나는 대상서나 국새상서가 주관하고, 또 하나는 대신이나 치안총감이 주관한다. 전자는 가장 어리석은 책에 '정식 문서로 특허장'을 주고, 후자는 출판지, 서적상, 노란색 봉인이라고는 하나도 없이 파리에 몰래 들여다 퍼뜨리는 합리적이고 천재적인 책을 다룬다.

이 때문에 검열에 걸리고, 금지되고, 저주받고, 불에 타는 책은 서적상의 서가에서 버젓이 팔리는 대신, 가게 뒤편에서 은밀히 팔린다. 이런 책은 보통 소량만 팔리지만, 은밀히 거래하려고 마음먹은 서적상은 아무런 두려움을 느끼지 않는다. 왜냐하면 그는 그런 일을 한다고 이미 알려졌고, 치안총감은 모든 사실을 이미 보고받았기 때문이다.

검열제도를 관장하는 두 당국 사이에는 그 어떤 모순이나 갈등이 없다. 대담하지만 너무 무모하지 않은 책, 또는 신랄하지만 지나치게 방종하지 않은 책, 그러니까 어느 정도 합리적이고 슬기로운 작품은 너그러운 대접을 받는다. 무례한 중상 비방문 작가는 양심이 있기 때문에 숨는다. 반면 용감한 작가는 자신을 드러내고, 정직한 사람은 자신이 쓴 내용을 감추지 않는다. 사람들은 가장 훌륭한 책은 외국 출판사에서 찍어낸다고 믿으며, 진실을 말하기로 마음먹은 저자는 정부에 새로운 사실을 분명하게 밝힐 수 있다고 생각하지만, 결국 그 생각이 틀렸음을 알게 된다. 사실 책 내용은 조금도 잘못된 것이 없다. 단지 어떤 지침이 나오면 그때부터 수천 쪽이 상궤를 벗어났다고 판단할 수 있으며, 곧이어 근거 없는 것은 불가피하게 추락하게 된다.

우리는 아마도 행정이 좀 더 개화되고 모든 파벌과 당파를 지배하게 되며 저자가 선동적이거나 염치없이 빈정대지만 않는다면, 더 이상 행정당국의 관심거리가 되지 않을 때가 오리라고 생각한다. 유럽의 현 상황은 박력 있고 단호한 사람들의 말에 귀를 기울일 필요가 있다. 이들은 마치 어두운 하늘을 보면서 폭풍우가 오리라 예상하고 돛줄을 당기고 방향을 바꾸라고 소리치는 능숙한 키잡이 같은 사람이다.

더욱이 어떤 저작이 일정한 경계를 넘을 때, 그것을 공격하거나 조롱하여 성공하는 사례는 없다. 정부가 작가의 펜을 더 이상 무서워하지 않는 것처럼 보일 때, 비로소 가장 위엄 있는 얼굴과 단호한 태도를 보여줄 수 있을 것이다.

오늘날 모든 사람은 저마다 세금이 왕을 위한 것이라고 생각하고, 더욱이 훌륭한 시민이라면 세금에 대해 더 많이 생각하기 때문에, 그들은 전하의 수입이 두드러지게 늘어났음을 첫눈에 알아볼 것이라고 나는 감히 확신한다.

우리의 신문, 공식적인 인쇄물은 별 재미가 없다. 거기서 읽고 싶은 것을 조금도 찾을 수 없다. 무미건조한 산문, 더욱 싫증나는 시, 더욱이 문필가들의 재미없는 논쟁만 가장 크게 실린다. 편집인들은 늘 쳇바퀴 돌듯이 맴돌면서 겨우 한다는 일이 작품의 계획만 바꾼다. 4분의 3이 읽을 가치도 없다. 그들에게 더욱 슬픈 일이 있다면, 날마다 정기구독자가 줄어든다는 사실이다. 제지업자들은 그러한 사실을 피부로 느끼고, 인쇄공은 직장을 버린다. 그런데 그것을 고칠 처방이 있다. 그것은 놀라운 특효약으로 바뀔 것이다.

일간지, 부정기 간행물, 공공 인쇄물의 모든 특허를 폐지하고, (인쇄·출판의 자유를 허용하는 조건에서) 인쇄물마다 일정한 세금을 매기는 것, 그렇게만 한다면 인쇄물이 쏟아져 나와 국민 모두가 그 혜택을 누리고 국고도 가득 찰 것이다. 모든 사람이 저마다 자신만의 독특한 문체로 정치나 문학의 주제를 마음껏 다루게 된다면, 출판물의 거래가 아주 중요한 몫을 차지할 것이다. 프랑스인의 천성적인 쾌활함, 가벼운 어조, 게다가 서로 놀리다가 한순간 서로 위로해 주는 해학의 재능, 이 모든 것이 공공 인쇄물을 더 많이 팔리게 해주리라. 현안에 대한 활발한 토론, 무역, 정치, 재정, 궁중 음모, 대신들의 질투심과 그릇된 계산, 이 모든 요소가 날마다 공작부인, 하녀, 대원수, 식료품 잡화상의 손에 들어갈 자극적인 신문을 장식할 것이다. 모든 사람이 웃을 때마다 왕에게 그만큼 수입을 가져다 주리라. 그것이야말로 '순생산'이다. 사람들은 웃을 때마다 즐거운 마음으로 돈을 지불한다. 웃는다, 지불한다. 프랑스인의 국민성은 한결같지 않고 자주 유행을 바꾸며, 오랫동안 같은 자세로 있을 수 없을 정도로 산만하기 때문에, 그들은 일주일마다 대상을 바꾼다. 프랑스에서 사람이건 일이건 모든 것에 우스꽝스러운 면이 있기 때문에, 세금 걷을 일은 끊임없이 발생한다. 국가는 우울하고 불만스러운 분위기를 억제해야 짜증스러운 일에서 벗어날 수 있는데, 기분 좋은 일과 돈이 유통되면 가장 우울한 기질에서 나오는 짜증은 좁은 길 안으로만 흐를 것이다. 이처럼 결과는 상당히 중대하다. 만일 우리가 더 이상 프랑스인이 아니라면, 우리는 이웃나라 사람들보다 더 형편없는 국민이 될 것이다.

왕에게 돈이 필요하고, 우리에게는 즐거운 일이 필요하다. 나는 이 두 가지 취향, 또는 이 두 가지 필요성을 완벽하게 조화시키는 방법을 찾았다. 군주를 부유하게 만들고 그의 재정을 키우려면, 그만큼 더 많이 웃어야 한다. 이보다 더 심오한 계획이 어디 있는가! 그러나 이 계획은 아직 내 계획일 뿐이다.

937 공연법 사무실

배우들의 방법에 불만인 작가들이 보마르셰의 집에 모여 희·비극에 관한 새로운 규약을 만들고, 특히 수입을 감시하고자 노력했을 때, 사람들은 이 기묘한 모임에 '공연법 사무실'이라는 화려하고 익살맞은 이름을 붙여주었다. 제4차 회의에서 모든 것이 의견 차이를 드러냈다. 비극작가는 더 이상 희극작가와 말을 섞으려들지 않았다. 모든 사람은 오만한 눈초리로 상대를 아래위로 훑어보았다. 마치 크리졸로그-피가로[70]만 홀로 남아 희극배우들과 특별한 평화협정을 맺으려고 노력하는 것처럼 보였다. 그는 가련한 작가들을 믿을 수 없을 만큼, 아니 아주 믿음직스러울 정도로 쉽게 가지고 놀았다.

얼마 전부터 프랑스 극단의 희극배우 중 일부는 3,000리브르에 넘어갔다. 이탈리아 극단은 그만큼 돌려준다. 이 돈에 추방당한다면 위안을 얻을 만하다. 클레롱은 철학적으로 추방을 철회시킬 수 있다고 믿었고(그녀는 잘못 생각했다), 그 일을 위해서 모든 일을 했다. 그러나 그녀에게는 겨우 12,000에서 13,000리브르밖에 없었다.

언제나 특권을 누리고 언제나 예쁜 모습을 한 성공수단을 갖춘 희극배우들은 항상 작가들에게 자신의 의지를 강요한다. 성공수단과 예쁜 얼굴이 작가들을 감동시키기 때문이다. 거기에 저항할 수 있는 사람이 어디 있겠는가?

70 극작가 보마르셰를 가리킨다.

프랑스 극단 배우들이 추방당한 데 비해, 이탈리아 극단 배우들은 생소뵈르 소교구의 성체 신도회에서 활동한다. 몇 년 전 신도회 행진에서 아를르캥, 스카팽, 팡탈롱, 스카라므슈가 닫집의 네 귀퉁이에 서서 줄을 잡은 모습을 볼 수 있었다. 그러나 그들은 극 의상을 입지 않고 행진했다. 확실히 프랑스 극단 배우들이 왜 추방당했는지 이유와, 이탈리아 극단 배우들이 거의 홀로 이같은 특권을 유지하는 이유가 무척 궁금하다. 생쉴피스 교회의 사제는 최근 왕립극단 희극배우 2명이 세례식에서 대부가 되는 일을 거부했다. 희극배우를 교회 묘지에 매장하는 일도 몹시 힘들다.

938 작가들의 고생

돈 한 푼 생기지 않는데 문학에 전념해야 한다는 것이야말로 그들에게는 가장 통탄할 만한 조건이다. 대부분의 문학인은 이같은 상황에서 지낸다. 그들은 거의 모두가 곤궁하게 산다. 그러므로 그들은 고매한 인품과 고상한 사상을 유지하려고 노력하지만, 생활조건이 절박하기 때문에 품위를 지키느냐 마느냐로 갈등한다. 그들은 날마다 이러한 고통을 당한다. 그야말로 견딜 수 없는 고문이다. 작가는 자신이 죽든지, 아니면 자기의 천재성을 죽이든지 해야 한다.

생존의 필요성을 초월하지 못하는 사람은 글을 써서 먹고 살려고 생각하지 말아야 한다. 모든 인간과 사건, 그리고 그 자신의 재능이 앞다투어 그에게 불러일으킬 모든 위험을 벗어나려면 두 가지 덕목이 필요할 것이다. 그는 다른 사람들의 불행과 난폭한 자만심 때문에 분격한 나머지 심술궂은 사람이 될 우려가 있다. 아, 그가 문인으로서 존엄성을 지키면서 모든 함정을 벗어난다면, 다른 사람들에게 감히 이렇게 말할 수 있을 것이다. "나는 덕을 사랑하기 때문에 용기를 가질 수 있었습니다." 오늘날 장자크 루소만이 이렇게 말할 수 있는 사람이다.

어떠한 불안감도 떨쳐버리고 자기가 선택한 예술에 완전히 매진하려고 정신적 자유를 누려야 할 때 10만 리브르 금리를 받는 (그리고 여전히 지지자를 만들어내는) 볼테르처럼 문학에 전념하는 일과, 일상생활의 가장 절박한 요구조건과 싸워야 하고 끊임없이 가난한 상태로 되돌아가는 일은 얼마나 큰 차이가 나는가?

볼테르는 『가련한 악마』에서 극도로 가난한 작가들을 신랄하게 놀리는 대신, 자기 재산의 일부를 풀어서 그들을 가난에서 구해주는 편이 나았을 것이다. 바보는 어쩌다 받은 선물을 자랑하는데, 과연 볼테르도 그러한 선물이 자랑거리였을까?

아카데미 회원이나 역사가는 고생을 모른다. 사관 모로, 그리고 볼테르가 아주 소중하게 생각한 『부르봉 가문의 역사』를 쓴 사관 데조르모는 모두 고생을 몰랐다. 재능 있고 겸손하고 부지런한 사람들, 일찍이 젊은 시절 문학의 달콤한 매력에 속아 문학에 전념하게 되면서 값비싼 대가를 치른 사람들, 이들이 고생한다. 그들이 힘들게 생산한 과실을 대중에게 전해준다 해도, 비겁한 표절자가 그들에게 돌아갈 이익을 중간에서 가로챈다. 만일 그 열매가 극작품일 경우, 지방의 배우들이 마치 남의 재산을 훔치는 것처럼 가로채서 자기네 냄비에 쏟아 붓고 요리한다. 그동안 저자는 노력의 대가를 단 한 푼도 받지 못한 채 한구석에 처박혀 번민한다. 나 자신도 몇몇 수줍고 성실한 지식인이 극심한 빈곤의 처참한 상태에서 죽어가는 모습을 보았다. 그들은 죽은 뒤에야 비로소 구원을 받는다.

작가가 나이를 먹을수록 사람들이 그에게 해주는 일은 줄어든다. 작가가 젊다면 그가 한 걸음씩 진보하는 모습이 관심을 끈다. 사람들은 창조하는 일을 사랑하기 때문이다. 여성들은 그 작가를 보호하고, 그가 천재라고 말해준다. 그리고 그를 아카데미 회원으로 만들어준다. 그러나 이미 늙거나 이름을 알린 작가에 대해서는 아무도 관심을 쏟지 않는다. 골도니[71]는 예외이다. 그는 작품으로 자기 나라를 즐겁게 해주고, 프랑스를 위해서는 제대로 된 작품을 쓰지 않았는데

71 Goldoni(1707~1793): 베네치아 공화국의 극작가.

도 자기 나라보다는 프랑스에서 한밑천 톡톡히 잡았다.

나는 문학에 전념하면서도 별로 성공하지 못했거나, 분야를 잘못 선택했거나, 정신적 쾌락을 수반하는 미래에 대해서 무관심한 사람들이 가장 불행한 사람이라고 본다. 이러한 작가들은 자신도 모르게 갑자기 늙는다. 모든 사람은 저마다 성격이 달라서 강하거나 여리며, 정도의 차이도 있다. 역사와 여러 나라 말을 알면서 정치와 윤리의 다양한 지식에 몰두하는 지식인을 만나면, 그가 종잇장을 붙들고 씨름해야 한다는 사실을 흔히 볼 수 있다. 불행과 굴욕을 알고 싶지 않는다면, 이러한 길로 들어서지 말지니! 만일 그 길로 들어섰다면, 더 이상 늙지 않도록 노력하거나, 일찍 죽으려고 노력할지니!

939 밤꾀꼬리

금화 1루이면 1년에 6~7개월이나 노래하는 밤꾀꼬리를 가질 수 있다. 봄의 전령은 이 눈부신 계절이 끝날 즈음 노래를 모두 쏟아내고, 찌는 듯한 여름철에는 조용해진다. 이 가수가 아파서 더 이상 노래를 하지 않으면, 새를 빌려준 사람은 건강한 새로 바꿔주어 끊임없이 노래를 들을 수 있게 해준다. 그는 노래하는 새의 의사이기도 하다. 그런데 자유와 건강은 함께 다니는 것이기 때문에, 장에 갇힌 밤꾀꼬리는 자유롭게 살 때보다 병에 더 잘 걸린다.

나는 새를 장에 가두어 비난받을 일은 하지 않을 것이다. 나는 새를 장에 가둔 집에 가면 주인 몰래 문을 열어 날려 보내준다, 그리고 그 사실을 사람들에게 알려준다. 새를 기르는 여주인은 비탄에 잠기지만, 새는 마음껏 날갯짓을 한다. 나는 철새만은 건드리지 않는다. 가족이 적당한 기후를 찾아 떠난 뒤 날려 보내면 죽음으로 내몰 수 있기 때문이다. 똑같은 원칙을 지켜서 검고 흰 '카나리아'[72]는 손대지 않는다. 왠지 노예가 될 것 같은 기분이 들기 때문이다. 프랑스 영토를 밟은 모든 노예를 자유롭게 만드는 법은 훌륭한 것이지만, 카나리아 제도 사람들에게는 야만의 법이 될 것이다. 앵무새도 똑같은 현실에 처했다. 더운 지방의 모든 주민들은 자유를 누릴 수 없는 것 같다. 칠면조보다 더 노예라 할 새는 무엇인가? 토종 암탉이라면

72 여기서 카나리아는 새를 뜻하기보다는 카나리아 제도의 노예들을 뜻한다.

한 마리도 제대로 몰고 다닐 수 없을 어린이가, 칠면조라면 떼로 몰고 다닐 수 있기 때문이다.

밤꾀꼬리, 꾀꼬리, 여러 종류의 철새가 적당한 먹이를 찾아 다른 곳으로 떠나야 할 때, 그들이 어떤 운명을 만나게 될지, 우리의 자연주의자들은 하나도 가르쳐 주지 않는다.

940 형사재판장

어떤 아낙이 옛날 형사재판장을 지낸 이에게 물었다. "선생은 그 일로 무엇을 얻었습니까?" "만일 당신이 교수형을 받을 위험에 처했다면, 당신은 목숨을 구하려고 무엇을 내놓겠습니까?" "재산을 전부라도 내놔야겠죠." "그렇다면 내가 무엇을 얻었을지 생각해보세요."

라레스콩바는 연인을 부추겨 자기 남편을 살해하게 했다. 당시 형사재판장으로서 그를 재판한 사르틴은 아직 젊고 정열적인 사람이었다. 그는 라레스콩바의 매력에 홀리지 않고 법을 지켜 판결을 내렸고, 이렇게 해서 그는 명예를 찾고 승진했다. 그런데 이 세상의 모든 일은 톱니바퀴처럼 얽혀 있다! 옛날 형사재판장을 지냈다는 이는 세력가들의 족보를 솜씨 좋게 날조하였다. 자연이 커다란 장막을 갑자기 걷어내 진짜 족보를 보여준다 할지라도, 그 형사재판장이 이용한 가짜 족보도 역시 흥미롭다. 이 세상에는 낮이 필요하듯이 밤도 필요한 법이니까.

941 형법학자

범죄인을 과학적으로 심문하는 방법을 연구하고, 별로 온화하지도 않은 법을 엄격하게 해석하여 그들에게 사형을 적용하는 법관을 사람들은 이렇게 불렀다.

늙은 형법학자들은 사라졌다. 예전에 활동하던 늙고 잔인한 법관들의 초상화만 봐도 우리는 그들이 얼마나 동정심이나 온유를 몰랐던지 말할 수 있다.

오늘날의 법관들은 연약하고 죄를 짓기 쉬운 사람을 혹독하게 탄압하는 대신, 될수록 죄를 가볍게 해주는 방법을 연구한다.

좀도둑이 가정침입 절도보다 더 극성이다. 예전에는 그 반대였다. 만일 좀도둑을 사형으로 다스리려 한다면, 폭력적인 절도가 더 많이 일어날 것이다. 가혹한 벌이 범죄를 줄이는 데 한몫 하지 못한다.

노르망디 초대 공작인 라울은 자신의 영토에 교수대를 세워놓고 모든 절도를 뿌리 뽑으려고 극도로 잔인하게 굴었다. 그럼에도 치료약이 병보다 더 나빴다.

사람은 모든 것에 익숙해진다. 심지어 고문의 공포에도…. 그렇다면 그의 자유, 거만하고 파괴할 수 없는 감정은 무서운 법과 똑같은 힘으로 싸우는 것 같다. 고통으로 사람의 뇌를 자극하는 것은 좋지 못하다. 뇌가 반발하는 이유는, 법이 위협적이거나 너무 전제적일 때 사람은 본성상 그것을 어기려 하기 때문이다. 사람이 처음에는 놀라고 겁을 먹지만, 차츰 벌을 심하게 내려도 적응하게 된다. 그러나 사람이 자존심이 심하게 상처받으면 무엇이든 할 수 있다.

형법학자라는 호칭은 옛날에는 명예로웠지만, 오늘날에는 역겨운 것이 되었다. 그리하여 모든 법관은 그것을 모욕으로 생각한다. 오늘날 사람들은 『학설휘찬』을 만드는 데 참여한 모든 법학자들을 우습게 여긴다. 『학설휘찬』은 (간통을 예방하려고) 모든 일을 허용했다. 예를 들어, 남편이 간통을 저지른 아내의 연인에게 앞으로 자기 아내를 찾지 말라고 경고하는 일을 세 번 한 뒤에는 그를 죽일 수 있도록 허용했다.

돈이 필요하거나 배가 고파서 돈 몇 푼 훔치는 일과, 탐욕이나 자유분방함 때문에 돈 몇 푼 훔치는 일은 분명히 다르게 취급해야 할 것이다. 그러나 법은 그렇게 정하지 않았다.

1785년 7월 어떤 하인이 주인의 책상 서랍에서 돈을 훔쳤다. 그는 자기가 저지른 절도행위를 감추려고 방에 불을 지르기로 하였다. 그는 먼저 주인의 책상을 부수고, 책상다리 근처에 전날 밤에 구한 화약 한 자루를 놓아두고 심지를 놓은 뒤 불을 붙이고 도망쳤다. 그렇게 하면 결국 집이 폭발할 것이었다.

그러나 다행히 화약에 불이 붙지 않았다. 그 덕분에 거의 600명 정도가 목숨을 구했다. 그러나 이 사건에서 사소한 절도사건의 범인이 사형대를 피하려고 온갖 술수를 조합하였음을 보지 못할 사람이 어디 있겠는가? 만일 도둑에게 사형보다 가벼운 벌을 내린다면, 그는 15리브르나 써가면서 화약을 사지는 않았을 것이다.

또 어떤 하인은 아주 새로운 방식으로 판사들을 당황하게 만들었다. 그는 15년이나 모시던 주인에게서 할인은행권 2만 프랑어치를 훔쳤다. 그러나 그는 책상 서랍에 일종의 증서를 한 장 남겨놓았다. 주인이 그동안 착하고 충성스럽게 봉사한 대가로 친절하게 2만 리브르를 빌려주는 것이며, 하인은 10년 동안 균등분할하여 상환한다는 내용이었다. 범인으로 지목받고 심문을 받을 때, 그는 그 문서가 들어 있는 서랍을 지목했다. 그가 쓴 영수증이 들어 있는 서랍은 잠겨 있었다. 그는 해마다 날짜를 꼬박꼬박 지켜서 돈을 갚아 나가겠다고 주장한다.

법률이 너무 가혹할 때 사람이 얼마나 교묘한 수단을 고안하여 이리저리 조합할 수 있는지 보여주는 사례가 아닐 수 없다. 범죄는 언제나 발달하고, 그럴수록 사형집행인의 수가 늘어난다.

942 가짜 사수

야경대 옷을 입고 멜빵을 하고 소총을 멘 협잡꾼들이 행인의 돈을 빼앗는 장면을 보았다는 사람이 있다. 그런 식으로 행인을 속이기 쉬웠을 것이다. 그러나 당국은 이러한 사건을 흐지부지하려는 속셈인 것 같다. 어쨌든 나는 별로 아는 것이 없어 가타부타 말하긴 어렵다.

물의를 빚는 일을 흐지부지 뭉개는 기술이 있다. 부끄러운 범죄는 어둠에서 나왔다가 결국 어둠 속으로 들어갈 뿐이다. 몽마르트르에서는 수많은 신성모독 행위가 있었다. 믿음이 깊지만 어리석은 사람들이 지하세계에서 이른바 이시스 여신의 황금상을 찾을 수 있다는 미신에 의존하였기 때문이다. 상상 속의 재산을 미친 듯이 사랑할 정도로 상식을 벗어난 사람들이 저지르는 신성모독 행위를 일반인은 전혀 모른다. 문제의 인물이 근엄하거나 특정 계급과 관련되었을 때, 사람들은 그 나쁜 사례의 두려운 결과를 수습하고 그에게 가장 위험해진 것을 악에서 구해준다. 즉 그 사실을 널리 퍼지지 못하게 막는다. 사람의 품위를 떨어뜨리거나, 어느 날 특정 직업에 지나칠 정도로 성가시게 될 치욕거리는 드러내지 않는 것이 좋다. 그러나 공인이 남긴 재산목록에서 모든 남색가의 이름을 적은 두툼한 목록을 하나 찾아낼 때, 사람들은 두려움과 함께 놀라게 된다. 정부는 모든 일을 알아야 하겠지만, 젊은이는 모든 것을 알지 못해야 한다. 왜냐하면 이야기만으로도 나쁜 일을 저지를 수 있기 때문이다.

어떤 자연주의자는 위험한 새장이 멧비둘기들을 끔찍하게 방탕한 생활로 끌어들였다는 사실을 관찰하고서 이렇게 결론을 냈다. 제약과 박탈은 자연을 질식시키고 사라지게 만들지는 못할지라도, 혼란스럽고 무질서하게 만들기에 적합하다고. 그러나 여성에 관한 정치 평론을 제아무리 한다고 해도 낯 뜨거운 무질서를 도시에서 완전히 쫓아내지 못한다. 그럼에도 질서를 무너뜨리는 악덕은 그늘 속을 걸어다녀야 한다. 사람들은 악덕을 마치 뿌리를 뽑아야 할 페스트처럼 억압하고 울타리로 둘러 막는다. 범죄를 뿌리까지 뽑지 못한다할지라도 더 이상 퍼지지 못하게 막는다. 괴상한 벽보를 붙여 덕스러운 사람의 눈살을 찌푸리게 만드는 일을 없애야 한다. 그렇게 하면 덕은 악덕의 해를 입을 일이 없다.

군주는 앞으로 목요일마다 가장 은밀한 공식 보고서를 읽으면서 세간에서 전혀 알 수 없는 일에 대해 배울 것이다. 제아무리 호기심이 많은 사람이라도 그런 일이 있는지 알아내지는 못하리라. 왜냐하면 모든 것을 보아야 할 눈과 모든 것을 들어야 할 귀만 그같은 일을 알 수 있기 때문이다. 사악한 사람이 자신의 악덕을 감추는 단 한 가지 방법은 악덕을 부인하는 데 있다. 그때 제아무리 쓸모 있는 이단 심문이라 할지라도 약점을 보여줄 것이다.

인간 정신은 기묘한 요소를 무수히 갖고 있다. 사람이 오랫동안 수많은 사실을 추구하다보면, 곧 모든 일이 가능하다고 예상한다. 행정을 이끄는 사람들이 그 어떤 일에도 놀라지 않는 이유가 여기 있다. 그들은 슬기롭게 처신하기보다, 엉뚱한 행위를 훨씬 더 자연스럽게 여기는 것 같다.

943 부알로의 시

부알로는 왕의 승인과 특허를 받아 출간했다.

차라리 바닥 없는 구덩이라 하자, 교회의 정신을….

오늘날 검열관은 모두 남의 원고에서 글을 지운다. 그러나 옛 시인은 무종교로 고소당하지 않았다. 당시 사람들은 단 한 사람만이 그를 검열했다고 말한다. 그 검열관은 교회의 장남 루이 14세였다. 이 군주는 시인을 처음 만날 때부터 성실한 인물이라고 판단하고, 그 자리에서 시인이 하고 싶은 말을 모두 해도 좋다는 특허를 내렸다. 이 시인은 그 뒤로 어찌 행복하고 위대하게 되지 않을 수 있었을까? 그는 글을 쓸 때 남에게 고용된 검열관이 자기 손을 누른다는 느낌을 조금도 받지 않았다.

그럼에도 부알로는 오직 그 시대 작가들을 자기 시에 올릴 때에만 자신의 자유를 사용했다. 그는 그들과 싸우거나 화해할 때마다 그 자유를 활용했다. 그가 몽토지에 공작의 비위를 거스른 이유도 여기 있다. 아주 강직한 몽토지에 공작은 부알로가 풍자시의 소재가 되지 않을 만큼 성실한 사람들을 계속 욕하는 데 몹시 놀랐다. 부알로의 모든 작품 가운데 샤플랭이 쓴 다음 두 구절을 비교해 보자.

활활 타오르는 불길로 이 세상을 가둔 벽에서 멀리,
깊은 투명함 속에 숨어 있는 중심에서 하느님은 깊은 휴식을 취하신다.…

팔리소, 라아르프, 클레망, 리바롤 같은 사람들은 다른 작가들을 푸대접하고, 함부로 판단하며, 신문잡지와 연감이나 연단에서 잘난 척하는 일이나 하면서도 스스로 부알로쯤 된다고 생각한다.

이 세상에서 그보다 더 웃기는 일은 공중에게 어떤 작가에 대한 잣대를 열렬히 제공하려고 노력하는 일이다. 사람의 머릿속에 도대체 무엇이 들었는지, 어떤 사람이 정신적으로 어떻게 발전할지 누가 알 수 있단 말인가?

크레비용 피스는 18세 때 풍자시를 지어 아버지에게 보여주었다. 아버지가 말했다. "잘 썼구나, 그러나 이처럼 비열한 종류의 시를 짓는 일이 얼마나 쉬운지 생각해보렴. 너는 젊은데도 이렇게 잘 쓰잖니? 나는 50세에도 연극의 대가들이 남긴 발자취를 따라 멀리 걸어왔으면서도 아직도 깊이 생각할 일이 많구나."

이기심을 심술궂은 일에 쓰고 한 줄 한 줄 풍자시를 써내려가면서 돋보이고 싶어 한다면, 그것은 가장 헛되고 가장 위험한 명성을 좇으려고 자연이 준 재능을 타락시키고, 완전히 잃어버리며, 공중의 존경을 포기하는 결과를 가져온다. 비난받을 만한 일에 명성을 얻느니 차라리 무명으로 지내는 편이 낫다는 사실을 느끼지 못하는 가장 유약한 정신의 소유자만이 헛된 명성을 좇는다. 비난받을 만한 일로 명성을 얻는다면, 결국 그는 조만간 벌을 받게 될 것임이 뻔하다. 그렇다면 풍자시를 짓지 않았다면 얼마나 좋았겠는가? 코탱은 글쓰기를 멈춘 적이 있었던가? 그는 부알로나 몰리에르 같이 루이 14세 시대의 문학적 거장들에게 온갖 야유를 퍼붓고 놀려댔지만, 딱 그만큼의 인물로만 남았다.

944 귀족의 자격

이 세상에 웃기는 일이 제아무리 많다 해도, 귀족에 대한 광신주의만큼 우스운 것은 없으리라. 심각하게 이렇게 물어볼 지경이다. "당신 14세기 사람이오?"[73] 가문(家紋, blason)은 대화를 나눌 때 구체적으로 나타난다. 상대방에게 자기 집안의 상징을 조목조목 나열하고, 곧이어 옷에 붙인 문장을 보여주고, 낡은 서류를 샅샅이 뒤적거려가면서 설명한다.

귀족들은 왕이 자신들의 공적을 보상해 주려고 귀족으로 대우한다고 말한다. 그러나 이것은 아무것도 아니고, 아무런 의미도 없다. 그들은 현재를 존중해 주는 것은 아무것도 아니므로 과거의 행적도 존중하여 보상해 달라고 요구한다. 이보다 더 분명한 모순을 볼 수 있을까? 그러나 그들은 합법적이고 합리적인 구별을 원하는 대신, 특권과 심지어 존경을 원한다.

귀족 가문들은 이제 왕가를 모방할 지경이다! "친구들이여, 이 말을 듣고 웃음이 나오는가?" 사람들은 군주정에서 지배 가문을 존중해야 한다는 사실을 알며, 여러 귀족 가문이 자기네 이름과 자격을 존중해 달라고 요구하더라도 군주는 그들을 완전히 예속상태로 만들지 않을 만큼 선한 의지를 가지고 있으면서도 그들을 아무것도 아닌 존재로 취급한다는 사실을 알고 있다. 그들은 왕가의 가장 미

73 귀족 가문의 뿌리가 14세기까지 거슬러 올라가는지 묻는 말이다.

미한 후손 앞에서 이름과 자격을 내밀 수도 없는 것이다. 내 생각에, 군주정은 세습하기 때문에 이 저명한 가문의 명예를 보존해야 한다.

이름만 듣고서도 어떤 일을 하는지 알 수 있는 귀족 앞에 고개를 숙이는 것은 거만한 귀족정에 복종하는 것이 아니겠는가? 봉건제도는 더 이상 존재하지 않으므로, 우리는 왕과 피로 맺음으로써 명예를 얻은 몇몇 대귀족만을 인정해야 한다.

우리는 왕족만을 높이 떠받드는 대신, 리슐리외가 수석대신이 된 뒤로 조상의 영지를 떠나 파리에 모여든 성관의 귀족, 이 거만한 계급을 없애고 싶어 하였다. 이들의 주장은 우리의 풍속과 특히 우리의 이성의 빛을 거스른다. 하느님 맙소사, 그들의 사고방식은 얼마나 고리타분한가! 그들은 귀족이 군주와 동격이며, 사람은 태어나지 않고 존재할 수 없으며, 태생은 재능과 공적, 사회적 자질을 대신해야 한다고 생각한다. 이처럼 콧대 높은 귀족들은 그들을 인정하지 않고 그들을 필요로 하지 않는 자부심 강한 국민을 모욕한다.

귀족은 우리나라 풍속의 가장 큰 적이다. 그들은 오직 족보만으로 세금을 내겠다고 고집을 피운다. 그들은 재능을 가진 개인이 세우는 모든 종류의 공훈을 미워하며, 비밀연합을 결성하고 내부방침을 세워 어떠한 개인에게도 문을 열어주지 않는다. 그들은 비밀회의를 열고 고리타분한 시대의 사상을 앞세워 왕의 권위에 도전하면서, 활기찬 사람들이 왕에게 봉사하고 출세하는 길을 막는다. 그리하여 무능한 귀족들이 수많은 자리를 타락시키고, 방탕한 행위로 사회 전반을 오염시킨다.

아주 공정한 정신만이 이러한 우스꽝스러운 편견에 맞설 수 있다. 다른 사람의 아름다운 행동 대신 자신이 개인적으로 영광을 차지하려고 할 때, 그리고 조국을 위한 행동이라고는 하나도 하지 않은 채 오직 남의 공을 가로챌 궁리만 하면서 살고자 할 때 모든 종류의 덕성을 질식시키며, 그 자신의 이름을 알릴 만한 정신적인 힘을 갖추지 못하기 때문에 음모나 꾸미게 되는 것이다. 허영에 들뜬 정신은 궁정에서 서로 연합하고 자신이 지배하는 모든 통로를 닫으려 노력하지만, 모두 쓸 데 없다. 그들이 제아무리 먼 옛날 보잘것없는 상태에서 벗어났다 하더라도 국민은 그들의 이름을 하나도 기억하지 않을 것이다. 프랑스인에게는 역사적 인물만 소중하기 때문이다. 프랑스인에게 역사적 인물은 각자 기억하고 존중해줄 만한 공을 세운 사람이다. 그럼에도 그들을 기억하고 그들의 광채를 널리 퍼뜨리는 일은 역시 쉽지 않다. 더욱이 우리 역사의 거의 모든 부분을 장식하는 이름을 자랑하는 가문을 빼고, 나머지 가문은 도대체 무엇이란 말인가? 우리는 연약한 비둘기만 낳은 독수리를 멀리서도 알아볼 수 있다.

수퇘지는 암퇘지를 귀족으로 만들어 줄 수 있다 해도, 암퇘지는 수퇘지보다 덜 고상하고 덜 강력하기 때문에 수퇘지를 귀족으로 만들어 줄 수 없다.[74] 암퇘지가 귀족 남성의 사랑의 맹세와 반지를 받으면 대대적으로 보상받게 된다. 그의 기름진 내장 속에는 그때부터 귀족성이 깃들게 되어, 설사 마부의 자식을 밴다 할지라도 (귀족의 아내로서 그는) 특권층만 낳게 된다. 그리하여 이러한 귀족의 시골 저택에서는 오직 백작, 후작, 공작들만 나온다. 그러나 권세 높은 영주들이 남편을 위해서 온갖 고상한 노력을 기울인다 해도, 남편 측이 평민이면 아내가 제아무리 백작이나 후작이나 공작의 딸이라 해도 소박하고 허약한 평민만을 생산할 수 있을 뿐이다. 왜냐하면 왕족만이 귀족을 만들어 줄 수 있는 권리를 가졌기 때문이다. 왕족만이 칼을

74 귀족 남성과 평민 여성이 결혼할 때 여성은 귀족이 된다. 그러나 반대의 경우는 여성의 신분이 남성처럼 평민이 된다.

차는 오른편이 아니라 왼편에서 생긴, 즉 반대편에서 생긴 자식들을 자기 마음대로 귀족으로 만들거나 평민으로 만들 수 있다. 신성한 칼은 확실히 이 모든 것에 많은 영향을 끼친다.

영국인도 외국의 귀족과 견줄 수 있는 귀족, 즉 경, 백작, 후작, 공작이 있지만, 내가 보기에 가장 건전한 사상으로 그들을 대접한다. 영국에서 차남 이하의 신사는 가게에서 물건을 자로 재서 팔거나, 사색하거나, 상거래를 하거나, 그보다 훨씬 불행한 일로 생계를 유지한다 해도 귀족의 자격을 잃지 않는다. 내가 보기에 이것은 대신의 집무실 곁방에서 상자나 슬쩍 훔치거나 걸상을 어루만지는 슬픈 재능, 또는 여기저기 사무실을 돌면서 서기에게 아첨이나 하는 한층 더 슬픈 특권에 견줄 만하다.

그러나 영국인이 귀족의 기반을 잃어버릴 행위를 했다고 생각하는 사람이 있다면, 나는 그에게 그들이 다른 기반을 확보했음을 주목하라고 당부하겠다. 그들은 불도그, 양, 말의 좋은 혈통을 지키는 일에 참여할 수 있기 때문이다. 다른 나라 귀족과 달리 영국의 귀족은 자기 나라에 부담이 되거나 자기 나라를 가난하게 만들기는커녕, 영국을 풍요롭고 부유하게 만든다. 사실상 이야말로 우리가 존중해야 할 장점이다.

945 방수제

물이 스며들지 못하는 방수제를 발명한 사람은 얼마 전에 죽은 기사 에티엔이다. 그는 방수제를 이용하여 자기 집 꼭대기에 매혹적인 공중정원을 꾸며 가장 행복한 꿈을 실현했다. 만일 이처럼 유쾌한 생각을 널리 받아들였다면, 파리는 가장 훌륭한 경관을 제공할 수 있을 것이다. 즉 우리가 사는 파리에서 몹시 우울하고 쓸모없는 지붕을 모두 건강에 유익한 테라스로 바꿀 수 있을 것이다. 그렇게 된다면 우리는 과실과 꽃을 마음껏 즐기리라!

에티엔의 방수제는 물을 머금을지 몰라도 스며들지 못하게 막을 수 있는 발명품이다.

그러나 어떤 위험도 두려워하지 않으면서 유쾌하고 경이로운 테라스를 안전하게 즐기려면 흙의 무게를 견디도록 테라스를 건설해야 한다. 모든 것을 견디도록 단단하게 설치해야 한다. 들보를 설치하고 교차시켜 수십 년 이상 막중한 무게를 견디게 해야 한다. 들보는 썩거나 부러지지 않아야 한다. 거기다 쇠막대로 보강하여 가장 무거운 상태까지 견뎌내도록 만들어야 한다.

우리는 사관학교[75]와 왕실 가구보관소에서 나무가 썩는 슬픈 사건을 겪었다. 내가 어릴 때 유명한 건축가가 벌써 그런 일이 일어날

75 Ecole militaire: 1751년 퐁파두르 후작부인의 후원을 받아 재정가 파리 뒤베르네(Pâris-Duverney)가 앵발리드 병원 근처에 세운 군사학교로, 전쟁에서 희생된 장교의 자식 500명을 받아들여 교육할 목적으로 세워졌다.

거라고 예언한 일이 생각난다.

그러나 이제 우리는 나무를 마음대로 가공하는 방법을 안다. 들보를 쇠막대로 보강하여 원하는 만큼 길게 이으면서도 부러지지 않게 만들 수 있게 되었다. 그러나 더욱 단단하게 만들려면, 벌레나 습기 때문에 구멍이 나거나 조금씩 썩는 과정을 막아야 했다. 에티엔의 방수제를 바르면 나무를 완벽하게 보존할 수 있다. 그것은 쇠에 칠해도 녹이 슬지 않는 최신의 발명품이다.

이렇게 모든 발명품은 유익하다. 최근 어떤 사람은 나무에 칠하는 금속성 칠을 발명했는데, 다양한 실험에서 우수성이 인정되어 해군에서 구리의 대체품으로 전함을 보강하는 데 사용한다.

화학은 우리에게 유익한 선물을 끊임없이 제공한다. 앞으로 그것이 무슨 일을 하지 못하겠는가? 따라서 우리는 화학을 더욱 소중히 생각하고, 화학을 발전시키는 사람들을 명예롭게 대우해야 한다. 그리하여 글로써 그들을 잊지 않았음을 기록해야 한다.

946 파리 예술원

이곳은 아카데미 프랑세즈의 짝이며, 얼마 전부터는 경쟁자가 된 문학단체이다. 여기서는 마치 아카데미 프랑세즈처럼 청중에게 강의를 하고 박수를 받는다. 파리 예술원은 아카데미 프랑세즈처럼 문을 연다. 여성을 초청하고, 그들에게 작은 찬사를 보낸다. 파리 예술원은 아카데미 프랑세즈보다 훨씬 넓은 교실을 가지고 있기 때문에 공개강의에 더 유리하다. 그러나 아카데미 프랑세즈는 그 나름의 방침을 가지고 좁은 장소를 차지한 것이다. 만일 아카데미가 대중에게 말했다면 지배력을 더 많이 가지지 못했을 것이다. 피롱은 어느 날 거기 참석하려고 군중을 헤치고 들어갔지만, 회원이 될 때보다 공개강의에 참석하기가 더 힘들었다고 말했다.

얼마 지나지 않으면 아카데미 프랑세즈보다 파리 예술원이 더 유명해질 것 같다. 진짜 공정한 사람들은 두 기관에서 읽는 작품의 본질적 가치에서 우열을 가리지 못하는 실정이다.

영광스럽게도 내가 파리 예술원 회원이지만, 여기서 자만하거나 예술원만 추켜세우지는 않겠다. 단지 두 기관에 대한 기대가 똑같다는 사실을 말해둔다. 왜냐하면 예술원 회원도 아카데미 회원처럼 머리가 있는 사람이기 때문이다. 시거나 산문이거나 두 기관의 회원들은 같은 조건에서 경쟁할 수 있다고 믿는다. 아카데미 프랑세즈는 스스로 자신을 판단하기보다 남의 평가를 받아야 하는 기관이다. 이것보다 더 합리적인 것을 요구할 수 있을까? 그러나 어찌하랴! 곧 전쟁이 일어날 테니. 나는 그렇게 예견한다. '전쟁, 끔찍한 전쟁을.'

한편에 파리 예술원 회원 40명이, 다른 한편에 아카데미 프랑세즈 회원 40명이 있다. 알바(롱가)와 로마, 호라티우스와 쿠라티우스의 싸움이다.[76] 신들이시여, 누구의 손을 들어주겠나이까?

농부가 수난절의 설교에서 말한다. "나는 내 본당에서 일어난 일이 아니기 때문에 슬프지 않다." 샘 많은 그 농부는 자기 본당의 종탑 아래서 일어나는 일에만 감탄하는데, 그 모양이 아카데미 프랑세즈 회원을 닮았다.

파리 예술원에서는 외부 인사도 자기 작품을 읽을 수 있다. 그러나 아카데미 프랑세즈는 오직 회원에게만 발언권을 준다. 아카데미 프랑세즈는 어떤 천재가 나타나 순식간에 회원들과 형제애를 나누는 모습에 박수를 보내는 일이 일어나지 않기를 바라는 것 같다.

76 로마의 건국신화 이야기. 도시국가 로마와 알바가 국경분쟁이 일어났을 때, 로마의 호라티우스 3형제와 알바의 쿠라티우스 3형제가 결투로 분쟁을 조정하였다.

947 원

원이라기보다는 차라리 반원이라고 할 수 있다. 나는 18명이 빙 둘러 앉은 곳에 있었다. 그곳의 풍경을 묘사하는 일도 재미있으리라.

첫 번째 사람. 그는 음식을 가리고, 입술이 붉으며, 얼굴빛에 신경 쓴다. 그는 라신이 코르네유보다 우월하다고 말한다. 이처럼 멋진 말을 내뱉은 뒤, 자신은 문학 전반을 심판할 수 있으며, 모든 것은 시든다고 말할 수 있다고 믿는다. 그는 반대의 의견을 말할 수도 있으며, 자신이 무슨 말을 하는지 잘 알지 못하는 것 같다.

두 번째 사람. 이 26세의 부인은 이 세상을 살려면 어느 정도 안락한 생활을 해야 한다고 말하는데, 그의 태도는 꾸민 듯 어색하다. 그는 자신에게 울화병이 있다고 말한다. 왜냐하면 가끔 까닭 없이 얼굴이 붉어지기 때문이다.

세 번째 사람. 가끔 설교하는 수도원장이다. 그는 사람들이 자기 설교를 이해하지 못한다는 사실에 몹시 놀란다. 그래서 그들에게 복수하려고, 그는 새로운 것이라면 모두 인정하지 않는 척한다.

네 번째 사람. 이 아가씨는 자기 말로 27세라고 한다. 그녀는 우리 시대가 무서울 정도로 타락했고, 이 세상에 자기 남편감이 없다고 생각한다. 그녀는 독신남을 저주하고, 결혼을 승인하지 않는다. 그녀는 결혼을 대신할 제도를 찾는 것 같다.

다섯 번째 사람. 그는 군인으로서 꼿꼿한 자세를 유지한 채 한마디도 하지 않고 상대방을 뚫어지게 본다. 그가 이웃에 조금이나마 눈길을 주고 예절을 갖출 때에도, 마치 군인은 모든 의무에서 벗어났음을 이해하게 만들려는 것 같다.

여섯 번째 사람. 자기 말로 34세의 남작부인이다. 그녀는 자기성, 영지, 봉신에 대해 말하고, 오페라에 가지 않는 이유는 가는귀가 먹었기 때문이라고 말한다. 일리가 있는 말 같다. 왜냐하면 음악에 대해 나쁘게 말하려 할 때, 꼭 해야 할 말을 마음속에 꿰고 있으면서도 음악에 대해 한 마디도 하지 않기 때문이다.

일곱 번째 사람. 이 백작은 염세주의자이다. 그는 더 이상 궁정에 가지 않는다. 왜냐하면 예전처럼 군인정신이 없기 때문이다. 그는 루이 14세 시대를 찬미하고, 대신들이 하는 행위를 검토하고 판단하는 일이 범죄라 할 만큼 무모하다고 큰 소리로 비난한다. 그에게 바스티유 사령관직을 제공하면 거절하지 않을 것이다.

여덟 번째 사람. 이 재정가는 자신의 지위에 영향을 끼칠 만한 생각이라면 모두 멀리한다. 그는 스스로의 힘이 아니라 대리인들의 힘으로 부유해졌다. 그는 정신적으로 한계가 있는 사람이지만, 여인들을 사랑하고 그들의 환심을 사려고 숙소를 제공한다. 예전에는 사무원으로 일한 적이 있기 때문에 그들을 경계한다. 그리고 자기 사무실에 들어오는 사람이 경계해야 할 사람인지 아닌지 언제나 알아보려고 노력한다.

아홉 번째 사람. 그녀는 마드무아젤 ○○○이다. 그녀는 자신에게 상상력이 있기 때문에 스스로 재치 있는 사람이라고 믿는다. 그녀는 모든 사람에게 현대적인 꿈을 심어주고, 특별한 것을 믿으며, 특이한 것을 사랑한다. 그녀는 기회가 생길 때마다 얀센주의를 변호한다는 점에서 두드러진다. 그녀의 말을 들은 사람들은 그가 천사들을 믿는다고 말할 것이다.

열 번째 사람. 고위성직자로서 세속의 일은 전혀 모르는 체한다. 그러나 그가 하위성직자를 대하는 태도는 마치 대령이 신병을 대하는 듯하다. 그는 이단자와 철학자들이 마음대로 지껄여도 아랑곳하지 않는다. 왜냐하면 그는 종교인이 부유해지면 가톨릭교는 흔들리지 않는다고 판단하기 때문이다.

열한 번째 사람. 이 아카데미 회원은 이 세상에 책이 더 이상 나오지 말았으면 좋겠다고 생각한다. 왜냐하면 그는 한 권도 읽지 않을 것이기 때문이다. 그는 예술이 완전히 쇠퇴했다고 울부짖으며, 수많은 밤을 새우면서 정확하고 냉정한 시를 썼건만, 수많은 작가들이 자신이 힘들게 얻은 유일한 열매를 칭찬받지 못하게 방해한다고 툴툴댄다.

열두 번째 사람. 어느 재판장의 과부인 그녀는 품위를 지키려고 몹시 집착한다. 그녀는 아무도 올바르게 앉고, 걷고, 인사하는 방법을 모른다고 생각한다. 그녀는 꾸민 태도로 말한다. 그러면 사람들은 그녀가 말하고자 한 내용이 과연 무엇인지 곱씹어야 한다. 만일 그녀가 견딜 수 없는 날을 지낸 경우, 말투는 거의 이해할 수 없을 정도로 난해해진다. 그만큼 그녀의 태도는 변덕스럽고 기묘하다.

열세 번째 사람. 50세의 남성, 그는 모든 병에 잇따라 걸렸는데, 그것의 숨은 의미를 읽어낸다. 그는 의학을 믿는다. 고대로부터 알려진 온갖 쇠약 증상을 자기 이마에 달고 다닐지라도, 모피를 걸치지도 못하는 주제에 다른 사람들을 치료해 주는 사람은 왕국에서 추방해야 마땅하다고 주장한다.[77] 그는 체계적으로 죽어가기를 바란다.

열네 번째 사람. 아주 기분이 나쁜 사람으로, 그는 젊고 샘이 많다. 강렬하고 냉혹한 눈은 불안한 야망을 드러낸다. 그는 다른 사람이 무엇이든 칭찬하는 꼴을 보지 못한다. 만일 누구든 칭찬하는 말

77 아카데미는 모피를 댄 붉은 옷으로 정식 의사를 인정해 주었다. 이렇게 인정받지 못한 사람은 돌팔이 의사라는 것이다.

을 시작하면 곧바로 뛰어들어 그 대상을 헐뜯는다. 그는 수치스러운 작가이다. 작품을 자기 돈으로 출판하고, 소수에게만 나눠주기 때문이다. 400여 가지 풍자시 중에서 단 하나 건질 것이 없다. 그럼에도 자신이 대적할 수 없는 것에 맹목적으로 악착같이 달려들고 헐뜯으려고 한다. 평범한 작가들도 화를 내면서 영감을 얻지만, 그는 화를 낼지언정 조금도 영감을 얻지 못한다. 그는 늘 남을 헐뜯으면서도 오직 한 사람만 지나칠 정도로 칭찬한다. 그를 남에게 추천하면서, 자신과 얼마나 친한지 잊지 않고 말한다.

열다섯 번째 사람. 눈매가 온화한 젊은 부인이다. 그녀는 남성이 너무 심한 말을 하는 경향이 있다는 사실에 놀라는 듯하다. 그녀는 입을 열지 않지만 이렇게 말하는 듯하다. "심술궂은 남성은 모두 불신자이다." 그녀는 사랑을 대화의 주제로 삼지 않을까 두려워하지만, 뜻밖에도 사랑의 열정과 관련된 모든 것에 주의 깊게 달려든다. 주위에 너무 의견이 많다고 생각하기 때문에, 주로 작은 모임에 참석하거나 단 둘이 속삭이기를 더 좋아한다. 그녀는 내 귀에 대고 이렇게 말했다. "아, 세상 사람들은 얼마나 심술궂은지요!" 수치스러운 작가가 청중을 배려하지 않고 피곤하게 만들 때, 내가 눈살을 찌푸리는 모습을 보고 그녀가 한 말이다.

열여섯 번째 사람. 사람들이 그가 카드놀이를 하지 않는 모습을 보고 싶어 하는 뚱보 원장신부이다. 그는 30년 전부터 매일 아침 미사를 올리고, 복종하라고 가르친다. 그는 주교 앞에서 가장 존경받을 만한 사람이다. 그는 시사지를 전혀 읽지 않는다. 혹시 수도자 교단을 파괴하는 기사라도 볼까봐 두렵기 때문이다. 그는 수도원의 기초가 옥좌의 기초만큼 신성하다고 믿는다. 그러나 그 기초 위에서 언쟁을 벌여 그 기초를 위태롭게 만들지 모른다. 그는 카드를 볼 때, 말하자면 그가 이해하지 못하는 수많은 이론이 사라질 때 그의 얼굴에는 웃음꽃이 활짝 필 것이다.

열일곱 번째 사람. 검술 교사로, 그는 교사라는 칭호로 자기 직업을 꾸민다. 그는 자식 2명의 교육을 맡긴 아버지와 친분이 있음을 과시한다. 그 친분 덕택에 그는 50루이와 숙식, 선물을 제공받는다. 그는 이 직업과 거의 뗄 수 없는 현학자 행세를 몸에 새겨 넣고 다닌다. 그는 감 놔라 배 놔라 뭐든 간섭하고 결정한다. 그는 중등학교 지식 수준에 맞는 편견 덩어리이지만, 자기 제자들은 자신의 가르침과 교수법 덕택에 장차 크게 발전할 천재임을 주장한다. 사교계에서 그가 만난 사람들은 모두 개별적인 가르침을 받는데, 그들은 그의 놀라운 능력을 칭찬했다. 그는 문필가가 되고 싶지 않았다. 왜냐하면 그는 부유한 평민과 우정을 나누기보다는, 절망에 빠진 외국 왕족들과 함께 살 팔자이기 때문이다. 그러나 그에게 자식의 마음과 정신의 훈육을 맡아달라고 간청하는 아버지를 어떻게 거절할 수 있었겠는가?

열여덟 번째 사람. 모든 병을 단 한 가지로 진단하는 의사이다. "그것은 신경성 질환입니다." 그는 이렇게 진단하면서 가장 명쾌한 처방을 내렸다고 믿는다. 그는 예방의학을 우습게 여기고 화학을 전혀 이해하지 못하기 때문에 화학은 치료술과 상관없다고 믿는다. 그는 의학이 타성에서 벗어나기를 바라지 않는다. 또 의학이 고리타분하고 역겨운 조리법을 포기하는 것도 바라지 않는다. 그의 행동을 보고 말을 들으면, 헤라클리우스[78]가 활을 보면서 했던 말을 그대로 의학에 적용할 수 있다.

그것의 이름은 생명이며, 그것이 하는 일은 죽음이다.

78 Heraclius(575~641): 610년 이후 비잔티움 제국의 황제로, 라틴어 대신 그리스어를 공식 문서에 사용했다.

948 판화의 주제

고리대금업자가 어떤 탕아에게 어음을 발행하게 만들었다. 탕아는 관행을 좇아 장래 지불일을 기록했다. 탕아는 민첩하게 손을 놀려 자신의 서명을 휘갈기고 나서, 현금을 보면서 방금 쓴 어음에 톱밥을 뿌리려 하였다. 그때 고리대금업자는 그의 손을 잡으면서 너무나 극적으로 말했다. "아, 그냥 놔두세요, 놔둬요. 내 생각에 잉크가 마르려면 아직 시간이 필요합니다."

어떤 화가가 탐욕과 불신, 기쁨과 불확실성이 담긴 눈길과 헤벌린 입을 가진 이 고리대금업자의 특성을 제대로 살려서 내게 그려줄 수 있으리오? "아, 그냥 놔두세요, 잉크가 마르려면 아직 시간이 필요합니다"라고 누가 말할 수 있으리오? 얼마나 신랄한 그림일까!

탕아는 이미 아름다운 토지와 저택을 팔아먹었다. 그러고 나서 얼마 뒤 이 저택 앞에서 그는 외쳤다. "아, 내가 너를 다시 팔아 잘 먹고 입을 수 있다면!"

고리대금업자와 성실한 어음할인 중개인은 상당히 차이가 있다. 가장 사소한 사업이라 해도 큰 사업과 마찬가지로 선금이 필요하다. 만일 돈이 없다면 독주판매상도 되기 어렵다. 이자를 받고 돈을 빌려주는 일은 장사의 기본정신이다. 정직한 어음할인 중개인은 건전한 어음에 이자 6%를 뗀다. 그것을 고리대금이라 할 수 없다.

만일 정직하게 상거래를 한다면, 모든 상거래를 정직하게 할 수 있다. 돈이 무엇인가? 그것은 모든 교환을 가능하게 하는 담보물이며, 모든 가치의 공통수단이다. 어째서 돈이 상거래 품목에 포함되지 않는 것인가? 투기꾼이 나를 파멸시킬 때, 정직한 어음할인 중개인이 나를 도와주고 내가 일하는 분야를 비옥하게 만들어준다.

949 빌어먹기

모든 곳에서 우리는 거지와 싸운다. 이 직업은 예전처럼 잘 벌지 못한다. 사람들은 게으름과 무위도식이 위험한 악덕이라고 생각해서 벌한다. 거지는 뻔뻔해지고, 그 다음에는 도둑질을 한다. 이 과정은 빨리 진행된다.

온갖 종류의 일거리를 제공하는 작업장이 많이 개설되고, 구빈원이 수많은 사람에게 구호의 손길을 뻗쳤지만, 아직도 거지가 많다는 사실은 놀랍다. 이 부끄러운 직업은 사회에 부담을 주지만, 이를 금지할 방법은 없을 것이다. 그것은 사회를 해칠 정도로 온갖 무질서를 낳는다. 건장한 거지는 범죄인이다. 일을 하지 말아야 하는 사람, 일을 할 수 없는 사람은 없으며, 손을 벌려 구걸할 힘이 있다면 다른 일을 해서 먹고 살 수 있다. 그러니 그는 어떠한 상황에서도 별로 망설이지 않고 단도를 빼들 것이다.

시대의 불행 때문에 가난한 사람이 생기지만, 그들은 여전히 땅에 애착을 가지고 자기 주위에서 살아갈 방도를 찾는다. 그러나 떠돌이 거지는 부유하거나 미신에 찬 지방에서 그 수가 늘어난다.

따라서 빌어먹기를 철저히 추적하여 뿌리를 뽑아야 한다. 그것은 사회질서를 완전히 거스르기 때문이다. 이처럼 유해한 것을 뿌리 뽑으려고, 여태까지 내키지 않았지만 냉혹하고 심지어 비인간적인 작업을 했다. 그러나 이 회저병은 나무와 잎을 위협했다.

사람들은 집집마다 비집고 들어가는 거지를 붙잡아둘 권리가 있다. 그들은 그 사실을 치안관리에게 알려서 거지를 데려가게 해야 한다. 거지는 동냥을 구실로 온갖 나쁜 짓을 저지를 수 있기 때문이다.

거지를 뿌리 뽑으려 할 때에는 반드시 밀정을 이용해야 한다. 그런데 밀정이 사악하여 거지를 가혹하게 대하는 것도 모자라, 관행적으로 술수를 부려 엄한 사람에게 덫을 놓기도 한다. 우리는 그 술수를 반드시 고발하고, 그러한 퇴폐적인 행위를 엄단해야 한다. 그러나 파리는 예전에 비해 거지 수를 줄여 사회 분위기를 정화했다. 언젠가 이 슬픈 족속이 프랑스의 아름다운 땅에서 완전히, 또 영원히 사라지고 수많은 주민이 행복하게 사는 날이 오기를 기대한다. 빌어먹기와 극빈이 사라지고 가난한 사람들이 부지런히 활동하는 길만이 왕국을 진정 부유하게 만든다. 우리는 거기에 주의를 집중하고, 슬기로운 정부는 그 길을 보호해야 한다. 왜냐하면 정부는 오로지 소비만 할 줄 아는 쾌락주의자보다는 생산자에게 흥미를 가져야 하기 때문이다.

950 하프

이 악기는 모든 분야에서 우리의 스승인 고대인의 악기를 개선하여 만든 것이다. 이 조화로운 악기는 우리의 부드러운 목소리와 자연스럽게 잘 어울린다. 그것은 우리가 온갖 종류의 우아한 태도를 발전시키도록 만들어줄 것이다. 아름다운 여성의 머리는 황홀한 기쁨을 주는 곡조에 휩싸인다. 섬세하고 말 잘 듣는 그녀의 손가락은 줄 위를 오락가락하며 춤춘다. 소리가 하늘에서 내려오는 것 같다. 팔을 굽혔다 펴고, 예쁜 발을 내디딜 때 모든 이가 그 모습을 홀린 듯 바라본다. 클라브생과 대적할 만한 이 악기가 유행이며, 왕비가 특히 이 악기를 좋아하기 때문에 궁정과 파리에서도 널리 유행한다.

사람들은 천국의 모습에 대해서는 말하지 않지만, 거기서 들을 음악에 대해서는 말한다. 아름다운 곡은 미술관에 걸린 수많은 그림보다 더 우리를 감동시킨다.

951 가마

느무르 공작부인[79]은 스위스의 뇌샤텔 공국에서 존경을 받았다. 그녀는 해마다 파리에서 거기까지 가마를 타고 갔다. 가마꾼 40명이 마차를 타고 가마 뒤를 따라가다가 교대했다. 가마는 날마다 평균 12리외에서 15리외까지 나아갔다. 역참마차보다 가마를 타고 130리외 길을 가면 더 확실하고 편안했다. 이 지방 근처에는 낭떠러지가 많은데, 가마를 타고 가면 오르고 내리고 피하기 편리하기 때문이다.

파리에서는 포부르의 조용한 길에서만 가마를 타고 다닌다. 도심에서는 별로 실용적이지 못하다. 수많은 마차가 오가기 때문이다. 도심에 나타난 가마는 걷는 것 같지 않다. 차라리 귀찮은 것을 뿌리치고 도망치는 것 같다. 베르사유에서는 가마를 타는 일이 흔해졌다. 길이 널찍하고 방해물도 없어서 쾌적하기 때문이다. 거기서는 오베르뉴나 리모주에서 특별히 가져온 가마, 네 기둥에 호화로운 천을 댄 가마를 탄 공작부인이 안마당에서도 거들먹거리는 모습을 볼 수 있다. 파리에서는 그 반대이다. 75세의 늙은 수녀가 정신을 잃었을 때, 또는 회복기 환자가 또다시 병이 도졌을 때에만 수많은 마차가 부딪치는 파리에서 가마를 이용할 수 있다.

79 duchesse de Nemours(1625~1707): 롱그빌 공작의 딸로, 오빠의 사망 후 뇌샤텔 공국의 지배자가 되었다. 그러나 그녀는 계속 프랑스 궁정에 머물렀다.

952 미식가

뭐니 뭐니 해도 제일 큰 즐거움은 먹는 데 있다고 주장하는 사람을 만난 적이 있다. 그는 사람이란 세상에 태어나 엄마 젖을 빨면서 크고, 죽을 때가 되면 입맛을 완전히 잃는다고 말했다. 사람은 이 즐거움을 하루 두세 번 새로 맛볼 수 있다. 모든 사람이 이러한 쾌락을 누리지 못한다 할지라도, 5만 명에 한 명쯤은 섬세한 요리사가 제공하는 요리를 즐길 수 있다.

그 사람은 식탐의 노예임을 드러내듯 배가 남산만하다. 그는 음식을 먹을 때마다 기쁨에 자지러진다. 그는 짐승처럼 음식을 뜯어먹어서는 안 되고 사람처럼 먹어야 한다고 주장한다. 그의 요리사가 아프면 그는 가장 유명한 의사를 찾아가 자기의 분신 같은 사람에게 한시 바삐 건강을 되찾아달라고 간청한다. 그는 요리사를 자기 인생의 행복이라고 생각하기 때문이다.

그는 고기마다 고유한 맛과 섬세한 차이를 구별한다. 마치 음악 감상에 뛰어난 귀를 가진 사람이 반음을 구별해 내듯이. 요컨대, 그는 자신의 미각을 영광으로 여기고, 굶주린 사람보다는 형편없는 음식을 먹는 사람을 진심으로 불쌍히 여긴다.

그는 식욕에 복종해 본 적이 없다. 그 대신 배가 고프지 않아도 고픈 것처럼 먹을 것을 탐한다. 그는 습관이 하는 일을 몸으로 증명한다. 한 마디로 그는 위의 근육이 얼마나 놀라운 힘을 가졌는지 몸소 증명하고, 결국 그것이 승리를 거두게 만든다. 그의 위가 음식물과 싸우다 쓰러지는 날, 그것은 소화불량으로 터질 것이다.

그는 어떤 사람을 만나더라도 오직 페리고르의 송로버섯을 넣은 칠면조 요리, 툴루즈의 거위간(푸아 그라), 툴롱의 신선한 참치 파이, 네락의 붉은자고새 요리, 피티비에르의 종달새 요리, 트루아의 돼지머리 고기구이에 대해 칭찬하는 말만 늘어놓는다. 그는 모든 지방의 차이를 오직 거기서 생산하는 육류나 생선으로 알아내고 평가할 뿐이다. 그는 스트라스부르에서 가장 보기 좋게 큰 잉어 한 마리가 도착했으니 합승마차 종점으로 직접 가서 보겠다고 말한다. 사람들은 산악지대의 붉은 자고새, 동브 지방의 깝작도요새, 코 지방의 씨암탉을 남보다 빨리 가져오려고 운임을 2배나 쓴다고 그는 귀띔한다.

그는 생토노레 길을 지나갈 때면 언제나 알리그르 호텔[80]에 들른다. 미식가의 전당이 있어서 유명한 곳이다. 입구에는 기둥 대신 커다란 순대를 놓고 햄을 날것 그대로 문에 주렁주렁 늘어뜨려 마치 메달처럼 보이게 장식해 놓았다. 이곳의 진열장에는 왕국의 모든 도시가 앞다투어 보내준 맛있는 음식으로 채워놓았다. 그들은 날마다 공급하는 음식물에 도시 이름을 밝혀 자부심을 드러낸다. 참을성 없고 모든 음식을 닥치는 대로 먹어치우는 대식가는 이 식당에서 자기가 찾는 모든 음식을 기대하고, 먹고, 살 수 있다. 대식가에게 얼마나 아름다운 광경인가! 예민한 미각을 흡족하게 해줄 만한 음식이 진열대 위에 놓여 있다. 매운 것, 짠 것, 쓴 것, 시큼한 것을 아주 큰 단지에 담아 증발하지 못하도록 솜씨 좋게 봉해 놓았다. 왕국의 가장 후미진 곳에서 잡은 메추라기, 멧새를 맛좋게 절여 놓았다. 멸치, 연어 새끼, 불로뉴산 소시지, 바닷물에 담은 굴도 나란히 놓았다.

80 Hôtel d'Aligre: 에티엔 프랑수아 달리그르가 오늘날 르네 불랑제 길 54번지에 소유했던 저택이다. 그곳에 1769년 로즈 드 샤투아조와 퐁투아조가 합자해서 음식점을 열었다.

식욕을 잃은 환자라도 겨자 단지, 오이절임의 이름만 들으면 입맛을 되찾는다.

그곳에 온 사람은 완전히 준비한 음식을 한 15분 안에 살 수 있다. 베이욘산 햄 요리, 비에르종산 가슴살과 혀 구이를 사서 밥상에 펼쳐놓으면 그만이다. 그곳에서는 후식까지 빠짐없이 구할 수 있다. 레반트 지방에서 온 대추야자, 마르세유의 무화과, 납작하게 눌러 노랗게 볶은 아몬드, 몰타산 오렌지 젤리, 레몬 절임까지 없는 게 없다. 게다가 가장 진기한 포도주, 외국산 리쾨르, 마르티니크산 럼주 같은 술을 마음대로 고를 수 있다. 멕시코에서 생산한 달콤한 리쾨르나 자라에서 생산한 버찌 술까지. 이 세상 모든 곳에서 온 선물로 한 상 근사하게 차려놓고 잔치를 벌일 수 있으니 얼마나 좋은가! 아펠레스는 30가지 아름다운 요소를 적용해서 자신의 모습을 빚었을 테지만, 아마 형편없는 음식을 먹었으리라.[81] 그는 오직 황금만을 가지려 했고, 그의 위는 형편없는 음식도 잘 견뎌냈을 것이다. 이럴 때 무슨 말을 해야 할까? 우리가 들르는 음식점에는 후식으로 먹을 파르마산 치즈와, 특히 가장 향이 좋은 치즈의 왕이라 할 샤프시그르 치즈를 갖춰 놓았는데….

유럽의 어디에서도 미식가가 식탐을 만족시키기 적당한 곳은 여기 말고는 없으리라. 케르시에서 잡은 붉은자고새와 라인 강의 농어를 집을 수 있다. 피레네 산맥의 들꿩과 코 지방에서 세심하게 기른 영계를 놓고 무엇을 먹을지 고민한다. 볼살이 통통한 코모스 신[82]이

81 아펠레스는 기원전 4세기 고대 그리스의 화가였다. 이수스에서 젊은 알렉산드로스가 다리우스의 대군을 무찌르는 장면을 그림으로 남겼다는 말이 있다. 그 그림을 모자이크로 재현한 작품이 나폴리 국립 고고학박물관에 남아 있다.

82 Comus: 그리스 신화에 나오는 잔치의 신.

라 할지라도 이처럼 다양한 종류의 고기가 쌓여 있는 제단을 받아보지 못했으리라. 방금 사냥해 온 들짐승 고기와 맛나게 익힌 음식 앞에서 미식가는 무엇을 고를까 망설인다.

이 가게에서 뿜어내는 냄새는 뭐라 표현하기 어렵다. 온갖 종류의 음식이 후각을 다양하게 자극한다. 음식점으로 들어가 킁킁거리면 모든 음식의 유혹을 받게 되리라. 더욱이 거기 들어서면 아무리 절제하려 해도 뜻을 이루지 못한다. 그러니 성스럽게 금식을 하려는 사람은 그곳에 절대로 발을 들이지 말아야 한다. 그곳에서 무사히 빠져 나온다 해도, 그곳에 대한 추억만으로도 끊임없는 유혹에 시달리기 때문이다. 가장 엄격하게 절제하는 트라피스트 수도원의 열혈 수사들이여! 악마만이 당신들을 이 음식점으로 데려가, 미식가를 위한 온갖 음식을 한 번도 들어보지 못한 방식으로 진열해 놓은 모습을 보여줄 것이다. 그렇게 해서 그러한 음식을 한 번이라도 본 수사는 악마와 싸우다가도 가끔 군주의 후궁 한가운데 서 있는 꿈을 꾸는 것이다.

모든 유명한 걸신의 가장 위대한 반대자인 코르나로[83]도 굴복시킬 만큼 폭음·폭식의 욕망을 불러일으키는 음식, 끊임없는 굶주림을 자극해서 결국 허겁지겁 먹게 유혹하는 음식 가운데, 소박하고 건강에 좋은 음식이 있다. 시큼한 맛의 강장 음식으로서 주머니 부담도 별로 없고 맛도 아주 좋은 음식이다. 그것은 스트라스부르의 슈크루트이다.[84] 인간은 육식을 좋아하는 잡식동물로, 온 세상을 천지사방에서 갉아먹으며, 털난 짐승의 반쯤 썩은 시체를 삼키면서 부패

83 Cornaro(1484~1566): 규칙과 절제를 강조하는 장수비법을 적은 책으로 유명하다.

84 choucroute: 소시지, 소금에 절인 고기를 발효시킨 양배추, 감자와 함께 삶아 먹는 시큼한 맛의 음식. 원래 독일과 동유럽 음식으로, 알사스 지방에서도 유행하게 되었다.

한 즙을 자기 피 속에 집어넣는다. 그렇지만 아무런 걱정거리도 없다. 알맞을 정도로 특별히 발효시킨 식물이 있기 때문이다. 독일인은 건강에 좋고 원기를 회복하게 해주는 맛있는 이 식물성 음식을 섭취한다. 그들은 이 음식이 몸에 좋다는 사실을 안다. 내 생각에 파리에서도 이 음식을 항상 먹는다면 유약하고 병약한 체질을 개선할 수 있으리라. 나는 허약한 사람들이 슈크루트를 먹고 건강을 회복하는 사례를 보았다. 송로버섯을 넣은 고기 파이와 메추라기 찜을 먹으면 피가 검고 누렇게 탄 것처럼 변하지만, 슈크루트를 먹으면 피를 맑게 하고 괴혈병을 예방할 수 있다. 다시 말해서, 림프액에서 지방을 정화시켜 피를 맑고 붉게 만들 수 있다.

생토노레 길의 알리그르 호텔에 가면 전 세계에서 가져온 음식이 사람의 마음을 사로잡는다. 우리는 날고 기고 헤엄치는 모든 동물의 살을 입에 넣는다. 호두기름, 계피, 정향을 삼킨다. 우리의 위장은 아주 이질적인 음식물도 분해한다. 사고야자 녹말과 쌀밥을 먹는 소박한 인도인이 현대판 쾌락주의자들의 밥상을 본다면 얼마나 놀라겠는가! 나 자신도 미각을 일깨우는 음식물을 진열한 이 가게, 소화되지 않은 음식물의 백과사전(진짜 백과사전의 진정한 상징)을 처음 보았을 때 얼마나 놀랐던가! 그러나 이처럼 포만감을 불러일으키는 가게에서 슈크루트, 마카로니, 그리고 루앙산 사과 젤리만큼 좋은 음식물은 없다는 것이 내 결론이다.

이 가게가 상품을 자주 바꾸는 것을 사람들은 잘 안다. 손님이 떼로 드나들면서 먹어주지 않는다면, 멧도요새와 멧새는 양념을 친 무덤 속에서 완전히 썩기 쉽고, 돼지고기 삼겹살의 속까지 나쁜 냄새가 배게 되기 때문이다. 아무튼 손님들이 들어선다. 그리고 알프스 산의 흰자고새는 독수리에 잡혀 먹히는 대신, 배불뚝이 재정가의 밥상에 올라 그의 입에 들어간다.

예전에는 제네바 호수에서 잡은 송어를 (정식 파발꾼이) 역마차로 실어왔다. 그것은 루이 15세의 밥상에 올리려고 준비한 것인데, 송어에 친 양념이 아직도 따끈했다.[85] 그 음식이 값진 이유는 특히 양념 때문이다. 왕은 그것이 도착하기를 기다렸고, 그때까지 숟가락을 들지 않았다. 제네바가 공화국의 꿈을 잃은 뒤, 그곳 요리사들은 자유와 함께 훌륭한 미각도 잃었다. 제네바 시는 프랑스 왕에게 더 이상 아무것도 보내지 않는다. 그럼에도 프랑스 왕은 불평등한 거래에 대하여 적 로마(anti-Rome)의 여성 30명에게 보상해 주었다.[86]

85 양념은 포도주와 후추로 만들었다고 한다.

86 프랑스 국고에서 나오는 종신연금으로서, 제네바의 4~7세 사이의 여자아이 30명에게 주었다.

953 궁둥이 치기 기사[87]

파리 사람들은 모두 그를 이렇게 부른다. 그는 색광이다. 그는 길을 가다 앞에 가는 여성의 궁둥이를 가볍게 치는 것을 좋아한다. 그가 민첩한 손으로 궁둥이를 치지 않고 지나치는 법은 단 한 번도 없다. 그는 여성의 궁둥이를 치고서는 여성을 보지 않고 지나쳐 간다. 다시 말해서, 그는 앞서 가는 여성의 궁둥이를 때리고 앞지른다. 아름다운 여성은 보이지 않는 존재가 자기 궁둥이를 때렸다고 믿는다. 그는 모녀가 가는 경우 양손으로 딸과 어머니를 동시에 건드린다. 그는 여성의 허리를 보면 설명할 수 없는 매력을 느낀다. 이처럼 기묘한 행동을 하면서 눈길을 주거나, 무슨 말을 덧붙이는 적이 없다. 손길은 아주 빠르고 아주 절도있기 때문에, 당하는 사람은 조금도 모욕감을 느끼지 않는 것 같다. 모든 사람은 늘씬한 아가씨를 보면 찬사를 아끼지 않는다. 그러나 그는 한 술 더 떠서 건장한 하녀의 덩치 큰 매력도 업신여기지 않는다. 그는 뚱한 매력도 가냘픈 아가씨의 새침한 매력과 같다고 생각한다. 부인 셋이 걸어갈 때, 그는 가운데 부인의 궁둥이를 솜씨 좋게 살짝 때린다. 그러면 그 부인은 양옆의 일행 중 하나가 자기를 건드렸다고 생각한다.

이 기사는 지칠 줄 모르고 모든 길을 헤집고 다닌다. 그는 영원히 멈추지 않을 것처럼 돌아다닌다. 사람들은 품이 큰 회색 옷을 이

87 원제목은 "le chevalier tape-cul"이다.

상하게 입고 다니는 그를 쉽게 알아본다. 그는 흰 머리칼을 휘날리고 왼팔을 허리에 감은 채 걷다가, 새로운 오락거리를 찾아 끊임없는 광기를 충족시킨다.

길을 걷다가 가볍게 궁둥이를 맞은 기억이 없는 여성은 거의 없다. 그녀들은 궁둥이를 맞은 뒤 자기 앞으로 다리가 아주 굵은 사내가 지나가는 모습을 보면서, 그 사내는 항상 꿈에 젖어 있고 고개를 돌리지 않는 사람이라고 생각하면서, 자기를 때린 사람은 누구를 때렸는지 확인하지 않는다고 상상할 뿐이다.

그러나 이 기사의 손길은 폭행의 수준까지 타락하지는 않는다. 그의 태도는 조금도 호방하지 않기 때문에, 사람들은 그의 손이 경솔했다고 납득할 수 있을 뿐이다. 그런데 이처럼 주의를 끄는 행위를 모욕으로 받아들이는 여성이 있다 해도, 순식간에 일어난 범죄로 화를 낼 필요까지는 없다고 생각한다. 그래서 이 궁둥이 치기 기사는 기묘한 공상의 나래를 펴서 파리의 구석구석을 훑는다. 그리고 길과 강둑길을 쏘다니면서 빈약하건 통통하건 가리지 않고 모든 여성의 궁둥이를 친다. 그는 누구를 특별히 편애하지 않는다. 그래서 그가 모욕적으로 낯을 가려서 좋아한다고 비난하기가 어렵다. 바로 이런 까닭에 45세 된 부인들도 그를 용서하고 그의 편을 들어주는 것이다. 그가 그런 부인들에게 한 행위는 그 나름대로 예절바른 추억거리를 만들어 주는 듯하다. 확실히 베르사유 궁의 정원에서 아름다운 엉덩이를 뽐내는 베누스도 그의 손길이 닿는 곳에 있다면 분명히 한 대 맞았으리라.

954 야릇한 책

1764년 파리에서 인쇄한 책 가운데 『동시에 여러 곳에 나타나는 사나이, 훌륭한 철학의 원리로 증명할 수 있음』이라는 책이 있다면 믿을 수 있겠는가? 그런데 이 기묘한 책을 읽은 사람은 하나도 없다. 그 누구도 거기에 대답하지 않았다. 훌륭한 철학은 이 우스운 가설에 대해 가타부타 말하지 않았다. 사람들은 일종의 화체설을 주장하는 이 책을 거들떠보지 않았고, 서서히 망각의 깊은 구렁텅이에 빠뜨려버렸다. 옛날만 해도 이처럼 흥미로운 현상을 책으로 쓴 리냐크 신부는 지지자와 반대자들의 관심을 끌었을 것이다. 그러나 오늘날 사람들은 그에게 한 마디도 해주지 않고, 그를 망상 속에 살도록 내버려 둔다. 그에게 무슨 일이 일어났던가? 아무것이나 끄적거리는 증세를 가진 사람들이 계속 만들어내는 수많은 책과 함께 그의 책도 사라져갔다.

그런데 1788년 서적상 브리앙은 500쪽짜리 책 『불행한 영원성에 대해서, 또는 신에게 버림받은 사람들의 영벌, 독일 예수회 신부 드렉셀리우스 지음』을 인쇄하지 않았던가? 이 책은 번역서로, 번역자가 원저자가 아니어서 우리를 더 놀라게 한다. 무시무시한 예수회 신부의 저작을 번역하다니 이 얼마나 믿을 수 없는 일인가! 이 독일인은 우리에게 정신적으로 지옥을 경험하게 만든다. 그러나 지옥의 수많은 고통 가운데 아홉 가지만 경험하도록 해준다.

500쪽을 읽는 독자의 이성을 모욕하는 책, 민감한 상상력에 상처를 입히기 적당한 끔찍한 그림만 볼 수 있는 이 책을 정부가 허락

해줄 때, 정부는 이러한 성격의 의견을 무시한다는 사실을 광고하는 것이다. 아무도 독일 예수회 신부를 공박하지 않을 것이다.

메스머 이론을 지지하는 사람들도 그 나름대로 소책자를 발간했다. 그들은 말하고 싶은 내용을 모두 말했다. 그들은 아주 만족했음이 분명하다. 왜냐하면 아무도 그들이 뭐라 말하든 방해하지 않기 때문이다.

955 수녀복 입기

이 세상의 모든 허영 가운데 세속적인 화려함을 자랑하는 옷만한 것은 없다. 우리는 아가씨를 가장 풍요롭고 가장 사치스럽게 꾸며준다. 그녀는 배우처럼 머리를 손질한다. 우리는 그녀가 가진 매력을 모두 보여주기를 원한다. 그녀가 한껏 차려 입고 창살을 끼운 예배당에 나타나면, 거기 모인 사람들이 모두 쳐다본다. 사람들이 뽑은 웅변가가 그녀의 옷차림에 대해서 설교한다. 그 웅변가는 수사법을 써서 온갖 형상을 등장시켜 춤추게 만든다. 수녀 지망생의 대부는 손에 큰 촛불을 들었고, 대모도 역시 촛불을 들었다. 희생자의 머리칼이 곧 가위에 잘려 땅에 떨어진다. 그녀가 입은 빛나는 옷도 사라진다. 허원수녀를 땅에 눕히고, 머리부터 발끝까지 검은 천으로 덮는다. 이제 수녀가 되는 아가씨는 속세의 이름까지 잃어버린다.

수녀원의 지겨운 생활을 이기려면 가끔 기분전환이 필요하다. 나는 이 모든 예식이 속세를 떠난 수녀들을 아주 즐겁게 만든다는 사실을 의심치 않는다. 베일과 촛불에는 저마다 신비한 의미가 있다. 나는 수녀지망생 2명이 서원을 하는 모습을 보았다. 한 사람은 16세, 다른 사람은 17세였다. 그것은 트렌토 공의회가 정한 나이이다. 트렌토 공의회의 결정은 오랫동안 효력을 유지했다. 일부 주교는 18세는 되어야 수녀가 될 수 있도록 하자고 제안했고, 프랑스 주교들은 20세까지 늦춰야 한다고 하였지만, 교황은 이들에게 반대했다. 교황은 자신에게 완전히 헌신하는 이 육체들이 주체를 상실하는 일이 일어나기를 바라지 않았기 때문이다. 수많은 칙령이 나왔지만, 그 어느 것도 공의회에서 분명히 결정했던 나이 조항을 고칠 만한 용기를 보여주지 못하였다.

나는 젊은 희생자들의 태도를 관찰했다. 그들은 결코 파기할 수 없는 맹세로써 서로 연결되었고, 아직 어렸음에도 앞으로 몇 년 지나면 자기 가슴속에서 종교적 열정이 깨어나리라는 사실을 의심치 않았다. 베일 아래 숨어 있는 아름다운 눈과 목, 한때 부드럽고 고상한 머리를 장식하다가 땅에 떨어진 아름다운 머리칼을 보았을 때, 또 그의 자유를 죽여버리는 말을 들었을 때, 한순간에 제물이 된 이 값진 선물을 죽여버리는 말을 들었을 때, 나는 혼자서 중얼거렸다. "아, 자연은 어째서 이 나긋하고 젊은 육체에 수많은 매력과 우아한 기품을 주고서도 이처럼 제 발로 무덤으로 들어가게 만드는 것일까?"

성 바울로는 머리를 민 여성에게 자신이 솔직하지 못했다고 말했다. 그래서 수녀원에 들어가는 처녀의 머리카락을 (밀지 않고) 자르게 되었던 것이다.

미신 때문이건 권태 때문이건 수녀들이 상상하는 수많은 예식의 차이를 설명하려면 책 한 권 분량은 되리라. 복종의 서원은 수녀원의 맹세에 추가된다. 이 수녀들은 알지 못할 언어로 찬송가를 부른다. 수녀들이 암송해야 할 교회의 전례를 전혀 듣지 말아야 한다는 사실만큼 이상한 일이 이 세상 어디에 있을까! 그러나 부르주 대주교는 1694년에 교리문답을 발간하면서 사람들에게 상상하지 말아야 하는 이유를 다음과 같이 설명했다.

> 수녀들은 자신이 듣지 못하는 언어로 하느님을 찬양하는 벙어리가 되어야 한다. 속죄의 정신으로, 그들이 가장 잘 배워야 할 일에 대해 모르고 지내면 아주 편안해질 것이다. 수녀들은 오직 입술만 움직여 하느님

을 찬양하면 충분하다. 수녀들은 모든 언어를 모르고 겸손한 마음으로 지내야 한다. 자만심 때문에 바벨 탑을 쌓은 사람들이 언어의 혼란이라는 정당한 벌을 받은 사례가 있다. 수녀는 자신이 악기라고 상상하고, 성령이 자기 입에 담아주는 말은 교회에서 사용하는 오르간을 움직이는 숨결이라고 상상해야 한다.

우리가 모든 책을 뒤지고 추론해볼 때, 찾아내지 못할 것이 무엇이겠는가?

956 가짜 증인

우리는 최근 형사재판에서 아주 희귀하고 끔찍한 사건을 다룬 것을 보았다.

고등법원의 검사는 어떤 사내에게 살인죄를 뒤집어 씌우고 가짜 증인 4명을 불렀다. 하느님 맙소사! 4명을 어떻게 타락시키려고? 한편으로는 얼마나 악마같은 감언이설을 속삭일 것이며, 또 한편으로는 믿을 수 없을 만큼 나약한 모습을 보여주겠는가! 거기 넘어가지 않는 사람은 없을 것이다. 그리고 돈 몇 푼만 쥐어주면 4명의 양심을 타락시키기 충분하지 않겠는가? 피고는 자기가 저지르지도 않은 범죄를 저질렀다고 4명이 입을 모아 증언하는 것을 고통스럽게 보면서 제정신을 차릴 수 없었다.

최후심문을 받을 때, 그는 곰곰이 생각하면서 증인 한 명을 아주 의미심장하고 감동적인 방식으로 대하기로 마음먹고 떨리는 목소리로 그에게 말했다. "내가 당신에게 무슨 나쁜 짓을 했길래, 당신은 나를 바퀴 위에 눕혀 가장 무서운 고통을 받으면서 죽기를 바라시오?…" 그러자 가짜 증인은 얼굴이 하얗게 질리더니 곧 자기의 죄를 고백했다. 가증스러운 고발인은 체포된 뒤, 죄 없는 사람에게 내리려던 벌을 받았다. 가짜 증인 4명은? 둘은 심문 도중 죽었고, 둘은 교수형을 받았다.

957 직업인 공동체

파리의 직업인들은 체제를 무조건 따라야 했기 때문에 오랫동안 불행했다. 오늘날 직업인들은 전보다 더 자유로워져서 다행스러운 일이긴 하지만, 그들이 은근히 좋아하면서 누리던 특권은 이제 더 이상 없다. 그들은 저마다 이웃의 생업을 망치려 할 것이다. 만일 우리가 그들이 주장하는 내용을 듣는다면, 마치 국가가 특히 자신을 보전하고 적국을 파괴하는 데 관심을 가지는 것과 같은 모습을 떠올릴 수 있다. 모든 직업인 공동체의 논리도 마찬가지이다. 그 논리는 오로지 빼앗기만을 목적으로 한다.

우리는 좁은 울타리를 벗어나지 않는 사람들을 확실하게 알아볼 수 있다. 가장 허약한 단체도 가장 위엄 있는 원로원과 같은 동기를 가지고 움직인다. 어떤 공동체의 행위는 위대한 민족의 행위와 거의 닮았다. 똑같이 능란하게 행동하지만, 구성원의 품위에서 그 차이를 볼 수 있다. 모든 단체는 언제나 자기중심적이고, 좀처럼 남에게 너그럽지 못하다. 그것은 주위에 있는 다른 단체를 삼켜버린다. 슬기롭고 정직한 사람을 몇 명 정도는 만날 수 있다. 그러나 단체는 별로 유연한 정책을 갖지 않고, 결코 남을 동정하지도 않는다.

옛날에는 공동체 구성원이 되려면 일정한 돈을 내야 했다. 오늘날 도장인이 되려는 사람은 누구나 국고에 돈을 내야 한다. 그렇게 해서 국고로 들어가는 돈이 엄청나다. 모든 공동체는 이제 기금을 갖지 못하거나, 기금이 있다고 해도 아주 형편없다. 모든 것은 시간이 흐르면서 결국 한 사람에게 집중된다. 그 사람은 곧 거대한 목신,

보편적 존재가 될 것이다.

모든 직업인 공동체는 이제 국고를 위한 수도관 역할만 할 뿐이며, 크고 작은 동업자 신도회는 모두 사라졌다. 프티 부르주아는 매주 신도회 활동을 하면서 즐겼지만, 이제는 그렇지 못한 실정이다. 그들은 오랫동안 신도회 활동을 쉽게 했던 만큼 쉽게 빼앗겼다.

그 뒤 임자 없는 직업인 공동체에서 뿔뿔이 흩어진 개인들은 제값을 받지 못하면서 아무 일이나 한다. 어떤 이는 필요 때문에, 또 다른 이는 인기를 얻으려고 그렇게 한다. 노동자는 겨우 형체만 갖추고 오래가지 못할 나쁜 상품을 만든다. 그는 자기 작품의 완성도를 높이려고 노력하기는커녕, 되는 대로 값싸게 물건을 팔아버린다. 또 상인은 상인대로 물건 값을 낮추고, 그렇게 해서 경쟁심 때문에 구매자에게 거의 한 푼도 남기지 않고 파는 사람이 생긴다. 그러면 어떻게 될까? 노동자가 굶어 죽는다. 구매자는 에누리 하지 않고 값을 잘 쳐주고 좋은 물건을 구하는 대신, 겉만 번지르르한 물건에 만족하게 된다.

런던에서는 사정이 정반대이다. 가장 사소한 물건도 완성도가 아주 높다. 또한 영국 상품은 경쟁구도 속에서 보편적으로 호감을 얻는다.

국민을 구성하는 모든 계급이 저마다 안정된 상태를 유지할 때 비로소 모든 계급은 원칙을 지킨다. 그 경우 그들을 갑자기 망칠 수 있는 길은 없다. 비록 기생충 같은 계급이라 할지라도 너그럽게 인정해 주어야 한다. 왜냐하면 그들의 존재 이유는 정부의 존재 이유 속에 포함되어 있기 때문이다. 이렇게 해서 안락한 생활을 하는 계층과 연결된 모든 예술가들이 공공의 행복에는 쓸모없을지라도 냉혹한 방법을 쓰지 않고서는 그들을 정치체와 분리할 수 없을 것이다. 이 예술가들은 시민들이 풍요롭게 사는 덕택에 생긴다. 따라서 시민 계층을 억압하지 않고서, 또 그들이 누리는 풍요로운 생활의 일부를 제약하지 않고서, 특히 그들이 재산과 노력의 대가를 처분하는 자유를 억압하지 않고서 예술가를 없앨 방법은 없다. 정신을 발에, 구두 뒤축에 담아 가지고 다니는 당스[88]는 내게 아주 무용지물처럼 보이지만, 나는 그의 수호성인과 함께 그를 사회에서 추방하기를 바라지 않는다. 그가 주조한 동상을 녹일 때, 다른 사람이 만든 것도 녹여야 할 테니까.

88 파리의 조각가 당스(Pierre-Louis Danse)를 말한다.

958 내 다리

노젓는 사람은 팔이 발달했지만, 다리로는 잘 걷지 못한다. 나는 이 책을 쓰려고 천지사방으로 뛰어다녔기 때문에, 내 다리로 이 책을 썼다고 감히 말할 수 있다. 나는 파리의 포도 위를 생동감 넘치고 잽싸게 걷는 방법도 배웠다. 모든 것을 살피려면 반드시 필요한 비결이다. 오랜 훈련으로 그 비결을 얻을 수 있었다. 파리에서는 그 무엇도 천천히 할 수 없다. 다른 사람들이 재촉하기 때문이다.

우리는 독서를 통해서 기껏해야 불확정적이고 막연한 경험을 할 뿐이다. 인간을 알려면 자주 만나야 한다. 그러나 수도의 풍속은 아주 다양하고 미세한 차이를 보여주기 때문에, 올해의 그림이 내년의 그림과 똑같을 수 없다.

한 해 마지막 날 주요 교회는 모두 감사 미사를 드린다. 훌륭한 기독교도라면 반드시 거기 참석해야 한다. 복잡하게 얽힌 길에 늘어선 모든 집의 지붕부터 포도 위까지, 그리고 공중, 물, 음식물에 이르기까지 모든 곳에 돌아다니는 온갖 위험에서 구해주신 하느님께 감사해야 한다.

모든 사람이 내가 이 책에 쓴 내용에 대해 해명해 달라고 요구한다. 체벌 학급 담임교사인 페스랑 선생은 모든 동료의 이름으로 나를 심문했다. 그의 동료 가운데 검사 롱지용, 공증인 파르라송, 그리고 고대 아테네의 구두장이만큼 그리스어를 아는 앙티카이유가 있다. 이들 중 어떤 사람도 자기 글을 보고 웃으려 하지 않았지만, 자기 이웃을 바라보는 사람에 대해서는 웃으려 했다. 만일 사람들이 각자

처한 상황에서 맹목적인 이기심을 발동했다면, 나는 1천 명 이상에게 고소당했으리라. 사람은 저마다 이 세상에서 중심이며, 자신만 생각한다. 또 자기 거울을 지고 다닌다. 그는 거울에 자신을 비춰보면서 자기 얼굴에 만족한다. 그러나 모든 사람이 내가 제공하는 거울에 만족하지 않았다.

어떤 고대인은 "죽은 사람들이 당신의 마을을 걸어다닌다"고 말했다. 이 말을 파리에 적용할 수 있다. 그러면 그 철학자는 내 말을 이해할 것이다.

유베날리스는 로마가 한창 번영할 때 파괴되리라는 징조를 보았다. 그는 격렬히 고함치고 부패의 도덕적 원인을 공격했다. 내가 그의 목소리를 가졌다면 내 조국을 위해 외치리라. 재정가를 두렵고 잔인하게 만들지 말아달라고. 그들은 국가의 순수한 피로 사치의 구덩이를 채우고, 거기에 가난한 사람들을 수없이 빠뜨리려 하기 때문이다. 그들은 해마다 사업의 규모를 키우는 대신, 곧 사람들에게 유익하고 위안을 주는 농업, 상업, 예술을 메마르게 만들 것이다. 만일 정부가 도덕을 죽이고 인민의 생계를 메마르게 만드는 이 파렴치한 투기세력을 조금씩 약화시키지 않는다면, 또 소수 시민의 손에 모든 돈을 집중시키도록 내버려 둔다면, 그리고 거물급 자본가들만 중시하고 그들을 위해 온갖 거짓을 일삼는다면, 군주와 신민은 곧 모든 것을 집어삼키는 집단 때문에 말라 죽을 것이다.

그렇다면 재정가가 하는 일은 무엇인가! 그들은 몇몇 종복을 먹여 살리고, 좀 더 빨리 유행이 지나가게 만들 뿐이다. 그러나 그들이 하는 일은 모두 일시적인 효과를 가질 뿐이다. 이 부자들은 인도와 중국에 돈을 보낸다. 그들의 풍요로운 생활은 프랑스에 사는 가난한 사람들에게 하나도 이롭지 않다. 아, 부자들에게 팔린 불행한 시대여, 황금만능주의의 불행한 시대여!

크고 작은 도시 가운데 파리에서 제아무리 멀리 떨어져 있다 할지라도 파리를 본받지 않은 도시가 어디 하나라도 있었던가? 모든 도시가 파리의 규칙을 받아들였다. 그래서 나는 파리가 프랑스의 지방도시뿐만 아니라 스위스, 이탈리아, 독일, 홀란드의 도시까지 지배한다고 생각한다. 프랑스의 정부가 거기서 군소 군주뿐만 아니라 공화론자에게도 명령한다. 그러나 영국만은 프랑스의 풍속을 가장 확실히 외면하고, 온 힘과 영광으로 거기에 저항하며, 프랑스의 모든 사상에 반대하는 나라이다.

이웃의 경쟁자 런던은 필연적으로 내가 그린 그림의 짝을 이루는 것임이 분명하며, 그 자체로 비교할 거리를 제공한다. 두 도시는 아주 비슷하면서도 또 아주 다르다. 두 도시는 많은 면에서 아주 닮았다. 그래서 내 책을 완성하려면 파리의 경쟁자도 살펴볼 필요가 있다. 그래서 나는 런던으로 가겠다. 뉴턴과 셰익스피어의 이름으로 약속한다. 나는 템스 강변을 걷고, 자유의 전당에 참배하겠다. 그곳은 크롬웰이 무서운 건물로 만들어버린 곳이기도 하다. 그리고 나는 훌륭한 정부의 가능성을 증명한 이 유명한 섬나라를 둘러보겠다. 만일 이 두 번째 그림이 너무 힘겨운 것이 아니라면, 나는 이 일에 착수하겠다. 비록 하늘이 많은 재능을 허락하지는 않았으나, 부족한 재능을 메우려고 노력하면서 가장 차분한 태도로 관찰하고, 가장 공평하게 둘러보겠다.

12권

아! 진실은 얼마나 잔인한가!
보지 못하는 자는 할 말도 없는 법이니

\- 라퐁텐

959 파리, 또는 은둔자

"파리는 문필가의 조국이다, 단 하나의 조국이다." 이것이 내 좌우명이다. 왜냐고? 첫째, 교육, 도서관, 강의, 계몽된 사람들의 중심지이기 때문이다. 문필가는 한 걸음 옮길 때마다 배우고 즐길 수 있다. 배우기와 즐기기는 둘 다 중요하다. 그는 소란스러운 길거리에 있을 때도 이 세상에서 가장 온화하고 평화로운 피난처를 바로 거기서 찾을 수 있다. 그는 고위 귀족, 대대적인 풍요, 모든 종류의 현학자와 스쳐 지나가지만, 그들에게 아무것도 빚질 일이 없다. 크고 작은 지방도시의 장엄함도 파리에서는 무너지고 죽어간다. 예식, 예법도 파리를 복종시키지 못한다. 왜냐하면 파리에는 더 이상 연마할 수 없을 만큼 세련된 모임들이 즐비하고, 더 이상 발전시킬 엄두도 내지 못할 만큼 기분 좋은 관계를 유지하는 사람들이 넘치기 때문이다. 재기 발랄한 사람을 피곤하게 만드는 구속이나 방해물은 물론, 지방에서 흔한 존경이나 호의도 찾아보기 힘들다. 다른 도시 같으면 정치적이고 비굴한 방문을 해야겠지만, 파리에서는 그가 사는 5층 꼭대기에서 내려오기만 하면 배우고 싶은 욕망을 충족시켜 줄 수 있는 곳을 아무 데나 방문할 수 있다.

소도시에서는 일정한 위치를 차지한 사람들이 그에게 험담과 비방을 늘어놓고 이러저런 요구를 한다. 그리고 부자는 어리석은 자만심을 앞세우면서 거만하게 그를 깔본다. 그러나 파리에서는 모든 이와 평등하다. 그가 유명하다면 그에 걸맞은 명성을 누린다. 그는 적을 만날 일이 없으며, 지방보다 훨씬 더 칭송받고 존중받는다. 요컨대, 그는 푸른 옷이나 붉은 옷을 입은 사람들의 교만함을 멀리할 수 있다. 이들의 젠체함이야말로 가장 어리석은 것인데, 파리라는 대도시에서는 이것이 저절로 빛을 잃고 사라진다.

그러나 그도 역시 힘을 잃을 것이며, 그것은 피할 수 없는 일이다. 중국의 정원사들은 모든 종류의 나무를 난쟁이로 만드는 비결을 가지고 있다. 삼나무를 2자 정도만 키우지만, 몸통과 가지, 잎새들이 보기 좋게 균형을 잡게 만든다. 파리의 즐거움은 중국의 정원사들과 같다. 그 즐거움은 강하고 활기찬 사람들도 난쟁이로 만드는 비결을 가졌기 때문이다. 물론 모두 그렇게 된다는 말은 아니다. 그러나 대부분이 그렇게 된다.

어떤 철학자는 시골의 한적한 생활을 사랑할 수 있다. 그러나 그 뒤 파리에 가면, 그 어느 곳보다 파리를 좋아하게 될 것이다. 그가 겪는 행복한 상황은 삶의 모든 편리함을 부른다.

미셸 몽테뉴는 이 도시를 아끼고, 이 도시가 그 무엇보다도 철학적인 면을 갖추었다고 생각하였다.

여기서는 사람이 생긴 대로 살 수 있다. 보잘것없는 사람도 악의에 찬 시선을 받거나 풍요로운 사람에게 멸시당하지 않는다. 왜냐하면 대부분이 가난하기 때문이다.

모든 나라 사람들이 돈을 싸들고 파리로 들어와 다른 곳에서 맛보지 못할 즐거움을 주문한다.

그러나 이 도시는 이상한 곳이다. 어떤 이는 철학책을 쓰는데, 또 어떤 이는 달걀을 먹으라고 허락하는 엄숙한 교서를 인쇄하게 하는 곳이다![1] 파리는 또한 독특한 도시이다. 신심이 깊고 엄격한 카르멜

1 이는 장자크 루소의 『에밀』과 해마다 사순절에 달걀을 먹으라는 교서를 반포하는 파리 대주교 크리스토프 드 보몽에 대한 비유이다. 대주교는 『에밀』을 금서로 규정했다.

회 수녀들의 성가대와 쾌락적인 후궁에서 벌어지는 쾌활하고 자유분방한 장면 사이에 단지 경계벽 하나가 서 있는 곳이기 때문이다. 또 같은 집에 살면서 누구는 100만 리브르를 예금하는 꿈을 꾸고, 누구는 단 1에퀴를 빌리는 꿈을 꾸는 곳이기도 하다.

그곳의 관찰자에게는 숲속이나 바닷가에 있는 농촌이 필요 없다. 언제나 그는 침투할 수 없는 피난처에 들어가듯이 자기 방에 틀어박힐 수 있다. 이 세상 어느 곳도 이만큼 조용하고 자유로운 곳은 없으리라.

파리의 한가운데서 완전한 고독을 누릴 수 있다. 누구나 홀로 있고자 하면 그렇게 할 수 있다. 상황의 변화만큼 재미있는 일은 없다. 오늘은 수많은 사람 속에 섞여 있고, 내일은 자기 일에 몰두할 수 있다. 이처럼 대조적인 상태는 우리를 즐겁게 만들고 또 우리의 흥미를 부추긴다. 가장 기분 좋은 동시에 가장 유익한 생활방식은 고독과 사회생활을 잘 분배하는 데 있다. 우리는 지겨울 때 사람들 속에 휩쓸린다. 충분히 휩쓸린 뒤에는 다시 고독한 상태로 돌아간다. 우리는 세상 사람들과 소통하면서 수많은 생각거리를 얻는다. 또한 우리는 수많은 성격을 만난다. 고독 속에서 우리는 사상을 질서 있게 다듬고 분류하고 나열하며, 거기서 얻을 수 있는 모든 이익을 끌어낸다.

960 점잖은 풍속

점잖은 풍속을 유지하는 개화된 민족은 인간적인 법률을 가져야 한다. 따라서 파리 주민에게 권위를 강요하는 일은 쓸모없다. 그들은 평화롭고 감정을 누그러뜨리며 살아가면서 모두가 자기 일이나 즐거움에 몰두하기 때문에, 질서와 평화, 휴식을 추구하는 경향을 보여준다. 교양 있는 시민들은 그렇지 못한 사람들을 제지하고, 정신적 즐거움을 추구하며 매사를 이성적으로 추구하는 우월한 계급은 언제나 갈 길을 제대로 찾지 못하는 민중을 강력히 제어해 줄 것이다. 민중은 언제나 부르주아 계급의 얼굴을 살피면서 처신하는 방법을 배운다. 부르주아 계급이 미소 지을 때, 인민은 보름 이상 그 어떤 동요도 일으킬 수 없는 상태에 들어갈 것이다.

우리는 치안당국과 정부의 슬기와 절제를 높이 찬양할 수 있다. 이들은 크고 작은 소요사태가 일어날 때 인민을 자극하지 않으려고 애썼다. 그리하여 인민은 일시적으로 격분하다가, 마침내 오락과 농담을 주고받는 상태로 나아갔다. 파리 사람들의 성격을 보면 온갖 종류의 혼란이 일어날 수 있다. 그리고 소요사태가 활발할수록 폭력은 드세져서, 그동안 슬기롭게 피했던 위험한 상태까지 이르게 된다. 1787년 고등법원 주위에서 일어난 모든 민중 소요사태에서 30세 이상의 남성을 한 사람도 보지 못했다. 민중은 평상시 공식적으로 오락거리가 부족하므로, 그들은 특별한 시기에 오락거리를 만든다. 그러나 우리는 이처럼 사소한 반항이 제풀에 꺾이리라는 사실을 예언할 수 있다. 왜냐하면 그것은 마치 소학교 학생들의 반항을 닮았기 때문이다. 제정신 가진 사람이라면 그들 틈에 끼지 않으며, 성실한 부르주아들은 그저 구경만 할 뿐 직접 참가하지 않는다. 민중도 일시적으로 들끓다가, 한 달 안에 쾌활해지거나 자취 없이 사라진다.

민중의 소요를 가라앉히는 진정한 비결이 있다. 아주 혹독한 방법을 쓰면 오히려 역효과가 난다는 점을 생각해야 한다. 단 한 명만 다쳐 피를 흘려도 성난 군중을 더욱 흥분하게 만든다. 그러므로 행정가들은 무분별한 사람들을 다룰 때 신중하고 합리적으로 행동해서 시민들이 피를 흘리는 불행과 수치를 피해야 한다. 그러면 민중은 제풀에 조용해질 것이다.

961 관용

민간행정 분야에서는 사회의 안정과 조화를 이룬다면 모든 면에서 규율을 느슨하게 적용할 수 있다. 사치의 취미가 욕망을 불러일으킨다 해도 별로 유해하다고 생각하지 않으며, 모든 풍속 가운데 그 무엇도 사회의 조화를 깨뜨리지 않는 한 합법적인 것으로 본다. 설사 정치적으로 규칙을 벗어난다 해도, 그 결과가 해롭지 않다면 거추장스럽게 여기지 않는다. 취미와 정념을 희생하라고 명령할 의사도 없다. 그러나 정부는 모든 사람에게 조용히 지내면서 복종하라고 주문한다.

사회를 다스리는 완전한 규칙을 세우고, 구성원으로 하여금 영원한 보상을 얻는 방향으로 눈을 돌리게 만드는 윤리가 존재한다. 그것은 사람에게 자기 양심의 소리를 듣고 자신이 가진 것을 희생하라고 명령한다. 그러나 정치는 공동의 안전에만 신경 쓰기 때문에 공공의 운명을 소중히 여긴다. 그리고 정치적인 관점에서, 왕국의 번영은 순전히 물리적 크기와 관련된 문제이다. 왕국이 피치 못할 불편함을 견뎌야 한다고 해서 멸망할 지경까지 이르겠는가?

962 연극 포스터

꽃의 여신 플로라를 기리는 잔치에서 사람들은 카토를 존중하는 마음으로 무희들이 옷을 벗고 춤을 추도록 과감히 요청했다. 당시에는 구경거리를 알리는 벽보를 붙이지 않았다. 왜냐하면 근엄한 카토는 거기 참석하지 않을 예정이었기 때문이다.

그러나 오늘날 우리는 「암피트리온」이나 「폴리왹트」를 공연하는 날짜를 안다. 「암피트리온」은 자유분방한 희극 가운데 가장 부도덕한 연극이다. 이 연극을 함께 공연할 때, 검열관들은 「폴리왹트」를 끝까지 본 뒤 두 번째 연극으로 넘어갈 것인가? 어떤 관리가 화가의 집을 찾아간다. 그가 안으로 들어가니, 화가는 막달레나를 여러 명 발판 위에 늘어 세워놓고 그 가운데 한 명을 그리는 참이다. 현장을 들킨 화가는 도망칠 때 그림을 뒤집어 엎을 것인가?

연극 광고는 아침부터 모든 벽에 나붙는다. 그런데 포스터는 그 나름의 일정한 등급을 지킨다. 오페라 포스터가 다른 포스터보다 우선이다. 굵직한 극단의 광고가 우선이기 때문에 장터의 연극(유랑극단)의 포스터는 한편으로 밀린다. 벽보판도 사교계 사람들만큼 지정 장소를 준수한다. 벽면을 따라서 포스터를 붙이는 사람은 일종의 행사를 주관하는 사람이다. 그는 포스터가 차지하는 자리를 배치할 줄 알기 때문이다. 그리고 이 벽보의 내용은 『주르날 드 파리』에 실리며, 그렇게 해서 연극 내용의 5분의 1이나 쉽고 풍성하게 소개한다. 이 세속적이고 울긋불긋한 벽보는 단색의 종교적 벽보와 멀리 마주하고 있다. 경건한 벽보는 속된 군중을 되도록 멀리하기 때문이다.

그러나 가끔 「마호메트」를 공연한다고 알리는 벽보와 『그리스도 수난상의 과학』을 판다는 벽보가 가까이 나붙기도 한다. 나는 이 책을 읽었다.

이제 사람들은 더 이상 연극을 홍보하지 않는다. 배우들은 날마다 자신을 속박하던 의무에서 벗어났다. 그러나 이러한 관습 덕택에 그들이 대중을 존중하는 태도를 보여주었음은 사실이다. 그들은 등을 구부리고 무대로 나와 굽실거리면서 약간의 특별한 평가를 받아도 자신들이 최고라고 생각했기 때문이다. 그들은 이제 연극을 끝마칠 때와 시작할 때 인사말을 하지 않아도 되기를 기대할 것이다. 그러나 아직은 용기를 내지 못한다. 만일 그러한 날이 온다면, 그것은 완전히 해고되는 날이리라.

옛날 연극 포스터에는 극단장 이름만 올렸다. 이는 특별한 배려였다. 오늘날 우리는 포스터에서 피에르, 콜랭의 이름을 볼 수 있다.[2] 그런데 영국처럼 배우 이름을 넣는 것이 더 적절할 것이다. 그러면 대역을 써서 관객의 기분을 상하게 할 일이 생기지 않을 것이다. 누가 대역의 연기에 돈과 시간을 낭비하겠는가? 그러나 희극배우들의 재주는 자신이 표현해야 할 사람들의 참모습을 장막 뒤에 감추어 관객들의 눈을 속이는 것이다. 요술주머니를 휘둘러 대중을 한꺼번에 속이는 기술이 있으며, 극단의 고상한 단장들은 그것을 나쁘게 생각하지 않는다.

벤저민 프랭클린 박사는 "인생을 사랑한다면, 시간을 허비하지 말라. 삶은 시간을 날줄과 씨줄로 엮어 짠 천이기 때문이다"라고 말한 바 있다. 프랭클린 박사는 사소한 오락거리로 대해 분개했음이

2 포스터는 점점 더 복잡해졌다. 오랫동안 연극 제목만 적다가, 18세기 중엽부터 극작가의 이름을 적었다. 배우 이름은 혁명기에 나타나기 시작했다.

분명하다. 수많은 오락거리로 사람들이 일할 시간을 허비하기 때문이다. 더욱이 사소하면서도 무미건조한 오락거리라면 더욱 시간낭비이다. 개, 원숭이, 어릿광대, 꼭두각시, 카페, 당구, 공놀이, 선술집은 모든 면에서 사람을 무위도식하게 만든다. 이러한 장소는 아무 때나 문을 열고, 거기 들어간 노동자는 밖으로 나설 줄 모른다. 사람들은 이러한 일상적인 오락에서 정신적으로 상당히 무기력해진다는 사실을 믿으려 들지 않는다.

대중에게 축제가 필요하지만, 일정한 간격을 두고 축제를 열어야 한다. 대중이 자신과 가족에게 할 일을 하면서 보내야 할 시간을 노름집에서 허비하는 모습을 보면 나도 모르게 얼굴이 화끈거린다.

963 왕의 가루

화약을 파는 사람들의 문에는 아주 새로운 글을 적어 놓았다. 사실상 이 무서운 가루는 왕을 만들거나 폐위시킬 수 있다.

왕의 가루! 그것은 소총의 화약통 속에서 잠자며 대포가 불을 뿜게 만들 심지를 기다린다. 불똥이 반짝거리면 3초 만에 소총 10만 발, 대포 1만 발을 발사할 수 있다. 포탄과 수류탄 같은 것도 터뜨릴 수 있다. 그러나 파리인은 왕의 가루를 조금도 두려워하지 않는다. 그들은 군주가 백성이 아니라 적을 무찌를 때만 천둥소리를 낸다는 사실을 알고 있다. 또한 그들은 왕의 가루가 파리 주위에 있는 토끼와 자고새를 죽이는 데만 쓰인다는 사실도 안다. 그들은 왕의 가루를 두려워하지 않는다. 그래서 나는 이 가루를 관리하는 사람이 전혀 명예로울 수 없다고 생각한다.

재채기가 나게 만드는 매운 가루도 왕의 가루라고 부를 수 있으리라. 이 가루는 3,000만 리브르를 벌어들인다. 길모퉁이마다 '왕의 명령으로(De par le roi)'라고 써놓고 이 가루를 판다. 소매상인은 가짜를 만든다. 좀 더 자극적인 가루를 만들고자 유리가루를 섞기도 한다. 아무것도 섞지 않은 좋은 담배를 파는 전매소로 가는 대신, 게으르거나 습관 때문에 이 위험한 소매상으로 달려가는 것을 이해하기 어렵다. 담뱃가루 1리브르를 사는 편이 한 온스나 반 온스씩 살 때보다 유리하지만, 도시 절반이 맞돈을 내고 1리브르씩 살 처지는 못 되기 때문에 전매소를 이용할 수 없는 현실을 누가 믿을 수 있겠는가? 그리고 코담배를 즐기는 사람이 강판을 가진 사례를 거의 찾기 어렵다. 파리인이 무심하다는 사실을 잘 아는 소매상은, 왕의 명령으로 원하는 만큼 모든 사람의 코를 속일 수 있다.

964 슉, 슉, 슉

요즘 매춘부들은 창문가나 발코니에서 독사가 기어가는 소리를 낸다. 그것은 사람을 부르는 소리이다. 그들은 독사의 독을 감추고 있기 때문에 뱀소리를 똑같이 낸다.

어떤 아가씨는 고래 작살이라는 이름을 얻었다.[3] 이 여자는 원래 성병과 같은 뜻을 지닌 줄도 모른 채 버젓이 이름을 달고 다녔다. 그리스어를 아는 어떤 아카데미 회원은 그녀를 찾아가 사실을 말해주었다. 그녀는 몹시 화났고, 그 뒤로 처녀 이름만 쓰고 다녔다.

사방에서 공격하는 밤의 요정들로부터 벗어나는 길은 단 하나, 그들에게 이렇게 말하는 길 뿐이다. "나, 돈 없어요."

가끔 밤길을 가다가 매춘부를 데려가는 야경꾼을 만날 때도 있다. 한 사람은 소총을 겨드랑이에 끼고, 다른 팔로 아가씨를 신사적으로 끌고 간다. 그의 동료는 늙은 포주를 데리고 간다. 매춘부들이 소란을 피웠기 때문인지, 아니면 단속에 걸렸는지, 아무튼 둘은 체포되었다. 애송이는 절망하여 신세를 한탄한다. 포주는 좀 더 뻔뻔스럽게 병사의 어깨에 기대서 걸어간다. 이렇게 잡혀가는 매춘부는 대부분 옷을 입지 않거나, 입었다고 해도 매무새가 흩트러져 있다. 출동한 경찰은 그들에게 옷을 입힐 짬도 없다. 매춘부는 흘러내리는 치마를 겨우 추스르면서 잡혀간다. 경찰은 그들을 끌고 진창길을 바삐

3 'Harpagine'은 라틴어로 고래 작살을 뜻하는 'harpago'에서 나온 말이다.

지나간다. 하층민이 모여 낄낄거린다. 한 여인은 머리가 흐트러지고, 다른 여인은 노래를 부르면서 천둥번개에 맞선다. 그들은 검사 사무실로 끌려간다. 젊은 서기는 그들을 알지만, 조서를 가볍게 꾸며줄 수 없다. 그들은 실제 이름을 말하지만, 가짜 이름을 대는 경우도 있다. 그러고 나서 교화감옥에 끌려간다. 모든 혐의는 노골적인 표현으로 기록된다. 아카데미 회원이 아름다운 언어에 통달하듯, 검사와 서기는 나쁜 장소에서 쓰는 통속어에 능통하다. 더욱이 일정한 금지어는 군주부터 짐꾼까지 모든 사람이 입에 담고 산다. 오늘날 부인들은 그러한 금지어를 사용하고, 궁중에서는 남자들처럼 욕도 한다. 이제는 아무 뜻도 없는 것처럼 욕을 마구 쓴다.

조서를 꾸미는 동안, 매춘부들은 뜻하지 않은 불행을 자기 연인들에게 알린다. 연인들이 오는데 누가 봐도 술꾼이다. 그러나 이 기사들은 둘치아나를 구원할 엄두도 내지 못한다. 매춘부들이 석방된다. 사람들은 늙은 매춘부가 바보처럼 꼼짝하지 않고 서 있는데 그 곁에 13~14세 된 아이가 눈물을 흘리는 모습을 본다.

공중의 방탕한 생활에 이렇게 희생되는 매춘부들은 언제나 거짓말하지 않을 수 없다. 자유분방한 생활은 벌을 받는다. 왜냐하면 점점 쾌감을 느끼지 못하게 되기 때문이다. 그리고 정반대편에 서게 된다. 매매춘의 세계에서 남자와 육체관계를 맺지 않은 채 3년을 산 아가씨도 있다. 이처럼 매춘부 가운데 숫처녀가 있지만, 그들은 처녀임을 드러낼 수 없다. 장막을 걷고 현실을 들여다보자.

사람들은 대로를 물결처럼 오고가는 모든 아가씨를 불순한 여자라 부른다. 심지어 팔레루아얄에서 거니는 여성까지 모두 싸잡아 그렇게 부른다. 그러나 이렇게 큰 도시에서 난봉은 흰 대리석 한 조각에 붙은 검은 먼지와 비슷하다. 순결한 사람은 뻔뻔스러운 바람둥이 곁에 있어도 조금도 뒤섞이지 않는다. 이류 부르주아 계층은 미풍양속을 지킨다. 이 세계 어디 내놔도 좋을 만큼 순수한 미풍양속이다. 그러나 난봉이나 어쨌든 그런 모습, 논다니집에 드나드는 사람들, 그리고 논다니집은 모두 타락에 눈 하나 깜짝하지 않는다. 논다니집은 모든 무질서, 그리고 자기네 근처에서 일어나는 모든 파렴치한 행위를 모른 척하는 것 같다.

법률은 일정한 테두리 안에서 적용된다. 그것을 너무 혹독하게 강요할 수 없으며, 너무 앞서서 조사할 수도 없을 것이다. 사회적 문제를 일으키는 것을 개혁하려는 법률은 무질서를 없애려고 하면서 오히려 무질서를 더 조장하는 경우도 있다. 여성은 연약한 인간의 우상이다. 풍요로움 덕택에 그들은 가장 값진 보석과 가장 화려한 옷으로 치장한다. 악덕은 고급 매춘부에게서 아름답게 구현된다. 말하자면, 고급 매춘부들은 무절제한 생활의 마지막 희생자임에도 그들만이 악덕의 부끄럽고 혐오감을 불러일으키는 특성과 색채를 구현한다. 이러한 여성이 자유분방하고 무절제한 분위기를 풍길 때, 경찰은 어떻게 처신할 것인가? 사실상 고급 매춘부나 거리의 매춘부는 모두 사회적 무질서를 나타내는데, 경찰은 수레를 타고 거들먹거리는 방탕함은 보고도 못 본 체하는 대신, 시궁창 길을 걷는 비참한 방탕은 어찌 이리 혹독하게 다룰 수 있을까?

매춘부의 이름마다 분명히 차이가 있다. 누구는 '곤드레만드레(리보트)', 누구는 '이쁜이(벨레르)', 누구는 '검은 웃옷(카라코누아르)', 누구는 '푸른 배(방트르 블뢰)', 또 누구는 마치 그 직업의 기수라도 되는 듯이 '똑바로 서(티르 아 투아)'라는 이름을 지었다. 오페라에서는 마치 빼어난 고급 매춘부를 구별하려는 듯이 달력에 나오는 모든 성인의 가장 조화로운 이름들을 고른다. 그러나 오페라 무희와 거리의 매춘부가 같은 일을 하지 않는가? 두 부류 모두 난봉꾼이 자발적으로 바치는 것을 받지 않는가?

우리는 『주르날 드 파리』에서 여성의 공공성을 옹호하는 글을 보았다. 그런데 그것은 아주 격에 맞지 않았다. 그러한 성향을 강화할 필요는 없었으며, 사람들이 그것을 공공연하게 너그럽게 봐준다는 사실을 공개적으로 거론할 필요는 없기 때문이다. 교황 식스투스 5세는 여성의 공공성과 격렬히 싸움을 벌였다. 그는 위대한 정치가였다. 나는 정부가 무질서보다는 추문을 더 심각하게 볼 수밖에 없는 날이 곧 오리라고 생각한다. 정부는 레티프 드 라브르톤이 쓴 『매춘부론』에 널리 퍼져 있는 여러 가지 건전한 사상을 이용할 수 있으리라. 이 책은 악덕에서 무엇보다도 두려운 요소라 할 뻔뻔스러움을 제거하는 방법을 가르쳤다. 악덕을 장막으로 가리는 순간부터 그것은 더 이상 공공질서를 깨뜨리지 못할 것이다. 사회적 병폐가 훌륭한 입법가의 손을 거치면서 선으로 바뀐다.

치안당국은 이같은 종자들이 무분별한 행동에 교활한 성격까지 갖추도록 허용하지 않을 것이다. 또한 취한 난봉꾼이나 부주의한 얼간이에게서 값진 물건과 보석을 훔쳐서 직접 대가를 받는 일도 없도록 할 것이다. 만일 취객이나 얼간이가 마차에 시계나 담뱃갑, 지갑을 두고 내려도 그 물건은 고스란히 마차에 남아 있어야 하며, 매춘부들 손에 들어가게 하지는 않을 것이다. 염치는 정직과 직결되었기 때문에, 매춘부들이 물건을 원주인에게 돌려주게 만들어야 한다. 매춘부가 물건을 훔치거나 속여서 빼앗으면 법의 심판을 받아야 하고, 당장 자기가 손에 넣은 먹이를 놓아주도록 만들어야 한다.

누구든 나쁜 장소에서 시계나 담뱃갑을 잃어버리면 물건을 찾는다는 방을 붙이지 않는다. 방을 붙인다 해도 점잖게 잃어버렸다고 하며, 찾아주는 사람에게 적당한 보상을 하겠다고 약속한다. 그런데 유곽의 한 가운데에서 보석을 찾았다고 주인에게 돌려주는 행위보다 더 정직한 일이 어디 있겠는가! 이렇게 해서 정직하게 만들려고 투쟁하게 되었고, 정직한 행동은 일찍이 키케로가 말했듯이 유익한 결과를 가져왔다. 시계를 훔친 아가씨가 보상을 받으니 말이다. 그렇게 되면 아가씨는 모든 추적에서 벗어나게 된다. 시계 주인은 아가씨의 행위에 크게 신경쓰지 않고, 사람들은 아가씨를 협잡꾼이라고 여기지 않게 된다. 협잡꾼이라는 말은 매춘부에게도 모욕을 준다.

금은 세공인들은 이러한 면에서 경찰에 아주 유익한 일을 한다. 그들은 훔친 보석을 쉽게 알아볼 만큼 훈련을 받았다. 그리고 그것을 팔려는 사람의 모습과 태도를 보고, 그가 얼마를 받고 싶어 하는지를 근거로 장물을 구별해낸다. 금은 세공인들은 판매장부를 가지고 있기 때문에 어디서 범죄가 시작되었는지 거슬러 올라가고, 원구매자가 누구인지, 누가 교묘한 속임수를 썼는지 모두 밝혀낼 수 있다.

나는 노젓는 도형수, 살페트리에르의 아가씨들, 대로에서 마르모트 상자를 들고 다니는 사부아 사람들의 고해신부를 안다. 그들보다 어떤 후작부인의 양심 고백이 고해신부를 더욱 당혹스럽게 만들 것이라고 할 수 있다. 거친 세계에서 살아가는 이 죄인들은 자기가 하는 일을 조금도 감추지 않는다. 그들의 죄 많은 영혼의 밑바닥에서 진실을 솔직하게 끌어내려고 심문할 필요는 없다. 그들은 생긴 대로의 정념을 따랐고, 누가 강요하지 않아도 자기가 한 일을 술술 불어댄다. 그들은 후회할 수 있는 만큼 후회한다. 그들은 사면을 받고 싶어 한다. 왜냐하면 그들이 고해하는 목적은 오직 그뿐이니까. 도형수와 사부아 사람들의 고해신부는 무릎에 젊은 카르멜 수녀를 앉힐 때와 달리 양심의 분열을 경험하지 않는다. 그는 꾸짖은 뒤 사면한다. 반년 뒤 똑같은 죄인을 만나지만, 이번에도 그를 꾸짖은 뒤 여전히 사면해 준다. 만일 사면을 거부하면, 혼란스러워진 죄인들이 다른 신부를 찾아갈 것이며, 그 신부는 모든 도형수, 살페트리에르의 아가씨들, 대로의 사부아 사람들이 넘지 못할 비탈 위를 걷는다는 사실을 배울 것이다. 고해신부는 단호히 그들을 사면해 주어야 한다. 왜냐하면 그들은 고해실에서 참회하거나 후회 또는 속죄하고 생활의 변화를 일으키겠다고 말하면서 모든 것을 걸기 때문이다.

오, 경박한 도덕가들이여! 도대체 사람들에 대해 알기나 하는가? 당신들은 도형수나 살페트리에르 아가씨들의 고해를 들어보지 못했다. 그들은 에둘러가지 않고 솔직히 고해한다. 죄를 지을 때처럼 편안하게 고해한다. 그들은 사악한 사람들보다 더 죄를 많이 지었다. 범죄보다 악덕을 밝히는 일이 더 많은 대가를 필요로 하는가? 사악한 사람은 제대로 고해하지 않으며, 온갖 결점을 가진 사람도 전혀 고해하지 않는다. 바로 이 때문에 그들이 고해를 여전히 비웃는 것이다.

965 프롬프터 석

외국인들은 우리나라에서 공연하는 비극을 구경하고 눈물을 흘리려고 오는데, 무대에 네모난 구멍을 뚫고 주위에 호롱불을 놓은 프롬프터 석을 처음 보게 되면 웃지 않을 수 없다.[4] 「자이르」에 나오는 술탄의 궁전, 「아탈리」의 유대인 신전, 「아울리스의 이피게니아」의 진지, 「세미라미스」의 영묘, 「브루투스」의 카피톨레 같은 곳에 뚫린 프롬프터의 구멍을 보면 웃게 된다. 이 구멍은 관객이 연극에서 맛볼 환상을 완전히 깨뜨린다.

연극을 공연하는 도중 장면이 여러 번 바뀌면서 무대장치는 계속 바뀌어도 이 지하 구멍은 자리를 옮기지 않는다. 그것은 마치 북극성처럼 제자리에서 꼼짝도 하지 않고, 자기 주위를 움직이는 수많은 장치와 배우를 본다.

관객은 프롬프터의 머리가 계속 움직이는 것을 본다. 프롬프터가 관객보다 더 좋은 위치에 있기 때문에, 특히 여배우가 비극적인 열정을 표현하기 위해 몸가짐이 흩어질 때 치마 속을 더 잘 볼 수 있다. 프롬프터 석에 머리가 둘이 있을 때도 있다.[5] 주머니형 가발을 쓴 프롬프터가 월계관을 쓴 아우구스투스 황제의 대사를 찔러 주다

4 프롬프터는 오랫동안 무대 뒤에서 배우에게 대사를 찔러주다가, 17세기 초부터 무대 중앙에 구멍을 뚫고 거기서 배우와 의사소통을 했다. 19세기부터 그의 머리가 객석에서 보이지 않게 가리는 장치를 설치했다.

5 한 사람은 여배우 치마 속을 보려고 들어갔음이 분명하다.

가, 곧이어 머리에 터번을 두른 마호메트의 대사를 찔러준다. 프롬프터의 머리는 배우가 신은 반장화의 높이까지 올라가 있어 때로는 초조한 배우의 발끝에 얼굴을 차이기 쉽다. 자기 역할을 잠시 잊은 배우의 과격한 행동을 보면서 극장 바닥을 꽉 메운 전문가들은 연기를 완벽하게 하려는 열정으로 생각한다.

프롬프터는 오르간 연주자처럼 관객에게 등을 돌리고 있다. 가끔 그 곁에서 어떤 여성의 모자가 바삐 움직이는 모습도 볼 수 있다. 그것은 무대 위에서 가장 바삐 움직이고, 가장 눈에 띈다. 모자에 달린 리본은 칭기즈칸의 활, 파르스만의 언월도, 탄크레디의 창과 거의 닿을 거리에 있다. 그것은 클레오파트라의 왕관, 메로페의 머리띠, 눈물을 흘리는 코르넬리아의 머리장식과 대조를 이룬다.

이 '구멍(프롬프터 석)'에 대해 한 가지 지적해 둘 것이 있다. 이것을 달리 부를 방법이 있을까? 주역배우가 대사를 외우지 못하거나 상대역이 자기 차례에 실수를 할 때, 그들은 모두 프롬프터가 술에 취했는지, 아니면 자리에 없는지, 혹은 잠들었는지 살핀다. 그러나 프롬프터는 기침을 하고 머리를 흔들어 그렇지 않다는 사실을 증명한다. 그의 곁에 있는 여성이 최선을 다해 그를 돕는다. 라신이 쓴 시를 읊는데, 배우와 프롬프터가 반씩 나눈다. 프롬프터가 미리 읽어보지도 않고 대사를 찔러주는 경우 상황은 더 나쁘다. 그리고 프롬프터가 무식하여 대중의 웃음거리가 될 때는 최악이다. 나는 그런 경우를 한 번 겪었다.

「라다미스트」[6] 제5막에서 이다스페 역할을 맡은 배우는 부주의로 "전하, 로마의 대사와 (아르메니아의 대사라고 말해야 함에도) 이스메

6 원제는 「라다미스트와 제노비」이며, 크레비용의 5막 연극이다.

니아 대사는 이 궁정에서 데려갔사옵니다"라고 말하고 난 뒤 마지막 낱말을 기억하지 못하였다. 프롬프터는 그에게 외쳤다. "이스메니아가 아니라 아르메니아요." 그 말을 들은 이다스페는 파르스만에게 다음과 같이 말하면서 퇴장했다.

> 전하, 로마의 대사와 이스메니아 대사는,
> 이 궁정에서, 아르메니아를 데려갔사옵니다.

프롬프터가 무대에서 머리를 집어넣고 뚜껑을 닫으면, 연극이 끝났다는 뜻이다. 오합지졸,[7] 어깨에 멘 소총, 아탈리의 외투 곁에 자기네 앞치마를 보여주는 청소부 아주머니들의 대기장소, 그리고 이 우스꽝스러운 구멍, 이 모두가 환상을 사라지게 만든다. 그래서 훌륭한 취미를 가진 사람들은 눈으로 보기보다 귀로 들으면서 환상을 불러일으키기를 더 좋아한다. 우리는 어떻게 해서 이렇게 어울리지 않는 것들과 친숙하게 지낼 수 있게 되었는가? 영국의 프롬프터는 맨 앞의 무대장치 옆에 숨어 있다. 고대인들의 경우 배우들은 넓은 극장의 어딘가 자리를 잡은 프롬프터가 찔러주는 대사를 제대로 알아듣지 못했을 것이다.

어두운 구멍에 들어가 대사를 찔러주는 사람의 역할에는 성가신 일이 있게 마련이다. 그는 한쪽 눈을 감고 촛불로 한 줄 한 줄 비춰가면서 읽어야 한다. 그런데 무대 위의 배우가 너무 감정에 매몰되어 말을 멈추고 눈물겨운 태도와 웅변의 몸짓으로만 말하려 할 경우가 프롬프터에게 성가신 때이다. 그는 냉정한 태도로, 그리고 자모

7 극장의 질서를 잡는 임무를 맡은 수비대 병사들을 뜻한다.

르, 오레스테스, 라다미스트는 기억력이 부족하다고 믿으면서 황급히 나머지 부분을 큰소리로 일러준다. 그러면 배우는 신에게 빌다가 프롬프터에게 온갖 저주를 퍼붓는다. 배우는 혼란스러워지고, 나머지 장면들을 형편없이 연기한다. 그러면 극장 바닥을 메운 파리인들이 저마다 웃음을 터뜨린다.

우리는 이제까지 비극과 관련해서만 프롬프터 이야기를 하였다. 그가 희극을 주재하는 경우를 검토할 기회가 있으리라. (우리는 '주재하다(présider)'라는 말을 썼다. 왜냐하면 프랑스에서 프롬프터가 없는 연극을 상상할 수 없기 때문이다.)

우리는 희극을 보러 가서 프롬프터가 대본에 있는 재담을 읽다가 웃음을 터뜨리면서 대본까지 떨어뜨리는 모습을 본다. 그는 희극을 보면서 가장 처음 웃는다. 마치 연극이 그를 위해 특별히 공연하는 작품인 것처럼. 그러나 사실상 그는 무대에서 가장 가까이 있는 사람이기 때문이다.

966 저수조[8]

하인들 사이에서 떠도는 농담이 있다. 일자리를 찾으려고 파리에 갓 도착한 사람을 생토노레 길의 저수조 수비대의 피카르에게 보내는 이야기이다. 이 저수조는 팔레루아얄을 마주보도록 만든 장식일 뿐인데, 합승마차를 타고 파리에 도착해서 내린 종복들은 실제 성관인 줄 착각한다. 모든 신분은 각자 그 나름대로 웃음거리가 있는가보다. 재치 있는 농담이건 유치한 농담이건, 그것을 들은 사람은 누군가 웃게 마련이니까 별 상관없다.

검사의 서기는 신참에게 어디 가서 철끈 틀을 구해오라고 심부름시킨다. 철끈은 얇은 가죽을 손가락으로 꼬아서 만드는데, 문서를 묶을 때 사용한다. 서기들은 문서를 한 장 한 장 작성하고 한 권 분량이 되면 이 끈으로 묶는다.

하인은 예장수위[9]의 일을 침해해서는 안 된다. 예장수위와 일반 수위는 엄연히 다르다. 신참 하인은 바로 이 점을 알아야 한다. 예장수위는 자신이 일반 수위보다 높은 등급이라고 생각한다. 대저택의

8 1737~1740년 사이에 지은 이 저수조의 용량은 37,000뮈로, 오늘날 단위로 환산하면 990만 리터 남짓하다. 말 4마리를 2시간마다 교체하면서 물을 채웠다. 월요일과 목요일, 일주일에 두 번씩 물을 내려 바스티유와 알마 광장 사이의 하수도 약 3,000투아즈, 오늘날 단위로 거의 6km를 청소하는 데 썼다. 즉 강물로 하수도의 오물을 씻어내린 것이다.

9 예장수위(suisse)는 정식 복장을 갖춰 입은 대저택의 수위를 말한다. 대체로 스위스 출신이 많았는데, 이들은 군인으로서 충성심이 강했기 때문에 왕의 신변을 보호하는 부대로 활약하였다. 오늘날 바티칸을 지키는 수비대에서 이같은 전통을 이해할 수 있다.

집사장이 여느 하인보다 위에 있다고 생각하는 것과 같은 이치이다.

예장수위는 파리에서 행복한 존재이다. 그들은 인두세를 내지 않으며, 여러 가지 특권도 있기 때문에 다른 사람들의 질투를 받는다. 그들 본국에서는 외국인에게 그런 특권을 하나도 주지 않는다.

저수조가 장식품이라면, 베르사유에서 차리는 왕의 밥상도 역시 장식품이리라. 그것은 오직 왕이 백성을 즐겁게 하기 위해서 진지한 태도로 먹는 밥상이니까…. 왕이 먹는 모습을 구경하던 사람들은 왕의 연회가 끝날 때 비로소 그들을 기다리던 밥상으로 간다. 왕의 가족이 밤참을 먹는다고 사람들이 믿을 때, 사실상 그것은 시작일 뿐이다. 이 호화로운 밥상 뒤에 따로 한 상 잘 차려 감춰놓았기 때문이다. 이 상은 종교의식과 관련되었으며, 존엄한 회식자들은 아예 건드리지도 못하거나, 조금만 맛볼 수 있다.

왕에게는 진짜 잠에서 깨어나는 기상의례와 여러 사람 앞에서 치르는 기상의례가 있듯이, 밥상도 두 가지가 있다. 하나는 대중의 호기심을 만족시키는 것이며, 다른 하나는 개인적인 식성을 만족시키는 것이다.

이처럼 이 세계는 수많은 겉모습으로 구성되었다. 그러나 변변치 않게 대접하는 사람들은 아주 맛좋고 풍성하게 차린 연회의 한가운데까지 외관이 확장된다는 사실을 의심치 않을 것이다.

967 식기

부르주아는 판판한 식기를 가지고 싶어 한다. 기름병 받침이나 수프 그릇으로 시작하다가, 마침내 그가 판판한 식기를 갖게 된 날, 그는 오랫동안 만나지 않던 사람들을 찾아다니면서 자기가 훌륭한 식기를 구했다고 알리고, 조촐하지만 저녁을 함께 먹자고 초대한다. 판판한 식기를 갖게 된 날, 그는 부르주아 계층에서 벗어난다. 그는 왕족들이 하듯이 자기 식기에 가문의 문장을 새겨 넣는 즐거움을 맛보려고 돈을 아끼지 않는 것이다.

부유한 부르주아가 눈을 휘둥그렇게 뜨고 질투하는 이웃에게 길쭉한 은접시와 고깃국 솥을 자랑할 때, 그는 얼마나 행복할까? 더욱이 은접시에 문장을 새겨넣을 때, 그의 행복은 절정에 이른다.

독일의 군주들은 아직도 가문의 위용을 자랑하는 방법으로 며칠 동안 금은제 식기를 펼쳐놓고 자랑한다. 50년 전만 하더라도 우리는 음식 진열대를 한 번이라도 보고 싶어 했다. 그러나 오늘날 우리의 장성들이 군대에서 판판한 식기를 쓸 수 있도록 할 만큼 기묘하고도 위험한 사치의 사례를 보여줄 것이라고 누가 상상이나 할 수 있었겠는가? 그러므로 가장 미친 관습은 제일 뿌리치기 힘들 것이다.

1709년 루이 14세는 자신이 가진 식기를 모두 조폐국에 보냈다. 그렇게 해서 만든 돈은 겨우 180만 리브르였다. 실루에트 시대에는 우리도 식기를 조폐국에 보냈다. 아주 빈약한 재원이었다. 가난하고 부끄럽다기보다는 졸렬한 정책이었다.

제아무리 부자라 하더라도 개인이 황금 식기를 가질 수 없도록 법으로 정했다. 군주들만이 이러한 사치를 누린다. 일반인은 은식기를 금으로 도금하여 기분을 낸다.

사람들은 가구를 바꾸듯이 식기를 녹여서 새로 만든다. 넓고 큰 형태를 좋아한다. 그러한 식기를 가진 사람은 더 큰 재산을 모을 수 있다고 믿기 때문이다.

968 애덕 수도회의 수사들

그들은 가난과 질병이 절실히 원하는 영적 구원과 세속적 구원을 많이 하게 된다. 그들은 여러 곳에서 병원을 잘 운영한다. 어떤 곳에서는 인생의 말년에 동정심을 자아내는 군인과 종교인을 보살핀다. 병원은 환자를 한 명씩 눕히는 침대 250개를 놓았다. 그들은 빈 침대가 생기면 미친 사람, 간질병자까지 받는다. 누구든 거기 먼저 간 사람이 침대를 차지할 수 있다.

우리는 애덕 수도회의 수사들이 부지런히 정성껏 환자를 보살피는 점을 높이 칭송해야 한다. 그들은 사제가 아니다. 그들 중에는 아주 유능한 외과의가 많다.

침대 하나를 설치하려면 12,000리브르가 든다. 그래서 침대를 설치한 사람과 그 계승자들은 이 침대의 관리인을 임명할 수 있다. 이 종교인들은 아주 유익한 존재이며, 다른 종교인들과 반드시 구별해야 한다.

그러나 치안당국이 그들의 정관을 확대해석하여 봉인장으로 사람을 받아들이도록 하는 관행을 보면서, 우리는 그러한 관행이 분명히 비난받을 만하다고 생각한다. 애덕 수도회의 수사들이 간수로 탈바꿈하고, 그들이 운영하는 구호소가 작은 감옥으로 바뀐 것을 보면 화가 치민다. 그들은 궁내부 대신의 의지를 거스를 수 없다고 말한다. 그렇긴 해도, 환자의 상처를 붕대로 감싸주고 복음서의 격언으로 충만하여 사마리아 여인의 향유를 발라주는 이 종교인의 손으로 감옥을 운영하는 모습을 보면서 우리는 언제나 놀랄 뿐이다.

병원을 자발적으로 설립하여 독자적으로 운영하는 것은 언제나 최선이다. 그러므로 친구들이여, 자선을 베풀도록 놔두라. 자선은 효험이 있으며, 학술적인 면보다 더 많은 일을 한다.

런던의 병원을 운영하는 것은 가장 관대하고 가장 부지런한 애국심이다. 그곳의 경영자는 주교나 여타의 종교인도 아니고, 고위행정직도 아니다. 사람은 선행을 하기를 좋아한다. 왜냐하면 모든 선행은 강심제, 강장제, 특효약, 질병을 쫓아내는 약, 모든 병에 잘 듣는 약과 같은 효과를 내기 때문이다. 대덕 수도회의 수사들이 맡은 샤랑통 병원은 아주 쾌적한 곳에 자리를 잡았는데, 이곳은 왕립감옥이 아니었다. 그러나 지금은 그렇게 바뀌었다. 왜냐하면 봉인장을 발행하여 사람을 수용하기 때문이다. 매년 어느 날 법관들이 감옥을 방문한다. 대개 9월이다. 고등법원의 법관들은 그때 휴가를 맞기 때문이다. 매년! 그러나 겨우 한 번!

고통으로 지새는 밤은 길기도 하다!

어떤 시인의 말이다. 겁먹은 사람은 11개월 29일을 감옥에서 보내면서 한 세기를 보내는 것처럼 생각할 것이다. 이러한 고통은 어떤 사람에게는 하루, 또 다른 사람에게는 한 달 이상이 될 수 있다. 그러나 마침내 법관들이 자비롭게 그곳에 찾아가 그들의 청원을 모두 받아주고 대답해 준다면 그것으로 충분하리라. 물론 결과는 달라지지 않는다. 정의를 실현하는 데 이보다 더 고상한 일은 어디 있겠는가!

수도나 지방에서 남보다 우월한 지위를 누리는 사람이 봉인장을 특별한 치유책이라고 부르던 시절이 있었다. 그 시절, 모든 밀수꾼을 잡는 일을 총괄징세청부업자에게 맡기기도 하였다. 루이 14세가 언은 명성은 오늘날 거짓으로 판명나 날마다 해체되고 있는데, 그는 두려운 수준까지 봉인장을 남발하였다. 그리하여 멋대로 투옥하는 일이 아주 흔했으며, 얀센주의 문제가 불거졌을 때 국사범의 수는 8만 명까지 늘어났다.

애덕 수도회의 수사들은 너그러운 글이나 쓰는 작가가 아니다. 그러나 그들은 자비심을 품고 다닌다. 그들은 이같이 임의로 처벌하는 사상은 프랑스 정부의 위신과 마땅히 받아야 할 존경에 상당한 해를 끼친다고 거듭 말할 것이다. 그들은 외국인이 왕립감옥을 과장된 모습으로 받아들이지 않게 만드는 일이 중요하다고 말할 것이다. 왜냐하면 왕립감옥은 왕을 두려워하기보다 사랑하는 국민을 타락시키기 때문이다. 사람들은 장엄한 법률 아래서 군주의 백성이 되고 자유로워질 수 있다. 어떤 정치적 폐단은 세월이 흐르기만 해도 바로잡거나 지울 수 있다. 그러나 압제와 노예의 상처는 결코 지울 수 없다. 아무리 세월이 지나도 사라지지 않는 상처이다. 현재 봉인장을 사용하는 일은 앞선 두 치세보다 훨씬 드물다. 사람들은 우리의 신체를 처분하는 일이 가장 신성한 권리라고 생각했다. 프랑스에서 입법의 완전성을 추구하는 방향으로 모든 사상이 바뀌면서, 특별한 치유책은 곧 진정 특별한 경우에만 동원되리라.

샤랑통에 수용된 사람들은 정신병자나 정신박약자, 자유분방한 사람들, 그리고 난봉꾼과 탕자들이다. 사랑과 야망, 이 두 가지 병은 인간의 머리를 혼란스럽게 만든다. 나는 최근 샤랑통에서 어떤 젊은이를 보았다. 그는 왕세자의 가정교사가 되려고 무진장 애를 쓰고, 그 때문에 대신을 아주 피곤하게 졸랐다. 그래서 그의 정신병을 치료하려고 거기 가둘 수밖에 없었다. 일반인은 이같은 종류의 정신병에 잘 걸리지 않는다. 그러나 실제로 존재하는 사례를 우리는 얼마나 잊고 있으며, 그것은 얼마나 놀라운 일인가!

969 샤르트르 수도원 담장

"우울증은 맛있는 것을 찾는다"고 몽테뉴는 말했다. 나는 오늘날 도시로 둘러싸인 이 담장 안을 걸으면서 그 말을 기억해냈다. 그렇다, 사람들이 북적이는 곳 바로 곁에 휴식의 공간이 우리를 꿈꾸게 만든다. 이 세상의 모든 물결이 밀려와 이 문에서 사라진다. 이곳은 침묵에 잠겨 있다. 얼마나 평온한가! 소란스러운 패거리들을 데리고 다니는 프랑스 극장이 서너 걸음 밖에 있다. 우리는 극장의 잡음을 듣기 전에 이 한적한 정원을 거닐 수 있다.

샤르트르 수도원 정원은 사막 같다. 산책길의 흙은 조금도 파이지 않았다. 나무는 낫 자국 하나도 없이, 마치 상대방을 보지 않고 인사하는 종교인처럼 겸손한 자세로 구부정하다. 바로 이곳이 영원한 삶의 수련소이다. 이곳에 있으면 신 바빌로니아에서 천 리나 떨어진 듯하다. 이곳은 가짜 무덤이 없더라도 종교적 관념을 일깨우는데 적합하다. 늘 침묵이 흐르기 때문이건, 스쳐가는 흰 그림자들 때문이건, 제단의 발치에 길게 울려퍼지는 음산한 성가 때문이건, 이곳은 다른 세상, 아주 평화로운 세상처럼 보인다. 나는 어떤 남자가 꽃이 핀 나무 아래서, 마치 교회에 온 것처럼 무릎을 꿇고 기도하는 모습을 보고 놀랐다.

르쉬외르[10]의 그림은 이제 수도원 담장 안에 없고 왕들의 궁전에

10 Le Sueur(1617~1655): 17세기 화가로 샤르트르 수도원에 몇 년 동안 살면서 브뤼노 성인의 삶을 22점의 연작화로 그렸다. 이 그림은 수도원에 걸려 있다가 심술궂은 사

걸려 있다. 숭고한 모습을 가득 담은 그의 그림은 있어야 할 곳에 잘 있었다. 그런데 종교인의 담장 밖으로 나가 주피터처럼 번갯불을 던지거나, 마르스처럼 무기를 들거나, 비너스처럼 알몸을 보여주는 신들 곁에서 무슨 숭고함을 자랑하겠는가? 어째서 그들은 이 불멸의 작품을 다른 곳으로 옮겼을까? 어째서 그들은 이 그림이 우리에게 주는 중대한 영향을 빼앗아 갔을까?

나는 다른 사람들과 끊임없이 뒤섞이면서 살기보다 혼자 있기를 언제나 좋아한다. 어떤 샤르트르 수사가 천재성을 지녔다면, 그는 인간 정신의 범위를 넓힐 수 있으리라. 바로 그곳에서 능동적이고 참을성 있는 영혼을 깊이 명상하면서 높은 곳으로 올라갈 능력을 얻을 수 있으리라. 형이상학자는 다른 어느 수도원보다 차라리 샤르트르 수도원에 들어가는 편이 나을 것이다. 샤르트르 수사가 쓴 글 20쪽이 베네딕트 수도원에서 나온 모든 글보다 더 훌륭하리라. 샤르트르 수사에게 모든 날이 72시간이다. 나도 시간을 그렇게 쓰고 싶지만, 그렇게 하려고 브뤼노 성인의 옷을 입지는 않으리라.

크레비용이 쓴 비극은 사실상 어떤 샤르트르 수사의 작품이라는 말은 아무런 근거가 없는 이야기이다.

샤르트르 수사들은 다른 교단 수사보다 더 거물급 영주 같다. 베네딕트 수사들의 자만심은 겉으로 드러나는데, 그들의 자만심은 공손함으로 나타난다. 성 프란체스코파 수사, 성 프랑수아 드 폴회 수사, 도미니크파 수사는 모두 행동하는 수사이지만, 말투와 예절에서 샤르트르 수사와 견줄 수 없다.

샤르트르 수도회는 언제나 육식을 금하기 때문에, 그들은 파리

람에게 훼손되었다. 1776년 루이 16세는 이 그림을 샀고, 현재 루브르 박물관에 소장되어 있다.

중앙시장에 가서 가장 잘 생긴 생선을 가져가려고 노력한다. 그들이 금욕의 밥상을 차린다고 하지만, 그만한 돈이면 기름진 밥상을 여섯 번이나 차릴 수 있을 것이다.

샤르트르 수사들은 해마다 수난 주일이 오면 저녁을 호화판으로 차려 먹는다. 밥상에는 바닷고기가 넘친다. 모든 곳에서 알아주는 미식가들이 몰려든다. 거기 참석하려면 위선자가 되어야 한다. 그 장소에 참석하려면 절제할 줄 알아야 하지만, 포도주를 많이 마시고 이성을 잃는 사람이 많다.

수많은 신도가 해마다 제공하는 호화판 밥상을 기다린다. 그들은 대체로 훌륭한 밥상을 미워하지 않는 사람들이다. 그들은 마음에도 없는 말로 이 종교인들의 비위를 맞춘다. 그들은 수도원이 회식자들에게 아낌없이 내놓는 생선을 좋아하기 때문이다. 생선이 언제나 신선하고 잘 선별한 것이기 때문에, 몇몇 위선자들이 종교적인 정신보다는 맛있는 음식을 먹으러 이 성스러운 은둔자들이 있는 곳으로 찾아든다. 그곳의 음식은 정말 맛있다.

루이 15세의 비 마리 레슈친스카는 신앙심이 깊기 때문에 수도원을 두루 방문하여 수사나 수녀와 담소하기를 좋아했다. 샤르트르 수도원이 근처에 있기 때문에 그녀는 그곳을 방문하고 싶었다. 프랑스 왕비들은 모든 수도원의 안으로 들어갈 권리를 가지고 있다. 마리 레슈친스카는 시녀 2명을 데리고 있었다. 시녀는 모두 늙고 못생겼다. 수도원 문 앞에서 그는 수도원장의 영접을 받았다. 수도원장은 왕비를 교회로 안내했다. 왕비는 기도하고 나서, 정원과 숙소로 갔다. 왕비는 경건한 호기심 때문에 수도원을 샅샅이 돌아보았다. 마침내 그는 샤르트르 수도원 공동체 전체에 아주 만족했다.

8일 뒤, 샤르트르 수도원장이 왕비를 뵙자고 했다. 왕비는 그때 수도원에서 40리 밖에 있었다. "왕비마마, 지난날 저희 수도원에 친히 납시어 베풀어 주신 영광에 깊이 감사드립니다. 그러나 이 자리를 빌려서 바라옵건대 앞으로는 절대로 납시지 말아 주시옵소서. 왕비마마와 시녀 두 분이 수도원에 납시자마자, 저는 더 이상 종교인들의 우두머리가 아니었습니다. 모든 사람이 왕비마마 일행을 향해 머리를 돌렸습니다. 왕비마마께서 우리 은둔자들의 마음에 심어준 인상은 그들의 정신을 속세로 가져갔으며, 그리하여 저는 그들에게 종규를 지키라고 할 수 없게 되었습니다." 왕비는 당황했다. "나는, 원장님, 나는 50세인데요. 그리고 나를 따르던 시녀들도 나와 비슷한데요." "왕비마마, 혼란은 나이를 가리지 않습니다. 사람들은 왕비마마에 대해서만 말하고, 오직 마마만 봅니다. 더욱 놀라운 일은 왕비마마께서는 정확히 안거(minutions)가 시작하기 3일 전에 오셨다는 겁니다." "신부님, 안거가 뭡니까?" "성 브뤼노 교단에서는 수사가 제각각 자기 방에 틀어박혀서 음탕한 욕망의 불을 끄고 심신을 정화하는데 그것을 안거라고 합니다."

이처럼 수도원장으로부터 출입금지를 당한 왕비는 놀랐지만 얼굴에 손톱만큼의 화난 기색도 없이 수도원장에게 앞으로 다시는 거기 가지 않겠다고 약속했다.

970 편지글

부인들은 가장 영적인 남성보다 훨씬 더 편지를 잘 쓴다. 그러나 그들은 거기다 온갖 믿지 못할 내용을 쏟아 붓는다. 전문 작가의 편지는 그의 천재성을 분출시키는 수단이지만, 대체로 저자는 서신을 주고받으면서도 언제나 작가로 남는다. 다시 말해서, 그들은 자신에게 편지를 보내는 사람들의 정신적 수준에 맞추려고 자기 자신을 버리지 못한다. 사람의 마음을 위로해 주는 편지를 쓰려면 다른 사람으로 변신해야 한다.

편지는 멀리 떨어진 두 사람을 맺어준다. 두 사람이 서로 말할 때 한 사람씩만 말하기 때문에, 자기 생각을 가장 단순하고 소박하게 표현해야 한다. 그러나 사람들은 도덕군자인 척하고 모든 곳에서 재치를 보여주려고 하기 때문에, 소박하고 단순한 언어를 전혀 다르게 만들었다. 오늘날 어떤 사람이 쓴 편지를 읽고 그의 성격을 알아내기란 어렵다. 기교와 위장술을 동원해서 편지를 쓰기 때문이다. 똑같은 주제를 다루면서도 새롭고 겉만 번드르르한 표현을 찾는 것은 아름다운 관행이다. 누군가 옛날에 함께 공부하던 동료에게 편지를 쓸 때, 남에게 감명을 줄 영예를 꿈꾸는 사람은 후대 사람들이 자기 눈앞에 있다고 상상한다. 문필가는 사랑하는 여성에게 달콤한 글을 지어 바친다. 그러나 여성은 자기의 숭고하고 매력적인 친구에게 온갖 감성을 자극하는 언어를 총동원하여 편지를 쓴다. 사람들은 극장의 칸막이 좌석을 제공하거나 요구하려는 목적에서 쪽지를 적을 때에도 섬세하고 세련된 문구를 집어넣는다. 이 모든 것이 매력적임이 분명하지만, 이런 것을 가지고 우리가 편지글이라 부르지 않는다.

취미가 같아서 오래전부터 친구가 된 두 사람이 있다. 두 사람은 성격이 잘 맞아 서로 존중하고, 함께 있으나 따로 있으나 자기 생각을 하나도 숨기지 않고 상대에게 얘기하는 사이이다. 이들은 서로 떨어져 있을 때 끊어진 대화를 펜으로 이어간다. 그것은 서로 머리를 맞대고 마음을 모두 털어놓는 것이다. 그는 친구와 단 둘이며, 자신이 느끼는 슬픔, 관심거리, 두려움, 지겨움, 희망, 즐거움을 친구와 함께 한다. 모든 것이 제자리를 찾으며, 대화의 주제는 펜 끝에서 무한히 늘어난다. 그들은 글 쓰려고 마음먹지 않았으면서도 본능처럼 글을 쓴다. 그렇게 하지 않으면 욕구를 충족시키지 못하기라도 하는 듯이 글을 쓴다. 그들은 오직 말할 대상인 친구만 본다.

편지글 가운데에는 잘 보존해 두었다가 10년쯤 지난 뒤 다시 읽어야 할 만큼 훌륭한 글이 있다. 그것은 도덕가들의 책보다 더 훌륭한 사상을 많이 담은 글이다.

세비녜 부인은 자기가 쓴 편지가 남의 손에서 편찬되어 인쇄되리라고는 전혀 생각하지 못했다. 그녀는 어머니의 감정과 천성적인 쾌활함을 자제하지 못하였다. 그녀의 편지를 읽는 사람은 자신과 전혀 관계없는 사람과 사건에 대해 솔직하게 말해준다는 느낌을 받고 우쭐한다.

아일랜드에서 상류층과 중상류층이 부부가 되었다. 둘은 재산상의 혜택도 못 받고, 두 사람이 부부임을 비밀로 지켜야 했다. 두 사람은 20년 동안 편지를 주고받았다. 그들이 곤궁해졌을 때, 그들의 친구가 편지를 발간했다.[11] 모두 6권으로 나온 서간집을 사람들은 매우

11 『헨리와 프란시스가 주고받은 편지 모음』을 말한다.

흥미롭게 읽었다. 거기에는 사랑이나 남녀간의 환심을 사려는 정중한 태도, 열정이란 하나도 없었다. 그 대신 거기에는 진정한 감정, 지속적인 우정이 깃들어 있었다. 두 사람은 아무도 말하지 않는 것을 서로 이야기하면서 숨김없이 드러냈던 것이다. 그러나 이 서한집이 나온 뒤의 이야기나 흥미로운 일화는 없다.

그 어떤 저자도 이 같은 책을 쓸 수 있다고 상상할 수 없으리라. 설사 상상했다 하더라도, 가장 무미건조한 책을 쓸 것이다. 그러나 우리는 아일랜드 부부의 서한집을 지루한 줄 모르고 읽는다. 왜냐하면 그것은 두 사람의 영혼이 교류하는 편지이며, 이 세상에 흔치 않은 감정이 두 사람을 아주 온화하게 맺어주고 있음을 보여주기 때문이다.

그들의 편지는 오직 마음이 부르고 마음이 써준 편지이다. 그래서 거기서 설명하는 내용은 오직 마음으로만 들을 수 있다.

키케로와 그의 친구들이 쓴 편지의 특징이라 할 단순하고 친근하고 온화하며 평등하고 절제를 아는 문체와, 오늘날 상업통신문에서 볼 수 있듯이 예법과 형식성과 장식성에 치우쳐 허무함을 안겨주는 문체를 비교하면, 로마의 웅변가가 공화국이 가장 격한 위기에 휩싸였을 때 쓴 글이라 할지라도 우리의 심금을 울리는 솔직함과 자유를 느낄 수 있으며, 더 이상 그런 편지글을 볼 수 없음이 아쉽다. 우리는 키케로가 봉인 파괴자를 두려워하지 않았음을 본다. 오늘날 사람들은 편지를 신중하게 쓴다. 우체국이나 심부름꾼에게 편지를 맡길 때 자기 편지를 남이 뜯어보지나 않을까 불안하기 때문이다.

종이를 절반도 채우지 못하는 편지, 그리고 맨 윗줄과 맨 아랫줄은 진정한 마음이 없으면서도 겉으로는 복종하는 척하는 표현을 담은 편지, 오늘날 어떤 사람들은 실제로 이렇게 편지를 쓴다. 그들은 키케로나 플리니우스와 다르면서도 자존심을 앞세워 재고 또 잰 끝에 이렇게 빈약한 내용을 담았다. 그들의 자존심이래야 겨우 유치한 허영심에 지나지 않는다는 사실을 그들은 어찌 알겠는가!

971 거물급 희극배우 대 군소 희극배우

모든 극단은 저마다 다른 매력이 있어야 한다. 모든 계급의 파리인은 날마다 9개 극장으로 몰려들기 때문이다. 무슨 작품을 올리거나, 또 무슨 배우가 출연하거나, 모든 극장이 만원이다. 더욱이 「타르튀프」보다 「코카뉴의 왕」, 「아탈리」보다 「무스타파」에 사람이 더 많이 쏠린다.

하층 계급은 고상한 취향을 가진 사람들이 지겹게 생각하는 연극을 더 좋아한다. 그러나 이런 식으로 비교하는 것은 모든 즐거움과 더 나아가 행복까지 죽인다.

한 번 척 보기만 해도 극장의 즐거움보다 더 자유로운 것이 무엇일까? 천재가 극 한 편을 썼을 때, 그는 모든 사람이 그것을 이해하도록 쓰지 않았던가? "해는 모든 사람을 위해 뜬다"는 유명한 속담이 있듯이. 천재성도 마찬가지이다. 그건 그렇고, 과거의 가장 야만스러웠던 수백 년에 걸맞은 특권들은 마땅히 국민에게 속해야 할 업적들을 사유재산권에 속하게 만들었다. 사유재산권은 배우들을 여러 공동체로 나누었다. 그런데 이들은 저마다 우스꽝스럽게 무장하고 서로 으르렁댄다. 마치 옛날 포도주 상인과 음식점 주인, 또는 구두장이와 나막신 장수가 서로 으르렁대던 모양과 같다.

소금과 담배는 전매품이 되었다. 그와 마찬가지로 악보, 12음절 시, 희곡도 전매품이 되었다. 그러므로 천재가 모든 사람이 즐기도록 예술을 창조하였지만, 허사가 되었다. 왕이 돈으로 보상해 줄 수 있지만, 마음대로 만들 수 없는 예술품들을 그런 식으로 망쳐 놓았다.

오페라 극단은 다른 극단이 노래를 하지 못하게 하였다. 프랑스 극단은 코르네유와 라신의 시를 다른 곳에서 읊조리는 것을 금지했다. 이 두 극작가는 모든 사람을 위하여 작품을 썼음에도…. 노래하는 기술이나 읊조리는 기술은 모두 더 이상 자유롭지 못하다. 비열한 구두쇠 정신이 양피지 문서를 펼친다. 이 양피지 문서는 금지명령의 힘을 갖고 있다. 극단 운영자들은 반은 어리석은 동기에서, 또 반은 좀 더 사악한 동기에서 군주의 권위를 이용하려 한다. 그들은 자신들이 노예처럼 부리거나 보호해 주는 배우들의 무리를 보호하는 대신, 나머지 극단으로부터 그들의 먹이를 빼앗으려 하는 것이다.[12]

왕립 음악 아카데미는 모든 가수에게 세금을 부과한다. 왕립극단 배우들은 수도에서 모든 작품의 공연권을 독점하면서도, 베이온까지 왕국 전체에서 그 권리를 차지하고 싶어 할 것이다. 그보다 더 모순인 폭정이 있었을까? 그러나 공중의 즐거움을 미워하는 적들이야말로 진정 폭정의 보호자들이다.

만일 예술이 자유로웠다면, 희곡이 정부의 재가를 받았을 때, 말하자면 그것이 법이나 어떤 사람도 거스르지 않고 원하는 곳 어디서나 공연할 권리를 가졌다면, 대중은 건전하고 기분 좋은 자양분으로 정신을 고양시킬 수 있으리라. 그러면 법규에 어긋난 작품이 그것을 지은 이와 그것을 공연하는 이 모두의 명예를 실추시키는 일은 일어나지 않을 것이다. 그러나 현실은 어떠한가! 예술가는 노예이다! 펜과 천재를 사슬에 묶어버렸다! 천재는 모든 사람을 위해 글을 쓰고, 배우가 이렇게 말하는 소리를 듣는다. "저는 행운아입니다." 그런데 불쌍한 희곡작가여, 그대는 얽매었다! 그는 모든 사람의 눈물을 자

12 메르시에는 특히 지방 극단이 이런 특권을 얻으려 한다고 비판한다.

아내려고 글을 쓰는데, 사람들은 그를 울타리 안에 가두었다. 그는 도구 하나 마음대로 선택할 수 없게 될 것이다. 남이 그에게 피리를 깎아주고, 클라브생도 만들어 줄 것이다. 그대는 모든 사람에게 전율을 일으키기를 원했다. 이제 아무도 자기가 느낀 즐거움을 그에게 보고하지 않게 되었으므로, 그는 소수 배우들의 선한 의지에 종속해서 존재하기만 하면 그만이다. 왕립극단 배우는 자기 것으로 만들고 싶은 작품이 있을 때, 작은 극장에서 그 작품의 권리를 주장한다. 그때는 프레빌이 민중을 상대로 하는 연극을 재미 삼아 마구 훼손하고, 도덕과 재치가 조금이라도 거기 들어가지 못하게 방해하던 시절이었다.

어째서 나는 호텔의 정식용 식탁을 차리듯이 극장을 설치할 수 있는 주인이 되지 못하는가? 가장 좋은 음식이나 가장 좋은 연극은 모두 사람들이 즐겨 찾는 것이다. 이 웃기는 오페라, 이 거대한 괴물 극단이 프랑스인에게 모든 노래를 금지하다니! 노래를 부르려면 오페라에 돈을 내야 한다. 웃기는 일은 거기서 끝나지 않았다. 왕립 음악 아카데미가 돈을 바라지 않으면서도 관행을 거스르면서 유랑극단 배우들에게 노래하지 못하게 했을 때, 이 배우들은 관객에게 노랫말을 인쇄한 두루마리를 나눠주려고 했다. 바닥에 앉은 관객들이 그것을 보고 노래를 불렀다. 왕립극단 배우들을 두려워하기 때문에 말을 하지 못하는 사람들은 관객에게 큰 칠판을 제공했다.[13] 독자는 이렇게 물어보리라. 서고트족은 이와 비슷한 일을 생각한 적이 없을까?

이러한 즐길거리를 찾는 대중의 전반적인 취향으로 볼 때, 우리

13 이 싸움은 1708년에 일어났고, 이렇게 해서 '보드빌' 연극이 탄생했다. '보드빌'이란 춤과 노래가 섞인 극이다.

는 어떻게 하면 연극을 대중에게 유익하게 만들 수 있을 것인가? 연극의 변화를 허용하고, 미풍양속과 치안에 관련된 부분만 제한하면 가능하지 않을까? 그러나 높은 자리에 앉은 사람들은 관심도 없다. 그들은 대중의 순수하고 순박한 즐거움을 별로 사랑하지 않기 때문에, 특허를 받은 배우들이 입장료를 3배로 올리고, 예를 들어 「피가로의 결혼」 같이 유해한 연극을 공연하도록 허용할 것이다. 그 대신 그들은 소극장에 대해 우습고 교훈적인 연극을 공연하지 못하게 금지할 것이다. 그러면서 왕립극단 배우들만이 공연할 수 있고 그들에게만 대가를 지불해야 한다는 구실을 붙일 것이다. 데포르주가 한 가지 이상의 이유로 바라는 것이 바로 그것임을 말할 필요는 없다.

972 33 신학교

예수 그리스도는 이 세상에서 33년을 보냈다. 그 수를 기념하여 33개 장학금을 마련했고, 그것이 33 신학교로 발전했다.[14]

루이 14세의 어머니는 신성한 숫자를 충실히 믿었는데, 33명에게 빵을 1리브르씩 주기를 원하였다. 루이 15세 섭정의 아들 오를레앙 공작은 이 가난한 학생들에게 히브리어 수업을 듣게 하려고 결정했다. 이때부터 그 언어는 33 신학교에서 유행하였지만, 그것을 숙달한 사람은 아무도 없다.

경건한 신앙을 추구하는 취향은 성심회, 주님의 소중한 피, 성사의 영원한 숭배 같은 수도원의 이름은 수많은 외국인을 놀라게 한다.

모든 수녀는 이해하지도 못하는 말로 끝없이 시편을 낭송한다. 이는 아주 지겨운 일인 동시에 존중받을 만한 일이다.

대주교가 생자크 문 밖의 수녀원에서 만과를 들었다. 수녀들은 이렇게 기도했다. "형제여, 늘 깨어 있고 경계하라, 그대들의 적 예수 때문에." 그들이 제아무리 라틴어를 모른다 해도, '예수'라는 말 대신 들어가야 할 말이 '악마'를 뜻한다는 사실을 이해했다. 그러나 수녀들은 이처럼 불순한 말을 신성한 입에 담아서는 안 된다고 생각하여 '악마' 대신 '예수'를 집어넣었던 것이다. 그들은 준엄하게 비판받았다.

14 33 신학교(le séminaire des Trente-Trois)는 1654년에 설립되었고 1792년 폐지되었다. 18세기에 그곳은 뉴턴의 사상을 처음 가르친 학교였다.

973 아직도 먹이꾼[15]은 존재한다

이 말은 명백한 사실이다. 그러나 파리인은 불이 모든 것을 정화한다고 말한다.[16] 그러든지 말든지. 라발레 강둑길에서 파는 비둘기를 대중식당에서 팔지 못하게 한 것은 나 때문이다. 섬세한 상상력을 소유한 사람은 그것을 떠올리기만 해도 몸서리친다. 그러나 그것은 내 그림의 일부이다. 이 먹이꾼의 입술은 비둘기 부리에 수없이 쪼여 상처가 아물 날이 없고, 게다가 암덩어리처럼 부풀었다. 그 덩어리를 잘라내야 한다. 내가 만난 외과의사는 이 직업이(내가 이 글을 쓰는 순간에도 공공연히 활동했다) 역겨운 만큼 위험하다고 말했다.

사회적 병폐를 고발하는 글을 쓴다고 언제나 곧바로 개혁이 뒤따르지는 않는다. 프랑스 왕립 복권이라는 해로운 도박이 매우 불평등하다는 사실을 모르는 사람은 거의 없다. 말하자면 그것을 산 사람이 돈을 잃을 위험과 딸 때의 상금은 굉장히 불공평하다는 것이다. 또 이 사기 도박에서 관리들이 부당하게 소득을 올리기도 한다. 이 도박이 이미 수많은 사람을 망쳤음에도 앞으로도 더 많은 사람을 파멸로 몰아갈 것이라는 사실을 우리는 안다. 도대체 누가 돈을 땄는가? 인정사정없는 이기주의자는 모든 곳에서 자기에게 유리한 구

15 라발레 강둑길에서 비둘기 고기를 파는 방법은 끔찍하다. 비둘기를 그날 팔지 못할 경우, 사람이 입으로 비둘기 부리를 통해 위 속에 억지로 잠두콩을 불어넣어 준다. 이 사람(engaveur)을 '먹이꾼'이라고 옮겼다.

16 비위생적인 식자재도 불로 익히면 먹을 수 있다는 뜻이다.

실을 찾는다. 여러 나라의 군주가 저마다 복권제도를 설립했고 프랑스인도 그 나라에 돈을 보내서 잃기도 하였으므로, 왕국을 조금씩 망치는 대신 이웃 경쟁국을 부유하게 만드는 병폐를 고칠 처방을 찾으려고 노력하다가, 결국 프랑스 왕국에도 복권제도를 설립하는 정책을 세웠다는 것이다. 서민은 외국에서 복권을 살 수 있듯이, 프랑스 왕립 복권을 열심히 살 수 있게 되었다. 그는 한 달에 두 번씩 통신원에게 편지를 써서 복권을 구한다. 그런데 서민 계급에서 글을 쓸 줄 아는 사람은 거의 없다. 그래서 대부분의 경우 다른 사람의 손을 빌린다. 이같이 성가신 일 외에도 역겨운 일이 또 있다. 그가 한 번 추첨할 때마다 집어넣는 돈도 돈이지만(그것은 당첨될 때 몇 배로 늘어날 수 있다), 이것은 외국에 편지를 보내는 수고와 우편요금에 비하면 아무것도 아니다. 비밀요원이 편지를 받고 대신 돈을 내준다고 할 것인가? 그러나 그들의 사무실이 정부가 인가해준 사람만큼 끌어들인다면 곧 발각되기란 불가능하다. 본보기로 누군가 호되게 처벌되어야만 불량 시민들이 이러한 심부름을 하고 싶은 욕망을 포기할 것이다. 게다가 사람들은 외국의 복권이 프랑스 왕국을 조금이라도 망칠 수 있다는 사실을 두려워하고, 또 그것은 일리 있는 일이므로, 개인들이 프랑스 왕립 복권을 사고 인생을 망치는 모습을 보면서 무심해야 하는가? 우리는 이 도박의 사기성을 대중에게 알리는 일부터 시작해야 한다. 그러면 사람들은 자가기 속았다는 사실을 부끄럽게 여기고, 거기서 돈을 잃는 열기를 포기하게 될 것이다. 그러나 나는 왜 여기서 진실을 분명히 말하려고 용기를 내지 못하는가? 우리는 이 파렴치한 도박제도 속에서 오로지 큰 소득만 보고 싶어 했다. 그 돈이 합법적인지 아닌지, 또 그 결과가 치명적인지 아닌지 전혀 상관하지 않았다.

서민이 이렇게 막대한 금액을 어떻게 마련할 수 있겠는가? 무엇이라고? 도둑질, 사기, 소매치기로? 만일 날품팔이 노동자라면, 처자식의 입으로 들어갈 돈이나 자기가 꼭 써야 할 돈을 아껴서? 복권으로 망한 사람들의 재원은 범죄이다.

나는 가장 가난한 시민 계급에 관심이 많다. 나는 그들에게 호소한다. 될수록 그들이 파멸하지 않게 막아야 한다. 그들을 가르치고, 그의 모든 돈을 갈취하는 이 부당한 노름의 사기성을 자세히 짚어주어야 한다. 하층 부르주아, 가난한 장인, 남녀 하인, 농부들이 부지런히 일하고 때로는 비굴하게 번 돈을 가장 시급한 일에 쓰는 대신 이 구덩이 속에 던져 넣는 모습을 보면서, 감수성이 예민하고 정직한 사람들 가운데 탄식하지 않을 이가 어디 있겠는가?

복권업에 종사하는 징수인과 사무원들의 사기는 왕국 전체에 널리 퍼져 있다. 아직까지도 설마 하는 온갖 종류의 사기를 낱낱이 밝혀야 했지만, 정부의 바람은 아직도 충족되지 않았다고 말할 수 있다. 정부가 복권제도를 운영해서 제아무리 큰 이익을 얻는다 해도, 복권을 사기 전부터 무수히 많았던 가난한 사람들을 등쳐먹은 돈에 비하면 새발의 피이다. 정부는 그렇게 돈을 벌어서 가난한 사람들의 운명을 개선해 주기는커녕, 오히려 그들 발밑에 덫을 깔아 놓았다. 그렇게 하지 않아도 이미 그들이 재물욕을 가지고 무위도식하려는 천성적인 성향 때문에 그들 발밑에는 덫이 무수히 많았는데, 정부가 덫을 늘려 놓았던 것이다.

복권은 필요악이라고 말하는 사람이 있으리라. 좋다! 그렇다면 좀 더 형평성 있는 계획을 세워, 당첨 기회와 배당금의 비율을 맞추는 복권을 신설하기 바란다. 왕립 복권이 외국 복권보다 더 큰 혜택을 제공한다면 프랑스인이 외국 복권을 사서 잃지나 않을까 걱정할 필요도 없을 것이며, 이웃 나라들은 프랑스 복권에 돈을 걸게 될 것이다.

974 113세 노인

그는 1786년 6월 11일 세상을 떴다. 나는 몇 번 그를 찾아간 적이 있으며, 그가 죽기 사흘 전에도 찾아갔다. 그의 앙상한 손을 어루만지며, 나는 속으로 이렇게 오래 사는 분은 1,200만이나 1,500만 명 중 한 사람일 뿐이라고 생각했다.

그는 사부아 출신으로 평생 가장 험한 일을 하면서 살았다. 40년 전에는 52자나 되는 데서 떨어지기도 하였다. 내가 마지막으로 그를 보던 날, 그는 여전히 얼마 더 살 수 있을 것 같았다. 그런데 겨우 높이 6촌인 층계에서 떨어졌고, 그 때문에 죽었다.

박애주의 협회는 80세 이상 노인이 몇 명인지 파악하여 위로하려고 노력했다. 그들은 노인이 상상보다 많다는 사실을 알았다. 80세 이상 노인들은 파리 문밖의 구석진 곳에서 형편없이 살고 있었다. 그렇게 살아남는다는 것은 기적 같은 일이었다. 그 노인은 다른 방 위에 덧지은 작은 방에서 8~10년 동안 살았다. 그는 여기저기에서 도와주는 작은 호의로 생명을 연장했다. 자선(이 말을 곱씹어도 즐겁다)이 이 큰 도시를 지탱하는 힘이다. 자선은 그 자체만으로도 군주의 칙령, 치안당국의 판결, 고등법원의 명령보다 더 큰 일을 한다. 모든 정치적 덕을 한데 모아도 자선보다 더 큰 일을 할 수 없다. 내가 30년간 수없이 관찰한 결과는 그러한 사실을 보여주고, 나 자신도 직접 보았다.

오, 자선이여! 권력자들이 저지른 잘못을 바로잡아 주기 바라노라. 복음서의 빛으로 선을 더 많이 베푸는 영광을 보여주기 바라노

라. 그리고 하느님은 제발 천재가 오만한 관점으로, 깊이 생각하지 않고 결정한 계획으로, 그리고 야심만만한 계산으로 악덕을 행하는 일이 없도록 살피기 바라노라. 종교는 여태껏 종교인들 때문에 생긴 수많은 상처를 치료하여 아물게 만드는 선행을 하기를 바라노라.

975 황금을 생각함

노름꾼이 왕족과 함께 노름판에서 논다. 어떤 노름꾼은 침착하여 단 한 번도 오줌을 누러 가지 않는다고 칭찬받는다. 그는 영웅처럼 꼼짝하지 않고 앉아 있다. 그는 침착한 태도를 유지하면서 금화를 꺼낸다. 그때 그의 눈은 어두운 불길로 가득 차 있다. 그의 핏줄을 타고 불안의 열기가 흐른다. 그의 눈길은 고정되어 있고 얼굴은 평온하지만, 영혼은 고뇌에 차 있다.

만일 파리에서 노름을 공식적으로 인정하지 않았다면 어떻게 되었을까? 노름꾼들은 봉을 찾으러 은밀한 노름판을 찾아다니겠지. 경찰은 이러한 곳을 눈감아주고, 그 대가를 받는다. 그러나 물주들은 이렇게 보호를 받는 대신, 시민들을 짓누른다.

어떤 집에서는 사람들이 저녁값을 내려고 노름한다. 그 집의 비열한 남편은 아내에게 노름을 시켜 돈을 벌게 하는데, 남편이 아내에게 줄 수 있는 돈이라고는 그것이 전부이다. 부부는 교회의 자선함처럼 바구니를 놓고 거기에 돈을 놓게 한다. 사람들은 그 집의 안주인이 부유하지 않지만 주위 사람들을 아주 잘 받아준다고 말한다. 따라서 사람들은 밥상을 차리는 값을 낸다. 그 여인숙은 파리에서 가장 유명한 여인숙보다 더 비싼 곳이다.

큰 집에서도 이처럼 비열한 짓을 하게 되었다. 사람들은 행인들에게 트럼프를 제안하고는 그들의 지갑을 톡톡 털어버린다. 그렇게 하고서도 모자라는지, 통상 받아야 할 돈의 5~6배나 받아내는 고상한 관습을 만들어냈다.

뒤조는 노름의 열정을 논박하는 위대한 책을 썼다. 그의 책이 나온 뒤부터 사람들은 내기에 돈을 거는 일을 미친 짓으로 보기 시작했다.

가장 소름끼치는 도박이 유행한다. 목숨을 빼고 거의 모든 것을 다 건다. 노름꾼은 마치 돛대 꼭대기에서 아래로 떨어질 위험을 안고 사는 선원과 비슷한 처지이다. 노름은 모든 감각에 깊이 작용하며, 바로 그 때문에 사람들은 노름을 좋아한다. 사람들이 그 열정을 없애고 싶어 할수록, 오히려 그 열정은 더욱 강해진다. 경찰은 그 열정을 지켜보아야 한다. 그 열정을 드러내지 않도록 강요하면 할수록, 그 열정을 지나칠 정도로 나타나게 만들 것이기 때문이다.

유럽에서 가장 부유하고 가장 유명한 재정가로 꼽히는 사뮈엘 베르나르는 1739년 1월 18일 파리에서 88세로 세상을 떴다. 그는 개신교도로 태어났으며, 샤랑통 교회의 장로였다. 그는 쿠베르 백작, 생미셸 기사가 되었다. 그는 재정문제로 힘들어하는 왕실을 도와주면서 투기와 사업으로 돈을 많이 벌었다. 그는 두 아들과 집의 안주인 노릇을 한 딸에게 유산으로 4,000만 리브르 이상 남겼다. 그는 빅투아르 광장의 프티 페르 교회 안에 전용 예배당을 가지고 있었다. 그의 장례식은 여느 군주의 장례식처럼 장엄하였고, 수많은 저명인사가 참석하였다. 그의 손녀와 결혼했던 비엔나 대사 미르푸아 후작도 상복을 입고 참석했다. 수석대신 플뢰리 추기경은 이 유명한 징세청부인의 두 아들에게 다음과 같이 편지를 보냈다.

> 방금 아버님을 잃어 상심이 크시겠지만, 나 자신도 깊이 상심하고 있으며, 당신들의 슬픔을 진지하게 나누고 싶습니다. 당신들은 아버님인 베르나르를 내가 얼마나 각별히 존경하는지 잘 아실 것입니다. 그리고 그분이 국가를 얼마나 사랑하는지 전하께 언제나 보고드린 것도

잘 알 것입니다. 당신들도 나와 똑같은 감정으로 그분을 추모하라고 권고할 뿐입니다. 당신들도 이 세상 그 누구보다 더 똘똘 뭉쳐서 그분의 뒤를 잇고 훌륭한 발자취를 남기시기 바랍니다. 베르나르가 남긴 가족, 특히 당신들과 가족 구성원 모두에 대한 나의 특별한 관심을 보여드리고 싶습니다.

수석대신도 이런 편지를 썼다는 사실로 보아, 황금 때문에 바로 이런 관심이 생겨난다.

사뮈엘 베르나르는 유쾌한 성격이었다. 그는 죽을 때까지 이 천성을 유지했다. 그가 죽어갈 때, 지금은 고인이 된 생쉴피스 사제 랑게가 그에게 설교하러 갔다. 사제는 자기 성전을 짓는 일이 머리에서 떠나지 않았기 때문에, 죽어가는 사람에게 교회 건축 사업에 기부를 해달라고 간청했다. "주님의 전당을 세우는 일에 참여할 수 있을 때, 그 공이 얼마나 크겠습니까?" 그러자 베르나르는 사제 쪽으로 억지로 머리를 돌리더니 이렇게 말했다. "신부님, 패를 감추세요. 속이 다 들여다보입니다."

그러나 이 신부는 생쉴피스 교회 건축에 믿을 수 없을 만큼 집착하여 고집스럽게 사업을 밀고 나갔다. 그리하여 어떻게든 돈을 마련하려고 노력했고, 누가 주는 돈이든 다 받았다. 그가 신임 파리 대주교에게 인사하러 갔을 때, 누군가 대주교에게 자신이 돈을 모으는 방식을 비난했다는 사실을 알고 놀랐고, 그 때문에 대주교의 심한 꾸중을 들었다. 그는 변명했다. 그러나 대주교가 물었다. "당신은 얼음을 팔지 않았습니까?" "대주교 예하, 제 교회 건축에 고용한 모든 일꾼은 얼음이 꽝꽝 어는 때에는 일할 수 없습니다. 그들을 먹여 살리려고 저는 그들을 고용한 것입니다. 저는 그들에게 얼음을 깨서 보관해두라고 했다가 팔았습니다. 그러니까 사실상 어려운 시기에 일꾼을 살아남게 하려고 얼음을 팔았습니다." "아, 나는 다르게 들었는데요. 아무튼 많이 팔았나요?" "예하, 얀센주의자들이 제가 뜨거운 얼음을 판다는 소문만 내지 않는다면, 앞으로 더 많이 팔 수 있겠지요."

976 추운 때, 혜성

파리에서 가장 추운 때는 12월 15일부터 2월 5일 사이이다. 가장 무더운 때는 대체로 7월 13일부터 8월 7일 사이이다. 가을은 봄보다 훨씬 아름다운 계절이다. 봄은 겨울철의 연장이라고 할 수밖에 없기 때문이다.

1784년 겨울은 파리의 얼굴을 바꿔 놓았다. 모든 거리가 호수로 바뀌었다. 눈이 펑펑 쏟아지고 얼었다가 녹으면서 천지사방에 물구덩이가 생겨 좀처럼 걸어다니기 어려웠다. 말도 넘어져서 물에 빠지기 일쑤였다. 죽 늘어선 가게 앞에 쌓인 눈과 얼음더미를 오르려고 사다리를 놓았다. 이 끔찍한 겨울은 도시를 새로운 모습으로 바꾸었다. 마차가 접근할 수 없고, 치안당국은 일꾼을 충분히 확보하지 못했다. 치안총감은 수천 가지 저주의 말들을 들었다. 사람들은 마치 그가 계절을 바꾸고, 도시 전체의 장애물을 말끔히 제거하는 권한을 가진 것처럼 생각했다.

새로 생긴 거지들이 동정을 호소했다. 그 소리가 하도 애처로워 구두쇠의 독한 마음도 녹일 정도였다. 그 어느 때보다 자선활동이 활발해졌다. 큰 불행이 낳은 결과이다.

사람들은 눈을 모아 코크 생토노레 길의 한모퉁이에 루이 16세를 기리는 탑을 쌓았다. 혹독한 추위가 물러갈 줄 모르자 루이 16세가 서민에게 구호금품을 나누어 주었기 때문이다. 사람들은 탑에 여러 가지 글을 새겼다. 물론 아카데미 회원의 손길을 거치지 못한 글이었다. 만일 아카데미 회원이 손을 댔다면, 글을 깨끗이 가다듬기보다는 오히려 망쳐놓았으리라. 따라서 서민들은 감사의 뜻을 표현할 목소리를 가졌다. 그리고 그들은 또한 상실감과 슬픔을 표현할 목소리도 가졌다. 그러나 이 목소리는 불행히도 깊이 잠겼다. 아니, 설사 밖으로 나온다 할지라도, 궁중에서는 제대로 알아듣지 못하는 목소리였다.

눈으로 쌓은 탑은 파리인의 감수성을 증명한다. 파리인은 진정으로 자신을 위해 해준 것이라면 무엇이든 다 기억한다.

역사상 독특한 이 탑에는 프랑스 시와 산문, 라틴어 산문을 새겨놓았다. 그리하여 탑은 오가는 사람에게 유려하게 말했다. 대중이 자기 생각을 써놓을 수 있는 탑이 견디지 못할 것이 무엇인가? 거기 적힌 건전한 사고는 곧 그릇된 사고를 죽여버렸다. 그리하여 사람들은 아주 경탄할 만한 진실을 거기서 읽었다. 여론은 단 한 가지 표현 속에서 깨어났으리라. 단 하나의 구절만 가지고도 애국심을 강조할 수 있으리라. 왜냐하면 대중과 왕을 한꺼번에 계몽하려면 낱말 하나면 족하기 때문이다. 오, 성스러운 진리여, 그대는 거짓의 반대가 아니던가! 그대는 거짓의 반대이며, 그 어느 것도 그대를 부인할 수 없다!

1788년 혜성이 다가온다고 사람들이 또다시 두려워한다. 몇몇 학회에서는 이 세상이 완전히 파괴되리라고 말했다. 여성에게 학식을 뽐내고 아주 값싸게 지식을 팔아먹는 사람들은, 혜성이 일정한 궤도를 따르거나 운동을 하면서 우리의 천체 순환계를 혼란에 빠뜨릴 수 있다고 주장했다. 그들은 1680년 휘스턴의 가정을 상기했다. 휘스턴은 기원전 2926년의 대홍수가 혜성 때문에 발생했으며, 플리니우스가 언급한 티폰[17]의 시대에도 같은 일이 일어났다고 주장했다. 그 말을 들은 사람은 모두 겁먹은 표정을 짓고 다녔다. 그들은 마지막에 가서 만일 지구가 불타서 유리처럼 녹는다면 바로 지금이 즐겨야 할 때이며, 인생의 온갖 맛좋은 술을 단숨에 들이켜야 할 것이라고 말했다.

같은 도시에서 볼 수 있는 온갖 불균형을 어떻게 조화시킬 수 있는가? 어떤 곳에서는 남성다운 이성을 발휘하고, 다른 곳에서는 아무 말이나 믿고 겁을 먹는다. 더욱이 이러한 종류의 두려움이 항상 새로 나타난다는 점이 놀랍지 않은가? 이 예측이 제아무리 우스꽝스럽다 해도 사람들에게 충격을 준다. 우리에게 조상을 놀릴 권리가 있는가? 우리 후손은 우리가 랄랑드의 소책자 때문에 머릿속이 혼란스러워졌다는 사실을 알고서도, 그리고 한 민족 전체가 천문학이 정확히 무엇인지 모르는 채 그 천문학자(휘스턴)의 이름을 인용한다는 사실을 알게 될 때도, 우리를 우습게 여기지 않을 것이다. 왜냐하면 혜성이 다가올 때 해로운 일이 일어나려면 수많은 상황이 함께 작용해야 한다는 점, 그러한 일은 아주 우연히 생기며, 생긴다고 생각하는 것 자체가 순전히 가설이라는 점, 그리고 그것은 희망과 두려움이라는 도덕적 질서에 포함시킬 수 없는 문제라는 점을 밝히면서, 터무니없는 공포를 느끼지 말라고 권고한 사람이 바로 그 천문학자였기 때문이다.

사람들은 1790년이 되면 1532년과 1661년에 나타난 혜성 2개 가운데 하나가 다가오리라고 예상한다. 혜성은 고정불변의 법칙을 따르는 행성이다. 150년 전만 해도 인간은 그 법칙을 알지 못했다.

서민들은 『리에주 연감』을 읽는다. 그들은 거기 실린 예언이 가장 많이 실현되었다고 주장한다.

17 Typhon: 그리스 신화에서 대지의 여신 가이아의 막내아들로서, 가장 강하고 무서운 거인이다.

977 어떤 공작과 백작의 대화

공작 : 우리가 아무런 이유도 없이 다른 사람보다 우월한 지위를 누리는 것은 아니지요. 그러므로 다른 사람들이 우리 아래 있다고 느끼도록 만들어야 합니다.

백작 : 우리가 받은 교육이 다른 사람들을 멸시하는 데 조금이나마 도움을 주지 않는다면, 도대체 그 교육이 무슨 쓸모가 있겠습니까?

공작 : 우리가 다른 사람들보다 복이 많아 더 위대하게 태어났다면, 이는 필시 우리가 그에 맞는 정신을 가졌기 때문에 그렇게 태어난 거겠죠.

백작 : 우리보다 못한 사람은 우리만큼 높은 지위에 오를 자격을 갖추지 못했으며, 그것이 그들의 운명이라는 말씀이군요.

공작 : 이른바 개인적인 장점이라는 것이 있다고 칩시다, 그러나 그것이 무슨 가치가 있습니까? 장점만 가지고 무슨 일을 할 수 있는데요? 누군가 손을 내밀어 주지 않는 한 땅바닥을 기어다닙니다. 자신을 무섭게 보이고 존경받는 일이 중요합니다. 더 이상 무엇이 필요합니까?

백작 : 말만 번드르르한 이론가들을 보세요. 한편으로 아주 담대하면서도, 다른 한편으로는 굽실거립니다. 그들은 남이 봐주기를 간청합니다. 그리고 관심을 끌면 행복해집니다.

공작 : 그들의 말을 들어보면, 그들은 단지 우리의 작위를 경멸합니다. 그러나 사실상 우리를 존경합니다.

백작 : 그것은 존경을 강요하는 것입니다. 그러나 무슨 상관이 있겠습니까? 그들은 굉장히 풍요로운 지위를 존경하지요. 그런데 어째서 그들은 우리가 그 지위를 이용하는 것을 나쁘게 볼까요?

공작 : 그들이 그만큼 풍요로운 지위를 누리지 못해 슬프기 때문이지요.

백작 : 그들은 아주 거만한 말 몇 마디, 철학적 추론으로써 자신들의 처지에 대해 보상받으려 합니다.

공작 : 내가 보기에 그들에게 귀를 기울이는 사람이 하나도 없어요. 그들은 단지 재미있는 것만 주제로 얘기합니다.

백작 : 고작 한다는 짓이, 불쌍한 인간들 같으니! 그들은 이 세상에 대해서도 별로 아는 게 없어요! 이 세상에는 모든 것이 저마다 실제 무게를 가지고 있는데 말입니다. 서재에 들어 앉아 생각해낸 이론은 연기처럼 하늘로 올라가 사라지지요.

공작 : 대영주가 되면 충분합니다. 이 칭호는 모든 것을 담습니다. 이 칭호를 가진 사람은 심지어 성실하고 정직해집니다. 어쨌든 위대함을 따라다니는 눈부신 빛은 사람들의 눈을 멀게 만듭니다. 사람들은 하층민이 저지르는 행동을 깐깐하게 검사하면서도, 우리의 행동을 그렇게 검사하지는 않습니다.

백작 : 위대함은 청렴함을 항상 포함합니다. 속인이 단순하게 만족하는 수준 이상으로 높이려면 위대함을 조금씩 보여주면 됩니다.

공작 : 이에 대해서 공중이 무슨 말을 하든 상관없습니다. 마음대로 지껄이라 하세요. 그들의 목소리가 제대로 반향을 불러

일으키기라도 한답니까? 우리 눈에 잘 보이지도 않는 허름한 집에 사는 사람들 속에서 무슨 반향을 불러일으키겠습니까?

백작 : 우리는 다른 세상에 사니까, 서민은 달빛 아래서 살라고 내버려 두지요.

공작 : 그래요, 우리가 힘을 갖고 있으니까, 우리가 입방아를 찧는 사람들을 무서워하는 것보다 그들이 우리를 더 무서워합니다.

백작 : 질서를 잘 유지하려면 언제나 이런 식으로 가야 합니다.

978 간교한 말장수

이 말과 뚜쟁이의 어원은 같다. 왜냐하면 이들은 능숙하게 사람을 속이고, 의심스러운 상품을 남에게 떠넘기기 때문이다.[18] 간교한 말장수는 언제나 속임수를 잘 쓴다. 언제나 그에게 주의해야 하며, 그가 하는 말은 반만 믿어야 한다.

젊은이들이 말에 열광하며, 얼마 전부터 오페라의 아가씨들을 버리고 말을 선택했다. 그들은 자기가 구한 암말이 얼마나 훌륭하고, 자기가 특별교육을 시켰다고 진지하게 자랑한다. 자기 말이 변덕을 심하게 부리기 때문에, 신작로를 달리면서 채찍과 당근을 번갈아 사용해서 버릇을 고쳐 놓았다고 한다.

고급 매춘부들은 버림받았다고 느낀다. 젊은이들이 그들과 산책하는 일도 뜸해지고, 말과 더 많이 돌아다니기 때문이다. 모든 젊은이가 마술교관 복장을 하고, 저녁까지 옷을 바꿔 입지 않는다. 그들은 옷을 격식에 맞춰 입지 못해 어색하다. 산책로에서 우리는 육욕의 정복을 과시하고, 저마다 사치스러운 차림을 자랑하는 고급 매춘부의 모습을 전처럼 많이 볼 수 없다.

어떤 젊은이가 고급 매춘부와 말을 사랑했다. 그는 아가씨와 말에게 돈을 똑같이 썼다. 어느 날 그에게 더 좋아하는 것을 말하라고 다그치자, 이상할 정도로 꾸밈없이 말했다. "나는 아가씨들을 더 사

18 남을 속이는 말장수(maquignon)는 포주나 뚜쟁이(maquereau)와 어원(maque)이 같다. 어원은 '상품, 판매'를 뜻한다.

랑합니다만, 말을 더 존중합니다."

사람들은 열병분열에 적합하게 말을 훈련시킨다. 그렇게 하다간 나중에는 춤을 추게 만들 것이다. 고대 시바리스 사람들은 최초로 말을 춤추게 훈련시킨 민족이었다. 플리니우스는 그들의 기병대에서는 말을 그렇게 훈련했다고 주장했다.

아리스토텔레스의 뒤를 이어 아테나이오스도 크로토네 사람들의 이야기를 전했다. 그들은 시바리스 기병대가 나팔을 불어 말을 춤추게 한다는 사실을 알고서, 은밀히 나팔로 춤곡을 부는 법을 배웠다. 그러고 나서 시바리스 사람들에게 전쟁을 일으키고 그들의 말들을 춤추게 만들어 승리했다는 것이다.

프랑스인들은 자연스럽게 우아한 모습을 추구한다. 스위스 병사가 말을 탄 모습을 보라. 그는 젊고 잘 생겼다. 그렇지만 그는 우아함, 고상한 태도, 소탈함에서 프랑스인을 결코 따라가지 못할 것이다. 파리에서 생긴 모든 양식은 거의 언제나 훌륭한 취미와 고상함을 표현한다. 왜냐하면 그것은 일단 모든 검사를 받은 뒤에야 비로소 대중 앞에 선보이기 때문이다. 다시 말해서, 고상한 취미를 가진 사람들이 꼼꼼히 검토한 뒤에야 허락하기 때문이다. 가끔 어떤 부인의 기분 좋은 몸가짐이 눈길을 끄는 경우가 있다 해도, 일주일만 지나면 그의 방식을 좇는 사람이 없다. 그 부인의 복장은 생소해진다.

그러므로 우아함이 유행을 만든다. 시골 여성, 독일 여성, 스위스 여성들은 이 사실을 전혀 모른다. 그들은 체형에 맞게 옷을 입을 줄 모른다. 그래서 전문가는 그들의 옷차림이 부자연스럽다고 생각한다.

어느 날 사람들은 재단사가 말을 타고 가는 광경을 보았다. 그의 뒤에는 사람 좋은 심부름꾼이 따라가면서 재단사의 행동이 어색하다고 짜증을 부렸다. 그 뒤 사람들은 말을 탈 때는 옷매무새에 좀 더 신경을 썼다. 말에 장식을 달지 않고 마구를 가장 단순하게 갖춰주는 편을 오히려 더 좋아하게 되었다. 마구는 이처럼 다행스럽게 변화했다. 예전에 사람들은 말총을 땋아서 붉고 푸른 리본을 달았다. 우스꽝스러운 짓거리는 야만스러운 짓으로 발전하기도 하였다. 아름다운 꼬리를 잘라버리기도 하였다. 게다가 생각하기도 싫지만, 귀도 잘랐다. 오늘날에는 말의 목부분에 더 장식을 한다. 준마는 머리를 좌우로 흔들면서 자부심을 표현한다. 사람들은 준마의 길게 딴 머리가 이리저리 찰랑거리는 모습을 보면서, 그것이 자기 머리를 자랑한다고 느낀다. 길고 무성한 말꼬리가 들판을 이리저리 가르며 달리는 것을 그 무엇도 방해하지 못한다. 이 멋진 동물은 귀를 움직여 모든 감정을 표현할 수 있다. 보라, 인간의 고상한 반려자를 흉측하게 변형시키는 행위를 막아야 할 이유를. 말을 타는 주인이 자유로울 때, 말도 주인을 닮아 자유롭다. 파리에서 기사는 말을 지배한다. 그는 말을 기품 있게 다루지 않고, 마구간 냄새를 풍기게 한다.

오늘날의 멋쟁이는 40년 전에 유행을 이끌던 멋쟁이와 다르다. 만일 그들이 길에서 마주친다면, 상대방을 완전히 다른 나라 사람으로 생각했으리라. 오늘날의 멋쟁이는 여성처럼 향내나 풍기고 어색하게 태를 내지 않는다. 그들은 오전에 장화를 신고 모피를 댄 옷을 입은 채 거리를 지나간다. 손에 채찍을 들고, 마부가 시키지 않는 일은 전혀 하지 않는다고 야단치면서 이륜마차에 올라탄다. 실제로 화가 나지 않았으면서도 세상을 향해 욕을 하고 저주를 퍼붓는다. 아무런 까닭 없이 화를 내면 멋지게 보이기 때문이다. 그는 앞길을 방해하는 사람을 마차에 깔아버릴 기세로 달린다. 밤에는 치안을 유지하면서 모든 곳에 나타난다. 그러나 아무 곳에도 들어가지 않고, 모든 것을 배워도 하나도 알지 못한다. 그는 사실상 모든 선배처럼 언제나 심술궂게 세상을 조롱한다. 그는 거만하게 보이지만, 가슴속에는 더 큰 자만심을 품고 있다. 사람들이 그를 이해할 수 있는 순간이 가끔 생기기도 한다.

979 내다버린 아이

해마다 부모가 유아원에 버리는 아기의 수는 평균 6,000~7,000명이나 된다. 부모가 기르는 아기는 14,000명이나 15,000명을 넘지 않는다. 가난한 서민의 처지가 점차 악화되는 모습만큼 보기에 끔찍하고 충격적인 것이 어디 있겠는가!

이렇게 버린 아이 6,000~7,000명 가운데 10년이 지난 뒤에 살아남는 아이는 얼마나 될까? 놀라지 마시라! 기껏 180명이다. 조금도 허풍이 아니다. 버린 아이 가운데 (가엾이 죽었건 아니건) 죽은 아기의 수를 조사해서 얻은 확실한 수치이다. 그들이 젖을 충분히 얻어먹거나 마른 젖에 매달리거나 순전히 운일 뿐이다. 대부분의 아기에게는 두 가지 중 한 가지가 일어난다.

정부는 버린 아기 6,000명에게 유모를 대주어야 한다. 이 얼마나 괴로운 일인가! 이 수치는 아무 말 없이 끔찍한 현실을 보여준다.

유모 월급 때문에 감옥에 갇힌 사람들이 있다. 이들은 아기가 빨아먹은 젖 값을 내지 못한 아비들이다. 배내옷을 입은 아기가 건장한 아비를 구속시켰다. 어미가 젖을 주지 않았거나 줄 수 없는 처지에서, 자식이 빨아먹은 젖 값 때문에 수감된 아비! 오, 리쿠르고스여! 오, 솔론이여! 현대의 제도여, 너는 허깨비인가, 현실인가? 정부라는 말에서 진정한 의미를 찾을 수 있는가?

파리에는 빈곤층이 끝도 없이 많다. 1786년 유모의 급료를 내지 못해서 감옥에 갇힌 사람 755명을 자선기금으로 풀어주고 그들을 행진시켰다. 그러나 이처럼 방금 감옥에서 꺼내준 가난한 사람들을 보란 듯이 행진하게 하는 일을 우리가 승인해 줄 수 있는 것일까? 종교를 개입시켜 가난한 사람을 모욕하는 일이 적절한가? 오른손이 방금 한 선행을 왼손이 앗아가야 하는가? 어째서 버젓이 열을 지어 가난을 끌고다니며 아기의 젖어미에게 급료를 지불하지 못한 불행한 아버지들을 모든 사람이 보게 하는가? 사람들은 그들에게 조그만 천 조각을 주었는데, 그들은 그 천으로 머리를 감싼다. 확실히 사람들은 이처럼 멋진 방책으로써 보는 이의 자비심을 유발할 수 있다고 생각했다. 그러나 어린아이의 수만큼 죄수들의 수를 늘리는 일이 과연 더 인간적이고 예의바르고, 또 종교적이라 할 수 있을까? 우리 사이에 더욱 불쾌하기 짝이 없는 효과를 일으키는 가난에 대해 손에 촛불을 들고 공개 사죄하는 가련한 아버지들의 비참한 얼굴을 더 이상 보고 싶지 않다.

그러나 부자들의 종복들이 방패문장으로 둘러싼 커다란 불꽃을 수놓은 황금빛 옷을 입고, 개기름이 번질거리는 근엄한 얼굴로 이 죄수들을 이끌고 간다. 그들은 유모의 급료를 내지 못한 사람들을 감옥에 넣지 않는다. 그들 뒤로 높은 모자를 쓴 척탄병들이 소총에 검을 꽂아 들고 따라가는데, 은제 향로가 장미 꽃잎과 함께 공중으로 세 번 솟아오른다. 몇몇 주교가 보라색 긴 옷을 입고 따라가는데, 그들의 옷은 죄수들을 이상한 모습으로 꾸며준 긴 천과 아주 다르다. 질서 있는 행렬만큼 보기 좋은 것은 없다. 사제의 눈이 기쁨으로 빛난다. 그러나 어째서 이 가장들, 이 불행한 사람들, 이 농촌의 주민들을 빛나는 행렬의 한가운데 세우는 것인가?

젖먹이 아기를 위한 유모소개업 관리국[19]은 문자 그대로 젖을 파

19 1350년 1월 29일의 왕령은 유모소개업과 유모에 관한 사항으로 유모의 급료는 1년에 100수를 넘지 않으며, 소개업자는 한 명을 소개할 때 2수를 받도록 하였다. 1715년

는 시장이다. 수많은 여성이 거기서 젖을 판다. 젖이 퉁퉁 불은 여성이 알지도 못하는 아기를 찾으러 달려가는 곳보다 돈의 힘과 필요성이 전횡을 부리는 곳은 없으리라.

이 세상에서 가장 강하고 활발한 감정인 모성애를 가장 천박한 이익 때문에 질식시키는 일보다 더 슬픈 일이 어디 있으랴! 어떤 여인이 자기 아기를 낯선 이에게 맡겨 떠나보내면서 가엾어 우는 모습, 젖을 파는 모습, 그리고 자기 뱃속에 9개월이나 품고 다니던 아기에게 가장 싼 값에 낯선 여인의 젖을 사주는 모습, 이보다 더 슬픈 모습이 어디 있으랴!

이처럼 공권력의 보호를 받으며 아기를 주고받는 거래를 보면서, 민중이 끔찍한 가난에 내몰렸다는 사실, 먹고 살거나 세금을 내려고 인간 이하의 수준으로 내몰렸다는 사실을 어찌 알아차리지 못하리! 어머니의 사랑이 울부짖는 소리를 듣지 못할 이는 과연 누구일까? 절박한 울음소리는 그 무엇보다 더 절실하게 울려 퍼지기 때문이다.

오, 우리의 정치사회의 기초가 무너지는구나! 당신의 깊이와 넓이를 측정하는 눈을 얼마나 소름끼치게 만드는가! 이러한 사실 위에 무엇을 세울 수 있으랴!

1월 29일의 왕령은 유모소개업과 유모에 관한 사항은 전통적으로 샤틀레 재판소의 형사사건 담당관에 속하던 것이었지만, 이제부터 파리 치안총감의 관할로 바꾼다는 법이었다. 그리고 1769년 7월 24일의 왕령은 기존의 여러 소개소를 총괄하는 유모소개업 관리국(Bureau des recommandaresses)을 두기로 했다.

980 브르통빌리에 청사

이곳은 총괄징세청부업자들의 본거지이므로, 이 청사 앞을 지나는 사람은 모두 몸서리를 친다.[20] 여기에 모인 청부업자들은 인민의 피를 효과적으로 짜내는 기술을 연구한다. 거기서 그들은 인민들에게 부담을 줄 수 있는 모든 계획을 환영한다. 이 외눈박이 거인들은 누구든 세원을 확장시켜 주는 사람이야말로 위대한 사람이라고 칭송하고 보상을 해주려 한다. 그 때문에 거기에 마침내 파리와 평야지대의 유통을 위한 보조세 사무국을 만들었다. 너그러운 총괄징세청부업자들은 청사에 모여 이 파렴치한 거대 건축물에 울타리를 치려는 계획을 승인했음이 분명하다. 세리들을 위해 으리으리한 건물을 수없이 세우는 것은 건축의 발전을 위해 얼마나 훌륭한 일인가! 서고트인들도 이보다 더 흉물스러운 것을 상상하지 못하였다. 이미 뻔뻔할 대로 뻔뻔해진 세금이 그보다 더 뻔뻔한 건물을 지었다. 나라를 황폐하게 만들었던 아틸라의 병사들도 세리들의 펜대만큼 봐주기 어렵다고 할 수 없을 정도이다. 세리들은 코린트식 기둥이 늘어선 건물에 들어앉아 타락한 손을 벌려 인민에게 눈물 젖은 세금을 바치게 한다.

세관 울타리는 쓸모보다는 호화롭기만 한 것으로서, 점점 길게

20 총괄징세청부업의 총본부(Hôtel des Fermes)는 생퇴스타슈 성당 근처 파리 그르넬 생토노레 길에 있었다.

뻗어 파리 전체를 둘러싸면서 도시를 모욕한다.[21] 반드시 필요한 4대 병원은 아직 종이 위에 존재할 뿐인데! 자선금을 200만 리브르 이상 제공받아 놓고서도 그 돈으로 서민에게 기쁨을 주지 않았다. 서민이 하늘만큼 높이 쌓은 건물 꼭대기에 천사들이 앉아 자신들을 인자하게 내려볼 날을 꿈꾸면서 돌을 하나씩 쌓는 모습을 보면 얼마나 기쁘겠는가!

나는 이 억압의 상징인 사무실에서 자선을 표현한 그림이 스키피오의 금욕을 표현한 그림과 나란히 걸린 것을 보았다. 이것은 반어법인가, 아니면 모욕인가? 보조세 사무실의 한가운데에서 자비를 보다니!

파리의 보조세와 입시세 관리국 총재는 파리를 자주 들락날락하면서 세관이 자신을 정확히 뒤지는지 살핀다. 말하자면, 그는 밀수품을 지니고 세관을 무사히 통과한 다음, 세리들을 불러모아 놓고 그들이 방심했거나 서툴었음을 증명해 보인 뒤 가차 없이 파면한다. 더욱이 머릿속으로 세원을 발굴할 계획을 세우면서, 곧바로 그 반대의 경우도 상상한다. 다시 말해서, 세금을 속일 욕망이나 필요가 만들어낼 수 있는 온갖 간계를 상상해낸다. 그는 교황이 밀수를 사형감으로 규정해 주기를 바랐고, 누군가 이렇게 질이 나쁜 범죄를 저질렀다고 고해하더라도 사면해주지 않겠다고 말해주기를 바랐다. 그는 총괄징세청부업을 해치는 모든 술수에 정면으로 맞서서 그러한 술수가 통하지 않는다는 사실을 증명한다. 만일 그가 총재가 되

21 입시세관은 원래 파리를 둥그렇게 둘러싸는 약 24km의 울타리를 두르고 60곳에 방책을 설치하려 했지만, 예산 때문에 54곳에만 설치했다. 오늘날에는 그 흔적을 총 4곳에서 확인할 수 있다. 나시옹 광장(Place de la Nation)에 트론 입시세관의 건축물, 당페르 로슈로 광장의 건축물, 몽소(공원의 둥근 건축물)와 라빌레트(유명한 둥근 건축물)가 그것이다.

지 않았다면 가장 교묘한 밀수꾼이 되었으리라. 그는 이른바 젖어미를 가장한 여성의 가슴에 흰색 쇠붙이로 젖을 만들어 거기 독주를 넣어가지고 세관을 통과한다든지, 통풍 환자의 원통형 다리를 만들어 밀수품을 감추고 세관을 통과하는 방법까지 상상했다. 나무 속을 파거나, 심지어 돌 속을 쪼아내는 방법을 고안했다. 그가 이러한 상상을 한 뒤, 아무도 감히 그러한 방법을 쓰려 하지 않았다. 왜냐하면 세리들은 여인의 가슴과 다리를 더듬고, 심지어 옷까지 벗기려 들었기 때문이다. 결국 이 분야에서 우두머리인 총재는 소책자를 여러 개 쓰게 해서, 이 세상에 총괄징세청부업보다 더 친절하고 사리사욕이 없는 제도가 없음을 증명하게 했다. 또한 프로이센의 프리드리히 2세는 징세학교에서 훈련받은 세리들을 불러갔는데, 이것은 재정제도의 아름다움과 위대함을 숭배했기 때문이다.[22]

어떤 포도주 상인은 200피에나 되는 흰색 쇠파이프를 세관 울타리 밑으로 묻어 진홍빛 포도주를 자기 술통까지 흘려넣다가 최근 적발되었다. 이 얼마나 장한 승리인가! 총괄징세청부업자는 벽보 3,000장을 붙여 쇠파이프를 압수하고 벌금 6,000리브르를 물린다는 사실을 널리 알렸다. 그것을 적발한 세리들은 벽보를 읽고 자기가 한 일을 떠들면서 즐거워했다. 그들은 오가는 사람들에게 손가락이나 시선으로 벽보를 가리킨다.

오늘날에는 노예매매업자를 사면하는 일까지 벌어진다. 사람들은 그들이 억울하다고 하소연하고 그들의 사업을 정당화한다. 그들은 이렇게 말한다. "가난한 사람들은 그들이 버는 것의 반도 벌지 못합니다." 그러나 이 말보다 더 놀라운 것이 있다면, 그들이 서민들까

22 1766년 프리드리히 2세는 프랑스 징세청부업자들에게 프로이센의 간접세를 재조직하는 사업을 맡겼다.

지 그렇게 생각하게 만들었다는 점이다. 나는 이런 일이 어떻게 일어날 수 있는지 알 수 없다.

981 다리그랑[23]

다리그랑은 내가 아끼고 존경하는 변호사이다. 그는 한때 징세청부업자의 사무원으로 일했다. 그는 징세청부업자들이 가난한 서민의 돈을 쥐어짜는 은밀한 방법뿐만 아니라, 그들의 엉큼한 압제, 부당함, 그들의 뇌물을 받는 사악한 판사들에 대해서 잘 알았다. 그는 어둠을 헤치면서 그들의 은밀하고 역겨운 짓거리를 추적했고, 적빈자를 세무관청의 빚에서 벗어나게 해주었다. 한 마디로 그는 시골의 푸른 들판을 덮친 무서운 존재였다. 죽음이 징세청부업자들의 덕망 높은 적을 데려가 그들을 해방시켰다. 그는 언제나 청렴하게 살았고, 언제나 억눌린 사람들의 편을 들어주면서 불꽃처럼 살았다. 그는 탐욕스럽고 음흉한 조직을 성공적으로 공격하는 비결을 가진 사람이었다.

아니, 그는 이제 더 이상 세관원이 되지도, 검열관이 되지도 못한다.

사람들은 오만 것을 다 인쇄한다. 모든 문마다 입시세를 결정하는 요금표를 붙여놓도록 하지 않는다면 입시세를 아무렇게나 매기게 될 것이다. 징세청부업자들은 징세원들에게 이렇게 말한다. "이

23 Darigran: 가난한 집에서 태어나 소금세 징세관으로 일한 뒤, 1761년 파리 고등법원 변호사가 되었다. 그는 총괄징세청부업 제도에 대해 해박한 지식을 바탕으로 밀수꾼으로 기소된 사람들을 변호했다. 1763년 그는 『반(反)재정가(*Anti-financier*)』를 써서 물의를 빚었고, 바스티유 감옥에 갇혔다.

울타리는 돈을 제대로 걷지 못하는군, 더 바짝 조이세요." '조이라는 말'은 엄숙하다. 그래서 그 말이 떨어지면 징세원들은 조인다. 오, 다리그랑이여, 당신은 언제나 다시 오시려나? 그러나 다시 와도 포르조넬로 살아야 한다. 그는 당신만큼 용기와 덕을 갖춘 사람이다. 그가 모든 동료들에게도 자기 가슴속에 타오르는 애국심의 불을 붙여 주기를 바라노라!

982 작은 성체첨례일

이것은 성체첨례 축제 주간의 마지막 날을 뜻한다. 이날 성체첨례 축일의 행렬만큼 화려한 행렬을 볼 수 있다. 이때 종교행렬이 아예 밖으로 나갈 수 없을 만큼 비가 쏟아지거나, 멀쩡하다가 갑자기 비라도 쏟아진다면, 교구에 얼마나 불행한 일인가! 그러나 이러한 우연한 사고는 고칠 수 없는 일이 아니다. 그로부터 8일 뒤에 다시 행렬을 지어 나가면 되기 때문이다. 그것은 더 다행스러운 일이다. 모든 사제가 얼굴에 웃음꽃을 피우고 다닌다. 향로와 꽃, 음악이 그들과 함께 한다. 대중은 맑은 하늘 아래 질서 있게 행진하는 아름다운 모습을 찬탄하면서 마른 포도 위에 무릎을 꿇는다.

이날은 두 가지 모습을 볼 수 있다. 아침은 말 그대로 잔치이다. 집집마다 벽걸이 장식을 내다 걸고 도시 전체를 화려하게 장식한다. 그러나 행렬이 지나가자마자 사다리를 설치하고, 장식 융단을 떼어내고, 길가의 임시계단을 철거하고, 상점 문을 연다. 일반대중은 움직인다. 아직 떼어내지 않은 장식품 사이로 산처럼 쌓은 비누, 식료품, 도검연마사의 작업대, 자물쇠공의 대장간, 구두장이의 걸상, 약사의 약연과 살무사들을 볼 수 있다. 반시간 안에 도시는 완전히 모습을 바꾸었다. 아직 성체를 모신 닫집은 시야에서 완전히 벗어나지 않았지만, 상점 주인들은 아무 일 없던 듯이 자기 일을 시작한다.

이날은 남녀추니 같다. 종교의 화려한 의식이 지배하는 날인지, 장삿속이 지배하는 날인지 잘 알 수 없기 때문이다. 한 마디로 신성한 것과 속된 것이 뒤섞였다. 사람들은 성인상과 그림을 서둘러 치우고, 그 대신 화려한 장식품을 가져다 주렁주렁 건다. 그리하여 세속적인 분위기가 신성한 발자취를 지운다. 평화로운 종교행렬이 질서 있게 지나간 뒤, 상인들이 시끄럽게 떠든다. 만일 가장 신성한 존재가 지나갔다는 사실을 증명하는 꽃이라도 길 위에 남아 있지 않았다면, 한 반시간 전에 사제들이 무릎을 꿇은 대중 앞으로 보이지 않는 신을 모시고 지나갔는지 의심할 수 있으리라.

그다음 일요일에는 생로랑 문 밖에서 종교행렬이 지나간다. 그것은 대사면 행진이라 부른다. 그 행렬은 여느 때보다 훨씬 참여자가 많아서, 행렬이 지나가는 문 밖 지역보다 더 길게 꼬리를 잇는다.

생로랑 소교구는 그날 다른 소교구로부터 향로와 울긋불긋한 상제의를 있는 대로 빌려간다. 사제를 대신할 정원사를 200명이나 뽑아, 주발 엎어 놓은 것처럼 머리를 짧게 자르고 사제복을 입힌다. 임시제단을 2개 마련하여 구약성경과 신약성경을 올려놓고, 화려한 꽃장식을 공중에 걸어놓는다. 발가벗은 포동포동한 어린이들이 어린 세례자 요한이 되고, 그 뒤로 살아 있는 양이 분홍색이나 푸른색 리본을 달고 끌려간다. 이렇게 발가벗은 천진난만한 아이들로 가끔 그 지역 소년 소녀를 동원함으로써 최초로 성차이에 눈뜨게 한다. 8~10세 사이의 어린 막달레나들은 그날 하루 동안 지을 죄를 참회하는 눈물을 흘리고, 진짜 죄인인 뚱뚱한 하녀들이 소녀들의 손을 잡고 간다. 실제로 울어야 할 사람은 하녀들이리라. 4~5세의 계집아이들이 떼지어 행진한다.

성심회 수녀들은 호기심 많은 사람들이 서로 밀치면서 탐욕스러운 눈길을 보내도 곁눈질하지 않고 침착하게 걸으면서 명예를 지킨다.

수많은 신도회가 저마다 들고 가는 깃발은 각각 수호성인이나 순교자나 고해신부를 표현한다. 어떤 깃발은 금실로 고상하게 수를 놓았고, 또 어떤 깃발은 은실로 수를 놓았다. 깃발을 든 사람은 일직

선으로 걸어간다. 그는 발걸음을 멈추긴 해도 뒷걸음치는 일은 없다.

사제 150명이 마치 박자에 맞추듯이 향로를 위아래로 흔든다. 그들은 온갖 형태의 모습을 연출한다. 은빛 나는 향로가 뿜어내는 연기는 공중에서 이리저리 퍼져나가고, 장미꽃이 비처럼 쏟아진다. 군악이 요란하게 울리면 닫집이 가까이 온다는 뜻이다. 닫집 아래 성체를 모셨다. 명사들이 신성한 닫집 주위에 묶은 끈을 경건하게 잡고 행복에 겨워하면서 걷는다. 군중은 서로 밀치면서 행렬을 보다가 법열에 빠져 무릎을 꿇거나, 그렇게 할 수 없는 경우 몸을 굽힌다. 건장한 스위스 병사 40명이 미늘창을 엇비스듬히 들고 힘겹게 구경꾼을 막아낸다. 구경꾼은 호화로운 보석으로 장식한 태양에 조금 더 가까이 가려고 앞으로 쏠린다. 스위스 병사들은 움직이지 않고 서서 구경꾼에게 밀린다. 그들은 더 밀리지 않으려고 한 발을 앞으로 내디딜 뿐이다. 구경꾼이건 스위스 병사건 모두가 생울타리가 되어 종교적 열정을 담은 땀방울을 뚝뚝 흘린다.

베네치아 대사관저의 발코니에는 외교관들이 늘어서서 행렬을 내려다본다. 개신교 군주국의 대표들은 독실한 가톨릭 왕[24]의 대사처럼 몸을 앞으로 굽히거나 무릎을 구부린다. 가톨릭이 개신교를 이기는 순간이다! 로렌초 성인(생로랑)의 하느님 앞에서 유럽 전체가 꿇어 엎드린다.

발코니 위에 모여서 신성한 행렬을 경건하게 보고 있는 외교관들을 보고서, 나는 무엇인가 말할 필요를 느꼈다. 이 경건한 행렬을 보려고 20만 명이나 몰려들었는데도, 또 모든 군주국의 정치가들이 성체를 모신 닫집이 지나갈 때 인사를 했는데도, 사람들은 종교

24 이 호칭(le roi très-catholique)은 전통적으로 에스파냐의 왕을 지칭하는 말이다. 프랑스 왕은 '가장 독실한 기독교도(le roi très-chrétien)'라 칭했다.

가 승리하지 못한다고 말한다. 절대 그렇지 않다! 종교는 불신자들의 온갖 공격을 받고도 피해를 입지 않았다. 아무 교회나 들어가 보라, 교회마다 사람들이 가득하다! 고해실에 가보라, 거기도 꽉 찼다! 날마다 3,000번이나 미사를 올린다! 지난 40년 동안 제단 위에서 꽃 한 송이 훔쳐가는 사람도 없었다! 단 한 번도 비굴하게 향로를 흔든 법이 없다! 불신자들이 제아무리 크게 외쳐도, 그것은 무능하고 패배한 사람들의 속삭임일 뿐이다!

베네치아 대사관저 발코니를 보면서 나는 생각했다. '유럽의 정치가들이 모두 모였군! 그들은 신성한 행렬이 지나가는 것을 보았으니, 성체의 현실을 조금도 의심하지 않겠지.' 지나는 길에 말해두자. 외교관들은 아주 학식이 풍부하고 존경받을 만하지만, 각자 자기 나라 말의 억양을 담기 때문에 프랑스 말을 제대로 알아듣기 힘들게 한다. 그 발코니는 바벨 탑이 아니었다. 각국어가 뒤섞여 혼란이 지배하는 곳도 아니었다. 그러나 유럽 각국의 대표들은 프랑스 말에 이상한 억양을 보태고 있었다.

983 프티 부르주아에 대하여

나는 지금부터 사회의 가장 하층민까지 포함하는 서민 계층과 맞닿은 마지막 계급에 대해서 말하고 싶다. 이 계급에 속하는 프티 부르주아는 장롱에 까막까치밥 열매 발효주를 넣어 두고 만병통치약이라 부른다. 그에게 이 음료는 위험하다고 말해주고 싶지만, 그는 할아버지 때부터 사용하던 약이라고 하면서 계속 사용한다. 그는 감기에 걸려 열이 날 때, 고깃국물을 아주 진하게 끓여 마신다. 그리고 이렇게 하면 해롭기는커녕 건강하다고 굳게 믿는다. 그는 자식들에게 채찍을 휘두르면서 그날 읽어야 할 복음서를 가르친다. 그는 자기 교회 재산관리위원이 되는 것 말고는 이 세상에 바랄 것이 하나도 없을 것이다. 그러나 이러한 명예는 부유한 포목상에게 돌아간다.

다른 계층 아가씨들과 비교해 볼 때, 프티 부르주아 계층의 아가씨는 어머니의 감시를 덜 받는다. 그들은 외투를 걸치고 집을 빠져나갈 구실을 수없이 만들어낸다. 그들은 임신하지 않을 만큼 현명하게 처신한다고 명성을 날린다. 그러나 그들이 임신했다는 사실을 들키면 부모의 집을 떠나는데, 그 뒤 반년만 되면 벌써 매춘부가 된다. 그들의 남자 형제는 이른 아침에 군에 입대하여, 18개월 뒤에는 탈영한다. 그 뒤에 그를 보았다는 사람이 하나도 없다. 이제 프티 부르주아 말고 자원입대자를 내놓는 계층은 더 이상 없다. 옛날에는 '점잖은 부르주아' 집 자식들이 일정 기간 복무하는 일을 명예로 삼았다. 오늘날에는 군복무가 더 이상 매력적이지 않다. 그것은 방탕한 생활의 근원이며, 자기를 팔아먹는 부끄러운 일로 보일 뿐이다.

모든 악당은 아마 비참한 가족의 자식으로 태어났을 것이다. 이 계급은 하도 가난하여, 부모가 자식에게 해줄 만한 것이 하나도 없다. 따라서 그런 집안의 자식들은 서민 계급보다 더 몹쓸 존재이다. 그들은 하루하루 먹을 빵값을 벌 만한 직업도 없기 때문이다.

최하층 부르주아 아가씨는 짜깁기한 천으로 구별할 수 있다. 짜깁기란 구멍 난 천을 마치 거미집 모양으로 꿰매는 것을 말한다. 이 불쌍한 아가씨들이 두르는 숄에는 짜깁기 자국이 가득하다.

서민보다 덜 정겨운 프티 부르주아는 자식들을 거의 어루만져 주지 않는다. 자식이 조금 더 크면, 아비는 자식을 잊고 소액을 저축할 꿈만 꾼다. 그는 자식들이 성체배령을 할 나이만 되면 교육이 완전히 끝났다고 생각하면서, 그 뒤에는 모든 일을 자기 위주로 해야 한다고 믿는다.

프티 부르주아는 아이들의 첫 성체배령을 대관식이며 교육의 최종 단계라고 두고두고 생각할 것이다. 나이가 찬 소녀는 교리문답에 가고, 첫 성체배령의 엄숙한 하루는 장신구로 몸을 치장한다. 그날 소녀들은 타고난 아름다움을 공공연히 드러내고 다닌다. 그들은 소년보다 더 남의 시선을 의식한다. 사제들이 아름다운 젊은이들을 질서 있게 이끌지만, 젊은이들은 곧 사제의 손길을 피할 것이다. 소녀들은 얼굴에 여전히 천진난만한 표시를 붙이고 다니지만, 타락한 세상이 곧 그들에게 손을 뻗칠 것이다. 소녀들은 전례, 유혹, 가난, 이 모든 것 때문에 온갖 위험을 겪을 수 있다. 성체배령을 처음 하는 해는 안타깝게도 대부분의 경우 소녀들이 슬기롭게 사는 마지막 해가 된다. 소녀들이 무릎을 꿇고 성체의 빵을 받거나, 죄수들에게 그것을 나눠주거나, 자기가 진심으로 지킬 수 있다고 믿는 약속을 성수반 앞에서 다시 하거나, 아무튼 그들이 종교의 행위와 자선의 행위를 수행할 때, 그들이 아직 순수한 상태에 있음을 볼 수 있어서 흥미롭다. 그들은 좀 더 높은 계급의 소녀보다 더 위험하다. 부유하고 방탕한 엽색가들이 교회에 오는 그들을 알아본다. 그들은 악덕이 저지른 해악으로부터 은총의 구원을 간구하려고 교회로 가기 때문이다. 그들이 겸손하게 눈길을 내리 깔 때, 악덕의 눈길이 그들을 갈망한다. 악덕의 독을 품은 숨길이 그들의 순수한 숨을 퇴색시키려고 노력할 뿐이다. 어떤 사람이 소녀가 내미는 의연금 모금함에 은화를 집어넣을 때, 난봉꾼은 소녀를 유혹할 금화를 손에 쥐고 미소 짓는다. 난봉꾼은 자비를 베푼다는 구실로 소녀를 더 가까이 다가서게 만들어 세세히 관찰한다. 아, 어쨌든, 이 엽색가는 풍요로움 대신 덕을 잃었지만, 자비로운 표정만큼은 잃지 않는다. 우리는 난봉꾼이 연구하여 설치해 놓은 교묘한 덫에 이 순진하고 아름답고 가난한 소녀가 줄줄이 걸려들게 되리라는 사실을 생각하면서, 난봉꾼이 자비심만이라도 잃지 않기를 바랄 수밖에 없다.

내가 말하는 프티 부르주아의 바로 위에 있는 제3계급의 부르주아는 거물급 인사들처럼 특별한 날을 정해서 사교모임을 가지려 노력한다. 그들은 모여서 대개 카드놀이를 하는데, 노파와 노처녀들이 그러한 모임의 기둥 노릇을 한다. 이러한 종류의 모임에서 가장 소중한 약속은 결국 남을 비방하는 것으로 끝난다. 그곳에 드나드는 사람은 나이를 먹어 보기 좋은 모습을 잃었기 때문에, 오직 우스갯소리가 그곳을 지배한다. 뚱뚱한 과부, 과년한 아가씨, 교구의 청소부들이 앞다투어 이야기한다. 다른 곳을 지배하는 것과 전혀 다른 사고방식이 그곳을 지배한다. 그들의 이야기는 한 50년 지난 옛날 이야기 같다. 방안의 가구는 오가는 이야기만큼 고풍스럽다. 거기 모인 인물들은 벽걸이 융단에 새겨놓은 인물과 놀랍게도 똑같다. 탁자, 걸상, 안락의자의 모양대로 모인 여성들이 무슨 이야기를 나눌지 누구나 알아맞힐 수 있을 것이다.

여성들은 다른 곳에서는 중압감을 느꼈겠지만, 현대 취향에 맞춰 새로 장식한 살롱에서는 경쾌하고 영적이 된다. 옛날보다 더 사교적이고 더 개화되었으며 남성의 말투를 쓰는 그들은 재능을 다툰다.[25]

25 메르시에는 이 글에서 사회 계층을 분류한다. '거물급(grands)'이란 귀족과 부유한 사업가로서 도시에 개인저택을 가지고 살롱을 여는 부류이다. 그 밑에 '나사 상인 부르주아', '점잖은 부르주아(bons bourgeois)', 그리고 '제3계급의 부르주아', '프티 부르주아'가 있다. 이 마지막 부류 가운데 가장 낮은 계급은 서민과 거의 구별하기 어렵다.

984 성 체칠리아 축일[26]

오르간을 발명한 사람은 성 체칠리아인가? 만일 그가 발명했다면, 영원한 축복을 내리기를.

음악가들은 그의 축일에 음악을 연주하여 축하한다. 모든 교회에서는 악기 소리가 울려 퍼진다. 그날을 놓쳐서는 안 된다. 협주곡을 듣고, 합창단이 부르는 성가를 들으러 가야 한다. 감수성이 예민한 젊은이가 처음으로 이러한 음악을 들으면, 마치 천사의 나라로 단번에 날아오르는 느낌이리라.

그가 독하게 마음먹고 음악의 매력에 저항할 수 있을까? 만일 그렇다면 그는 뮤즈 신들의 혜택을 조금도 누리지 못한 채, 뱀처럼 기고 돼지처럼 툴툴거리면서 살아가리라.

음악은 우리에게 지적 세계의 문을 열어주는 열쇠이다. 이 하느님의 언어에 푹 빠지는 사람이여, 행복하리라! 그림은 유치한 수준에 머물러 있지만, 음악은 실로 예술이다.

잔인한 루이 11세도 음악에 무관심하지 않았다. 그는 생티노상 교회에 성가대 어린이 석으로 여섯 자리를 마련하여 음악 예배를 찬미하게 하였다. 그가 폭군이었을지라도, 나는 그 덕분에 즐겁다. 그렇다면 나는 그를 용서해야 할까? 아니, 그럴 필요가 없다. 그 폭군은 스스로 잘못을 고칠 수 있었으리라. 왜냐하면 그는 화음을 느끼

26 성 체칠리아는 음악의 수호성인이며, 축일은 11월 22일이다.

는 사람이었으므로….

아주 훌륭하고 생생한 음악은 최상의 도덕 책이다. 음악은 풍속을 바꾸고 순화하며 정신을 깊게 만들고 드높여서 자연의 위대한 조화를 인식하게 해준다. 우리가 죽으면 하느님과 음악으로만 말할 것이다. 최고의 음악가는 종교적 존재이다. 그는 화음의 은밀한 마법 속에 경탄의 마음을 담아 우리로 하여금 위대한 존재를 숭배하도록 이끄는 사람이다. 우리가 음악에 빠지면 우주의 질서를 더욱 사랑하게 되는 것을 느낄 수 있다. 또한 음악은 인간이 물질 이상의 존재임을 알려준다.

내가 어떤 소녀의 대부가 되면, 그에게 성 체칠리아를 수호성인으로 항상 섬기라고 하겠다. 음악을 연주하는 여성은 모든 여성 가운데 가장 훌륭하다. 내 생각에 그들은 그림 그리는 여성보다 더 낫다.

오늘 우리는 노트르담 성당에서 연주하는 바이올린 소리를 들었다. 노트르담 성당 참사회 덕택에 우리는 훌륭한 음악을 감상한다. 음악 애호가들은 계속 풍부해진 음악을 즐길 수 있다. 우리는 아침기도, 미사, 저녁기도 시간에 음악을 들을 수 있다. 우리는 이 교회 저 교회를 옮겨다니면서 하루 종일 달콤한 음악을 들을 수 있다. 나는 음악을 열렬히 사랑하고, 그림보다 음악을 더 사랑하기 때문에, 주로 음악을 들으러 다닌다. 그리고 교회음악은 군대음악보다 더 듣기 좋다. 왜냐하면 군대음악을 들을 때면 언제나 총소리를 연상하기 때문이다.

하루 종일 사람을 괴롭히는 생활의 고통은 밤에도 가라앉지 않는다. 영혼은 몸과 숙명적으로 결합했다. 그러나 잠자리에 들어서도 잠들지 못할 때, 거리에 울려 퍼지는 음악과 서로 주고받는 대화는 얼마나 듣기 좋은 소리인가? 마차가 집을 흔들 정도로 빨리 지나가기 때문에 소스라치게 놀라 깨어날 때, 영혼의 동요는 가라앉는다. 그는 조금도 외롭지 않다. 유감스럽게도 고독은 영혼의 고통을 하나 더 보태주기 때문이다. 우리는 대도시에서 소란스러운 사람들에게 둘러싸여 있을 때 오히려 고통을 덜 느낀다. 단 한 가지만 상상하는 것을 방심이라 부를 수 있다. 그것은 내가 경험한 특별한 느낌이다. 그리고 그것은 사람들이 끊임없이 오가는 거리에 살면서 소음 속에서도 잠을 잘 자는 사람들에게만 해당되는 느낌이다. 사실 우리의 감각은 소음에 곧잘 익숙해진다. 그리고 사람들은 잠에서 깨어날 때 곧 소음을 다시 느끼게 된다.

파리에서 태어난 사람은 사람들의 목소리가 끊임없이 공중에 울려 퍼지면서 매력을 많이 발산한다는 사실을 안다. 어디서나 사람이 활동하고, 밤중에도 고요한 적이 없다. 먼 곳에서 무엇인가 항상 당신을 끌어당긴다. 누군가 밤을 새운다! 어린이의 두려움이나 고통스러운 꿈의 성가신 환상을 흩어버리려면 어둠 속에서 말하는 단 한 사람의 목소리면 충분하다.

985 가구 창고

왕실의 가구 창고는 잘 만든 가구보다는 엄청나게 비싼 가구를 보관한다. 철학자는 그곳에서 명주실과 금실로 짠 벽걸이 장식품을 어렵지 않게 볼 수 있는데, 그 길이를 모두 합치면 거의 24,000온이나 된다. 스키피오 아프리카누스의 전투 장면을 벽에 걸어 놓으면 뭐가 좋을까? 아주 쓸모없이 노동력만 낭비했다! 우리가 장관이라고 감탄하는 이러한 벽걸이 장막이야말로 그 무엇보다 더 한탄할 만한 사치이다.

창고에 쌓인 것은 왕의 대관식 때 쓰고 남은 것이다. 그곳에서 철학자는 모든 왕관의 보석, 리슐리외 추기경의 황금 예배당, 중대한 예식에 사용했던 황금 106마르의 배, 군주가 쓰던 온갖 투구를 보고 끔찍했던 치세를 떠올리고 몸서리를 치면서, 우리의 권리와 자유의 기초인 대헌장을 발견하면 더 좋겠다고 생각한다.

리슐리외 추기경이 황금 예배당을 가졌다는 사실을 우리에게 알려주는 것이 왜 필요하단 말인가? 그가 죽은 지 146년이나 지난 뒤이 예배당이 무슨 소용이란 말인가? 이 황금 덩어리가 조국을 위해 목숨을 바쳤건만, 그에게는 별로 가치가 없었음을 증명한다.

벽옥, 마노, 수정으로 만든 꽃병이 뭐 대수란 말인가? 그보다 더 절실한 것을 찾으면 좋겠는데, 도무지 찾을 길이 없다. 거기 있는 물건은 우리나라 왕들의 대관식이 얼마나 화려했는지 보여주긴 해도, 그 이상의 의미는 없다. 호사스럽지만 불필요한 장식품을 보면서, 장엄함보다 사치를 더 소중히 여긴다는 사실을 알 수 있다.

대중은 값진 보배를 보고 얼이 빠질 것이다. 그들은 벽걸이 장식을 좋아한다. 그러나 사보느리 공장[27]의 융단보다 더 허망하고 유치한 솜씨로 타락한 것은 일찍이 보지 못하였다.

프로이센 왕의 가구 창고에는 기껏해야 1,800리브르도 안 되는 물건이 있다. 왕의 셔츠는 겨우 11벌이다. 사람들은 그 유물을 가지려고 앞다투어 싸운다. 퀴르티우스[28]는 프로이센 왕이 입었던 의복을 아주 합법적으로 가져다가 그의 인형에 입혔다. 사람들이 그것을 보려고 몰려들어 아주 닮았다고 말했다. 인형은 모자를 쓰고 군복을 입었고 또 낡은 장화를 신었는데, 실제 인물은 그것을 신고 유럽 세력 균형을 조절하는 노릇을 했다. 그의 모습을 보면 즐거워지는데, 그가 한 행동과 놀라울 만큼 다양한 재능을 떠올릴 수 있기 때문이다. 그가 입은 소박한 옷은 다른 군주의 화려한 의상보다 더 효과적이다. 명성은 시간과 장소의 제약을 받지 않고 힘을 발휘한다!

그러나 그의 곁에서 트렌크 남작[29]의 밀랍상을 보았다. 이 유명한 죄수는 우리에게 탄성을 자아내게 할 만큼 생생한 모습으로 그를 가둔 쇠창살의 무게를 보여주며, 프리드리히 2세에게 보복하고 싶은 심정을 드러낸다. 그는 왕의 영광에 얼룩을 남기려고 거기 있으며, 구별하거나 선택하지 않고 아무나 눈 깜짝할 사이에 죽이는 벼락과 대포보다, 군주가 무한정 휘두르는 힘이 더 두렵고 위험하다는 사실을 말해준다.

27 사보느리(la Savonnerie)는 파리 센 강가에 있는 비누공장이었으나, 1615년 피에르 뒤퐁이 그것을 양탄자 공장으로 바꾸었다. 1650~1685년 사이 전성기를 맞았다.

28 퀴르티우스(Curtius)는 위대한 인물과 악당의 밀납인형을 만드는 사람으로서, 팔레루아얄과 탕플 신작로에 가게를 경영했다.

29 le baron de Trenck(1726~1794): 프로이센의 프리드리히 2세의 동생 아멜리 공주를 사랑했기 때문에 1745년 감옥에 갇혔다. 프랑스 혁명 초기에 파리로 온 그는 공포정치 시대에 프로이센 왕의 밀사라는 혐의로 단두대에 올랐다.

986 지하실

지하실은 보통 다섯이나 여섯 공간으로 나뉜다. 세입자는 서로 공간을 더 차지하겠다고 다툰다. 그곳에 나무, 초, 포도주를 놓아두고 드나든다. 그러다가 어느 날 물건을 꺼내려는 사람이 서로 비켜줄 틈도 없는 층계참에서 만나기도 한다. 하인들은 포도주를 마시는 방법을 공부한다. 그래서 문마다 맹꽁이 자물쇠를 달아두어야 한다. 안주인은 하녀를 의심하고, 직접 지하실로 내려가 포도주병이 제대로 맞는지 세어본다. 이처럼 부지런히 감시를 하지만, 누군가 자물쇠를 부수고 널빤지를 뜯어낸다. 날마다 주민들이 경찰관을 찾아가 이웃집 하인이 포도주를 마셨다고 고발한다. 개구쟁이들은 가장 나쁜 개구쟁이를 공격하지 않는다. 그들은 늙어서 한편으로 제쳐놓을 사람을 잘도 구별한다. 그들은 좀도둑이며 포도주 감정가이다.

그러므로 누군가 자기만의 지하실을 갖게 된다면 행복하고 아주 축하할 만한 일이다. 여태껏 종복들은 끊임없이 도둑질을 하고 들켜도 충분히 처벌받지 않았기 때문에 주인의 믿음을 저버리는 일을 서슴지 않았지만, 개인 지하실은 이런 좀도둑질을 막아줄 것이다. 법률이 이러한 도둑질에 아랑곳하지 않는 것을 누구 탓으로 돌려야 하는가? 법률은 이런 종류의 도둑질을 단순히 믿음을 저버린 행위로만 볼 것인가? 나는 종복이 씨암탉을 먹어치우고 벌 받지 않으리라는 사실을 잘 안다. 또한 그는 앞으로 닭에 손을 대지 않으리라는 사실도 잘 안다. 왜냐하면 그는 그렇게 하는 순간 자기 잘못이 드러나리라는 사실을 모르지 않기 때문이다. 그러나 날마다 셀 수 없는 포도주병의 경우는 다르다. 그래서 개구쟁이는 주인의 포도주를 진탕 마시더라도 처벌받을 일이 없음을 거의 확신한다. 법률은 자신까지도 속이는 불성실함을 어느 정도 너그럽게 봐 넘겨줘야 한다고 믿는 것 같다. 더욱이 종복들은 할 일이 거의 없으므로, 그들에게 무료함을 달래주고 죽도록 심심한 상태를 벗어나게 해줄 일을 맡기는 것도 정당하게 보인다.

거의 모든 지하실은 강물이 불면 물난리를 겪는다. 습도는 포도주를 보관하는 데 방해가 되며 집안의 위생상태를 망친다. 그런 집에서는 지하실에 아무것도 보관하지 못한다. 지하실보다 다락방에 포도주를 보관하는 편이 더 낫다. 그러나 항상 발걸음은 지하실로 향하는 버릇이 있다. 아, 어떻게 하면 일상의 굴레를 벗어날 것인가?

얼마 전부터 나무를 사용하지 않은 칸막이를 만들기 시작했다. 칸막이를 지하실에 놓고 거기에 술통을 집어넣으면, 제아무리 솜씨 좋은 하인이라도 널빤지를 뜯어내고 이웃집 포도주를 꺼내 마실 일은 없다. 예전 같으면 하인은 이웃집 포도주를 마신 뒤 주인의 포도주까지 마셨다. 그러나 풍속이나 법률이 완벽하지 못할 때 튼튼한 칸막이로 보완해야 한다.

모든 입주자가 드나드는 현관 입구에 지하실을 설치한 집을 보면, 참으로 무식한 건축가가 설계했다고 비난할 만하다. 지하실 입구에는 무거운 나무판자 뚜껑을 덮었다. 포도주를 꺼내러 내려가자면 이 무거운 뚜껑을 들어올려야 한다. 길 쪽으로 난 문을 깜박 잊고 닫지 않으면, 허겁지겁 층계를 찾아들어선 사람은 지하실 바닥으로 떨어지기 십상이다. 얼마 전 조서를 꾸미려고 이야기를 하면서 걷던 검찰관이 정복을 입고 사각모자를 쓴 채 거기 떨어졌다. 검은 옷을 입고 그의 뒤를 따라가던 서기는 때맞춰 멈춰 섰다.

독일과 스위스에서는 지하실이 아주 필요한 건축물일지 모르지만, 파리에서는 겨우 사방 서너 자짜리 좁은 공간이라서 오가는 사람에게 아주 위험하기만 하다. 어떤 부르주아가 "나는 지하실에 포도주를 보관하지요"라고 말할 때, 그 분량이 겨우 4분의 1통 정도인데 그는 맹꽁이 자물통을 3개나 달고 지켜야 한다. 그는 포도주를 마시려면 한 병당 5수를 지불해야 한다. 가장 나쁜 포도주도 가장 훌륭한 포도주만큼 5수를 내야 먹을 수 있으며, 지하실에서 아주 시큼하고 떫은 포도주를 꺼내면, 그는 그 자체의 가치보다 세금 때문에 더 아쉬워한다.

한 사람이 쉽게 끌고 다니는 작은 수레에 저장할 포도주를 싣는다. 두 사람이 한 통을 들어 지하실로 옮긴다. 천장이 아주 높은 곳에 큰 술통을 보관하는 스위스인과 독일인은 작은 술통을 보면서 미소를 짓는다. 그들은 술통을 보관하기 위해 일종의 신전과 같이 짓기 때문에, 프랑스인이 그것을 보면 저절로 탄복하고 존경하게 된다. 그리고 그들이 보는 앞에서 당장 그러한 창고를 모방하고 싶어질 것이다.

987 표지판

우리는 길을 가다가 못이 삐죽삐죽 나온 쇠표지판을 보게 된다. 그것도 많이 볼 수 있다. 이러한 표지판은 운하가 있는 곳에 설치하여 입구를 닫았음을 알리려는 것이다. 그러나 지나가는 사람들은 거기에 걸리기 일쑤이다. 파리의 거리에서 이보다 더 위험한 것은 없으리라. 이러한 종류의 덫을 설치한 곳이 이 세상에 파리 말고 어디 있겠는가?

표지판은 언제나 포도까지 넘친다. 어디서 불쑥 튀어나올지 모를 지경이다. 직접 해를 입지 않는다 할지라도, 그것을 피하려고 헛발을 짚거나 발목을 삔다. 그것이 가끔 땅으로 떨어지기 때문에 더 위험하다. 마차에 치어서 겨우 목숨을 건지는 불행을 맛본 뒤, 그보다 더 큰 불행을 만나기도 한다. 굵은 못이 삐죽삐죽 나온 표지판 위에 구르면 큰일이기 때문이다. 더욱이 그런 곳에서는 발이 미끄러지기 쉽다.

당국이 여러 가지 기본적인 사항을 개선한다면, 그 가운데 반드시 이 불행한 못투성이 복병을 포함시켜야 한다. 얼음이 어는 때가 아니더라도, 그리고 제아무리 심심하다 하더라도 그 복병을 뛰어넘으려 해서는 안 된다.

988 오시리스의 법

누가 믿을 수 있겠는가? 도둑질에 대하여 오시리스가 정한 법률을? 그 고대법은 (어떤 경로인지 모르겠지만) 마침내 우리나라까지 찾아와서 치안담당관 사무실에 정착했다. 누군가 "그런 일이 가능한지 증명해 보시오"라고 말할지 모른다. 아무렴, 나는 사실을 동원해서 증명하겠다. 이 법은 소매치기가 되려는 사람들은 자기가 물건을 훔쳐다 바칠 두목의 등기부에 반드시 이름을 올려야 한다고 명령한다. 사람들은 잃은 물건을 찾으러 두목에게 간다. 두목은 원주인이 산 가격의 4분의 1을 받고 물건을 돌려준다.

내가 소매치기와 치안담당관이 공모했다고 말하지 않는다는 사실에 주목하기 바란다. 나는 단지 파리 시민들이 소유했던 물건을 아주 싼 값에 되찾을 수 있도록 파리 치안당국이 이러한 편법을 찾아냈다는 사실만 말해둔다. 더욱이 솜씨 좋은 소매치기를 이런 식으로 봐주는 방식으로 바늘 도둑이 강도가 되지 못하게 막는다. 그리고 그들은 이처럼 약간 무례한 행위를 유연하게 하는 대신, 위험한 힘을 사용할지 모르는 사람들을 찾아내는 데 소매치기를 활용한다.

오시리스의 천재성은 크론[30]의 사무실에서 어떻게 나타나는가? 오시리스가 이 법을 만들 때 훗날을 생각하지 않았음이 분명하다. 그럼에도 오늘날 더 큰 잘못을 막으려고 작은 잘못을 너그럽게 대하

30 Crosne(1736~1794): 1785~1789년 동안 파리의 치안총감이었다.

는 것이 아무런 모순을 일으키지 않기 때문에 그 법을 적용할 수 있었다.

그 대신 모든 법률은 가정집 도둑을 엄하게 다스린다. 물론 도둑의 죄를 입증해야 한다. 그러나 사형은 이 시대의 철학뿐만 아니라 자연의 형평성을 거스른다. 거의 모든 가정집 도둑은 오늘날 벌을 받지 않는다. 왜냐하면 전날 밤 자기 시중을 든 불쌍한 하인을 사형대에 보낼 만큼 아주 야만스럽거나 이웃의 비난에 아주 무관심한 주인은 없기 때문이다. 이처럼 범죄와 형벌 사이의 불균형이 법의 기초를 허물었다.

가정집 도둑질이 아주 많고 거의 처벌받지 않았기 때문에 그 법을 완전히 폐지해야 할 것이다. 내 생각에, 아주 잔인하고 엄격한 벌을 견디기 힘든 매질 따위로 바꾸어야 할 것이다. 그래야만 물건을 잃은 주인의 양심도 그만큼 가책을 덜 받으리라. 오늘날에는 망나니를 될수록 멀리하려고 노력하는 만큼, 물건을 잃은 주인은 공공의 이익을 위해 매질하는 형리를 부르게 될 것이다. 일반적으로 말해서, 자연의 형평성에 가장 맞는 법률은 가장 훌륭한 법이며, 가장 성공할 가능성이 높다. 나는 다시 한 번 증명하겠다.

법이 비밀출산을 명예형으로 규정하지 않게 된 뒤, 산모가 막 세상의 빛을 본 핏덩어리의 울음소리를 듣지 않은 채 매정하게 영원한 어둠 속에 집어넣는 일도 없어졌다. 인간을 격한 상황에 몰아넣는 법은 결함을 갖게 마련이다. 판사가 엄격하거나 정의의 무거운 칼날을 적용한다고 해결될 문제가 아니다. 악덕에 앞서 나가고, 악덕의 뿌리부터 잘라야 한다. 그것이 파리에서 해온 일이고, 프랑스에서 해온 일이다. 한편, 의도적인 유산과 영아살해는 스위스의 여러 지방에서 드물지 않은 범죄이다.

989 보시분배 사제

장교들은 병사 전체보다 돈을 200만 리브르나 더 받아간다. 병사들은 4,400만 리브르를 받는데, 장교들은 4,600만 리브르를 받는다. 이 얼마나 슬기로운 경제학인가!

보시분배 사제의 경우도 마찬가지이다. 여러 지방의 모든 사제보다 궁정, 왕족, 대귀족의 보시분배 사제들이 더 부자이다.

보시분배 사제라는 소박한 이름은 호사스러운 호칭이 되었다. 나는 그들이 과연 보시를 하려는 꿈이라도 꿀까 생각하지만, 왕족들이 성체를 모시는 일은 반드시 『가제트 드 프랑스』 신문에 발표해야 하는데, 그들은 왕족들이 성체를 모실 때 턱수건을 받드는 대귀족의 이름과 함께 신문에 이름이 오른다.

특정 가문의 전속 신부들은 찬양할 만한 공간에서 미사를 올리는 시간을 단축하려고 노력하면서도 서둘러서 끝내지는 않는다. 그들은 신속하고 경쾌하게 처신하되, 예의를 잃지 않고 미사를 올린다. 군주를 위해 올리는 미사는 장엄하면서 짧다. 어떠한 예식 절차를 빼먹지 않으면서도 시간을 완전히 아끼는 것이다.

군대의 보시분배 사제들은 평화 시 1년에 5만 에퀴(25만 리브르)를 받는데, 전시에는 행군한다. 그러나 그들에게 출발하라고 통보하기 전에, 사람들은 의사와 외과의사를 먼저 뽑아야 한다고 생각한다.

그들이 전투 직전 무릎을 꿇은 모든 병사를 사면해 주는지 아닌지 나는 잘 모른다. 단지, 민족 차원의 증오심과 대학살의 두려움이 나타나기 앞서, 이처럼 사면을 해주는 일보다 더 믿기 어려운 장면

이 하늘 아래 있다는 사실만은 분명히 안다. 보시분배 사제들은 이처럼 신속하게 사면해 준 뒤, 전장에서 뒤로 빠진다. 그들은 현명하게도 종교인의 특권을 이용하는 것이다. 리슐리외 추기경, 라발레트 추기경, 그리고 보르도 대주교 수르디처럼 군대를 지휘했던 종교인 시대에는 한창 살육을 자행하는 사람들을 사면해 주었을 것이다. 십자가를 달고 고위성직자의 관을 쓴 이 세 사제들의 기독교 정신은 얼마나 훌륭한가! 사람들은 내게 성 베드로는 칼을 들고 다녔으며, 그 칼로 말쿠스[31]의 귀를 잘랐다고 말할지 모른다. 그러나 베드로는 그 순간 이 칼을 사용하면 그것으로 죽임을 당할 것이니 살인무기를 사용하지 말라는 명령을 받았음을 사람들은 안다.

집에 예배당을 갖춘 사람은 특수한 신분이다. 가정 예배당이 있으니 저택에서 밖으로 나가지 않아도 된다. 더욱이 은밀하고 간단히 치르는 종교의식은 신도들이 자기 성당에 모이는 모습을 보면서 좋아하는 사제의 취향이 아니다. 그러나 행실이 가벼운 여성이 참으로 많아서, 그들에 대한 하소연은 대주교를 움직인다. 대주교만이 타락을 사면할 수 있다. 그는 조리 있게 속삭이고, 마침내 사면해 준다. 보시분배 사제직은 가난한 사제를 살리는 직책이다. 가난한 사제는 400프랑을 받고 대궁상(물린 밥상)을 받을 수 있다.

영주의 저택에 가난한 카푸친회 수사나 성 프란치스코회 수사를 불러서, 권세나 신분이 아주 높은 사람들이 천한 백성과 함께 뒤섞여 기도하지 않는 대가로 푼돈을 쥐어준다.

옛날에는 보시분배 사제가 없었다. 왜냐하면 종교인들은 오직 보

31 Malchus: 유대교 고위사제 카이아파스의 종으로서, 예수를 체포할 때 예수의 몸에 손을 댄 사람이다. 요한 복음서에서는 베드로가 그 행동을 막으려고 칼로 그의 오른쪽 귀를 베었다고 한다.

시를 받아 살았기 때문이다. 오늘날 가난한 사람들이 오히려 종교인의 자비를 빌어 살아가는 형편이다. 이제 사람들이 종교를 믿지 않는 시대가 오면 어떻게 될까?

오지랖이 넓고 흥미로운 기질로 유명한 프레보 신부는 콩티 공의 보시분배 사제로 임명되었다. 콩티 공은 그에게 이렇게 말했다. "신부님, 내 보시분배 사제가 되어 주시오. 그러나 나는 신부님이 올리는 미사에는 참여하지 않겠소." 그러자 신부는 이렇게 대답했다. "공작님, 나도 미사에 대해서는 한 마디도 하지 않겠습니다."

990 식료품 잡화상

그들은 계피와 독극물, 질산과 기름, 치즈, 구토제, 증류주, 물감, 설탕, 비소, 잼, 설사제를 판다. 그들은 약사와 경쟁할 정도로 비슷한 권리를 갖고 있다. 그들이 자칫 소금 대신 비슷한 약품을 줄 수도 있는데, 그것을 삼키는 사람은 아주 불행하다. 실제로 착각 때문에 돌이킬 수 없는 위험이 닥쳐야 비로소 정부 대신의 사무원이 한 일을 무효로 만들 수 있겠는지?

약물류와 식품류가 뒤섞여 있다. 식료품 가게 점원은 한 손으로 건포도를 집고, 다른 손으로 글라우버염[32] 2그로[33]를 집는다. 한 손으로 비누를, 다른 손으로 구토제를, 또는 한 손으로 자두를, 다른 손으로 테리아카[34]를 집는다. 밥상에 올리는 후식과 생약제를 같은 저울로 단다. 점원이 약상자에 적은 화학 성분을 잘못 읽으면, 또는 글을 읽지 못하거나 여러 가지 약품을 충분히 구별할 능력이 없을 때, 이튿날 독을 먹고 죽은 사람을 장례 지내는 일도 생긴다. 그리고 사람들은 곧 그 일을 잊으리라.

식료품 잡화상 공동체의 정관은 형식적이다. 그들은 각자 자기 구역 사람들의 장을 깨끗하게 비우게 만들고, 자기가 만든 후식을

32 화확자 글로베르(Glauber)의 이름을 딴 소금으로, 16세기 작센 선제후 가문의 비방으로 알려졌으며, 장을 비우는 설사제이다.

33 1그로는 8분의 1온스.

34 아편성 해독제.

줄 권리가 있다. 이것은 이론의 여지가 없는 사실이다.

식료품상은 고깔봉지에 후춧가루를 담아서 판다. 심보 고약한 사람은 개똥을 빻아 담고 그 위에 후춧가루를 얹는다. 개똥 색깔이 까맣기 때문에 후추와 구별하기 어렵다. 말린 개똥을 몰루카산 후추라고 속여 파리 사람들에게 먹인다. 식료품 잡화상은 투견장에서 상품을 마련한다. 그곳에서는 개를 많이 키우기 때문에 가짜 상품이 풍부하다. 홀란드의 동인도회사 대신 물건을 대주는 곳이 이렇게 존재한다. 이처럼 역겨운 방법으로 불순물을 섞거나 오베르뉴에서 생산한 잠두콩을 섞은 후추를 사지 않으려면, 직접 보는 앞에서 갈아달라고 해야 한다. 그렇지 않으면 우리는 식료품에 대한 입맛을 바꿔야 할 것이다.

식료품 잡화상 가게를 찾아가 보라, 언제나 사람이 드나드는 모습을 볼 수 있을 것이다. 파리인은 필수품을 집에 쌓아두지 않는다. 그래서 먹을 만큼만 쪼개서 산다. 서민은 치즈 덩어리, 설탕 한 근, 기름 한 병씩 사는 법이 없다. 날마다 벌이가 시원치 않기 때문에 정향까지 알갱이로 구입한다. 아침에는 점심거리만, 밤에는 저녁거리만 산다.

서민은 계속해서 자투리 물건장수나 소매상인을 찾아다녀야 하기 때문에, 결과적으로 그는 땔감나무를 한 차에 40리브르를 주고 사는 셈이다. 가는 나뭇단과 굵지만 젖은 나뭇단을 원래 값보다 2배나 주는 셈이다.

서민은 장청소를 할 때, 하제를 훨씬 싸게 주는 잡화상을 찾으며 큰일을 해냈다고 믿는다. 그러나 치명적인 물건을 파는 가게일수록 물건 값이 싸게 마련이다.

식료품 잡화상 가게로 하녀와 소년들이 들어가 식료품이나 약품을 종이쪽에 싸서 들고 나오는 것을 볼 수 있다. 가게 점원은 종잇조각을 가지고 자기가 파는 상품을 포장해 준다. 그들은 책이 나오기를 기다리다가 책을 찢어 포장지로 이용한다. 그들은 작가와 서적상을 절망하게 만드는 대신, 즐거움을 얻는다.

식료품상과 버터장수가 없다면, 우리 집에는 발 디딜 틈이 없을 정도로 책과 종이가 수북이 쌓일 것이다.

기사 블롱도는 식료품 가게마다 뛰어다니며 근으로 달아서 사고 파는 종이를 보여달라고 한다. 그는 그 속에서 봉투, 포장지, 고깔봉지로 변하기 직전의 특허장이나 권리증 같은 보물을 만난다. 갈 길을 잃고 헤매던 증서 가운데에는 루이 14세의 결혼계약서 원본도 있었다. 인간의 족보를 뒷받침하는 당당한 양피지 문서를 시간, 생쥐, 벌레가 흩어버리고, 쏠고, 망쳐놓았다. 어떤 가문은 대가 끊겼다. 왜냐하면 그 낡은 양피지는 약사의 가게에서 주둥이가 넓은 병을 막는 용도로 쓰이고 있기 때문이다. 유럽 사람들이 두루 아끼며 낭송하는 시는 장례식에서 선창자의 코담배를 쌀 소박한 고깔봉지가 되었다. 화재가 발생하거나 이상한 사건이 일어나 값진 물건과 함께 증서를 태우거나 못 쓰게 만들 때, 또는 증서의 중요성을 모르는 채 불필요한 잡동사니에 섞어 근으로 달아서 팔아버렸을 때, 제아무리 한 세기에 한 명 날까 말까 한 천재라도 그 가문의 뿌리를 증명해 주기란 불가능하다.

400년이 지나면 우리의 책은 모두 시간의 흐름 속에서 분해될 것이다. 물론 재판을 찍는 책은 예외이다. 오, 내 책이여! 이 가혹한 줄을 어떻게 피할 것인가? 불후의 40명의 강인한 작품처럼 청동이나 금강석 이마를 줄 앞에 들이댈 것인가?[35]

35 아카데미 프랑세즈 회원은 40명이다. 메르시에는 작품성보다 저자의 명성을 더욱 높게 평가하는 풍토를 은근히 비판하는 것은 아닐까?

991 어린이

파리의 어린이는 7~8세까지 아주 예쁘다. 그들은 수많은 사람들이 우글거리는 도시에서 자라다보니 일찍부터 이와 같은 분위기에 익숙하다. 그들은 멍청하게 보이지 않는다. 그들은 생활관습이나 도시의 소음을 별로 놀라지 않고 받아들인다. 침착한 풍모가 그들이 수도에서 태어나고, 이미 그 거대한 활동에 익숙하다는 사실을 말해준다. 그들은 주위에서 무슨 일이 일어나도 눈 한 번 꿈쩍거리지 않는다. 대개 소박하고 편안하게 살아가는 그들은 장자크 루소의 글에서 권고한 자유로운 옷의 덕을 본 세대임이 분명하다.[36]

어른은 어린아이를 잘 보살펴야 한다. 일부 난폭한 어른이 소녀를 거칠게 다루는 경우도 있다. 어떤 저명한 의사는 3~6세 여자아이들의 성병을 치료해 주었다고 내게 말해주었다.

지방 소도시 사람들은 어린이가 길을 잃을 수 있다는 사실을 전혀 생각지 못한다. 그런데 파리의 산책로에서는 길 잃은 아이가 심심치 않게 생긴다. 나는 튈르리에서 어떤 젊은 부인이 눈물로 범벅이 된 모습을 보았다. 머리칼이 헝클어진 채 엉엉 울면서 이리저리 헤맨다. 손수건을 들었지만, 눈물이 뺨을 타고 줄줄 흐른다. 자기 아들을 본 사람이 있는지 묻는다. 그는 아들 또래나 옷차림이 비슷하면 무조건 뒤쫓아간다. 그러나 아들을 찾을 길이 없다. 아들은 벌써 정원을

36 장자크 루소는 『에밀』에서 그 시대 배내옷이 아기의 성장과 활동을 방해한다고 비판하였다. 그는 아기를 꽉꽉 싸매는 대신, 품이 큰 옷을 입히라고 주장했다.

벗어났다. 길모퉁이에서 아무도 알아듣지 못하는 혀 짧은 소리로 어떤 이름을 열심히 부르면서, 어미에게서 자꾸 멀어지기만 한다.

치안당국은 현명하게도 세브르 길에 미아보호소를 새로 설치했다. 그러나 그 사업은 실패했다. 아이를 잃은 어미는 가장 큰 슬픔에 잠긴다. 그녀는 사방에 묻지만, 사람들은 막연하게 대답해 주기 때문에 그녀를 진정시킬 수 없다. 가끔 어린이가 이 큰 도시에서 완전히 사라지기도 한다. 이 도시에서는 모든 시민이 서로 모르며, 진정한 길이 하나인데도 그릇된 길을 가리키는 빛은 1천 개나 되기 때문이다.

어린이를 유괴하는 일로 먹고 사는 악당도 분명히 있다. 실종된 어린이는 거의 소녀라는 것이 이같은 사실을 증명해 준다. 지난 1년간 흔적 없이 사라진 소녀는 800~900명이나 된다. 이같은 범죄를 다스릴 만큼 충분한 형벌은 없다. 모든 어머니는 자기 딸을 잃어버릴 수 있다고 생각만 해도 가슴이 벌렁거린다고 한다.

미아는 먼저 미아 담당관에게 데려간다. 부모를 찾지 못하면, 이튿날 그들을 치안청으로 데려가 아이를 잃은 부모들에게 선보인다. 3세 미만의 미아일 경우 4일째 유아원에 넘겨준다. 그 이상의 어린이는 보고서를 첨부하여 끔찍한 보호시설인 피티에(동정) 병원으로 보낸다. 그들이 들어가는 날, 등록부에 이름과 특징을 올린다. 그러나 곧 친부모도 그들을 자식으로 알아보지 못하게 된다. 비참한 상태나 버림받은 상태에서 그들의 특징이 쉽게 바뀌기 때문이다.

가난한 부모는 가끔 자식을 버린다. 아니 자발적으로 잃어버린다. 자식을 먹이기 힘들기 때문이다. 그들은 공공 구호기관이나 자비로운 사람이 버림받은 자기 자식에게 새 부모를 줄 것이라고 스스로 위로한다. 그것은 물론 거짓 희망이며, 결국 살인으로 발전할 수도 있다. 버림받은 어린이는 병원에 수용된다. 그러나 회한에 사무치는 부모는 자식을 보러 갈 수도 있다. 그들 주위에서 보는 만큼 심한 가난은 없을 정도이다. 자비심을 불러일으킬 만한 것을 묘사하기 위해서는 적빈이라는 말 이상의 낱말을 만들어내야 한다. 아, 잔인한 사람들이여! 이 병원 앞에 버젓이 걸어 놓은 현판에서 '동정'이라는 말이라도 지워버려라.

벙어리 어린이가 노르망디의 기브레 시장에서 길을 잃었다. 어떤 사람이 그를 거두어 파리로 데려갔다. 사람들은 갑자기 그를 인도에서 온 아이, 그것도 먼 나라의 강력한 군주의 아들이라고 상상했다. 이 아이를 소재로 훌륭한 연극을 만들 수 있다고 생각한 배우들이 아이에게 연금을 마련해 주었다. 사람들은 아이의 몸짓을 설명하고, 그가 소리를 낼 때의 억양을 고대 미지의 언어로 해석했다. 학자들은 너도 나도 논문을 써서 발표했다. 논문마다 이 어린이가 왕좌를 물려받을 나라의 위치를 정하느라 동인도에서 가장 부유한 섬 이름을 이것저것 들먹였다. 그러나 마침내 노르망디의 농촌 아낙이 파리에 도착해서 왕자님을 아들이라고 인정하고 껴안았다. 그 아낙은 아들을 코탕탱으로 데려가 소를 먹이도록 하였다.

40년 전, 이에 견줄 만한 이상하고 엉뚱한 소문이 갑자기 퍼진 일이 있다. 어떤 군주와 공주들이 사방에서 어린이를 납치하여 그들의 피로 목욕탕을 채우고 거기서 목욕을 하여 자기 몸속에서 온갖 독소를 담은 피를 정화했다는 소문이었다. 사람들은 근거도 없는 소문을 듣고 몹시 두려워했다. 사람들은 온갖 상상을 하고, 마침내 서민층이 들고 일어나 치안총감청으로 쳐들어갔다. 그들은 하급헌병과 붉은 제복을 입은 사람들을 추적했다. 한 사람이라도 잡으면 그를 흠씬 패주었다. 맞는 사람이 고해신부라도 불러달라고 하면, 서민층 아낙은 눈에 불을 켜고 울면서 포석을 집어들었다. "아, 나는 정말 네 말을 믿는다. 그러나 너같은 인간이 어찌 천국에 가겠다고 고해하려 하느냐? 아니, 아니지, 네가 고해하도록 내버려두진 않겠어. 곧바로 지옥에나 가버려." 그러고는 돌로 머리를 부수었다.

아낙들은 파리의 폭동에서 눈에 띄게 활동했다. 그러나 중앙시장(라 알)을 눈여겨보아야 한다. 그곳이 없다면 아낙들은 조용히 살 것이다. 여성은 고등법원과 관련된 소규모 민중 소요에서는 한 마디도 하지 않았다. 왜냐하면 그런 소요는 식료품, 땔감, 어린이 유괴와 관련이 없었기 때문이다.

파리를 완전히 알려면 서민의 특징을 연구해야 한다. (140여 년 전 프롱드 난이 일어났을 때 누군가 말했듯이) 고네스의 빵이 제대로 공급되는 한, 소요는 별로 일어나지 않는다. 그러나 고네스의 빵이 잇따라 두 번 도착하지 않으면 사방에서 폭동이 일어난다. 그리고 다수의 서민층이 궁지에 몰릴 때, 자신과 자식을 굶주림에서 벗어나게 하려고 어떤 수단을 강구할지 가늠하기란 어려운 일이다.

992 왕의 수집품 진열실[37]

코끼리 뼈와 고래 뼈가 함께 있다. 튼튼하지 않은 건물 속에 전 세계 네 군데에서 흩어져 살던 것을 모아놓았다. 그러나 이 훌륭한 진열실을 나설 때면 나는 언제나 머리가 아팠다. 왜? 이것저것 하도 많아서 눈이 피곤하기 때문이다. 원래 이 세상에 골고루 퍼져 살게 마련인 것들을 과학적으로 한데 모아놓았다고는 하지만, 내 눈에는 무질서로밖에는 보이지 않는다. 애당초 가까이 살 운명도 아닌 잡다한 종류를 한데 모아놓으니, 내 머리 속에서 불협화음을 내고 몹시 고통스럽게 만든다. 사람 손으로 한순간에 괴상하게 좌우 대칭으로 늘어놓은 모습을 보면서, 내 마음과 감각은 상처를 입는다. 나는 그 모습을 보고 조금도 질서를 떠올릴 수 없다. 한 마디로, 왕의 수집품 진열실에 모아놓은 온갖 진기한 것 가운데 내 머리를 어지럽게 만들지 않는 것, 내 본능을 뒤집어 놓지 않는 것이란 없다. 나는 4원소를 증가시키는 이 동물들이 이렇게 가까이 뒤섞인 모습을 보고 싶지 않다. 네발짐승, 파충류, 어류를 한 방에 나란히 모아두다니, 도저히 상상도 할 수 없는 일이다. 해마다 교수 4명이 각자 식물학, 화학, 해부학, 자연사를 강의하는데, 나는 이 네 분야를 한꺼번에 배운다는 것도 납득하기 어렵다. 나는 과학에 짓눌린다. 한 마디로, 그곳에만 가면 내 약점이 드러나고 무기력해진다. 차라리 밖으로 나가자. 바깥에

37 이것은 일종의 자연사 박물관으로서, 파리 센 강 남쪽의 '왕의 정원(Jardin du roi)' 또는 '왕의 식물원(Jardin des plantes du roi)'에 있다.

는 값진 보석을 잔뜩 모아놓고 우리를 기다리고 있다. 반짝이는 돌을 보고 사람들은 서로 옳으니 그르니 하고, 한편으로는 그것을 슬쩍 집어넣고 싶은 범죄의 유혹에도 빠지니, 나로서는 이처럼 풍요롭고 죄 많고 불필요한 서랍장을 들여다보고 싶지 않다. 제발 햇빛에 보석의 빛이 바래기를 바랄 뿐. 그러니 밖으로 나가자.

돌아가신 뷔퐁의 상은 라틴어로 쓴 시와 함께 층계 위에 있다. 그 시를 감히 우리말로 옮길 엄두가 나지 않는다. 이렇게 자만심은 사람을 허영의 함정에서 구해주지 않는다. 진정한 물리학자의 첫 미덕은 겸손이리라. 왜냐하면 그는 자연의 광대함에 그 누구보다 앞서 감동을 받아야 하며, 또한 그는 자연에 대한 존경심을 품은 채 다양한 계획으로 연구를 해야 하기 때문이다.

그곳에 들어가면서 가장 눈에 띄는 것은 박제한 조류의 수집품이다. 새들은 저마다 자연이 입혀준 훌륭한 옷의 기품과 색채를 고스란히 간직하고 있다. 보라색, 쪽색, 무지갯빛, 한 마디로 포토시와 골콘다[38]에서 온 온갖 현란한 빛깔을 최고의 손이 인간의 손으로는 도저히 모방할 수 없는 솜씨로 모아놓고 미묘한 차이를 보여준다.

레오뮈르는 맨 처음 조류를 깃털 그대로 보존하려고 생각한 사람이다. 그러나 새를 살아 있는 듯이 기품 있게 보존하는 방법을 알아내지는 못하였다. 그 뒤, 의사인 모뒤가 아주 적당한 방법을 찾아냈다. 그의 수집품 진열실은 조류를 고전적인 방식으로 분류해 놓고, 진열실을 파괴하는 모든 벌레들을 철저히 막았기 때문에 파리에서 가장 완전했다. 그러나 모뒤는 수집품을 보존하려고 애쓰는 사람이 아니라, 아무렇게나 생각하는 사람의 손에서 귀한 수집품이 겪을 운

38 포토시는 볼리비아의 도시로서 옛 은광이 있는 곳이며, 골콘다는 14~16세기 초까지 골콘다 왕국의 수도로서 다이아몬드 광산이 있었다.

명에 대비할 준비를 마련하지는 못하였다.

대체로 모든 진열실의 조류는 아주 차가운 태도로 횃대 위에 앉아 있다. 어떤 부인이 새를 보존하는 동시에 활력을 띠게 만드는 방법을 알아냈다. 그녀는 온갖 벌레의 공격에서 새를 지키는 비밀을 찾았다. 그렇게 해서 자연이 날개 달린 자식들에게 마련해준 아름다운 색을 고스란히 지켜낼 수 있었다. 그 부인의 천재성은 새에게 생명을 불어넣어 주었다. 부인은 이 분야에서 매력적인 목가를 지었다. 비둘기는 생명은 없지만 사랑의 불길과 은혜를 들이마시는 것처럼 보인다.

이 부인의 보존 비법을 물려받고 유쾌한 사고방식을 따른다면, 조류의 다양하고 활기찬 모습을 담은 족보를 만들 수 있으리라. 그리하여 공중을 날아다니면서 우리에게 달콤한 생각과 즐거운 추억을 되살려 주는 조류에 생명을 되돌려 줄 수 있을 것이다. 관목숲에서 번식하는 새를 보면 미묘한 감정이 샘솟는 듯한다. 우리는 자연사 박물관의 진열실에서 가장 큰 충격을 받는다. 곧이어서 날개를 쫙 벌린 새들의 모습을 보게 된다. 그리고 새들이 조용히 꼼짝도 하지 않고 머물러 있는 진열실에서 새들이 지저귀는 소리가 들린다고 믿는다.

식물계, 동물계, 조류, 나비와 원숭이들이 내 머릿속을 어지럽힌다면, 그리고 이러한 두려운 학술용어 때문에 내 정신이 혼란스럽고 놀라울 때면, 나는 왕의 정원으로 나가 즐겁게 거닌다. 그 정원은 파리에서 가장 전원답고, 가장 다양하며, 가장 정취 있는 곳이다. 나는 미궁이라고 부르는 언덕으로 올라가 아름다운 경치를 감상한다. 레바논 삼나무, 부채 모양의 큰 종려나무, 페루의 선인장 2그루, 그리고 온갖 이국 식물을 둘러보며 인사한다. 이렇게 행복하게 산보할 만한 곳이 이곳 말고 또 어디 있겠는가? 아쉬운 점이라면 너무 창살이 많아서 눈에 거슬린다는 것이다. 철책 때문에 이곳이 마치 감옥 같고, 이 정원이 마술을 제대로 부리지 못하게 한다.

이처럼 불필요하게 철책을 죽 늘어놓은 것은 아주 고약한 취미이다. 가슴 높이 창살이 뾰족한 끝을 세우고 있는 모습은 아주 볼썽사납다. 날카로운 아티초크 같은 창살에 천진스러운 아이가 손을 대면 다치기 쉽다. 또한 발을 헛디뎌 쓰러지기라도 하면 옆구리를 꿰이기 십상이다. 자식을 사랑하는 어머니라면 이처럼 위험한 철책을 없앨 때까지 얼마나 가슴을 졸이겠는가?

이렇게 위협적인 철책이 대로를 따라 늘어섰고, 가장 작은 잔디밭 둘레에도 있다. 그것은 새로운 종류의 간판이며, 사악하고 야만스러운 이기주의가 잔인하게 쑥쑥 자라나는 현상을 보여준다. 우리는 그것을 어디서나 볼 수 있다. 그것은 부잣집 문과 정원에 반드시 필요한 간판이 되었다.

왕의 식물원 정원을 나서면 오른쪽으로 아름다운 미디 신작로가 뻗어 있다. 이 길은 도시 동쪽에 있는 아르스날 맞은편에서 시작하여, 도시의 서쪽 센 강가에 있는 앵발리드 병원 옆에서 끝난다. 이 산책로가 센 강 북쪽 산책로보다 사람의 왕래가 적다고 해도, 그보다 덜 쾌적하기 때문은 아니다. 파리의 인구가 북쪽에 더 많이 살고, 또 북쪽의 신작로는 넓은 문밖 지역 두 군데로 막힌 형국이기 때문에, 파리 사람들은 미디 신작로보다 센 강 북쪽의 신작로에서 산책한다.

왕의 정원 끝에 다리를 놓아야 한다. 그렇게 해야 생탕투안 문밖을 파리의 한 부분으로 연결할 수 있다. 뷔퐁이 노력한 덕택에 파리는 더욱 커지고 아름다운 모습을 갖추고 있다.

현재 기초 말뚝 위에 세우고 있는 루이 16세 다리[39]를 완성하면 곧 2개 신작로를 연결할 수 있으리라. 그렇게 되면 사람들은 시원한 나무 그늘 밑을 걸어서 큰 도시를 한 바퀴 돌 수 있으리라. 그 어디서 이처럼 화려한 모습을 볼 수 있겠는가?

39 루이 16세 다리는 1795년부터 콩코르드 다리가 되었다.

993 피뢰침

이 화려한 표현이 감추고 있는 우스꽝스러운 면을 느끼지 못할 사람이 어디 있겠는가? 물리학자는 이것을 신비롭게 보이게 만들었다. 만일 그들의 목적이 단지 우리의 의심스러운 상상력을 진정시키는 데 있다면, 그들을 용서해 주어야 할 것이다. 그러나 그들은 진지한 태도로 우리를 설득하려는 것 같다. 그들은 바늘로 번개를 분리할 수 있다고 말한다. 그러므로 물리학자는 무엇보다도 노동자, 석공, 자물쇠공, 망치를 쓰는 사람들의 이익과 연결되었다. 왜냐하면 번개를 끌어들일 피뢰침을 대저택 위에 설치하려면 돈을 많이 써야 하기 때문이다.

이 시대와 사람들을 연결해 주는 이러한 관계가 무엇보다도 의심스럽다. 사람들은 전기막대를 직업으로 삼았고 남용했다. 그리고 이 시대의 부자들은 그 막대를 사용하면서 세상에는 천둥을 치게 만드는 신이 존재했다고 생각했다. 그러나 어째서 물리학은 부유한 변태들을 건전한 생활로 이끌어줄 두려움마저 빼앗아 버렸는가? 그들은 현재 자신의 죄 많은 머리가 번갯불에서 안전하다는 사실을 믿지 않는 것인가? 아니, 불쌍한 부자들, 아니, 그들의 머리는 번갯불에 안전하지 않지. 집 위에 세운 전기막대는 물리학자와 석공에게 돈을 줄 뿐, 그밖에는 아무짝에도 쓸 데 없다. 아, 기구를 터뜨리는 일도 하는군. 누군가 이용할 수 있는 기구를 터뜨린다 하더라도, 나는 별로 화가 나지 않는다.

만일 피뢰침이 당신이 기대하듯이 거의 초자연적인 효과를 만들어낸다면, 당신의 마차 지붕이나 모자 위에도 달고 다니시라. 왜냐하면 당신이 제아무리 훌륭한 저택에 숨어 있다 해도 번갯불을 막기도 어렵고 피하기도 어려울 테고, 또 번갯불은 당신을 종종 급습할 수 있을 테니까.

곧게 만들거나 십자가형으로 만든 바늘로 번갯불을 따로 빼돌린다고 생각한다면 참으로 유치하다. 마치 모세관으로 대양의 물을 모두 뽑으려는 것 같다. 나는 곧 피뢰침이 이 시대 가장 엉뚱한 짓으로 분류될 것임을 의심치 않는다. 그러나 모든 도시에서 큰 죄인들은 벼락을 맞고 싶어 하지 않는다. 그들은 공증인 베르톨롱과 그의 동료 앞에서 복수의 하늘과 협약을 맺었다고 생각한다. 물리학자여, 당신은 도덕가가 아니다. 그러니 모든 악한이 자기 집에서 번개와 천둥이 무서워 벌벌 떨도록 내버려두라. 죄 없는 순수한 영혼은 전기 막대로써 하늘이 내리는 벌을 피하려 들지는 않을 것이다.

사람이 추정하는 것을 보면 그의 약점과 괴로움이 과연 무엇인지 알 수 있다. 벼락을 멈추라! 아! 만일 우리가 물리학을 더 많이 안다면 열, 폐병, 암이 무엇인지 미리 알 수 있을 것이며, 모든 질병의 4분의 1이라도 고치는 방법을 알아낼 것이다.

진창의 신들이여, 납관이 기다리는 존재여, 피뢰침을 헐어버리라. 그리고 거기 쓸 돈이 있으면 가난한 사람에게 주도록 하라. 하느님은 그대들이 자비를 베풀기를 바라시니까. 대담하게 솟은 피뢰침은 당신의 두려움을 드러내고, 양심의 비밀을 폭로한다. 그리고 사람들은 곧 말할 것이다. "그들은 이것을 두려워한다. 여기 범죄가 도사리고 있다." 당신은 벼락을 다른 곳으로 돌리고 싶은가? 그래서 무엇을 하겠다는 것인가? 자비롭게도 이웃의 머리 위로 벼락을 돌려버리려는 것이 분명하다.

오, 이 얼마나 부질없는 짓인가! 농촌경제와 가정경제에 힘써야 할 수많은 노동력을 빼앗아 겨우 이처럼 군색한 일에 써먹다니!

양식 있는 남편이 꽃을 원하는 아내에게 말했다. "채소를 땅에 버리면 국에는 무엇을 넣는단 말이오? 튤립이나 넣으라고?" 파리의 성실한 부르주아는 부자들의 엉뚱하고 우스꽝스러운 짓을 조금도 흉내 내지 않을 것이다. 그는 지붕에 피뢰침을 설치하는 대신, 지하실에 포도주 통을 하나라도 더 들여놓을 것이다. 그 편이 더 마음을 안정시키고, 놀라운 일을 능숙하게 해결할 수 있는 방법이다. 한 마디로, 빈약한 쇠꼬챙이를 하늘을 향해 세워놓고 번개를 다스리고 신의 복수를 멈추게 만들 수 있다고 자만하기보다는, 포도주 한 통이 더욱 쓸모 있다. 오, 엉뚱한 행위여! 오, 소심한 사람들이여!

지난 40년 동안 나는 80만 명이나 사는 도시에서 벼락 맞아 죽은 사람을 하나도 보지 못하였다. 나는 자연의 위대한 현상을 존경스럽게 바라보는 데 익숙한 사람이다. 따라서 그러한 현상을 보면서 천사가 이 세상의 끝을 알리려고 온다고 생각하지 않는다. 자연은 장엄한 소리로 이 땅이 비옥하고 풍요를 누리리라는 소식을 전한다. 그러므로 인간은 그 소리를 들으면서 차라리 감사해야 한다.

994 교회를 하얗게 칠하기

이탈리아 사람들이 우리나라에 들어와 교회를 하얗게 칠했다. 왜 하얗게 만드는가? 왜 수백 년 동안 색이 바랜 교회를 하얗게 칠하는가? 비록 퇴색했지만 우리가 조상의 뒤를 이어 계속 기도를 드릴 이 교회를 왜 하얗게 칠하는가? 조상의 종교적 숨결이 천장의 돌 하나하나에 여전히 박혀 있는 것 같다. 제단으로 오르는 층계는 간절히 기도하는 사람들의 무릎에 닳고 닳았다. 그런데 이 어둡고 신성한 세계의 위엄을 현란한 채색으로 파괴해 놓았다. 이제 신비한 혼령들이 신도의 영혼에 명상의 날개를 달아주고 높이 날아오르게 만드는 신전은 사라졌다. 교회 안의 모든 것을 밝게 만들어, 거기 들어가도 마치 속세에 있는 것 같다.

무엇이라고? 이 시대에 신전을 깨끗하게 칠할 필요가 없다고 생각하고, 밝게 칠한다 해도 너무 밝게 만들면 안 된다고 생각하는 사람이 있었다고? 우리 교회의 장엄한 아름다움을 망쳐놓은 이 가련한 이탈리아 사람들을 불러온 사람은 바로 주교나 사제들이었다. 이탈리아 사람들은 고대에 생겨 우리 역사가 시작할 때부터 깊이 참여한 장엄한 종교를 획일적이고 거칠게 붓을 놀려 젊고 창백한 속세 여성으로 바꾸어 놓았다. 우리 교회의 천장에는 수백 년 동안 독실한 신자들의 바람, 기도, 흐느낌, 찬송가가 배어 있음에도 불구하고, 이탈리아 사람들이 작업대에 희끄무레한 칠을 담은 양동이를 올려놓고 붓으로 그 천장을 욕되게 만들 것이라는 사실을 예견한 사람은 하나도 없었다.

도대체 주교들은 어떻게 이 근대의 못된 취향에 물들었단 말인가? 그들은 어떻게 해서 시간이 기독교와 함께 태어났으며, 인간 정신에서 시간과 기독교의 관계를 떼어놓아서는 안 된다는 사실을 잊어버렸는가? 아마도 새 성전에서는 옛 성전에서나 들을 수 있는 열의에 찬 기도 소리를 들을 수 없을 것이다.

나는 이탈리아에서 온 서투른 화가들이야말로 우리 교회의 장엄함과 건전함을 해치는 적이라고 생각한다.

앵발리드 병원의 건물도 같은 종류의 칠을 새로 한 뒤로, 돔의 색깔은 더러운 노랑으로 보인다. 루이 14세가 세운 건물 가운데 가장 장엄한 이 건축물은 그것이 태어난 시대의 것으로 보이지 않는다. 옛 건물을 이런 방식으로 새로 꾸미는 것은 표절 행위와 같다. 그것은 태어날 때의 성격을 파괴하기 때문이다. 그리고 거기 깃든 영광을 다른 곳으로 날려 보낸다. 그것은 공중의 인식을 헛갈리게 만드는 행위이다.

995 헌책방

확실히 파리 사람들은 10년 전보다 책을 10배는 더 많이 읽는다. 파리의 길모퉁이 어디서나 이 작은 책방이 구멍가게나 노점상으로 늘어나는 것을 볼 수 있기 때문이다. 이들은 주로 헌책을 되팔거나 끊임없이 나오는 소책자를 팔기도 한다.

새로 나온 무모한 책을 유통시키려는 사람은 아마도 속표지에 발행연도를 옛날로 표기하면 될 것이다. 왜냐하면 치안당국은 새로 나오는 책만 추적하기 때문이다. 20~30년 전만 하더라도 많은 물의를 빚고 겁 많은 사람들을 화나게 만드는 책이 오늘날에는 버젓이 팔리고, 더욱이 아주 싸게 팔린다. 오늘날 단지 금서라는 이유로 가장 유명해진 책도 언젠가 그렇게 되리라는 것을 분명히 보여주는 증거이다.

불에 태워버린 책(언제나 조금은 좋은 냄새를 풍긴다)은 그것을 금지한 교서, 그것을 불길에 넣으라는 논고와 함께 재발간된다. 책을 태우는 불길은 예전부터 이러한 소책자들이 왕위를 흔들고 제단을 뒤집어 엎는다면서 벼락을 내리던 사람들의 푸념으로 더욱 높이 치솟는다. 그러나 사람들은 검사의 논고와 교서를 비웃는다. 물론 오늘날에도 이러한 작품이 인쇄소 문을 나설 때부터 똑같은 분노를 불러일으킬 것이다. 그러나 조금 두고 보자. 그러면 그 작품은 수많은 서재에 들어갈 수 있는 다른 책들과 함께 합법적으로 유통될 것이다. 그리고 퇴색한 종이의 넓은 유통망을 활짝 꽃피게 만들 것이다.

헌책 소매상은 테미스 신전의 층계를 재로 더럽힐 책을 길들이는 당국의 금지조치 덕택에 이익을 얻는다. 그들은 새로 금서가 된 책도 판다. 그러나 그런 책을 진열하지는 않는데, 그들은 가게의 널빤지 뒤에서 책을 보여준다. 이같은 위선으로 그들은 몇 푼 더 번다. 그들은 종교서이건 아니건 닥치는 대로 팔아서 여기저기서 푼돈을 긁어모은다. 외교학, 은행, 적자 논쟁, 튀르크 군대와 황제 군대의 전쟁, 교황의 생활, 은자의 생활, 어느 것 하나 그에게 좋지 않은 것은 없다. 그들은 첫 쪽을 또박또박 발음하고, 제목을 발음나는 대로 바꿔 쓰며, 천재의 작품을 치즈 조각처럼 팔아치운다.

서적상이 이러한 소책자를 헌책장수에게 맡기면, 헌책방은 다음 주에도 다른 소책자를 공급해 주기 바라면서 서적상에게 책값을 준다. 그러나 저자가 제 돈으로 소책자를 발행하고 직접 판다면, 헌책방은 저자가 출판비용을 지불한 뒤 몇 년 후에야 겨우 책값을 지불하거나, 아예 떼어먹는다. 헌책방이 저자를 등치고 그의 소책자는 아무짝에도 쓸모가 없다고 말하는 것은, 그야말로 저자가 그들의 밥이기 때문이다.

이 소매상들은 누구의 장서가 나오면 무조건 달려들어, 그 내용도 모르면서 책을 사서 먼지를 털어 진열한다. 무심코 가게 앞을 지나던 사람이 걸음을 멈추고, 책을 들고 몇 쪽을 훑어보면서 살지 말지 결정한다. 또 어떤 이는 독서취미 때문에 가게로 끌려가 선 채로 책을 읽는다. 책장수가 그의 흥을 깨뜨리지 않으면 그는 끝까지 읽을 태세이다. 소설, 여행기, 몇몇 종교 서적은 다른 책보다 더 흥미를 끈다. 시는 타락했고, 모든 종류의 산문이 시보다 더 잘 팔린다. 사람들은 더 이상 시를 읽지 않기 때문이다.

사람들이 자주 오가는 통로에 자리를 편 이 소매상 가운데 두 가지 목적을 가진 첩자도 있다. 하나는 특정한 사람을 찾아내고, 또 하나는 불법책자를 팔러 오는 사람, 또는 아주 노골적인 취미를 가지고 상상력을 자극하는 중상 비방문을 사러 오는 사람들을 고발하려는 것이다.

새로 나온 문학서적을 파는 가게에는 그 누구보다도 작가, 그리고 호기심 많은 문학애호가들이 찾아간다. 그들이 계산대 주위에 자석에 끌리듯이 몰려든 모습을 심심치 않게 볼 수 있다. 서적상은 손님을 세워두려고 가게에 의자를 하나도 놔두지 않았다. 그래서 거기 드나드는 손님은 결국 주인을 불편하게 만든다. 손님은 책더미에 기대어 몇 시간씩 버티기 때문이다. 손님은 소책자를 하나씩 펼쳐보고, 때로는 단 몇 줄만 읽어보고서도 그 장단점과 운명을 점치기도 한다. 그들은 아주 서둘러서 판단하기 때문에, 아직 나오지도 않은 작품에 대해 판결을 내리기도 한다. 이 수준 높은 법정을 회피하려고 노력해 보라. 그러면 그 법정은 비판의 기술 대신 끊임없이 중상 비방을 늘어놓을 것이다. 수없이 오가는 말 때문에 싫증난 서적상의 집에서 학회를 연다. 그 서적상은 자신에게 반대하는 판결을 수없이 억지로 들어야했다. 그는 결국 문학의 회의주의자가 된다. 그는 거기 모인 무리에서 가장 현자이다.

996 거리의 악사

이방인이 파리에 도착한 이튿날, 창문으로 베이스와 바이올린으로 연주하는 음악이 들렸다. 그는 호기심 때문에 마당 쪽 창문을 열었다. 그러고 나서 무척 놀랐다. 왜? 마당에는 단 한 사람이 베이스 반주에 맞춰 바이올린을 연주하고 있었기 때문이다. 어떻게 한 사람이 벽에 기대어 합주를 할 수 있을까? 그는 손에 바이올린을 들고, 앞에는 베이스를 눕혀 놓고 있었다. 손으로 바이올린을 연주하면서, 오른발에 묶은 활로 베이스를 계속 긁어서 반주했던 것이다.

이방인은 숙소에서 나갈 때 멀리서 나는 오보에의 날카로운 소리를 들었다. 오보에 소리는 노동자와 하녀들이 모인 곳에서 들렸다. 오보에 소리는 정확히 박자를 짚어주는 북소리와 어울렸다. 가까이 다가서 보니, 연주자는 단 한 사람이었다. 그는 외투 밑으로 등허리에 북을 매달고 있었는데, 6세쯤 된 아이가 자기 아비의 연주에 맞춰 북을 쳤다. 그러나 눈여겨보지 않은 사람은 그 아이의 모습을 잘 볼 수 없었다.

좀 더 멀리 다른 연주자가 지나갔다. 그러나 그는 발이 없는 사람이었다. 이 불쌍한 사람은 아가씨가 끄는 작은 말에 올라타 다리를 꼬고 있었다. 그는 만나는 사람들이 던져주는 푼돈을 받으려고 왼손을 뻗었다. 발이 없는 사람이 바이올린을 켜고 노래를 부르는 모습에 사람들은 가슴이 뭉클했다. 그리고 딸같은 아가씨의 효심에 감동한 사람들은 창문으로 돈을 던져 주었다. 에퀴(5리브르짜리 단위)보다 더 예쁘게 잘 만든 동전이 작은 말 주위로 비오듯 쏟아졌다. 작은 말은 천천히 달려야 한다는 사실을 아는 것 같았다.

푼돈이지만 돈을 내고 듣는 거리의 음악은 사실 웬만한 귀를 가진 사람에게는 견디기 어려운 소리이다. 그러나 파리인은 음악을 제대로 들을 줄 모른다.

장님 300명이 공동체를 결성했을 때,[40] 일주일에 하루는 몇 명씩 대저택 앞으로 가서 찬송가를 불러주었다. 노랫소리가 하도 처량해서, 종복들은 부랴부랴 돈 몇 푼 쥐어주고는 그들을 멀리 보내버렸다. 그들의 음악은 진짜로 십자가에 못을 박는 듯하였다.

사람들의 불만이 고조될 때, 치안당국은 거리의 음악을 2배로 늘렸고, 시간도 여느 때보다 2시간이나 더 연장했다. 민심이 더욱 동요할 때면 거리의 음악가는 사거리를 떠나지 않았다. 아침부터 밤까지 북소리가 들렸다. 한편에 소총을 들고, 다른 손으로 클라리넷을 든 병사들이 궁궐 주위를 순찰하는데, 가수들은 집 꼭대기층까지 들리도록 목청을 드높였다. 이처럼 대조적인 모습이 사람들을 안정시켰다. 그리고 그동안 문을 닫았던 노름집도 다시 문을 열었다. 아가씨들의 방종도 조금 더 눈감아 주었다. 대로에서는 온갖 행진을 볼 수 있고, 노래하는 사람, 자유롭게 노는 사람, 새로운 매춘부를 보는 사람은 모두 소총을 잊고, 소총을 알아보지도 못했다. 얼빠진 사람은 모두 그순간을 즐기는 데만 정신을 쏟았다.

40 이슬람 군대에 포로가 되어 장님이 된 십자군 300명의 신도회를 위해 성왕 루이가 세운 구호시설로, 원래 루브르 근처 프랑스 극장 앞에서 카루젤 마당까지 차지했으나, 1779년 샤랑통 대로로 옮겼다.

997 생루이 십자 훈장

로마인들은 참나무 잎이나 풀로 만든 관을 씌워 공로를 보상해 주었다. 영웅 같은 존재들이 많았기 때문이다. 우리의 전사들은 칠보로 만든 작은 십자가를 리본에 묶은 것을 받는다. 자격을 갖추지 않은 사람이 이 명예의 표시와 거기에 따르는 존경을 가로채는 것은 아주 부당하다. 그래서 엄한 벌을 받는다. 누구든 자격도 없이 생루이 기사단 십자가를 달고 다니면 감옥에서 20년을 보내야 한다. 십자 훈장을 묶은 리본을 가로채는 사람도 똑같은 벌을 받는다.

그러나 이처럼 미친 짓으로 명예를 가로챈 결과가 얼마나 무서운지 알지 못한 채, 막상 벌을 받으면 오랫동안 후회하며 흐느낄 텐데 일시적인 쾌락에 취해 오만하거나 무분별한 행동을 저지르는 몇몇 무모한 사람들에게 이처럼 엄격한 왕령을 들이대는 일은 지나치다. 그러나 몸서리치는 벌을 받건 안 받건, 자중자애하는 사람이 자신에게 어울리지 않는 자격을 사칭하면서 사회에 거짓말을 할 필요가 있는 것인가?

프랑스 극단 배우들은 이 세상의 모든 인물을 재현하는데, 성령기사단의 푸른 리본, 가터 훈장[41]을 받는다. 그러나 그들은 칠보 십자가를 달지는 못한다. 그들이 아무리 지체 높은 역을 맡았다 해도, 푸른 리본만 단춧구멍에 달 수 있다. 그들은 온갖 훈장을 단 군주를

41 영국 에드워드 3세가 1346년 크레시 전투에서 이긴 후 제정한 훈장으로 "사악한 생각을 품은 자에게 화 있을진저"라고 프랑스어로 새겨져 있다.

자유롭게 재현할 수 있지만, 생루이 기사를 재현해서는 안 된다. 프랑스 정부는 훈장에서 이처럼 미묘한 차이를 부각시켰다. 물론 다른 분야에서도 이러한 종류의 차이를 둔다.

정부는 경찰 하사관들에게 십자가를 주었는데, 이를 두고 군인들이 수군댔다. 그러나 경찰 하사관이 정부에 훌륭하게 봉사했다면, 그에게 이 같은 영예를 수여하지 못할 이유는 무엇인가? 국가가 내부의 적을 소탕하는 일은 또 다른 형태의 국방이 아니겠는가? 그렇다면 관리의 개인적인 공적은 언제나 훈장을 받을 일이 아니겠는가? 만일 관리와 훈장을 뗄 수 없다면, 정부는 맡은 직책을 명예롭게 수행하는 유익한 사람들과 타협할 수단을 마련하여 그들이 명예로운 길로 가도록 해주지 못할 이유가 무엇인가? 치안관리의 이름으로 행하는 모든 일이 그 관리의 덕성으로 말미암아 십자 훈장을 받을 만하고 명예롭게 되기를 바랄 뿐이다! 분명한 것은 공중이 그것을 얻을 수 있다는 사실이다.

998 상업재판소

상업재판소는 다른 종류의 재판소보다 더 많은 사건을 다룬다. 그곳은 언제나 청원인이 북적이면서 검사에게 억울함을 호소하거나 서로 하소연하기 때문에 아주 시끌벅적하다. 고등법원과 샤틀레 재판소라면 여러 해 묵힐 소송거리도, 이곳 판사들은 몇 시간 안에 척척 판결한다. 그들은 아주 빠르고 충실하게 재판한다. 판사들은 밤에도 일을 멈추지 않으며, 이튿날 날이 밝을 때도 여전히 자리를 지키고 있다. 그들은 지칠 줄 모른다. 그들에게는 열정 못지않은 인내심도 있다.

이처럼 언제나 귀를 열고 기다리는 재판소가 없다면 무질서가 상업을 지배할 것이다. 상업재판소는 다른 재판소가 휴가로 문을 닫을 때, 또는 사법부와 정부가 심하게 싸운 뒤 법관들의 자격이 정지되었을 때, 그들의 일을 대신하기도 한다. 이렇게 서민의 재판소는 상업을 뒷받침해 주면서 중대한 무질서를 막아 준다.

오늘날 아주 성행하는 환어음과 약속어음도 이 재판소가 관할한다. 상업재판소 판사들은 믿지 못할 상인들의 나쁜 심보와 음흉함을 들춰내려고 노력한다. 그들은 특정한 직업에서 써먹는 수단에 대해 잘 안다. 그들의 규칙은 변함이 없는데, 이는 일상의 경험에서 우러나는 것이기 때문이다. 그들은 특정 상인의 장부와 필체가 일치하는지 아닌지 척 보면 안다. 그들은 상업의 자질구레한 부분까지 잘 알기 때문에, 식료품 잡화상 2명이 일으킨 쟁소를 끝내려고 로마법을 뒤적일 때보다 더 확실한 논리로 재판한다. 새로운 풍속, 새로운 물건, 항상 갱신해야 하는 신용 때문에 소송이 끊이지 않는 삶, 이 모든 것을 다루려면 불변의 법전이 아니라 관습의 법전이 필요하다. 관습의 법전은 엄중함과 유약함의 중간에 있다.

상업재판소 판사들은 환어음 문제가 발생하면 신분을 구별하지 않고 인신구속을 언도한다. 그들은 약속어음에 대해서는 지불기한을 인정해주며, 지불연기도 해줄 수 있다. 그들은 파산한 사람에게 너무 심한 판결을 내리지 않는다. 또한 신용이나 상업이 난관을 만나 휘청거리면 그것을 되살리도록 타협을 중재하기도 한다.

빚쟁이가 집요하게 채무자를 물고 늘어져 고등법원까지 가게 될 때, 고등법원은 통상적으로 상업재판소에서 나온 파산선고를 파기한다. 왜냐하면 로마법이 그렇게 정했기 때문이다.

대중, 그리고 서민까지도 상업재판소를 찾아가 변호사 없이도 직접 사연을 호소한다. 사법부가 모호한 형식과 불필요한 수다의 짐을 지지 않은 채 떡갈나무 아래 앉아 있었을 때가 황금기였다고 말할지 모른다.[42] 상업재판소의 진중한 태도에 모호한 형식이나 불필요한 수다가 때로 얹힌다 할지라도, 사건의 본질은 결코 부속물에 파묻히지 않는다. 판사들은 기묘한 표현과 방어의 상황을 지켜보면서 사실을 추적하고, 사기꾼의 간계를 가려낸다. 위선자가 솔직하게 진실을 털어놓는 듯이 말한다 해도, 판사들은 별로 영향을 받지 않는다. 또 그들은 성마른 사람들이 거칠게 저주하듯 내뱉는 말을 듣고서도 차분하다. 그들은 자기 주장을 옹호하는 사람에게 보통 사람이라면 상업재판관 앞이나 왕의 초상화나 십자가 상 앞에서는 욕을 하지 않는다는 사실을 자주 일깨워 준다.

42 성왕 루이가 뱅센 숲의 떡갈나무 아래 앉아 평민이 가져오는 송사를 처리해 주었다.

나는 상업재판소 판사들이 양측 말을 들으면서 굉장한 인내심을 보여준다는 사실에 종종 감탄했다. 서민의 정신 사나운 열정과 불평이 마구 터져 나오는 곳에서 그들은 남의 말을 귀담아 듣고, 솔직한 심정을 말하게 하며, 권고하고 또 계몽하는 데 그치지 않고, 파리인의 정신에 어울릴 만한 쾌활한 성격을 보여주기도 한다. 방청객이 웃는다면, 그들이 더욱 믿음과 존경심을 가졌다는 증거이다.

검사들은 변호사 자격도 갖추었는데, 하루 저녁에 한 건당 24수를 받고 모두 72건까지 기소할 수 있다. 사건을 많이 다룬다고 해서 제대로 처리하지 않았다고 말하기는 어렵다. 변호사가 반대편의 영장을 가지고 있을 때, 그는 자기 동료인 검사에게 그 영장을 넘겨주기만 하면 그만이다. 사건이 늘어나고 수많은 이름이 뒤섞인 결과, 그들은 가끔 피고와 원고를 혼동하기도 한다. 재판이 벌어지는 순간 그 사실이 밝혀지고, 그의 논고는 편의상 둘로 나뉘게 된다.

격무에 지친 검사들은 가끔 재판을 방해할 정도로 잠들기도 한다. 그러나 판결이 제대로 나오지 않는 경우는 없다. 왜냐하면 형평성을 지켜야 할 만큼 그들은 숙련되었고, 대부분 재판은 일상사이기 때문이다. 아주 재미있는 특징을 가진 특별한 경우는 상반된 이해관계가 얽힌 갈등에서도 나타난다. 그래서 판사나 방청객 모두 이상한 사건의 이야기를 재미있게 듣는다.

파리 근처 농촌 사람들에게는 따로 청원할 시간을 준다. 그들은 파리 사람들과 다른 주제를 다른 어조와 방식으로 토론한다. 다른 재판소 같으면 그처럼 자세한 이야기를 들어주지 않는다. 그러나 상업재판소 판사들은 제아무리 사소한 문제라 하더라도 중요한 문제처럼 경청한다. 그들은 농부들의 마음을 달래고 소중한 시간을 줄여준다. 써레가 누구의 것인지 따지는 문제도 환어음 재판처럼 진지하게 다룬다. 농촌 사람들은 나쁜 의도를 들키면 도시 사람보다 더 낮을 붉히는 것 같다. 그들은 부정행위를 전혀 저지르지 말아야 한다고 생각하기 때문이다.

만일 상업재판소가 없다면 서민층은 법의 보호를 받지 못할 것이다. 이 재판소에서는 아주 사소한 문제도 받아준다. 가난한 사람은 하찮은 물건이라도 그에게는 소중해서 목숨 걸고 지켜야 하기 때문이다. 판사들은 그의 말을 듣고 후속조치를 취해 주거나 그를 진정시킨다. 다른 재판소에서는 이처럼 사소한 문제에 조금도 신경을 쓰지 않는다. 그러나 이러한 문제로 고통을 받는 사람은 상처를 입고, 그만큼 열정적으로 그 문제에 매달리기 마련이다.

고등법원이 쉴 때, 상업재판소 판사들은 신병구속을 보류한다. 애국심이 넘치고 부지런한 이 판사들은 언제나 고등법원에 상고하는 일이 생기기 때문에, 동료 시민들을 구속하는 일을 절대로 하려 들지 않는다.

999 별거

파리의 관습을 좇아 결혼계약서에 서명한 부부는 더 이상 물건을 주고받지 않으면서 100년 해로한다.

결혼은 결코 뗄 수 없는 관계이다. 이혼은 신법과 인간의 법으로 모두 금지한다. 그러나 부부가 별거하기 원할 때 증인 2명 앞에서 서로 손가락으로 튕기면, 판사는 즉시 그들을 별거하게 해준다. 그러나 그들은 다른 사람을 찾아 결혼할 수 없다. 잠시 잘못 생각한 결과로 평생 저주받은 쇠사슬에 묶였다가 이제 별거하게 된 그들은, 어느 한편이 죽음으로써 그 사슬을 끊어버릴 날만 기다리면서 자유롭게 살아간다. 이혼을 금지하고 별거를 인정하는 법의 슬기로움과 깊이를 찬양하자. 그 법은 두 사람을 국가에 쓸모없는 존재로 만들고, 더 나아가 그들을 자유분방한 생활에 빠뜨린다.

어떤 부인은 남편이 성적으로 무능하다고 공격하면서 별거 명령을 얻어낸다. 그렇지만 그녀는 다른 남편을 얻을 수는 없다.

우리의 법은 간통을 벌한다. 그러나 간통을 증명할 증인이 필요하기 때문에, 지난 30년 동안 정절을 깨뜨려 법의 심판을 받은 부인은 한 사람도 없었다. 그러므로 사람들이 남편에 대해 말한 내용은 모두 웃자고 하는 상투적인 이야기임이 분명하다.

아비와 어미가 교회 신부 앞에서 정식 결혼하지 않고 낳은 자식은 모두 사생아라 불린다. 그런데 이러한 평판은 부모의 잘못으로 자식을 벌하는 것이다. 법은 그 불행한 아이들을 만든 작자들이 누구인지 모른다고 계속 불평하면서, 오히려 불행한 아이들만 무더기로 만들어내고, 이들로부터 부모의 존재를 강탈해 버리는 것이 고작이었다.

내연관계는 종교법이나 국법으로 모두 금지하지만, 친절한 사람들은 그것을 인정해 준다. 주교, 수도원장, 사제, 수사, 영주, 법관, 상인, 장인 등등, 이들 모두 내연의 처를 두었고, 이러한 여성은 파리 여성의 3분의 1이나 된다.

남편과 별거하는 부인은 수녀원에 들어간다. 이렇게 속세에서 물러나는 행위는 점잖게 보인다. 그러나 그들은 하루도 빠지지 않고 외출한다. 그래서 별거하는 부인에 대한 위원회가 생기고, 거기에 몇몇 위안자들이 포함된다. 별거하는 부인들은 여러 지방에서 와서 생드니 대로의 생쇼몽 공동체 같은 곳으로 들어간다. 그들은 모두 같은 처지이므로 서로 신세를 한탄하고 들어준다. 이 공동체 안에서 남편의 이름은 악마의 이름보다 더 불쾌하다. 용기를 내서 이름을 말하려 해도 입이 좀처럼 떨어지지 않을 정도이다. 이들을 방문하는 사람들은 그들 남편을 이름 대신 원수라고 부른다. 이처럼 여성의 재판소에서 모든 남성은 유죄이며, 혼인성사의 굴레에 얽매이지 않은 남성만을 기꺼이 받아들인다. 그들은 독신자의 행복에 열광하고, 독신자를 가장 슬기로운 남성으로 생각한다.

가장 신랄한 변호사는 남편의 권력을 공격하는 글을 써서 주가를 올린다. 그가 생쇼몽에 가서 어느 별거녀와 15분 동안만 이야기하면 가장 맹렬한 웅변가로 변신할 수 있을 만큼 할 말이 많아진다. 이 공동체에 들어간 여성의 남편 가운데 어느 하나 폭군이나 괴물이 아닌 사람이 없다. 파리 전체에서 부인들의 지극한 친절만이 별거녀의 공동체를 만드는 일을 막을 수 있다.

위안자들은 하루 종일 방문하지만, 반드시 밤 10시 반에는 나가야 한다. 그들보다 더 보기 드문 희생과 더 규칙적인 본을 보여줄 사람은 누구이며, 또 가장 사납고 가장 비인간적인 남편을 측은하게 만들 만한 일은 없는 것인가? 만일 아내가 1년을 은둔생활로 보낸 뒤 남편이 자기 권리를 주장하고자 한다면, 또 남편이 아내의 위안자들이 계속 방문하는 것을 거부한다면, 네로와 칼리굴라도 그의 곁에서는 순한 양이 되리라.

남편과 아내 사이에서 판사들은 아내의 아름다움과 눈물을 보면서, 부부관계에 문제가 생긴 것은 순전히 부인 때문이라고 상상하기 힘들어진다. 그래서 알게 모르게 부인을 위해 법의 호의를 베풀게 된다.

생쇼몽 공동체에서 모든 별거녀는 서로 고문, 변호사, 수호자가 되고, 서로 꾀를 빌려주고 표현력을 길러준다. 그것은 사방으로 가지를 뻗는 동맹이다. 자기 아내만을 상대로 싸운다고 믿는 남편은 타협할 줄 모르는 적을 30명이나 상대해야 한다. 마치 유리잔이 사물을 여럿으로 보이게 만들 듯이, 이들도 남편의 초상을 많이 만든다. 공동체의 목소리는 가장 은밀한 통로로 들어가 그 남자의 초상을 부풀린다. 그리하여 욕설과 비난이 끊이지 않는다. 누군가 별거하거나 화해하였다면, 생쇼몽에서 그 사실을 선언해야 한다. 그리고 공동체의 책력에 부인은 천사이며, 남편은 악마로 나타난다. 그것이 공동체 신조의 제1조이다.

고해신부라 할지라도 이 공동체의 역대 여성 관리자보다 더 험한 이야기를 듣지 못했으리라. 여성 관리자들은 질투하거나 난폭한 남편이 무슨 죄를 저지를지 미리 안다. 그러므로 거기 들어가는 부인이 어떤 이야기를 해도 관리자들은 놀라지 않는다. 부인은 결코 잘못하지 않았다. 그 증거란 부인이 하숙비를 잘 내고, 신성한 공동체에서 돈을 쓴다는 사실이다. 더욱이 그 큰 고통을 지우려고, 또는 밤 11시면 문을 닫는 감옥 같은 공동체의 끔찍한 속박을 완화하려고, 그들은 놀고 노래하며 밥상을 차린다. 그렇게 하다가도 남편의 친척이 나타나 화해나 별거를 끝내는 문제를 논의할 때면 갑자기 눈물을 흘리고 오열한다. 어떤 배우라도 무대에서 그처럼 생생하고 빠르게 감정의 미묘한 변화를 보여주지 못하리라. 공동체의 선임 여성이 말없이 풍부한 감정을 표현하면서 이 눈물 젖은 부인의 표정극에 동참한다. 가끔 역마차와 연인이 함께 나타나 소송을 끝내기도 한다. 3개월 뒤, 천 리 밖의 지방에서 소송각서가 날아들어 비처럼 남편의 머리 위로 쏟아진다. 각서는 그의 재산 절반을 다시 요구한다. 그리고 부인은 수녀원으로 돌아가 결백을 증명하겠다고 주장한다. 피고측 변호사들이 준비하고, 이 세상 모든 남편을 무차별 비난하는 공동체 관리자도 역시 준비를 한다. 이 공동체는 플랑드르 여성, 프로방스 여성, 프랑슈 콩테 여성뿐만 아니라 아프리카 여성, 중국 여성까지 품에 받아준다.

1000 귀부인의 잡학 총서[43]

이 총서의 편집인들은 18제곱푸스의 작은 상자 안에 담을 수 있는 책에 여성이 알아야 할 모든 것을 담겠다고 독자에게 약속했다. 이것이 여성이 얻을 수 있는 지식의 한계이다.

나는 그 지식을 다시 한 번 압축할 수 있으며, 여성은 그러한 지식을 더욱 좋아할 것이라고 믿는다. 그렇다면 정기구독 신청은 어디서 할 것이며, 총서 발행인들은 무엇을 먹고 살 것인가? 그들이 과학 지식을 발간하고, 아름다운 귀부인들에게 가벼운 백과사전을 안겨주도록 허용하자. 그러나 말이 백과사전이지 실제로는 거리가 먼 총서이다. 왜냐하면 그것을 사는 귀부인들은 저마다 각 권의 표지에서 자기 이름을 볼 수 있기 때문이다. 따라서 그것은 모든 귀부인 각자에게 바치는 헌사와 같다. 이러한 기쁨에 어찌 돈을 지불하지 않겠는가?

나는 총서 발행인들에게 부디 지리학도 잊지 말고 가르치라고 권한다. 즉 우리나라 귀부인들에게 인도 말라바의 어떤 과부가 사랑하는 남편의 무덤에서 분신한 사례, 중국에서 여성을 아름답게 만들려고 전족하는 사례도 가르치라고 권한다. 그루지아, 시르카시아, 밍그렐리아의 자연은 아주 풍부하고, 그곳 사람들은 여성을 시장에 데리고 다닌다는 사실, 터키 여성은 노예이며 아무런 생각도 해서는

43 『귀부인의 잡학 총서(*Bibliothèque universelle des dames*)』는 1785~1797년 동안 파리에서 루셰(Imbert Roucher)가 발간한 정기간행물이다.

안 되는 존재라는 사실, 러시아 여성은 가장 확실한 사랑의 표시로 매를 맞는다는 사실도 가르치면 좋겠다. 그리고 나는 우리의 아름다운 귀부인들에게 이 빛나는 지식으로 정신을 풍부하게 장식한 뒤에는, 부디 사교계로 나가려고 파리를 포기하는 일은 하지 말기를 충고한다. 나는 여성의 진정한 친구로서 말한다. 여성은 변화에서 아무것도 얻지 못한다는 사실을. 스위스, 독일, 이탈리아에서도 사정은 마찬가지이다. 바로 이 때문에 파리는 대부분의 프랑스 여성의 애국심의 원천이 되는 것이다.

오, 18제곱푸스의 총서여, 우리 시대의 천재적 발명가는 네가 필요하다! 그러나 그는 마침내 편집인들과 서적상이 반가워해 마지 않는 희귀하고 신선한 조합을 찾았다. 오, 이제 모든 여성은 현명해지는 일만 남았노라!

나는 18제곱푸스짜리 백과사전이 과연 예민한 영국 여성, 신경질적인 독일 여성, 불같은 에스파냐 여성에게도 어울릴지 알 수 없다. 그러나 이 세상을 돌아다니면서 아무것이나 배우고자 하는 활력도 없고 힘도 없는 하찮은 인생은 그것을 쉽게 머릿속에 담을 수 있으리라.

이 잡학 총서의 의도와 달리, 문체와 재치를 겸비한 여성은 철자법 정도는 몰라도 괜찮다. 잡학 총서에 없는 것은 거의 없다.

1001 아카데미 회원들의 하소연

그들은 날마다 문학에 치여 산다고 말한다. 전반적인 쇠퇴를 뜻한다. 그리고 이처럼 명백한 진실을 슬퍼하지 않는 회원은 거의 없다. 아카데미 회원은 단지 다른 사람들이 그에 대해 별로 생각하지 않는다고 말하고 싶다. 이렇게 볼 때, 그들의 한탄은 불만이거나 모욕을 느낀 자존심의 표현일 뿐이다. 그들은 언제나 고상한 취향이 사라졌다고 한탄한다. 그렇다면 도대체 이렇게 흐느끼는 사람은 누구인가? 별로 두드러진 일을 하지 않는 사람이거나, 그저 빈둥거리기만 하는 자신을 명예롭게 대우해 달라고 보채는 게으름뱅이들이다.

재미있는 일이 있다면, 삼류 문사는 아카데미 회원을 꾸짖으면서도 아카데미 편에서 말한다는 사실이다. 삼류 문사는 발췌문이나 책을 이런 식으로 끝낸다. 아카데미 회원과 삼류 문사들은 논고나 발췌문을 끝낼 때까지 문학적인 푸념만 늘어놓는다. 이렇게 푸념을 잔뜩 늘어놓는다고 해도 돈 들 일이란 거의 없기 때문이다.

『메르퀴르』나 다른 정기간행물에 글을 쓰는 사람은 다른 사람을 모두 서투른 글쟁이라 부르지만, 자신에게만큼은 이 낱말을 적용하지 않는다.

그러므로 아카데미 회원과 삼류 문사는 아주 똑같은 어조로 말한다. 나는 자주 그런 면을 알아차렸다. 그들은 고상한 취미가 퇴폐적으로 바뀌었다고 끊임없이 탄식하는데, 그것으로 그들을 구별할 수 있다. 그들은 이제 갓 태어나 제대로 경력을 쌓지 못한 작가와 그 이전의 작가를 계속 대조한다. 우리는 문필가들이 재치를 보여주지만 다른 사람들과 닮았음을 알고 있다. 그들은 자신이 특별한 장점을 갖추었단 것을 남들에게 과시하려고 경쟁자들에 대해 지독한 불평을 늘어놓는다.

그럼에도 오늘날 문체는 두드러지게 완성되었고, 마침내 달랑베르가 도입한 아카데미식의 문체와 멀어졌다. 달랑베르의 문체는 내가 좋아하는 토마 같은 작가들의 문체까지 망쳐놓았다. 토마는 자연스러운 문체를 버리고 이 억지스러운 문체를 취했다. 달랑베르의 문체가 가장 나쁜 것이라는 데 반대하는 이는 없으리라. 그것을 취하는 사람들은 아카데미의 종신 사무총장에게 아첨하려는 사람이다.[44] 그런데 교활한 점을 이용해서 자기 작품을 널리 읽히려고 노력하고, 모든 표현을 돌려서 하며, 누구나 하는 생각을 경구 형식으로 포장하는 것은 기묘하기 짝이 없다. 요컨대, 대중은 어느 날 이 형편없는 문체를 심판하였고, 종신 사무총장에게 야유하는 휘파람을 불었다. 예술의 정신은 결코 단순하고 통일된 자연의 정신을 따라가지 못한다.

신문 한구석이나 그들 곁에서, 또는 아카데미의 방이나 학원에서 별로 이름도 없이 지나가는 수많은 사람들이 스스로 내리는 판결을 듣는다면, 대중은 더욱 높은 소리로 야유할 것이다. 힘들여 독서하고 남에게 돌을 던지기보다 검토하는 공평하고 솔직한 사람은 가장 헛되고 가장 우스운 이기주의에서 나오는 평가를 보면서 계속 역겨워할 것이다.

마구간에는 행진용 말과 경주마, 성미 고약한 노마가 있다. 아카데미 프랑세즈에도 마찬가지이다. 그러나 모든 종류의 비평가 가운

44 달랑베르는 1754년 아카데미 프랑세즈의 회원이 되었고, 1772년에는 종신 사무총장이 되었다.

데 자기가 내린 판단을 남이 받아들이게 만들 정도로 빼어난 인물이 단 한 사람이라도 있을까?

1002 라모

나는 어릴 적부터 음악가 라모를 알았다. 그는 비쩍 마르고 키가 컸다. 배가 나오지 않은 그는 언제나 침착하게 뒷짐을 지고 구부정하게 팔레루아얄을 거닐었다. 코가 길고, 턱은 뾰족하고, 다리는 피리처럼 가늘었으며, 목소리는 쉬었다. 그는 까다로운 사람처럼 보였는데, 시인처럼 그도 음악에 대해 당찮은 소리만 해댔다.

사람들은 모든 화음이 그의 머리에 들어 있다고 말했다. 나는 오페라에 갔다. 라모가 작곡한 오페라는 (몇몇 관현악을 제외하고) 이상하게 싫증이 났다. 모든 사람이 음악은 마지막 지점까지 나아갔다고 말했듯이, 나도 음악이 죽었다고 믿었다. 그리고 글루크, 피치니, 사키니가 내 영혼의 깊은 곳으로 들어와 어째서 내가 조금도 반응을 보이지 않고 감동을 받지 않느냐고 물었을 때, 나는 심적 고통을 받았다. 나는 라모가 왜 그처럼 이름을 날리는지 조금도 이해하지 못했다. 내가 당시에 아주 큰 실수를 했기 때문인 것 같다.

나는 그의 조카를 알았다. 절반은 신부요, 절반은 속인인 그는 카페를 돌아다니며 살았고, 모든 놀라운 가치와 온갖 천재적 활동, 영웅주의적 헌신을 단지 먹고 사는 일로 환원하였다. 요컨대, 이 세상 사람들이 위대하다고 칭송하는 일은 모두 먹고 사는 일이라는 것이다. 그는 모든 일이 음식을 입에 넣은 뒤에 생기는 결과일 뿐이라고 생각했다.

그는 손짓 발짓 해가면서 이 이론을 설파했고, 아주 생생하게 씹는 모습도 보여주었다. 사람들이 아름다운 시, 위대한 행동, 왕령에 대해 말하면, 그는 프랑스 대원수부터 구두장이까지, 볼테르부터 샤반 또는 샤바농까지 모두 입에 넣고 씹을 것을 얻으려고 하는 일일 뿐이라고 말했다. 이른바 저작(씹기)의 법칙을 수행하는 일이 분명하다는 것이다.

어느 날 그는 내게 말했다.

우리 아저씨인 음악가는 위대한 인물이지만, 우리 아버지 바이올린 연주자가 그보다 더 위대합니다. 내 말을 듣고 당신이 판단해 보세요. 우리 아버지는 제대로 음식을 씹는 법을 알았죠! 나는 아버지 집에 살 때 무사태평이었어요. 미래를 염탐하는 일에는 별 관심이 없었지요. 만 22세 때지요. 우리 아버지가 방에 들어오시더니 말씀하셨어요. "너는 도대체 언제까지 이렇게 빈둥거리면서 게으르게 살 거냐? 지금까지 2년 동안이나 네가 뭘 하기를 기다렸어. 그거 알아? 나는 20세 때 교수형을 당했고, 어느 정도 지위를 누렸지." 아주 쾌활한 나는 이렇게 대답했죠. "그건 목을 밧줄에 들이미는 직업이겠죠. 그러나 어떻게 살아 남으셔서 지금 아버지가 되셨나요?" "듣기나 해, 당시에 나는 군인이었는데, 남의 물건을 훔쳤지. 헌병사령관에게 잡혀 나무에 매달렸어. 마침 비가 조금 내려, 올가미가 제대로 미끄러지는 것을 막았단다. 사형집행인은 내가 죽은 줄 알았지. 그는 내 셔츠를 남겨놓고 갔어. 왜냐하면 구멍이 뚫린 셔츠였기 때문이지. 기병들이 지나가면서도 셔츠를 가져가지 않았어. 아무짝에도 쓸모없었거든. 대신 그들은 칼로 밧줄을 끊어버렸고, 나는 땅바닥에 떨어졌어. 땅바닥이 축축했어. 나는 찬 기운 때문에 정신을 차렸어. 속옷 바람에 이웃 읍으로 달려가 선술집에 들어가서는 안주인에게 말했어. "속옷 바람이라고 놀라지 마시오, 짐이 곧 도착할 거요. 아시겠지만…. 펜, 잉크, 종이 4장, 1수짜리 빵 한 조각, 포도주 한 컵만 주시오." 안주인은 구멍 난 셔츠를 보더니 측은한 마음이 일었나 봐. 나는 종이 4장에 글을 썼단다. '오늘, 유명한 이탈리아인이 큰 구경거리를 선사함. 일등석 6수, 2등석 3수. 돈만 내면 누구나 입장.' 나는 벽걸이 양탄자 뒤로 숨었고, 바이올린을 빌린 뒤 내 셔츠를 조각조각 잘랐어. 그것으로 인형 5개를 만들었지. 거기에 잉크와 내 피를 조금 짜서 마구 칠했지. 양탄자 뒤에서 나는 인형에게 돌아가면서 말을 시키고 노래하게 했지. 그러면서 바이올린을 연주했단 말이야."

아버지는 이야기를 계속 했지요. "나는 바이올린으로 기가 막힌 음악을 연주해서 서막을 장식했어. 관객이 몰려들고, 홀은 꽉 들어찼지. 가까운 곳에서 음식 냄새가 진동하였고, 그 냄새를 맡고 나는 다시 힘을 냈어. 굶주림, 그것은 옛날 호라티우스에게 영감을 주었듯이 너의 애비에게도 영감을 주었단다. 1주일 내내, 하루 두 차례 공연했어. 포스터에는 절대 쉬지 않는다고 써놨거든. 나는 겉옷 한 벌, 셔츠 세 벌, 구두와 양말 몇 켤레, 그리고 국경까지 갈 여비를 충분히 챙겨가지고 선술집을 떠났다. 교수형을 당할 때 목을 조금 쉬었는데, 그 증세도 완전히 사라졌다. 이방인은 내 목소리를 듣고 감탄할 정도였지. 들었지? 난 20세에 이미 유명해졌고, 상당한 지위를 누렸어. 너는 지금 22세이고, 몸에는 새 셔츠를 걸치고 있지. 여기 12프랑을 있으니, 이제 내 집에서 썩 나가거라."

이렇게 해서 아버지는 나를 내보냈습니다. 「다르다누스」나 「카스토르와 폴룩스」를 작곡하기보다 아버지 집에서 나오는 편이 더 멀리 갈 수 있다는 사실을 인정하겠지요. 그 뒤 나는 재능 있는 사람들이 셔츠를 자르고 공중 앞에서 인형극을 하면서 먹고 사는 것을 봅니다. 내 생각에 씹기란 이 세상 가장 진기한 일을 하고 나면 할 수 있는 진정한 결과입니다.

라모의 조카는 자기 이론으로 충만하여 엉뚱한 짓을 하였고, 위대한 두 인물의 아들이자 조카로서 무엇인가 씹을 것을 얻으려고 생플로랑탱에게 편지를 썼다.[45] 이 대신은 모두 알다시피 사람들을 내치는 특별한 기술을 가진 사람인데, 아주 쉽게 그를 미친 놈 취급하여 가두라고 명령했고, 그 뒤로 라모의 조카 이야기를 들은 적이 없다.

이 라모의 조카는 결혼식 날 파리의 모든 노파를 한 사람에 1에퀴씩 주고 고용했다. 그는 신부의 팔을 잡고 노파들 사이를 걸어가면서 말했다. "당신은 덕의 화신입니다. 그러나 나는 당신을 둘러싼 망령들 사이에서 당신이 더욱 돋보이기 바랐습니다."

라모는 한 아름다운 부인을 방문했다. 그는 갑자기 의자에서 일어서더니, 부인의 무릎에 있던 작은 개를 빼앗아 4층 창문 밖으로 던져버렸다. 부인이 기절초풍했다. "도대체 무슨 짓을 하신 겁니까?" 라모는 이렇게 대답했다. "개가 제대로 짖지 않아서요." 그는 마치 귀가 찢어진 사람처럼 씩씩거리면서 방안을 왔다 갔다 했다.

라모는 볼테르에게 음악의 한 소절도 들려줄 수 없었고, 볼테르는 자신이 지은 시의 아름다움을 끝내 그에게 이해시키지 못했다. 그들은 함께 오페라를 만들 때 입으로는 화음을 넣어서 말하듯 하면서도 손찌검을 했다. 볼테르의 귀는 어떤 음악도 알아듣지 못하는 최악의 막귀였다. 그러나 그는 용기를 내서 그 점에 대해 말했다. 그를 좋게 그린 그림은 더 이상 존재하지 않았다. 그러니 속된 인간이여, 위안을 삼을진저!

45 루이 15세부터 중요한 부서를 맡았던 생플로랑탱 백작은 루이 16세 치세 초 궁내부 대신이었다. 궁내부 대신은 바스티유 감옥도 관할하는 권한을 가졌다.

1003 역마차

밖으로 나가기 전에, 가능하다면 세상을 보자. 발명품 가운데 뭐니 뭐니해도 역마차가 최고이다. 이것만 있다면 부자가 조금도 부럽지 않다.

지혜로운 대신이 왕국 전체에 바둑판처럼 아름다운 길을 낸 덕분에, 상놈이 황금을 지니고 마차에 처박혀 마부의 호위를 받으면서 외국을 향해 경쾌하게 출발한다. 그는 외국에서 자신의 우아한 모습을 한껏 과시할 것이다. 브랜디를 마시고 파이프에 담배를 재워 피우는 홀란드와 독일을 방문했을 때, 그는 소금에 절인 돼지고기, 슈크루트, 버터와 치즈를 침통하게 씹었다. 그는 이 모든 것을 관찰했다. 그러나 그 나라 사람들이 맛좋은 음식을 앞에 놓아 주었건만, 그는 20접시도 제대로 먹지 못했기 때문에 굶어 죽는다고 소리치면서 돌아온다. 그는 환락이 들끓는 파리로 돌아와 다시는 다른 데로 가지 않겠노라고 결심한다.

어째서 계몽된 사람이 아니라 상놈이 역마차를 탔는가? 도보여행은 탈레스나 루소 같은 사람의 여행이다. 그러나 오늘날 도보여행을 하는 사람이 별로 없다. 역마차는 아무 곳에나 서고 싶으면 서고, 봐서는 안 될 것이 있으면 빨리 지나친다. 아, 편안한 울타리 안에 쭈그리고 앉아 도시나 큰 마을을 관찰하는 일은 얼마나 달콤한 경험인가! 모든 신분 가운데 여행자야말로 순수하고 새로운 즐거움을 가장 풍부하게 누린다. 나는 여행할 때 행복하다. 내 머리는 빛을 내고, 모든 책이 냉담하게 보이고 싫증난다.

역마차로 상인 또는 호기심 때문에 왕국의 이곳저곳을 다녀보고 싶어 하는 사람을 편안하게 여행하게 하려는 계획은 좋았지만, 튀르고가 세운 운송체제 때문에 실패했다. 왜냐하면 이 체제가 태만하고 과욕을 부렸기 때문이다. 이것이 독점제도가 낳은 결과이다. 될수록 왕립 운송체계에 의존하지 말아야 한다. 가장 확실한 근거를 제시하면서 불만을 이야기해도, 언제나 지게 마련이다.

오늘날의 취미는 마차에 금칠이나 은칠을 하지 못하게 한다. 그것은 사치단속법보다 더 큰 소리로 외친다. 마차는 그림과 니스칠만으로 꾸민다. 목수가 부지런히 손을 놀려 우아하게 조각하고, 마구 직공은 한 곳도 소홀히하지 않고 가죽을 붙인다. 그리고 자물쇠공은 부드럽고 유연하고 강한 용수철을 발명하여 예술가와 어깨를 나란히 하는 수준에 올랐다. 좌석에는 나사 천을 씌우고 술을 달아 장식한다. 좌석은 넓고 부드럽고 색색이다. 마부는 제자리에서 주인을 기다릴 때 마치 침대에서 쉬는 것처럼 편안하게 잘 수 있다.

여객마차는 장엄한 만큼 편안하기도 하다. 우리는 영국식 마차를 채택했지만, 재창조할 줄 알았다. 우리의 마차는 훨씬 가볍다. 크고 무거운 대형 마차는 마치 하숙집 한 채가 굴러가는 것처럼 보이지만, 우리의 마차는 보기 좋고, 가벼워도 견고하다.

객실은 아주 높이 올리고, 마부석은 객실보다 더 높였다. 안내자는 집의 중이층 높이에 앉는다. 유능한 스승 밑에서 견습하면서 이렇게 높은 자리에 앉을 때는 몸을 확실히 고정시켜야 한다고 배웠다. 그렇지 않으면 유서라도 써놓고 길을 떠나야 한다. 이러한 마차가 처음 나타났을 때, 우리는 마부가 가엾어서 몸을 떨었다. 그가 조금이라도 충격을 받으면 원심력 때문에 마차에서 20자 아래로 떨어지지나 않을지 몰라 두려웠다. 그러나 마차 객실을 높이면서 위험을 줄였는지, 아니면 마부가 더 능숙하게 몸을 지탱하는 법을 아는지,

아무튼 마차가 이른바 가로등이라는 공공 등불을 지나치면서도 마부가 전보다 머리를 다치는 경우는 줄었다.

사람들은 틈나는 대로 이 저주받은 마차를 금지했다. 아주 좁은 마차는 매우 단순하고 음산한 쇠바퀴 소리를 내기 때문이다. 그것은 역겹고 야릇했다. 또 아주 불쾌한 소리에 귀가 피곤했다. 오늘날에는 꼭 필요한 만큼만 운행하여 소리를 많이 줄였다. 유리는 아주 위험하고 불편한 일을 일으킬 수 있기 때문에 사용을 금지하고 그 대신 나무로만 문을 만든다면, 나는 이러한 개혁을 다행으로 여기고 환영하리라. 또한 접어서 실내에 올리는 발판도 없애면 좋겠다. 성급한 사람이 어떤 것에 만족하겠는가? 나는 몇몇 발명품을 대체할 천재성을 기대하고 싶다. 마차에서 조금이라도 빨리 내리지 못하면 갇혔다고 생각하고, 종복이 기민하게 움직이기를 바라는 조급증보다 더 좋은 경우는 수없이 많다.

로베르 왕[46] 치세에는 집 밖으로 60리외 떨어진 곳만 가더라도 큰일이었다. 그래서 유서를 쓰고 죽을 준비를 하고 떠났다. 150리외까지 갔다가 돌아온 사람이 있으면, 사람들이 그 주위로 몰려들었다. 마치 오늘날 쿠크 선장의 항해처럼 찬탄할 만한 일이었다.

오늘날 사람들은 아무 때나 역마차를 이용한다. 여행하는 아름다운 부인들에게 엉덩이 모양을 고스란히 보여줄 정도로 꽉 끼는 가죽 바지를 입은 마차몰이는 궂은 날에도 일을 멈추지 않는다. 그의 아름다운 눈은 아무것도 보지 않는 것 같고, 귀는 신작로에서 들리는 저주를 하나도 듣지 못하는 것 같다.

사람들은 굳이 여행할 필요도 없고 일도 없는데도 아주 조그만

46 Robert(996~1031): 카페 왕조의 시조 위그 카페의 아들 로베르 2세, 또는 경건한 왕 로베르를 가리킨다.

핑곗거리를 만들어 여행한다. 왕국은 천지사방으로 뚫려 있다. 아름다운 길이 수많은 곳에서 불필요할 정도로 넓고 별로 정돈되지 않은 채 많은 소통의 지점을 제공하는 덕택에, 도시와 도시, 지방과 지방의 교류가 활발히 늘어났다.

부자가 아니더라도, 부자만이 즐기던 쾌락을 거의 모두 즐길 수 있는 세상이 왔다. 그러나 이러한 평등은 여행할 때에는 통하지 않는다. 영국식 훌륭한 여행마차(베를린형 사륜마차)는 온갖 편리한 것을 장착하고 원하는 곳에 서거나 떠난다. 이에 비해 왕립 운송제도의 마차는 사람보다 짐을 더 소중히 태운다.

1,000루이 금화를 가진 사람이 아주 기분 좋게 돈을 쓸 때는 역마차로 단 3명이 여행할 때이다. 이렇게 하면 비용을 거의 3분의 1이나 절약할 수 있다. 그러나 셋이 완전히 의기투합하는 일은 아주 드물다.

역마차는 끊임없이 정부의 감독을 받는다. 대신은 당장 역마차를 세울 수 있다. 사람들은 이처럼 슬기로운 정책이 범죄를 막아주고, 국가안보는 가끔 이렇게 정확한 감시에 의해 이룰 수 있다고 생각한다.

키케로가 아들에게 들려준 슬기로운 충고를 다시 생각해 보자.

> 외국의 관습을 우습게 보거나 나무라지 말라, 그것은 풍토나 정부나 또는 여행자가 알 수 없는 요인 때문에 생긴 관습이라고 생각하라.

파리인이 유럽 일주라 부르는 여행을 하고자 할 때, 직접 본 것을 여행의 성과로 모을 수 있을 만큼 충분히 소양을 쌓아야 한다. 정신 연령이 낮을 때 여행을 하면 평생 바보 같은 선입견만 쌓을 것이기 때문이다. 조혼이 육체적으로 잘못된 것이듯, 일찍 여행을 하는 것은 정신에 해롭다.

어느 날 어느 집 하인이 복권으로 4만 에퀴를 땄다. 그는 안주인에게 올라가서 말했다. "부인, 내게 돈이 생겼어요, 나는 더 이상 부인의 소유가 아닙니다. 나는 오래전부터 해보고 싶던 일을 하겠어요. 여행을 떠나렵니다." "너, 이 가엾은 녀석!" "네, 부인, 부인께서 내게 수없이 이야기해 주셨던 이탈리아, 홀란드, 영국을 보고 오겠습니다." "아, 이 녀석, 너 미쳤구나. 제정신이 박힌 사람처럼 살아야지. 돈을 평생 연금에 묻어 두고 편안하게 살아야지." "아니죠, 부인, 남이 나를 파산시키면 어쩌라구요. 나는 여행이나 떠나 견문을 넓혀야겠어요."

하인은 종복, 요리사, 그리고 하인 3명을 고용했다. 그는 이미 다른 사람들을 섬기는 방법을 알았기 때문에 그들을 잘 부렸다.

그는 여행하면서 가진 돈을 모두 길 위에 뿌렸다. 그는 불로뉴쉬르 메르에서 돌아오는 길에 어떤 여관에서 돈이 얼마 남았는지 세어보았다. 겨우 100루이가 남았음을 보자 그는 주인을 불러 말했다. "내 밥상에 6인분 추가요."

그는 앉았다. 그가 고용한 사람들은 몹시 놀랐다. 그가 말했다. "내 요리사를 올라오게 하시오." 요리사가 왔다. 그는 목소리를 높여 그들에게 말했다. "친구들이여, 모두 나와 함께 밥상에 앉으시오, 여기 당신들의 몫이 있소. 이제 다른 조건의 일자리를 찾아보시고, 만일 내게 어울릴 만한 일을 찾는다면 기꺼이 알려주시오. 내가 여태껏 했던 역할은 내 돈과 함께 끝났소. 나는 사실 남의 집 종복이었소. 나는 재정가의 아들처럼 호화롭게 여행했소. 나는 만족하오. 밥상머리에서 자기가 여행한 이야기를 들려주는 사람들만큼 나도 외국에 대해 이야기해줄 수준이 되었소."

1004 방패꼴 간판

공문서를 발행하는 공증인들은 집 대문 철책 한가운데에 백합꽃 3개를 새긴 구리 간판을 단다. 오늘날 사람들은 공증인들이 너무 서두르고 덤벙거린다고 불평한다. 그들이 비싼 돈 받고 써주는 증서가 훌륭한 것이라면, 불평하는 사람들에게 이렇게 말할 수 있을 것이다. "뭐든 돈 값을 하게 마련입니다." 그러나 절대로 그렇지 않다. 1,000에퀴를 내고 만든 증서가 아무짝에도 쓸 데 없으면 그나마 다행인데, 소송까지 걸리니 탈이다.

공증인은 돈을 아주 많이 버는 직업이다. 왜냐하면 매우 다급한 사람들이 그들에게 매달리기 때문이다. 소매상과 장인들은 자식이 15세가 되면 공증인 수업을 받게 한다. 이 젊은이들은 18년에서 20년까지 기다린다. 그들이 마침내 사무장이 되면, 공증인이 되는 것은 시간 문제이다.

공증인은 사무실의 권리를 양도한다. 아니 가장 비싼 값을 부르는 사람에게 판다. 그는 사무실 운영을 이어받을 사람에게 그때까지의 채권단[47]과 앞으로 생겨날 수 있는 채권단을 보여준다. 채권단이야말로 그들이 누리는 영광의 가장 아름다운 꽃이라 하겠다. 채권단을 많이 관리하는 공증인일수록 부자이다. 경험이 풍부한 공증인은 사건을 만드는 데 관심을 집중시킨다.

47 direction: 상속권을 포기한 경우 또는 포기 재산에 대해 권리를 행사할 수 있는 채권단을 뜻한다.

공증인의 권리는 입이 벌어질 정도로 비싸다. 10만 에퀴를 넘는다. 수입이 웬만큼 짭짤하지 않으면 이처럼 큰 돈을 내고 자격을 얻을 리 없다. 그런데 수많은 공증인은 돈장사꾼, 알선인, 중개인보다는 조금 더 낫다. 일부는 공공질서에 해를 끼치는 범죄를 저지르는데, 대개 공문서 내용이나 날짜를 변조하거나 위조한다.

공문서는 사회에서 가장 중요한 물건임이 분명하다. 재산권을 확인해 주고, 평화롭게 권리를 누리게 해 주며, 한 마디로 재산 소유자들의 행복한 생활을 보장해 주는 것인데, 공문서에 한 마디가 잘못 들어가기만 해도 상황이 바뀌는 경우가 종종 생긴다.

불필요한 말을 하고 횡설수설하고 모호하게 표현하기 때문에, 소송이 끊임없이 발생하고 검사들이 승소하게 만든다. 사실 공증인과 검사는 동반자 관계이기도 하다. 검사가 공증인에게 채권단을 데려다주기 때문이다. 공증인은 채권단을 존속시키는 방법을 알고, 그만큼 재산을 불릴 수 있다. 가장 악마 같은 검사와 관계를 맺는 공증인은 곧 나막신과 등짐보따리를 벗어버리고 연금 4만, 5만, 심지어 9만 리브르를 받는 신분으로 바뀐다. 그러고 나면 그는 돈을 잔뜩 벌어주는 권리를 다른 사람에게 넘긴다. 그의 권리는 하루가 다르게 비싸진다.

결함이 있는 공증인은 더 이상 홀란드 여행을 하지 못한다. 그들은 침대에서 제 머리를 권총으로 쏘거나 빗물받이 홈통 위에서 자기 목을 딴다. 우리는 공증인 데제를 기억한다. 그는 교수형을 선고받았으나, 자취를 감추었다. 그리하여 그의 허수아비만 목매달았다.

공증인의 권리는 앞에서 말했듯이 10만 에퀴 이상으로 뛰었다. 그리하여 공증인 셋이 모이면 그들의 권리만 해도 100만 리브르나 된다. 7~8년이 지나면 그들은 시쳇말로 호화판 잔치를 벌인다. 그들은 상당한 재산을 모으고 은퇴하지만, 아직 수염도 나지 않은 상태이다. 이제부터 그들은 투기세력을 형성한다!

공증인 사위를 보고 싶은 공증인이 딸 넷을 모두 공증인과 결혼시킬 때 그 기쁨이 얼마나 크겠는가! 또 아들과 조카까지 공증인이 된다면! 그는 모두 공증인판인 밥상머리에서 150만 리브르가 앉아 있는 것을 본다.

어떻게 해서 공증인이 되는 값이 20년도 안 되는 사이에 3배나 뛰었을까? 그렇다면 수입이 많다는 증거? 113명이 서로 떠받쳐 주면서 파리 주민을 상대로 아주 멋지게 돈을 긁어모은다![48] 공증인 113명은 모두 10만 에퀴짜리이며, 그 직업을 이손에서 저손으로 빠르게 넘겨준다. 아, 가련한 대중이여! 그들이 주고받는 돈의 여파는 고스란히 여러분의 몫이다!

48 1639년 왕령에 의해 파리 샤틀레 재판소에 등록된 공증인 수는 113명으로 고정되었다.

1005 돈 빌리는 사람

정부가 돈을 빌리고 나서 형편에 맞춰 갚을 날을 정하려 하듯이, 돈을 빌리는 사람도 마찬가지이다. 그래서 그는 상대방을 속이고, 헛된 약속을 하며, 중재자의 얼굴에서 자기 의도와 상반된 불안감을 읽으면 최소한의 액수만 빌린다.

그의 뒤를 따라가 보자. 그는 아침 내내 뛰어다닌다. 그는 약 20집쯤 방문하는데, 그 가운데 14개 집은 완강하지만, 나머지 6개 집은 그에게 돈을 준다. 그는 애처롭게 말한다. 끊임없이 신세를 한탄하고, 사람들이 각박하다고 푸념한다. 어쩌다 자기 손에 1루이라도 쥐어줄 만한 어리석은 사람에게는 여태껏 본 적이 없을 정도로 착하고 인정 넘치는 사람이라고 입이 마르도록 칭찬해 준다. 실은 그가 10리브르만이라도 빌리길 바랐는데, 상대방은 24리브르나 쥐어주었기 때문이다.

상대방이 용감하게 지갑을 지키면, 그는 갑자기 요구액을 낮춘다. 그리고 상대의 마음을 후비는 호소력과 염세주의를 동원하여 겨우 1에퀴 한 닢을 빌려간다. 그는 이렇게 해서 1에퀴짜리나 12수짜리 동전으로 5만 프랑이나 끌어들인다. 그는 거지처럼 굽실거리고 뻔뻔하며 낯을 전혀 붉힐 줄 모른다. 그리고 날마다 손 벌리는 일에 익숙하여 성가시게 밀어붙이고 그럴 듯한 거짓말을 늘어놓으면서, 동정심이 없으면 거절했을 바로 그 돈을 얻어간다.

이 비천한 직업은 파리에서만 볼 수 있다. 이러한 종류의 희극배우가 가면을 벗지 않고 100번이나 같은 역을 하기 쉬운 곳은 파리뿐이기 때문이다. 그는 이집 저집 바꾸면서 돈을 빌리거나, 상대방의 성격을 봐가면서 장광설을 늘어놓는다. 그는 거지인지 차용자인지 모호한 일에 자기 아내까지 동원한다. 아내는 포목상에 가서 호박단(타프타) 6온을 끊으면서 훌쩍거리고, 남편은 시계방에서 우는 소리를 한다. 그에게 시계를 빌려주면, 그는 곧바로 전당포로 간다.

그는 주머니에 부적을 가지고 다니며 똑같은 말을 반복한다. 그리고 그 말은 어디서나, 그리고 거의 항상 성공한다. 잘 들어보자. "이 난관을 헤치게 조금만 도와주면 고맙겠어요. 가구는 모두 차압당하고, 집행관이 집을 에워싸고 있어요." 이렇게 말하지만, 실은 요정이나 보이지 않는 귀신이 지켜주는지 가구는 고스란히 남아 있다. 이미 몇 년 전부터 여러 가지 판결이 나왔지만, 그 판결을 집행하는 사람들은 결국 모두 실패했다.

그는 만나는 사람들에게 끊임없이 한 손을 내밀면서 어떻게 다른 손으로 집행관들을 막아내는 것일까? 아, 그는 항상 빚이 많은데도 사람들에게 꾸준히 돈을 빌리는 정부를 닮았다. 그와 정부는 분간하기 어려울 만큼 닮았다. 둘 다 다음 순서를 예고하고 돈을 더 많이 빌린다. 둘 다 곧 가장 눈부신 상태에 도달할 것이라고 상대방을 설득한다. 그러나 사실상 그들의 상태는 악화된다. 둘 다 감언이설로 돈을 구한다. 둘 다 최후의 심판일이 되어야 빚을 청산할 수 있으리라. 그날이 되면 그들의 채권자들이 비로소 만족할 것이다.

1006 초상 그리기

광동에 도착하면 중국인이 다가와 당신을 뚫어져라 보면서 이렇게 말한다. "당신의 초상화를 내일까지 그려다 드리겠소." 그는 놀라운 기억력으로 당신의 특징을 모두 파악한다. 그렇게 해서 당신과 닮은 초상화를 그린다. 중국의 화가들은 상대를 6시간도 채 검토하지 않고 권태롭게 하지도 않는다. 상대를 괴롭히거나 잠들게 하는 거북한 자세를 취하게 하지도 않는다. 한 마디로 그들은 아주 행복한 방법으로 그림을 그린다.

그 방법은 아주 편리한데, 그렇게 해서 더 나쁜 일은 오늘날 모든 사람이 초상화를 그리고 판각하게 만든다는 것이다. 자신의 초상화를 키케로처럼 온당하게 그려달라고 변호사들은 요구한다. 또 작가들은 자기 얼굴을 아폴로처럼 묘사해 주기 바란다. 특히 군주들은 자기 초상화에 장엄, 위엄뿐만 아니라, 가능하다면 인간을 초월하는 특성을 넣어주기를 바란다.

판화를 제작하여 직접 판매하던 재치 있는 판각사는 살아 있는 군주와 죽은 작가들의 판화를 팔았다. 그는 어떤 판화에 대해 이렇게 말했다. "이건 서둘러서 뽑아내야 합니다. 왜냐하면 군주가 오래 살지 못할 테니까요."

진귀한 수집품을 보고 싶을 때는 퓌조[49]를 찾아가면 된다. 거기

49 Pujos(1740?~1788): 세밀화가로 달랑베르(1774), 레날(1775), 뷔퐁(1776), 들릴(1777), 라아르프(1780), 칼리오스트로(1785) 같은 당대의 위대한 사람을 전문적으로 그렸다.

서 작가들의 무리를 볼 수 있는데, 그들에게는 영혼이 없는 것 같다. 몽테스키외는 아무런 장식도 없고, 블랭은 푸른 리본을 둘렀다. 퓌조는 펜을 움직이던 사람들의 얼굴을 후대에 남겨주고자 했다. 그들의 얼굴은 실물을 거의 닮지 않았다. 그러나 유명한 여성이 잘 지적했듯이, 재사들(gens d'esprits)의 결점은 바로 지적 능력이 부족하다는 점이다. 재능과 지적 능력은 전혀 별개이다. 재능 있는 사람일수록 대개 지적 능력은 떨어진다.

이들의 초상화는 아주 평화롭게 쌓여 있다. 그들은 같은 상자 안에 차곡차곡 쌓여 형제처럼 쉬고 있다. 그러나 실물들은 경쟁심에 불타서 서로 피하고 멀리하며, 이기심 때문에 고뇌하고, 그릇된 영광을 미친 듯이 사랑한 나머지 서로 싸우기도 한다.

유럽의 인구는 1억 3,600만 명이다. 이 가운데 인류의 행복에 관심 있는 사상가는 기껏해야 350명이다. 사람들은 파리에 문필가들이 넘친다고 말하리라. 여러 사람이 이러한 자격을 사칭하지만, 사실상 파리에서 문필활동을 꾸준히 하는 사람은 25명도 꼽기 어렵다. 극소수 작가만이 문필활동에 전념한다. 나는 사람들이 추종하거나 유익하거나 재미있는 작품으로 공중에게 자양분을 대주는 사람들이 극소수라고 말하는 것이다. 평생 마드리갈이나 비극 한 편, 산문이나 새로운 역사물을 한 편 썼다고 작가라 할 수 없기 때문이다. 또한 소설을 번역했다고 작가라 할 수도 없다. 왜냐하면 6주면 번역가가 되기 때문이다. 무엇인가 얻은 사람들은 게으르게 되고, 그러고 나서 그들은 자신들의 무능과 무미건조함을 우화 속의 여우가 한 말로 장식한다.

우리는 소수의 문필가들이 최근에 여러 가지 조건을 개선해준 업적을 칭송해야 한다. 그들은 더 중요한 일을 준비하고 있음도 알아야 한다. 건전한 정신과 곧은 마음씨를 사로잡을 창의적인 사고가 태어나는 것은 훌륭한 원칙을 세운 다음에 가능한 일이다. 지금 도처에 있는 지방의회들이 그것을 증명했다.

1007 지방의회

일드프랑스의 지방의회가 믈룅에서 열렸다.[50] 회의 결과 훌륭한 보고서가 나왔다. 그것은 여러 사람의 지식을 한데 모을 수 있는 행복한 기회였다. 프랑스는 진실로 계몽된 사람과 너그러운 시민들이 많은 나라이다. 우리는 고통받는 계급, 경계선에 걸쳐 있는 계급만 애국심을 숙명처럼 가지고 있는 줄 알았는데, 지방의회에서는 탁월한 사람들도 애국심을 보여주는 모습을 보았다. 또 귀족이 평민의 주장을 변호하는 소리를 들었다. 그리고 예전에는 정치처럼 중요한 문제를 업신여기던 사람들이 정치적 지식을 갖춘 모습도 보았다. 요컨대, 그들은 경박한 말투를 버리고 진지한 연구를 시작하여 국가적 차원의 일을 했다. 이처럼 새로운 사상이 가장 긍정적인 변화를 준비하고, 다음 세대는 정치적 의사를 자유롭게 교환하는 제도를 확립한 날을 기념하리라.

농업은 한 번도 고귀한 성격을 잃은 적이 없다. 그럼에도 당시는 보잘것없은 존재들이 보기에도 누구나 농학자와 궁내관이 될 수 있는 시절이었다. 농민은 가난하면서도 이 산업을 의심하여 거기에 마

50 1787년 8월 11일 믈룅 시청에서 예비회의가 열렸다. 매년 열리는 30일간의 정기회의는 1787년 11월 17일~12월 20일까지 열렸다. 회원은 48명으로, 그중 12명은 종교인, 12명은 귀족, 나머지 24명은 제3신분이었다. 인구비례는 아니지만, 가장 수가 많은 제3신분의 대표수를 나머지 두 신분 대표수와 같게 해준 것을 눈여겨 볼 만하다. 튀르고가 지방의회 설립안을 세우고, 네케르가 4개 의회를 설립하였다. 그 목적은 지사들의 행정에 대한 불만, 특히 조세의 분배 문제를 해결하는 데 있었다.

음대로 힘을 발휘하지 못했기 때문에, 토지 소유자들은 인간 본성을 영광스럽게 해주는 이 산업에 자신들이 종사해야 한다고 생각하던 시절이기도 했다. 귀족이 다양한 분야에서 토지를 훌륭하게 활용하여 번영하게 만들 때, 그들의 우월한 지위에 이의를 제기할 사람은 없으리라.

고대의 가부장, 호메로스가 기린 그리스 왕들, 그리고 세계 지배의 기초를 마련한 자랑스러운 로마인들은 이러한 분야의 영광을 누릴 자격이 있다. 그러나 우리의 귀족들은 아무짝에도 쓸 데 없는 허영에 들떠, 초라한 주둔지에서 칼을 끌고 다니고 카드놀이나 하며, 극장에 여인들이나 데리고 다닌다.

1008 식사시간

도로포장공, 벽돌공, 석공은 날마다 아침 9시에 점심을 먹는다. 루이 14세는 모든 동업자 조합과 지방 사람들처럼 정오에 점심을 먹었다. 30년 전부터는 오후 1시에 점심을 먹는다. 오늘날에는 오후 3시 반에 점심을 먹는다. 예전에는 두 사람마다 한 접시씩 나눠 먹었고, 연인들은 같은 잔으로 마셨다. 오늘날에는 각자 자기 접시를 쓴다. 숙소의 주인 내외는 예의바르게 손님들에게 누가 누구와 연인관계인지 알려달라고 요청한다. 사람들은 9시 반에 밤참을 먹고, 밤 10시에 남의 집을 방문한다. 그때가 사교시간이다. 여성은 날밤을 새고, 햇살을 피한다.

15세기의 장식 접시는 움직이지 않는 큰 쟁반으로 바뀌었다. 그러나 이 쟁반은 마음에 든다. 그것은 그날의 주된 요리를 담은 큰 접시들을 대신한다. 가벼운 접시가 밥상 주위를 돌아다닌다. 따라서 국에서 피어오르는 김 사이로 후식의 아름다운 장식을 볼 수 있다.

우리 밥상에 오르는 후식은 여름과 겨울에 다르게 장식한다. 1월에는 서리가 내린 듯이 장식한다. 물론 인공으로 만든 서리이다. 이 서리도 자연의 서리처럼 따뜻하면 녹는다. 나는 12자짜리 밥상 위에서 강물이 녹아 흐르고, 나무가 푸르게 되며, 꽃이 피는 모습을 보았다. 녹색 옷을 입고 나타나는 봄을 연출한 것이다.

후식으로 먹는 사블레! 이러한 사치가 유치한 면을 가졌다고 상상할 수 있었겠는가? 밥상 위의 사블레는 흰 대리석 가루로 만들어 온갖 색을 칠했다. 모래로 틀을 만들 줄 아는 식사담당관이 있는가보다. 만일 그가 밥상을 장식하는 법을 잘 몰랐다면, 그는 일자리를 얻지 못했을 것이다.

파리의 식사시간이 저녁 6시이고 극장을 여는 시간이 9시이면 사회가 더욱 완전해질 것이다. 그래야만 사람들은 자신들이 추구하는 일에 전념하고, 일과 쾌락을 조화시킬 것이기 때문이다.

1009 극장 바닥석

현재 오페라 극장을 제외하고 모든 극장은 바닥석에 사람들을 앉힌다. 극단의 성격이 얄팍하냐 깊으냐에 대한 논쟁이 벌어졌듯이, 바닥석에 앉거나 서서 극을 보는 문제에 대해서도 수없이 논쟁이 벌어졌다. 상식적인 사람이나 작가, 예술의 진정한 애호가들은 바닥석에 사람을 앉혀야 한다고 주장하는 편을 든다. 그러나 긴 의자가 좁고 불편하다면, 그리고 공간이 좁기 때문에 조금이라도 엉덩이가 큰 사람이 앉을 수 없다면, 차라리 편안하게 서서 극을 보는 편이 나으리라.

연극 2편을 보는 좌석 값을 20수에서 갑자기 48수로 올렸을 때(그리고 아무도 항의하지 않았을 때), 긴 의자를 놓을 공간을 좀 더 배려해 주면 좋았을 텐데, 파리의 대중을 대변해서 말해줄 사람이 없었다. 가장 사소한 폐단이라도 그대로 넘기지 말고 계속 이야기해야 한다. 극장 바닥석은 아직도 별로 편안하지 않다. 따라서 48수를 내고 자기 주위에 군인들이 있는 것을 본다면 어찌 충분하다 하겠는가? 만일 희극배우와 정부 대신이 만족할 때, 관객이 자기 편한 대로 자리를 잡을 수 있고, 고통스럽고 거북함 없이 마음껏 다리를 뻗을 수 있다면, 그도 어찌 만족하지 못하겠는가?

500~600명으로 붐비는 바닥석의 출입문은 반드시 밖에서 잠근다. 자물쇠를 잠근 뒤에는 아무도 드나들 수 없다. 밖으로 나가려면 문을 두드려야 한다. 대중은 이처럼 믿기 어려운 예속상태에 있다. 극장에서 이렇게 관객을 가두는 모습을 외국인이 본다면 분명 놀라리라. 불이라도 나면 문을 부수는 데만 몇 분이 걸리기 때문이다. 문

을 잠그는 여성은 신호를 듣고서 아주 천천히 움직인다. 한 마디로 연극을 보러 가서 갇힌 기분이 들고 총칼로 둘러싸일 때, 기분을 망치지 않을 사람이 어디 있겠는가? 여성 3명이 600명을 가두고 문을 잠그다니! 영국인, 러시아인, 독일인, 폴란드인은 과연 어떻게 생각할까? 돈 내고 들어간 관객을 좁은 공간에 동물처럼 몰아넣다니! 참다움이란 언제나 참답게 보이지 않는다.

모든 공연을 같은 장소에서 보여준다면 시간을 많이 절약할 것이다. 그렇게 한다면 배우들에게 가장 좋은데, 관중들이 끊임없이 이방에서 저방으로 쏟아져 들어오기 때문이다. 대부분의 관객은 즐기는 데 단 몇 시간만 쓰기를 원하고, 연극의 경우 관객들은 시큰둥해진다.

극장에 갔을 때 관객이 꽉 차 있으면 다른 극장을 찾아 멀리 가야하고, 그러다가 싫증이 나며, 그렇게 해서 시간과 즐거움을 모두 잃는다. 모든 극장을 한 장소에 모아놓으면 그곳에만 사람들이 몰려들고 다른 곳은 조용하리라. 보행자들은 마차행렬을 자주 만나지 않을 것이다. 즐기고자 하는 사람은 반드시 그 효과를 즐길 수 있으리라.

극장이 다닥다닥 붙어 있으면 경쟁이 더욱 활발해질 것이다. 그러나 이 고상한 오락을 완전하게 즐기려면, 극단의 독점권을 폐지하고 연극 공연의 자유를 허용해야 한다. 정부는 단지 극작품의 윤리적 측면만 검열하도록 한다. 그렇게 된다면 우리는 진정한 배우를 갖게 된다. 그리고 우리가 잘 모르는 이유로 코르네유와 몰리에르 같은 극작가가 쓴 연극대본에 등장하는 기묘한 인물들, 다시 말해서 왕의 침전 내관들의 말을 더 이상 들을 필요가 없게 된다.

나는 연극배우들과 싸울 때 이 주제에 대해 몇 가지 보고서를 발간했다. 나는 이 우스꽝스러운 소송에 정의로운 관찰 결과를 포함시켰지만, 아무도 내 말을 듣지 않았다.

바닥석에 관객을 앉히기 시작한 뒤, 그곳은 더욱 소란스럽고 시끄러워졌다. 그곳에 앉은 관객은 아주 유쾌하게 배우들에게 이러쿵저러쿵 하면서 그들을 피곤하게 만들었다. 배우와 바닥석의 관객이 서로 고집을 꺾지 않고 싸우는 모습은 기대하던 연극 대신 새롭고 흥미로운 구경거리가 되었다. 몇 시간 동안 걸상을 두드리는 소리가 났고, 거기 모인 사람들은 그렇게 해야 만족하는 것 같았다. 얼마 전부터 이렇게 소란스러운데도 수비대는 꼼짝도 하지 않는다.

국민의 빚을 청산하는 곳도 바닥석이다. 바닥석은 영웅들을 환영하고 그들에게 보상한다. 프로이센 왕자 하인리히를 돋보이게 만들어 준 곳도 바닥석이다. 모든 종류의 재능에 대해 진정한 의무를 다하는 것도 바닥석이다. 스웨덴 왕은 오페라 개관에 맞춰 도착했다. 바닥석의 관객은 막을 내리게 하고, 오페라 문을 다시 열라고 요구했다.

모든 종류의 유명한 인간을 차례로 명예롭게 만드는 활발한 의사표시를 그 어떤 국민이 이렇게 잘 할 수 있을까? 감수성과 열광이 한순간 교류한다. 깊이 생각할 것도 없이 즉각 존경심을 표현한다. 어떤 민족이 이러한 방법으로 보상하였으며, 특히 이렇게 활발하고 우아하게 하였겠는가?

그러므로 바닥석은 가장 세련되고 가장 미묘한 암시를 만들어낼 줄 안다. 가장 교묘한 표현이 갑자기 바닥석 관객들로부터 튀어나온다. 그것은 마치 화산폭발과 같다. 그들은 모두 한 소리로 환호성을 지른다.

만일 프랑스 민족과 경쟁할 만한 민족이 있었다면, 그것은 고대 아테네 사람이었을 것이다. 모든 시선이 공정한 사람 아리스테이데스에게 쏠린다. 살라미스 전투 이후 테미스토클레스[51]가 암픽튀오니

51 Thémistocle(524~459): 기원전 480년 살라미스 해전을 승리로 이끈 전략가.

아 회의[52]에 나타났을 때, 모든 사람이 그 앞에서 일어섰다. 알렉산드로스는 계속 정복을 해나가면서 영광의 최고봉에 달했을 때, 아테네 사람들의 의견을 물어보고자 했다.

52 암픽튀오니아 회의는 '이웃들의 동맹'이라는 뜻으로, 고대 그리스 부족들의 종교적 동맹이며, 신전의 운영 문제를 다루었다.

1010 가정교사

가정교사는 사람들이 자신을 부당하게 대우한다고 불평한다. 가정교사가 아주 부지런히 보살펴 주어도 학생이 조금도 받아들이지 않으면, 그 부모는 가정교사의 잘못으로 돌린다. 그 반대로 학생을 발전시키면, 부모는 자식이 아주 훌륭해서 그렇게 되었지 가정교사의 노력 덕택은 아니라고 생각한다. 가정교사는 노력과 성과에 대해 조금도 보상을 받지 못하며, 학생과 부모는 유모를 내보내듯이 가정교사도 내보낸다. 가정교사가 사제였다면, 학생의 부모는 마을 성당의 초라한 한직이나 사제직을 맡길 것이다.

이집 저집 옮겨다니는 시시한 가정교사는 앞에서 설명한 것과 다른 종류의 불쾌한 일을 겪는다. 그가 가장 멋진 성공을 거두어도 그 효과는 겨우 5~6년 지속될 뿐이다. 그 뒤에는 다른 경쟁자에게 밀려나고, 그의 자리를 차지한 경쟁자의 운명도 마찬가지이다. 그렇게 밀려난 뒤에는 병원에서 여생을 보낸다. 그들의 지위는 더 나아질 것도 없다.

그러므로 가정교사는 아주 슬픈 직업이다. 물론 몇 가지 예외는 있지만…. 아무튼 그에게 돈이 없다면, 그는 화폐를 사용하는 그 어떤 곳에서도 돈을 얻기란 불가능하다고 생각한다.

이 세상에 신의 능력으로 생기지 않은 것은 없다.

제아무리 시골 농부라 하더라도 농기구, 말, 짐바리 짐승, 마구,

돼지, 가금, 포도주, 밀, 비계, 토기 같은 재산으로 1만 프랑어치를 갖추지 못한 사람은 없을 텐데, 가정교사는 머리에 오직 라틴어, 지리학 지식을 조금 담아가지고 다닌다. 참 초라한 재산이다. 중등학교를 마치고 대학교를 졸업한 지식인이여, 떠돌이 가정교사나 전속 가정교사가 되려는 생각이란 집어치워라. '금리로 생활하느니 차라리 직업을 가지겠다'라는 속담이 있다. 그러므로 직업훈련을 받아라. 이것이 가정교사가 되어 누릴 행복보다 더 낫다고 나는 분명히 말해줄 수 있다.

어떤 왕자가 난파하여 파도에 떠밀리다가 먼 나라 해안에 도착하면, 화가나 음악가, 춤 선생, 검술 선생, 또는 병사나 목수 같은 직업 이외에는 더 좋은 일을 찾을 수 없다. 티무르의 손자는 오늘날 할아버지가 다스리던 나라, 즉 몽골에서 적선이나 바라면서 살아간다.

하느님의 힘이 인간사에 작용한다.

오늘날 몇몇 초심자는 추천장을 받아 펜실베이니아로 가서 중등학교의 부교사로 들어가는 것이 안전한 방법이라고 생각한다. 부교사직이 개인의 전속 가정교사보다 해고당할 일이 적기 때문이다. 그러나 미국으로 건너가기 전 영어를 배워야 하고, 그 과정이 생각보다 훨씬 힘들다.

덕을 갖춘 사람이 가정교사로 전락하는 경우가 있다. 삶의 모든 시련 가운데 그것이 가장 슬프고 잔인한 시련이다. 1787년 12월 15일 어떤 사람이 우리 집에 들어왔다. 우아한 마차를 문밖에 기다리게 하고서. 그는 들어오면서 내게 말했다. "선생님, 가정교사를 채용하려는데 누구를 선택해야 좋을지 도와주십시오." "기꺼이." "제 아들을 맡길 사람은 공부를 많이 한 사람이어야 합니다. 제 아들에게 라틴어와 그리스어를 가르쳐야 하기 때문이지요. 그리스어를 모르면 고전 고대의 장막을 거둘 수 없겠지요." "그렇다면 그리스어를 아는 사람을 뽑으면 되겠네요." "그런데 역사와 지리도 필수이고, 물리학을 조금이라도 알아야 합니다. 그러나 저는 특히 그가 프랑스어를 잘 알고, 사교계의 관습도 알고, 사회가 어떻게 돌아가는지 이해해야 한다고 생각합니다. 그는 아주 좋은 가문 태생처럼 보여야 합니다. 저와 함께 밥을 먹어야 할 테니까요." "선생, 내가 한 번 알아보리다." "수학에도 문외한이어서는 안 됩니다. 그리고 그림은 모든 선생이 배워야 할 과목이 아니던가요. 뭐니뭐니 해도, 품행이 방정하다는 증서가 첫째 조건이겠지요. 선생님도 인정하시죠?" "아, 물론 그건 필수죠." "온화하고 정직하고 신경질을 내지 않는 사람, 말할 때와 입을 다물 때를 아는 사람, 그런 사람이 좋겠지요. 그리고 우리 집에서 음악회를 열 때, 그때 바이올린을 연주해서 한몫 거들어 준다면, 게다가 음악선생을 감독할 수 있다면, 조금도 불만이 없겠지요." "알았어요, 선생." "제 아들은 여행을 다녀야 합니다. 따라서 가정교사가 제 아들에게 영어, 이탈리아어, 독일어 정도는 가르칠 수 있어야 합니다." "선생, 그러니까 댁의 아드님은 런던, 로마, 비엔나로 가겠지요?" "물론이죠, 선생님. 그래서 제 아들을 가르칠 가정교사는 필요한 경우 말도 타고, 무기도 다루고, 그림도 조금 그릴 줄 알아야 합니다. 여행 보고서를 작성할 때 그림이 필요하니까요. 물론 여행경비는 제가 댑니다. 스위스나 이탈리아의 경치, 대도시의 주요 건축물을 그림으로 그려다 주면 좋겠습니다. 그는 반드시 추천장을 가지고 와야 합니다. 오늘날 정치적 얘기가 많이 오가므로, 그가 여러 나라의 이해관계에도 관심을 가져야 합니다. 한 마디로 말해서, 저는 우리 집에 시인이나 한 사람 들이려고 선생님께 부탁하는 것이 아닙니다. 그러나 제 사랑스러운 아내의 생일잔치에, 우리 가정교사가 훌륭한 수업을 받은 사람이라면 썩 괜찮은 시를 지어주기를 바라겠습니다. 선생님, 그러고 보니 한 가지 깜박 잊고 말씀드리지 못한 일이 있네요. 지금까지 겪어본 가정교사는 한결같이 악필이던데, 제 아들 가정교사만큼은 필체가 좋은 사람이면 좋겠습니다. 그래야 제 아들도 일찍부터 달필이 되는 법을 터득할 테니까요. 산술, 이건 말할 필요도 없겠지요. 왜냐하면 우리는 그가 대수학을 알아야 한다는데 동의했으니까요." "선생은 이렇게 많이 배운 사람이 도대체 몇 살이면 좋겠습니까?" "더도 말고 덜도 말고 딱 25세요. 그러나 선생님께서 제가 제시한 조건을 신중하게 검토하셔서 제 마음에 딱 드는 사람을 추천해 주신다면, 저는 그에게 아주 감사의 뜻을 제대로 표시하겠다는 사실을 분명히 약속합니다. 저는 그에게 저와 함께 밥을 먹을 권리와 함께, 1년에 600리브르를 주겠습니다. 그리고 유럽 일주 여행이 끝나면 바로 교육과정이 끝날 텐데, 그때부터 연금으로 600리브르씩 평생 지급하겠습니다."

이 말을 듣고 나는 일어서면서 될수록 냉정하게 말해주었다. "선생, 그런 사람을 한 번 찾아보겠소. 만일 그런 사람을 찾으면 반드시 선생에게 알려드리겠소."

1011 폴리냑 추기경[53]

그는 섭정을 납치할 음모를 꾸민 칼라마레 공작의 신뢰를 받았다. 폴리냑 추기경은 음모에 가담했다. 추기경은 아니에르에 있는 파라베르 부인의 작은 집에서 거나하게 취한 섭정이 여느 때처럼 호위병 4명만 거느리고 돌아올 때 납치하여 푸아투 해안으로 데려가기로 하였다. 그곳에는 섭정을 넘겨받으려고 에스파냐 쾌속범선 2척을 대기시켰다. 그와 동시에 국경을 시찰한다는 구실로 피레네 산맥 가까이 있다가 에스파냐 왕을 벌건 대낮에 파리로 데려가 멘 공작 일파와 폴리냑 추기경 일파의 도움을 받아 루이 15세의 섭정으로 선포할 계획이었다.

궁녀 때문에 음모가 들통났다. (그 뒤로 궁녀들은 행정에 관계했다.) 섭정은 멘 공작부인의 심복 말레지외[54]가 쓴 『피츠모리스』라는 작품의 원본을 얻을 수 있었다. 그 작품의 여백 여기저기에는 폴리냑 추기경이 긴 주를 달아놓았다.

추기경은 아무것도 몰랐고, 섭정은 멘 공작 부부를 귀양보낸 뒤에도 추기경에게 이 세상에서 가장 좋은 낯빛을 가장했기 때문에,

53 cardinal de Polignac(1661~1741): 에스파냐 대사 칼라마레 공작(prince de Callamare)의 음모사건에 얽혀 1718~1721년까지 플랑드르의 앙생 수도원으로 귀양갔다. 칼레마레 공작은 1718년 섭정 오를레앙 공작을 에스파냐 왕 펠리페 5세로 바꾸려는 음모를 꾸몄다.

54 Malézieu(1650~1727): 루이 14세의 서자 멘 공작(1670~1736)의 가정교사로, 멘 공작부인과 밀접한 관계를 맺었다.

추기경은 들키지 않은 줄 알았고 안심했다. 마침내 어느 날 아침, 섭정과 초콜릿을 마실 때, 섭정 오를레앙 공작이 그를 창문가로 따로 데려가 멘 공작부인의 사건에 대해 말해주었다. 추기경은 시치미를 떼고 섭정에게 말했다. "섭정 예하, 나는 공작부인이 몹시 활발한 성격 때문에 망하리라는 사실을 항상 예견했습니다. 나는 20번이나 그분께 말씀드렸습니다. 이러기는 싫지만, 그분의 무모함을 인정해야겠지요."

이 말을 들은 섭정이 빈정댔다. "폴리냑 추기경님, 아직도 연극을 계속하시는군요. 내가 모든 사실과 함께 당신의 필적도 알고 있는데 말입니다. 내 말대로 하세요. 곧 앙생으로 출발하세요. 거기서 곰곰이 생각해 보세요. 나는 이미 궁내관에게 당신을 그곳으로 모시고 가서 함께 살라고 명령을 내렸습니다."

귀양을 명령받았음에도 추기경은 멘 공작부인만큼 후회스럽지는 않았다. 왜냐하면 섭정은 추기경이 공작부인에 대해 한 말을 무시하지 않았기 때문이다.

이 추기경이 쓴 『반 루크레티우스』를 읽는 사람은 추기경이 과연 이러한 종류의 소란스러운 사건에 연루되었을까 의심스러울 것이다. 그의 시는 내가 아는 한 가장 아름다운 시에 속한다. 그것은 진실로 종교적인 색채를 담았다. 나는 아주 어릴 적부터 폴리냑이라는 이름이 익숙했다. 그는 내 마음속에 아름다운 시적 재능과 연결된 가장 희귀한 덕을 일깨워 주었다.

그러나 내가 그의 이야기를 읽은 뒤, 추기경의 시는 언제나 같은 것임에도 내게는 별 감흥을 불러일으키지 않게 되었다. 어째서 내가 소중히 여기던 그의 이름은 내 기억 속에서 뒷전으로 물러났는가?

예전에는 아주 순수한 구절이 이제는 내게 똑같은 감흥을 불러일으키지 않는다. 역사를 안다는 것이 이렇게 불행한 일이라니!

1012 퀴피스 부자

아버지 퀴피스는 춤선생이었다. 그는 그 시대 유명한 무희 라카마르고를 세상에 내보냈다.[55] 그가 내게 미뉴에트를 처음 가르칠 때 60세였다. 나는 10세였지만 키가 그만 했다. 그는 주머니에서 작은 바이올린 포셰트(pochette)를 꺼냈다. 그는 팔을 뻗더니, 내게 무릎을 꿇으라고 했다. 그는 내게 춤을 가르치는 대신 웃는 방법을 가르쳤다. 나는 퀴피스 선생의 작은 눈, 가발, 무릎까지 내려오는 조끼, 단정하게 마름질한 벨벳 옷을 제대로 쳐다볼 수 없을 만큼 웃었다. 그가 나를 춤꾼으로 만들려고 60년 동안 갈고 닦은 거장의 춤사위와 함께 익살스러운 추임새를 넣을 때마다 가르침을 제대로 들을 수 없을 만큼 우스워 죽을 뻔했다. 그가 날카로운 바이올린 소리로 나를 복종시키려 했지만, 나는 웃느라고 그의 말대로 하지 못했다. 나는 언제나 그가 내 머리 위로 솟구쳐 뛰어오르게 만들었다. 어느 날 저녁 나는 친구들 앞에서 퀴피스 선생을 머리에서부터 발끝까지 흉내 냈다. 그분이 없었다면 나는 제대로 묘사하는 방법을 배우지 못했을 것이다. 그는 내가 이 책을 쓸 수 있는 싹을 길러주었다. 나는 그의 우스꽝스러운 얼굴, 짧은 팔, 뾰족한 머리를 묘사해야 했다. 그 뒤로 나는 묘사하는 일을 즐겼다.

그의 아들도 아주 빼어나게 바이올린을 연주했다. 그는 음을 길

55 라카마르고(la Camargo)는 퀴피스의 딸 마리 안 퀴피스(Marie-Anne Cupis, 1710~1770)의 별명이다. 그는 1726~1751년까지 오페라에서 춤을 췄다.

게 뽑는 일도 잘했지만, 다른 일을 더욱 잘했다. 바뇰레로 은퇴하여 농부로 살면서, 천지창조 이래 가장 맛있는 복숭아를 생산할 줄 아는 사람이 되었다. 천혜의 풍토에서 생산한 그의 복숭아는 맛, 크기, 부드러움에서 가장 뛰어났다. 그 뒤의 경험에서 특별한 주의를 기울여 세심히 관찰한 결과, 한 가지 특성을 발견할 수 있었다. 나는 그가 직접 가지치기한 복숭아나무를 보았는데, 과수원에서 기르는 나무마다 가지가 42피에나 뻗어 있었다.

이처럼 언제나 유순하고 감사할 줄 알며 은혜를 저버리지 않는 자연은 부지런한 인간성에 복종하고, 인내심을 가지고 작물을 기르는 농부의 배려에 후하게 보상한다.

나는 아들 퀴피스에게 '복숭아 달인'이라는 별명을 주고, 누구라도 복숭아나무를 그처럼 완벽하게 가꾸는 사람에게 똑같은 별명을 주고 싶다. 모든 민족 가운데 자기 이익의 목소리를 가장 잘 들었던 로마인은 이처럼 특별한 별명을 붙여주는 것이 얼마나 이로운지 아는 유일한 민족이었으리라. 개인에게 주는 별호는 보잘것없고 우울한 마을이나 그보다 더 비루한 봉토의 이름보다 더욱 영광스럽다. 그러나 어떤 일을 아주 성공적으로 해내려면, 거기서 나오려고 해서는 안 된다. 예술을 위해서뿐만 아니라, 그 예술의 일부를 위해서도 한 사람이 일생을 바쳐야 하는 만큼, 퀴피스는 다른 종류의 과실나무도 정성껏 보살폈지만 복숭아나무만큼 아름답게 가꾸지 않았다. 모든 분야에서 빼어난 사람들은 어느 한 가지에만 몰두하지 않는다. 자연은 우리 각자에게 자신의 선물을 아주 슬기롭게 아껴서 나눠주었다. 자연은 우리 중 그 누구도 그 선물에 짓눌리지 않도록 배려했다.

그러나 이처럼 아름다운 과일을 기른 사람들이 거기에 만족하고 천진하고 온화하게 일하기를 좋아했음에도, 성낸 하늘이 부드러운 채소와 이미 익기 시작한 과일 위로 날카로운 얼음 덩어리를 쏟아부었을 때 그들은 얼마나 불운했던가! 1788년 7월 13일보다 더 참혹한 날이 어디 있겠는가? 그날을 장례식 날이라고 역사에 새겨야 한다.

몽트뢰이, 그리고 생제르맹앙레의 30여 개 마을이 같은 방침을 지키면서 기르는 아름다운 과일나무가 우박에 맞아 갈가리 찢어지고, 그와 함께 탐스러운 과일이 상처 입고 땅에 떨어져 못 쓰게 되었다. 갑자기 우박이 광풍에 이리저리 흩어지면서 마구 쏟아져 내려 마치 잘 벼린 낫처럼 풍요롭던 마을을 사막으로 바꿔 놓았다. 타이유세와 부가세를 거두는 세리여, 달려가 할당량을 거두어 오라. 부러진 나무를 일으켜 세우라. 새로운 수확을 거두게 만들라. 그러나 그렇게 할 수 없으면, 도망치라. 농촌의 흐느끼는 소리가 당신을 따라다니고, 당신은 아무것도 얻지 못하리라. 과연 이렇게 황폐하게 된 대지에게 무엇을 또다시 요구할 염치가 있는가?

하늘이 땅을 돌로 치던 날, 군주도 참화의 한가운데에 있었다. 그는 예상치 못한 참화를 가까이서 보았다. 자연은 농민들의 고된 노동을 무참히 짓밟았다. 군주는 이러한 불행을 절대 물리칠 수 없다. 그러나 가장 부지런한 백성이 겪은 참화를 목격한 그가, 착하고 유익한 경작자들을 괴롭히는 다른 적들을 길들이려고 밤낮으로 노력한다는 사실을 누가 의심하겠는가?

1013 법적 절차

이게 무엇인지 당신은 아는가? 하느님은 당신을 보호하여 그것을 알지 못하게 한다. 사람들은 자신에 대한 법적 절차를 밟을 때 권리를 잃는다. 검사 드니자르는 흥미로운 사전을 만들었다. 그것은 집행관, 법원 서기, 검사들의 지침서이다. 이들은 모두 일반인이 이해하기 어려운 글을 휘갈긴 문서를 보따리에 가득 넣어가지고 다닌다.

파리에서 10리외 떨어진 곳에 사는 몰락한 귀족이 드니자르의 저서를 주의 깊게 읽는다. 그 이유는? 그는 자기의 넓은 울타리 안에 짐승들을 모아넣고 싶기 때문에, 가난한 이웃의 보잘것없는 유산을 큰 정원 안에 모아놓고 싶어 하는 부자들을 부러워한다.

한 가난한 사람이 나귀 한 마리를 가졌는데, 나귀를 몹시 사랑했다. 왜냐하면 그에게 나귀는 아주 쓸모가 많기 때문이다. 그러나 이 나귀는 최고 존재가 자신의 창조물에게 골고루 베풀어준 곳에서 길을 잃고 어디까지가 자기 소유인지 알지도 못한 채 맛 좋은 풀이 많은 길까지 나아갔다. 그 길은 몰락한 귀족의 성관으로 연결되었다. 귀족의 종복들은 나귀를 때리고 사료창고에 가두었다. 곧 인지를 붙이고 글씨를 휘갈겨 쓴 서류, 이른바 소환장을 든 집행관이 파견된다. 그러나 집행관은 소환장을 나귀의 주인에게 주지 않는다. 왜냐하면 드니자르의 책을 읽은 귀족은 영장을 송달할 때까지 기다리는 편이 소송에 더 유리하다는 사실을 알기 때문이다. 가장 아름다운 글씨도 제대로 읽지 못하는 가련한 사람은 순진하게도 다시 한 번 나귀를 돌려달라고 요구하고, 성관까지 가서 모자를 벗어들고 귀족의 종복들에게 돌아가면서 인사하지만, 이들은 코웃음만 친다.

얼마 후 이 가련한 사람은 마른 하늘에 날벼락처럼 대포를 한 방 맞는다. 궐석재판 판결문은 나귀의 원주인에게 그가 가진 모든 재산보다 더 많은 배상금과 이자를 내라고 했다. 이것도 또한 성관의 주인을 위해 드니자르가 고안해준 눈부신 발명품이다.

다시 집행관이 다른 서류를 들고 간다. 이번에 가져가는 서류는 왕과 법무대신의 명령서이다. 그러나 그는 명령서를 읽어주지 않는다. 그래서 농부는 학교 선생에게 명령서를 들고 간다. 학교 선생은 그에게 이 판결문의 결과에 대해서 설명해준다. 그때 가련한 사람이 얼마나 놀라고 고통스러울지 독자가 판단해보라. 그가 가진 것은 더 이상 그의 것이 아니며, 그가 선고받은 배상금과 이자는 그의 나귀가 먹어치운 꼴값인데 그의 재산보다 훨씬 비쌌다. 너그러운 나리는 관대하게도 나귀를 주인에게 돌려주어 농부와 나귀를 모두 즉시 구하고, 이웃 사람들이 더 이상 이 문제에 대해 이러쿵저러쿵하지 않기를 바란다고 했다.

이 긴 연설이 끝나자 종복들은 그에게 나귀를 돌려주었다. 그는 나귀를 붙잡고 울었다. 그러자 종복들은 그와 나귀를 몽둥이로 때려 쫓아냈다. 드니자르가 승리했다. 몰락한 귀족은 독서를 이익과 연결할 수 있었다. 그들은 마을 사람의 집을 부수고 그들의 과실나무를 뽑고 파리의 건축가를 불러 아름다운 관목숲을 조성하게 했다. 이 모든 일이 법적 절차를 따랐다.

소송경비 가운데 3분의 1은 언제나 인지대와 등기료 명목으로 왕의 몫이다. 따라서 재판비용이 비싸다는 비난을 사법부 관리들만이 아니라 왕도 들어야 한다. 소송을 하지 않는 사람이 많다. 소송할 수단이 없기 때문이다.

파리에서는 장자상속법을 적용하지 않는다. 파리인은 부모의 유산을 모든 자식이 골고루 분배하는 일이 더 정당하다고 말한다. 그러나 노르망디인은 부유한 유산도 여러 몫으로 나누다보면 결국 부유한 가문이 빈곤하게 되는 일을 경험하리라고 확신에 찬 목소리로 주장한다. 그는 노르망디의 어버이는 집안이 몰락하지 않도록 차남 이하에게는 상속하지 않으며, 그것은 아주 잘한 일이라고 말한다. 아마도 그렇게 말하는 사람은 맏이라고 할 수 있겠다.

1014 처치 곤란한 작시가

오늘날 시 소재가 아닌 것은 무엇인가? 시의 주제로 삼지 않는 것은 무엇인가? 여배우의 등장까지 시로 쓰는 시대가 아닌가? 대수롭지 않은 작시가에게 시를 지어달라고 했더니, 그는 『주르날 드 파리』에 시를 실었다. 그는 경박한 주제를 반푼짜리 12음절 시문 속에 담았다.

> 배우 둘이 다툰다. 프랑스 극단 위원회는 누구 편을 들어야 할지 모른다. 두 사람이 화해한다. 사람들은 이 위대한 사건을 칭송한다. 그리고 기사 아무개는 시로써 연극의 두 거성이 경쟁심을 버리고 대중에게 즐거움을 선사하는 미덕을 계속 보여주기로 했다고 발표한다.

검찰총장이 바다를 건넌다. 법전을 가져가는 대신, 그는 가르생양을 위한 시를 들고 배에서 내린다. 그것은 법에 대한 작품이 아니라 시로 쓴 연극임이 분명하다.

『뮤즈 연감』 덕택에 시인들이 생기고 우글거린다. 이 보잘것없는 시인들은 가장 엉터리이며 사회를 괴롭히는 사람들이다. 그들은 여배우의 싸움과 화해, 왕족의 출산, 대사의 부임 같은 소재를 모두 시로 쓴다. 어떤 이는 자신이 파르나스의 영광을 포기하고, 자신을 몰라주는 뮤즈 여신들을 버렸다고 말한다. 그는 자기가 재무총감청의 사무관으로 들어간다는 사실을 12음절 시로 써서 예고한다. 또 어떤 이는 이름 모를 동료를 지나칠 정도로 찬양하고, 불후의 시인이라고 보증한다. 모든 사람이 서로 명성의 나팔을 불어준다고 믿는다.

이처럼 헛소리를 늘어놓는 사람들은 언어를 발달시키기는커녕 오히려 망친다. 그들의 사상도 빈약하기 때문에 『뮤즈 연감』을 20권이나 쥐어짜도 상식적인 내용을 20쪽만 추려내면 다행이다.

성 아우구스티누스의 표현을 빌려 말하자면, 볼테르는 '영광의 동물'이었다. 그는 갈채를 받고 싶은 욕망을 억제하지 못하였다. 84세 노인이 불완전한 시 구절이나 나열하고, 운을 맞추고, 마지막 순간까지 『이렌』 같은 형편없는 비극을 다듬고, 마지막에는 시적 태아를 유산하고, 희극배우에게 둘러싸여 시를 읊조리고, 자신을 미치광이라고 상상하고, 자신이 지은 12음절 시에 대한 평가를 듣고 성내거나 기뻐 날뛰는 모습처럼 이상한 볼거리가 어디 있겠는가?

80년 이상의 경험이 형편없는 비극이나 쓰는 일로 끝나다니, 안타까운 일이다! 그는 이성을 깊이 제대로 활용하여 풍성한 열매를 맺을 수 있었는데도 헛된 영광을 다투었다! 극장에서 수없이 갈채를 받았건만, 그는 물리지 않았다. 그는 살 날이 얼마 남지 않았는데, 비극배우의 비장한 어조에 맞게 시를 다듬느라 밤을 지새운다. 그에 대해 모든 것이 바뀐 파리, 차라리 새 도시를 추천하는 파리 한가운데서 그는 오직 비극만을 위해 숨 쉬고 존재했다. "오, 영광을 좇는 동물이여!" 나는 성 아우구스티누스의 저작에서 이 표현을 읽고 몹시 놀랐고, 그 순간 84세에도 운을 맞추려고 잠을 쫓는 늙은이를 떠올렸다. 오, 데모크리토스여!

글을 읽고 조금 합리적으로 생각하는 농부는 유명한 볼테르와 별로 다르지 않다. 볼테르는 뉴턴과 베이컨의 이론으로 무장했을 뿐이기 때문이다. 가장 세련된 예술이 볼테르의 개념에 무엇을 추가할 수 있었던가? 농민도 볼테르만큼 재치 있지만, 말을 다루고 사용하는 면에서 부족할 뿐이다. 시인이 농부보다 아주 얄팍한 정도로 앞섰다고 자만하면 되겠는가?

볼테르, 콜라르도, 바르트, 도라는 모두 죽었다. 아폴로는 무기력하다. 시의 전성기는 갔다. 앞으로 가뭄이 들겠다고 우리를 위협한다. 그렇다면 아무런 자산이 없단 말인가? 프랑스의 파르나스 산은 이제 더 이상 고대 그리스의 뮤즈 신들이 놀던 파르나스가 아닌가? 실제로 산봉우리와 언덕이 둘씩 있는 파르나스가 아닌가? 만일 누군가 이들 가운데 한 봉우리 위로 시의 죽마를 타고 오르면, 그 뒤에는 수많은 산문이 그 박자에 맞춰 당당하고 용감하게 다른 산봉우리로 우리를 이끌어 주지 않을까?

우리의 시는 오직 사고와 심상으로만 살아간다. 언어에 영향을 받은 낱말과 표현으로부터 시가 끌어낸 본질은 근본적으로 별 것 없다. 우리는 고대 그리스인과 라틴족처럼, 그리고 이탈리아인처럼 시적 언어를 조금도 갖고 있지 않다. 그리고 프랑스 시에서 사용하는 낱말, 표현법, 개별적인 자유를 길게 나열하기도 어렵다. 시어가 이처럼 빈약하지만, 시인은 넘쳐난다. 만일 우리에게 시인이 많다면 산문가도 많이 배출할 수 있어야 한다. 확실히 보쉬에, 페늘롱, 뷔퐁, 장자크 루소는 모두 산문으로 시를 쓴 사람들이었다. 르투르뇌르는 시를 번역하여 시의 매력과 조화를 보여준다. 이들의 작품 속에 실제로 우리의 풍부한 시적 자산이 들어 있을 것이다.

들릴 신부는 직업상 양말을 만드는 사람처럼 시를 지었다. 그는 낱말을 힘껏 비틀어 전혀 다른 개념과 심상을 끌어냈다. 그는 시간 속에서 시를 짓지 않는다. 오히려 시간이 그의 시를 만든다.

1015 빵 만들기

나는 빵집 가마에서 탁탁 튀는 소리를 들었다. 나는 그 빵가게로 들어갔다. 가로등이 가게와 길을 비추었다. 주인은 나를 감시한다. "우리 인사합시다." 빵 만들기는 예술이며, 빵을 먹는 동물 가운데 4분의 3 이상이 그 점을 의심하지 않는다.

빵을 가장 잘 만드는 곳은 파리이다. 대체로 스위스, 제네바, 사부아에서는 빵을 형편없이 만들고, 팔츠 공국에서는 최악의 빵을 만든다. 특히 하녀가 만드는 빵이면 그 빵은 구역질난다. 나는 잘 만든 빵을 좋아하고, 그것을 눈으로 보기만 해도 알아본다. 훌륭한 빵은 파리에만 있다. 프랑스의 도시에서는 좋은 빵집을 본받아야 빵을 잘 만들 수 있다.

빵의 질은 얼마나 반죽을 잘 치댔느냐에 달렸다. 그러나 습관의 힘이 얼마나 무서운가를 증명하는 사례가 있다. 프랑스 밖에서는 아주 좋은 밀을 가지고도 형편없는 빵을 만들어 먹는다. 그러나 파리에서는 유럽 그 어느 곳보다 더 맛좋고 질 좋은 빵을 먹는다.

고집과 무지 때문에 가장 좋은 방법도 널리 퍼지지 못한다. 하녀들은 선배들의 타성을 계속 물려받는다. 파리의 죄수들은 스위스 사람들보다 훨씬 좋은 빵을 먹는다. 빵 기술은 파리에서 비로소 완성되었다. 최고의 노동자들은 제빵 학교에서 교육을 받았다. 나는 훌륭한 빵을 먹고 싶어 하지 않는 외국인들이 생각을 바꿀 때까지 이 점을 1,000번이라도 거듭 강조하겠다. 아, 이상한 고집이여!

제빵사는 일이 끝난 뒤 미술 학원의 모델처럼 거의 맨발로 문을 나선다. 그들은 밀가루를 뒤집어써서 푸주한의 붉은 얼굴을 찾아보기 힘들 만큼 얼굴이 창백하다. 그들의 직업은 푸주한보다 더 비위생적이다. 그들은 우리가 생각하기보다 훨씬 고되고 몸을 혹사하는 일을 하면서 건강을 잃는다. 우리는 그들의 노고에 보상을 해줘야 한다. 그들은 빵을 만든 뒤 집집마다 배달한다. 그때 그들은 각 집에서 주문한 수량을 나무에 새긴 엄쪽을 들고 다닌다. 이것은 거의 어디서나 볼 수 있는 관행이며, 그 기원은 아마도 글씨를 발명하기 이전으로 올라가는 것 같다. 그것은 일종의 매듭 문자와 같다.

불행히도 작은 빵을 만들 때 가장 좋은 밀가루를 쓴다. 가장 좋은 밀가루는 체로 곱게 친 것인데, 이렇게 해서 대중이 먹는 빵에는 들어가지 않는다. 따라서 나는 단 한 가지 빵만 만들면 좋겠다. 부드러운 빵은 껍질이 단단하고 금색이 도는 것으로 여느 빵보다 조금 더 값이 비싼데, 이것은 리모주 지방의 둥근 빵을 모욕한다. 빵은 영양분을 대주긴 해도, 파괴적인 특성을 많이 지녔다! 멋지게 구운 부드러운 빵은 마치 평민 틈에 낀 귀족같은 풍채이다. 그것은 지체 높은 사람의 위장으로 내려간다. 재판장 부인, 공작부인, 후작부인은 이 빵이 아니면 손을 대지 않는다. 그들은 단단한 반죽으로 구운 빵을 마치 짐승이 먹는 꼴을 보듯 한다.

가마에서 갓 구운 빵의 무게는 아주 정확하게 재야 했다. 치안당국은 저울을 들고 빵집을 돌아가면서 감독한다. 그들이 조사하는 세부내용은 당국이 얼마나 부지런히 빵집을 감독했는지 증명하는 자료이다.

가난한 사람의 뒤를 따라가 보자. 밤 11시, 그는 빵 1리브르(약 500그램)를 산다. 여점원은 4리브르짜리 빵을 아주 정확하게 가늠하면서 능숙하게 가위를 놀려 1리브르어치를 자른다. 가난한 사람은 1리브르를 받아가지고 문을 나서면서 벌써 한 조각을 입에 넣어버린다.

자비롭고 고상한 첩자들이여, 동정심을 발휘하라, 그리고 밤에 빵집 문가에 서 있으라! 거기서 불행의 가차 없는 회초리에 희생된 사람들을 수없이 만날 것이다. 가끔 8세 정도의 계집아이가 빵집으로 들어가 코 묻은 돈을 내미는 모습도 본다. 그는 빵 반 리브르를 반신불수의 아버지께 가져간다. 아, 당신이 모든 것을 깊이 안다고 믿어도, 인생에서 이보다 더 측은한 장면을 보지 못했으리라!

제빵사들은 결코 저울을 속이지 않는다. 그들이 합법적으로 소득을 올리는 만큼, 가난한 사람에게 빵을 팔 때도 그들은 아주 정확하게 저울을 달아 판다. 이 얼마나 칭송할 만한 형평성과 정확성인가? 그들은 일요일과 종교축일만 빼고 항상 가게를 연다.

땔감을 구하기 어려울 때, 그들은 다른 사람들보다 먼저 땔감을 얻을 수 있는 특권을 누린다. 가정집 냄비보다는 빵집 가마에 먼저 불을 지펴야 하기 때문이다.

아주 곤란하고 어려운 시절이나 위기가 닥쳤을 때, 정부는 암암리에 제빵사들을 구제하고, 그들을 보상해 주며, 일시적으로 밀가루값이 폭등하면 초과분을 보전해 주는데, 그것은 갑작스럽고 위험한 폭동을 막고 빵값을 일정하게 묶어 가난한 사람들의 불만을 해소해 주려는 뜻이었다. 그리고 가난한 사람들을 외면하지 말고, 될수록 겁먹게 하지 말라고 그들에게 명령한다. 그것은 온정주의적 감독이고, 슬기로운 희생이며, 인도적인 정책인 동시에 무한한 선행이다. 왜냐하면 주식이 부족한 데서 오는 불안과 공포는 대중에게 널리 퍼져나가 마침내 치안당국이 멈출 수 없는 지점까지 폭발할 수 있기 때문이다. 주민의 대다수는 아주 특별한 식단을 짠다. "불행한 자 신성한 것을 가진다(Res sacra miser)." 모든 법은 불행한 사람을 보호하려는 목적을 가진다. 이 말에 반대하는 사람은 멸시를 받을 만하다. 정치는 불변의 규칙과 달라서 모든 방향에서 신축성을 가지고, 필요하다면 시시각각 변화해야 한다. 그것은 일련의 사건과 함께 하고 의지와 전체의 필요성에 따라 복종해야 하기 때문이다. 이것이 정치의 힘이고, 정치를 영광스럽게 만드는 원리이다.

훌륭한 법률로 다스리는 도시에서는 통상 불평이 끊이질 않는다. 이유는 간단하다. 법이 선행을 할 때에도 사소한 잘못이 나타나게 마련인데, 그것이 오히려 눈에 크게 띄고 물의를 빚기 때문이다. 파리의 곡물 정책은 완벽에 가깝다. 수년 전부터 빵값은 합리적으로 유지되었다. 내가 다녀본 여러 작은 나라의 양식은 행정관의 변덕에 좌우되고, 빵은 상식 수준 이상으로 비쌌다. 예를 들어, 스위스나 독일의 여러 도시에서는 독점체제가 가장 순수하고 가장 애국적인 의도처럼 보이는 가면을 쓰고 있다.

밀가루 같은 양식은 인간생활의 기본이다. 호메로스는 대지를 '밀 자루(porte-blé)'라 불렀다. 파르망티에보다 곡식가루 때문에 고생한 사람은 없었다. 그는 밀 대신 옥수수와 감자를 가지고 실험했다. 그는 옥수수와 감자를 여러 조건에서 길렀는데, 유럽의 종자와 아메리카의 종자를 교배하기도 하였다. 그의 열정, 특히 인내는 가장 위대하다고 칭송받을 자격이 있다.

사블롱의 평야에서 감자에 대해 여러 모로 실험을 했고, 그리하여 완벽하게 성공했다. 감자는 사블롱 평야에서 잘 자라고, 새로운 실험을 거쳐 사방에서 감자를 경작하게 되었다. 옛날에는 감자를 몹시 싫어했기 때문에, 1767년 파리에서 감자를 밭에 심는 집을 구경하기 어려웠다. 사람들은 무지와 실수 때문에 이 건강하고 값싼 음식물을 얕보았다. 빈민구호사업으로 가난한 사람들에게 감자를 제공하였고, 사람들이 무시하거나 모르던 식물을 기르는 일이 제2의 창조가 되었다.

브루소네는 우리나라에 순무를 도입했다. 순무는 사람이나 짐승의 식량이 되었다. 포므렐 신부는 사탕무를 재배하는 법을 가르쳤다. 이들은 존경할 만한 은인이다.

사람은 빵만 먹고 살 수 없다. 그리고 그렇다는 사실을 용감하게 말해야 한다. 밀은 인류에게 몹시 소중하고, 인간은 노력을 쏟아부어 평야를 곡식으로 뒤덮는다.

사람들은 검둥이의 피로 물들이지 않은 설탕은 없다고 말한다. 우리가 먹는 빵에는 노동과 가난에 찌든 불행한 사람들의 땀이 배어 있다. 이들은 나이를 많이 먹지 않았는데도, 죽음을 눈앞에 두거나 거지가 되어 집도 없고 살아갈 방법도 없는 사람들이며, 농업에도 종사할 수 없다.

곡식을 거두고 보리를 타작하는 사람들이 일하는 모습을 보라. 8월의 찌는 듯한 더위에 남녀노소 모두 허리를 펴지 못한 채 피땀 흘려 땅을 적시면서 일한다. 그들은 하루 종일 힘을 뺀 뒤 지치고 지쳐 오두막으로 돌아오지만, 원기를 회복해줄 포도주 한 방울이 없다. 그들은 계속 열에 시달린다. 우리에게 양식을 공급하는 사람들이 기근을 겪으면서 살아간다. 방앗간, 빵집에서 무슨 일을 하는지 보라. 빵이 우리의 밥상에 도착할 때까지 비용을 얼마나 들여야 하는지 계산해보라. 우리에게 음식을 싸고 쉽게 얻을 수 있는 방법을 제공하는 사람들에게 우리가 해주지 말아야 할 것이 과연 무엇인가!

나는 인류가 숲에서 도토리를 주어먹기보다 빵을 더 좋아하도록 가르친 체레스 여신과 트립톨레모스는 인류의 제물을 받을 자격이 충분하다고 생각한다. 인류가 존속하는 한, 이같은 선행에 대해 감사하는 마음을 간직해야 할 것이다. 나는 아주 여러 방면에서 존경받는 어떤 작가처럼 빵이 나쁜 음식이라고 말하지 않겠다. 그는 수많은 민족이 항상 빵을 먹지만, 이 세상 주민의 절대 다수는 조상 대대로 물려받은 식습관을 버리지 못한 채 쌀이나 물고기를 먹고 사는 민족들처럼 살지 않는 잘못을 저지른다고 말했다. 본성이 만족한다면 인간이 굶주림에서 어떻게 벗어났는지는 상관없다. 영국식, 스위스식, 프랑스식, 인도식, 리모주식, 아랍식, 이 중 어떤 방식으로 밥을 먹느냐, 또는 쇠고기, 생선, 밤, 쌀, 말안장에 가지고 다니던 고기, 이 중에서 무엇을 먹느냐, 또는 말의 피를 마시느냐, 우리가 상관할 바 없다. 더 이상 가난하게 살지 않게 된 때부터, 사람들에게 불평거리가 없어졌다. 따라서 우리는 우리의 식욕을 만족시켜 줄 새로운 돌파구를 마련해 준 사람들에게 감사해야 마땅하다.

나는 이 주제와 관련된 모든 것에 흥미를 느꼈다. 어느 날 내 글을 읽었다는 비범한 사람이 나를 직접 만나고 싶어 한다는 말을 듣고, 나는 그의 집으로 갔다. 그는 내게 다음과 같이 말했다. "선생이 쓴 글의 어느 한쪽을 읽다가 선생을 만나고 싶은 마음이 생겼습니다. 그 나머지에 대해서는 별로 중시하지 않습니다." 나는 그에게 도대체 어떤 부분이 마음에 들었기에 내게 이러한 영광을 주는 것인지 물었다. 그는 대답했다. "나는 자양분이 있는 가루를 가졌습니다." 춥지만 않으면 아주 적극적인 나는 그의 말을 막았다. "만일 당신에게 그런 가루가 있다면, 그것은 왕의 가루[56]보다 더 좋겠군요. 그 발사가루 말입니다. 말씀 잘 하셨습니다. 북구의 자식들이 중부 유럽을 공격하러 왔을 때, 그들은 전진하면서 닥치는 대로 파괴하였지만, 무수히 많은 그들은 모두 음식물을 섭취했습니다. 그들은 바로 자양분이 있는 가루를 호화판 식사의 기본으로 삼았습니다." 그는 내게 밤가루 같은 것을 보여주었다. 그것은 노란색이었다. 나는 손바닥에 그 가루를 조금 쏟고 물을 조금 부은 뒤 살짝 맛보았다. 그것은 부드럽

56 '왕의 가루'는 화약 또는 코담뱃가루를 뜻하는 말이지만, 여기서는 화약만 뜻한다.

고 미끄러우면서 조금 향내가 났다.

그는 계속해서 말했다. "카리브 사람은 이 가루를 물에 타서 마시면서 200리외나 사냥을 하러 다닙니다. 왕들이 이 가루를 안다면 하루 7수를 받고 무슨 일이든 시키는 대로 하는 병사들을 찾으려고 하지는 않을 것입니다. 그리고 인류는 결국 부자들을 위한 일의 무게에 치여 짓눌리지 않을 것이고, 모든 사람이 자유로워지겠지요. 사람들이 더 이상 굶주리지 않으면, 정신적으로 만족하고, 가장 힘 있는 사람들과 동등해지며, 그리하여 햇볕을 쬐면서 즐기는 일만 하면 됩니다."

나는 그가 한 말을 그대로 옮긴다. 그는 내게 말했다. 이 가루는 인간이 날마다 발로 밟고 다니는 뿌리 속에 들어 있었으며, 인간이 마음만 먹으면 언제라도 이용할 수 있는 것이었다고. 그의 어조, 태도, 말은 그가 독립성이 강한 인물임을 드러내 주었다. 그는 자신이 자유롭고 행복하게 살았노라고 내게 주장했다. 그는 미래를 조금도 걱정하지 않고, 날마다 5~6시간을 산보하는 일을 가장 즐거운 일로 친다고 말했다.

나는 1785년 12월 11일 그를 보았다. 그때 나는 내 기관을 약화시킨 질병에서 회복하고 있었지만 우울한 생각에 빠져 있어 그 사람에게 충분히 주목하지 않았는데, 지금은 이를 후회한다. 그가 아주 도리에 맞는 이야기를 들려주었기 때문이다. 그를 다시 한 번 만날 수 있다면, 그의 행동을 면밀히 관찰하여 그가 완전히 미쳤는지, 아니면 완전히 슬기로운지 알아내리라.

1016 2리브르를 저자에게 돌려주기

1750년 사람들은 니베르네 공작의 사례를 보고 누구라도 마부와 요리사를 가질 수 있다면 행복하다고 외쳤다. 『완벽한 마부』라는 12절판짜리 책이 나왔는데, 사람들은 이 나리를 저자로 지목했다. 그 책에서는 짐수레건 이륜마차건 두 바퀴 마차를 말에 매어 끌게 할 때, 그보다 더 나쁜 결과를 보지 못했다고 한다. 그 책은 파리에서 왕의 특허를 받아 발간되었다. 그 결과 나는 이륜마차를 개선하는 사례를 여러 번 보았다. 이륜마차에 보조바퀴를 2개 달았던 것이다. 그러나 돈을 쓸 데 없이 아끼다보니, 결국 이륜마차를 개선한다 해놓고서도 제대로 주목을 받지 못하였다.

만일 이륜마차의 위험을 막으려면, 사륜마차 이외에는 모두 금지한다고 했어야 할 것이다. 오, 어째서 가련한 인간에게 이러한 규칙을 적용하지 않는가? 부자여, 사륜마차여, 나는 당신에게 호감을 가지노라.

나는 『완벽한 마부』에서 땅바닥에 솟은 뿔을 말굽 깎는 칼로 피할 수 없다는 내용을 읽었던 것 같다. 말에게 편자를 잘못 붙이면 말발굽을 상하기 쉽다. 거리에 떨어진 못, 유리병 조각, 사금파리, 작은 돌멩이 때문에 말이 발을 헛디디거나 상하는 경우가 많기 때문이다. 사려 깊은 영국인들은 이러한 폐단을 이미 오래전에 고쳤으며, 기병대 말은 발 밑에 장식을 하지 않고 편자만 붙였다. 익명의 저자는 편자에 징을 박지 말라고 하면서, 편자 양쪽 끝의 열린 부분을 얇게 하라고 권고한다. 그래야 무게를 줄여 말이 경쾌하게 걸을 수 있다는 것이다. 그는 말 꼬리를 자르는 것도 반대했다. 말 꼬리는 특히 여름에 파리를 쫓는 데 아주 쓸모가 많기 때문이다. 영국 기병대에서는 마부와 병사들이 날마다 말 꼬리를 청결하게 유지하느라고 애를 쓰지만, 말 꼬리를 자르지 않고 말이 마음대로 휘두르도록 내버려둔다.

특히 주요 대도시에서 마차를 끄는 말은 발과 종아리에 물이 차서 심각한 상태가 되기 쉽다. 이 병은 극장 문 앞에서 3~4시간 기다리기 때문에 생긴다. 이때 말은 진흙이나 진눈깨비 때문에 극심한 습기와 추위에 고통을 겪는다. 저자는 우물물로 발을 씻어주는 대신, 강변으로 데려가 강물로 씻어주라고 권한다. 이외에도 마구를 모두 잘 보존하고 이용하는 데 필요한 현명한 처방을 여러 가지 제시한다.

니베르네 공작은 자기 요리사의 이름으로 대중에게 새 작품을 선사했다. 모든 음식을 좀 더 우아하고 맛있게 만드는 법을 다룬 책인데, 제목은 『궁정의 간단한 밤참』이다. 그는 소스, 주스, 흰 수프, 붉은 수프, 송아지 고기 위에 얹는 흰 소스, 햄의 농축물을 모두 맑게 만들라고 권고한다. 그는 곡식가루를 생으로 넣거나 익혀서 넣지 말라고 한다. 곡식가루가 양념이나 향신료의 향을 흡수하기 때문이다.

얼마나 익히느냐도 중요하게 보인다. 그것은 오랜 실습을 거쳐 주의 깊게 관찰하고 머리도 좋아야 배우는 아주 어려운 기술이다. 신선한 달걀을 실패하지 않고 제대로 반숙으로 만들려면 얼마나 숙달해야 하는가? 다른 종류의 음식물도 마찬가지이다. 특히 채소에서 과일 맛이 나게 만들려면 익히는 연습을 많이 해야 한다. 아스파라가스, 완두콩, 잠두콩, 강낭콩, 꽃양배추(콜리플라워), 아티초크, 삿갓버섯, 송이버섯, 느타리버섯 같은 것은 비교적 조리하기 쉽다. 특히 아메리카식 솥(일종의 압력솥)을 들여와 널리 사용한 뒤로 경수, 말하자면 석회질이 풍부한 물이 채소를 익힐 때 가장 좋다는 사실을 알게 되었으며, 채소를 더욱 쉽게 다루게 되었다. 경수는 조리시간과 모든 준비단계를 단축해 주며, 음식을 더 위생적으로, 더 경제적으로, 더 맛좋게 만들어 준다.

밥상과 관련한 주제는 모두 내 호기심을 끌었다. 손잡이가 달리거나 없는 냄비, 그리고 파팽의 기계를 본받아 만든 살림도구는 적당한 온도를 정확히 지키지 못할 때에도 폭발 위험 없이 음식을 훌륭하게 조리할 수 있다. 해마다 이렇게 해서 땔감나무나 석탄을 얼마나 절약할 수 있을 것인가! 소, 염소, 돼지, 거위, 칠면조의 뼈를 잠시만 조리해도 금세 흐물거리게 만들고, 같은 동물의 살코기 여러 근보다 더 풍부한 물질을 뽑아낼 수 있다. 가축은 우리가 삶아 먹고 남긴 뼈를 갉아먹거나 부수어 먹고 자양분을 섭취하여, 우리가 보기에도 살이 통통하게 오른다. 가난한 사람들, 환자들, 심지어 장인들도 영양상태가 더 좋아진다.

위험한 파팽식 살림도구를 보완하기 위하여, 파리에서는 10년 전부터 일종의 양철팬을 만들지 않았던가! 여러 칸으로 나뉜 양철팬은 나무를 조금만 때도 열을 고루 전달한다. 각 칸마다 솥 하나나 둘, 솥 대신 냄비, 여러 집이 함께 쓰는 물을 가득 담은 주전자, 고기 굽는 쇠꼬챙이 하나나 둘을 올려놓을 수 있다. 또 양철팬은 과자 굽는 가마에도 골고루 열을 나눠준다.

영아원마다 수요를 파악하여 남녀 요리사를 길러내야 할 것이다. 그들은 어릴 때부터 이 경제적인 팬과 파팽식 살림도구를 사용하는 방법을 배워야 한다.

독일 작센 지방의 마을에서는 농부의 자식이 모두 글을 읽고 쓰고 셈하고 악기를 다루는 방법을 배우고, 놀라울 만큼 거의 똑같이 일정한 수준에 도달한다. 이처럼 우리나라의 어린 고아들이 편견에 젖거나 나쁜 길로 들어서지 않도록 음식 만드는 기술을 가르쳐 좀 더 안전한 생계수단을 마련해 주어야 한다. 개인은 구빈원이나 영아원에서 음식을 조리할 하인을 구할 수 있을 것이다. 여인숙이나 선술집도 각 병원 사무실에서 요리사를 구하도록 만들고, 사무실은 공공기관이나 개인집에 식구 수에 맞는 보증금을 정해주도록 해야 한다.

나는 치안총감의 명령으로 학료, 신학교, 기숙학교, 공공기관에서는 아메리카식 솥을 사용하게 하기를 바란다. 솥에 자양분이 넘치는 즙을 보존하고, 그렇게 해서 인간 생명을 연장할 수 있게 하면 좋겠다. 제대로 조리하지 못하여 즙이 전부 빠진 채소보다, 영양분을 고스란히 간직하게 조리한 채소는 식욕이 왕성하지만 마음껏 채우지 못하는 젊은이들에게 소중한 먹을거리가 될 것이다. 더욱이 채소는 청소년에게 적합하다. 학료와 신학교의 밥상이 풍성하지 못하다 해도, 소박한 음식이라도 정성껏 조리해서 약점을 보완해야 한다. 나는 아메리카식 솥을 사용하지 않는 기숙학교에는 자식을 보내지 말라고 부모들에게 충고한다.

생제르맹데프레 문 밖 그르넬 길에서 주물업을 하는 드라페는 이처럼 유익한 솥을 만들어서 가장 성공한 장인이다. 영양소를 손상시키지 않고 건강을 해치지 않게 바닷물로 채소를 익힌다. 그것은 아메리카인들이 준 훌륭한 선물이다. 우리는 영양이 풍부한 즙을 파괴하는 야만스러운 조리법으로 우수한 채소를 망치는 스위스인과 독일인에게 일상적인 방법을 포기하고 아메리카식 솥을 쓰라고 권고한다. 그들이 계속 야만스러운 방식을 고집하면, 우리는 글로써 그들의 잘못을 지적하겠다. 잎채소, 뿌리채소, 그리고 특히 아스파라가스와 아티초크는 아름다운 녹색을 보존해야 한다. 보기 좋은 떡이 맛도 좋은 법이니까.

1017 설교용 만능열쇠

이것은 보통 종교기관에서 여러 자물쇠를 열 수 있는 열쇠를 말한다. 내가 말하고자 하는 만능열쇠는 전혀 다른 곳에 쓰는 열쇠이다. 종교인들이 설교단으로 올라갈 때 쓰는 것이다.

설교의 기술에서 만능열쇠는 다른 문헌을 이용해서 남녀 성인을 가리지 않고 적용하는 찬사를 가리킨다. 물론 내용상 남성과 여성을 바꿔가면서 적용한다. 예를 들어, 복자 프랑수아즈 드 샹탈을 칭송할 때 성 베르나르의 찬사를 사용하기도 한다. 주제는 거의 똑같다. 성 베르나르는 여기저기 뛰어다니면서 믿음과 십자군을 가르친다. 프랑수아즈 드 샹탈은 이 도시 저 도시를 다니면서 수녀원을 세우고, 특히 경탄할 만한 덕성을 지닌 성 프랑수아 드 살을 따라다녔다.

성 베르나르의 찬사를 성왕 루이를 찬양하는 데도 쓸 수 있다. 전자는 십자군을 설교하고, 후자는 실천했다. 어떤 은자 성인은 그 뒤 시성된 모든 은자들 생애의 표준이 되었다. 어떤 처녀 순교자의 생애는 다른 처녀 순교자의 생애와 구별하기 어렵다. 초기 기독교 신앙 선언자는 다른 신앙 선언자와 닮았다. 성인전은 아카데미의 찬사와 거의 비슷한 형식을 닮았다. 고인이 된 회원은 언제나 위대한 루이 14세, 위대한 리슐리외, 위대한 세기에, 위대한 아카데미 회장, 위대한 보조원 가운데 한 사람이 되며, 찬사를 들어 마땅하다. 이렇게 찬사는 녹색 융단을 한 바퀴 돌아 동료의 죽음을 기리는 향내를 맡는 아카데미 회원 각자에게 직접 감명을 준다. 그러고 나서 찬사는 방청석으로 기어올라가 거기 앉은 모든 사람들의 마음을 사로잡고, 그들로 하여금 열렬히 박수를 치게 만든 뒤, 다시 아래로 내려간다. 모든 것을 향기롭게 만든 뒤에, 사람들은 찬사를 하지 못하는 문인에게 저주한다. 왜냐하면 향로를 들고 찬사를 할 수 있는 문인만이 아카데미 왕국으로 들어갈 수 있기 때문이다.

또 다른 만능열쇠가 있다. 파리에서 약간이라도 시를 짓거나 시를 짓고 싶은 사람은 즉흥적인 노래를 만들었다. 여기 비결이 있다. 어떤 사람이 리슐레 사전을 아침에 공부했다. 그는 머릿속에서 운을 40여 개나 만들어, 그것들을 해체하고 짜맞추면서 시를 5~6편 지었다. 그러나 모든 사람이 그가 지은 시를 읽기도 전에 비슷비슷하리라는 것을 예상했다.

생드니 길의 부르주아 집에서는 이처럼 희귀한 재능을 보기 어렵다. 그러나 나는 지방에서 모든 사람을 깜짝 놀라게 하는 시인들을 발견할 수 있다는 사실을 의심하지 않는다. 그들이 실제로 자신이 즉흥시인으로 태어났다고 믿을 때 시를 쓰기 때문이다. 사람들은 그들이 특별한 재능을 받았다고 생각한다. 아름다운 자태를 찬미하는 시에 등장하는 젊은 아가씨들은 수도에서 가장 아름다운 특징을 가지고 있다고 믿는다. 그러나 내가 이 글을 쓰는 한, 이 아름다운 재능은 더 이상 몸을 숨길 만한 곳이나 청중을 만나지 못한다. 나는 내 친구 가운데 한 명이 그러한 재능에서 뛰어나다는 사실에 화가 난다.

1018 루소 신부

자살은 결투와 마찬가지로 범죄이다. 왜냐하면 사람은 모든 신법과 인간의 법을 지키고 서로 의지하면서 살아야 함에도 불구하고, 자신의 생명을 마음대로 다루고 자신의 명분만으로 자신을 판단하기 때문이다. 자살과 결투는 스스로 법과 윤리와 종교를 침묵하게 만든다.

결투는 철학이 발달한 덕택에 거의 사라졌다. 결투란 동맹을 맺은 소수의 편견이라고 철학은 밝혔다. 이들은 거만하고 무지한 사람들이고, 가장 비천한 수준의 비겁한 행동을 자신에게 허용하며, 생명의 소중함을 무시한다.

아주 평등한 수준에서 행한다고 해도, 결투는 진정한 살인이다. 법률은 기독교 사상과 궁정의 좌우명을 조화시키지 못했지만, 수세기 동안 사람들이 자객과 그들이 휘두르는 불꽃같은 검을 멸시했기 때문에 걱정거리가 점점 사라졌다.

아직도 성격이 불같은 사람들은 권총이나 소총을 들고 서로 싸운다. 그러나 개인끼리 상대방을 짐승처럼 쏘기로 동의할 때, 그들은 자신을 짐승으로 분류한다. 그들은 선량한 면이나 인간적인 면을 더 이상 보여주지 못하기 때문에, 서로 죽이게 내버려두어야 한다. 그들의 맹렬함을 슬기로운 판사들이 법정에서 벌하기보다 그들끼리 직접 벌하는 편이 나으리라.

따라서 비이성적인 두 사람이 서로 총을 쏠 때, 그들은 사회에서 나쁜 시민 2명을 확실히 내쫓아준 것이다. 그러니 그들의 맹목적인 야만성에 무슨 철학을 들이대겠는가? 그들이 윤리의 신성한 법을 무시했듯이, 철학은 그들을 멸시하고 무시해도 좋다.

자살은 결투의 뒤를 이었다. 여기서 인간의 법은 힘을 쓰지 못한다. 불행한 사람은 물질적으로는 커다란 도가니 속으로 들어가 가루가 되고, 그의 영혼은 영원한 재판관 앞에 선다. 자살한 사람의 주검을 악착같이 추적해서 대도시 한가운데로 옮기면서, 보기 흉한 몰골로 임산부를 유산시키고, 보는 사람 모두를 소름끼치게 만드는 일이 벌어진다. 우울증 환자나 미친 사람들은 그러한 광경을 보고 자살을 금지하는 왕령을 무시하게 된다. 오늘날에는 법을 묵묵히 집행하여 자살한 사람을 매장하게 할 만큼 슬기로워졌다. 또 불행하게도 자살한 사람들을 병에 걸린 우울증 환자로 취급한다. 그것은 근원을 알 수 없지만, 그래도 실제로 생기는 병이다.

그래서 물에 몸을 던지거나, 목을 매거나, 독을 삼킨 사람들을 조용히, 그리고 쉽게 매장한다. 관원이 보고서를 작성하지만, 단지 자발적인 죽음이었고, 법은 죄인을 찾거나 범죄에 복수하지 않는다는 사실을 기록할 뿐이다. 자살자는 자주 발생한다. 그러나 프랑스에만 있는 일이 아니다. 스위스, 독일, 이탈리아에서도 자살하는 사람이 많다. 몇몇 예외가 있지만, 그것은 대개 진짜 육체적 질병이다.

23세의 젊은이가 어느 날 내게 말했다. "나는 자살하겠습니다." 나는 그에게 대답했다. "그렇게 하세요. 관, 무덤, 무관심, 모두 준비했습니다." 그는 나를 쳐다보더니 마음을 고쳐먹었다. 그는 자살하지 않았다.

루소 신부(아, 나는 그를 알았다)는 자살하여 감성적인 사람들의 관심을 끌었다. 어느 집 가정교사였던 그는 자기 학생의 누이를 사랑했다. 그러나 감히 결혼할 엄두를 못냈다. 그는 정신적으로 청렴하고 고상한 사람으로서, 어떠한 유혹도 물리쳤다. 그러나 더 이상 살아갈 수 없었기 때문에 스스로 죽음을 택했다. 그는 곁에 유서를 남겼다.

비천한 태생과 고상한 감정 사이에 크나큰 차이가 있도다. 사랑스러운 아가씨를 향해 격렬히 타오르는 사랑의 불길을 끌 수 없네. 아가씨의 명예를 해칠까 두렵고, 범죄냐 죽음이냐 선택해야 하기에, 결국 내 생명을 버리기로 결심했다. 원래 덕을 좇는 천성으로 태어났으나, 죄인이 되는 운명이었다. 그래서 나는 범죄보다 죽음을 더 좋아했다.

비슷한 상황을 정열적으로 묘사한 『신 엘로이즈』의 저자와 그의 이름이 같기 때문에, 사람들은 그의 불행한 운명에 더욱 흥미를 느낀다.

1019 장신구

여성은 사람들이 기분전환을 시켜주기 바란다. 다시 말해서, 장신구로 장식한 그들을 축제나 극장으로 데려가 주기를 원한다. 아마 그들은 사랑하면서 기분전환을 시켜주지 않는 경우보다, 사랑하지 않으면서도 기분전환을 시켜주는 편을 좋아하리라. 바로 이 때문에 파리의 여성은 남편 빼고 모든 사람을 즐겁게 해준다.

장신구, 모자는 여성의 행복 중 으뜸이다. 몸단장을 해서 경쟁자를 물리치려는 욕망 말고 그 어찌 다른 것을 사랑하겠는가?

장신구는 평평한 것을 둥글게 만든다. 그것은 예술이며, 노동이기도 하다. 무엇이라고? 둥근 엉덩이는 말총으로, 가슴은 바람으로 만든다고? 기술이 놀랄 만하다. 그러나 장막을 걷으면 부적이 사라진다.

여성용 복식가게는 장신구에 대한 영원한 취미를 가진 여성을 벌한다. 그리하여 그들에게 언제나 진짜 가치의 4배나 지불하게 만든다. 이렇게 새로운 양식은 마치 화가가 그린 환상적인 그림처럼 값을 매길 수 없다고 한다. 화가는 자신이 원하는 만큼 당신의 욕망에 돈을 매긴다. 욕망이 활활 타오르는 한, 여성 구매자는 값이 비싼지 알아차리지 못한다. 남편이 싸구려 장신구의 진짜 가치를 알아차리지 못하는 것과 같은 이치이다. 그러나 예리한 눈을 가진 하녀는 모든 책략을 알아차리고 안주인의 머리에 정확히 얼마가 들었는지, 특히 그런 값이 어디서 온 것인지 안다. 그러면 새로운 값을 부른다. 왜냐하면 자신의 복식 상품에 대해서 정직해질 수 있기 때문이다.

아무것도 감출 것이 없다. 언제나 좋을 대로 값을 치르지만, 되도록 가장 나중에 부르는 값을 치른다.

부인은 자기가 사들인 복식 상품에 대해 모든 것을 무조건 솔직히 털어놓을 정도로 남편을 사랑해야 한다. 바로 이처럼 단순한 고백만으로 부인의 정직함을 판단할 수 있다.

지체 높은 부인은 부르주아 여성이 적당한 가격에 새로운 취향의 장신구를 구매하여 자신을 이길 때 가장 슬프다. 대담한 장신구는 귀족에 대한 공격처럼 보인다.

솜씨 좋은 미용사는 모든 여성이 으뜸으로 치는 예술가이다. 여성은 그에게 가장 많이 지불한다. 그야말로 여성의 매력을 창조하는 사람이다. 만일 그가 아프거나 어디로 갔다면, 여성의 얼굴이 금세 하얗게 된다. 그녀에게는 치명적인 소식이기 때문이다.

내가 아는 한, 복식가게를 가장 미워하는 카푸친회 신부가 있다. 마치 보르가르 신부가 철학자를 미워하듯, 그는 장신구 장수를 미워했다. 그는 깃털장식 모자를 쓴 귀부인들에 대해 험하게 말했다. "부인들이여, 당신들은 자신의 애호가군요." 이 새로운 표현은 아주 훌륭하다. 그는 나쁜 책을 읽고 비종교적인 사상에 물든 여성에게 외쳤다. "부인들이여, 당신들은 철학자가 된 것처럼 착각하십니다. 당신들은 기껏해야 여성 철학자일 뿐입니다." 가브리엘 신부여, 말씀 잘 하셨습니다. 그는 과장이나 부자연스러운 형식을 거부하고, 자연스러운 웅변, 거역하기 어려운 목소리, 고상한 얼굴, 영혼의 아름다운 활동으로 사람들의 마음을 사로잡았다. 조금 신비스럽기도 한 웅변은 완전히 그의 특징이다.

오, 죽음이여! 가난한 사람에게 그대의 판결은 얼마나 달콤한가! 오, 죽음이여. 부자에게 그대의 기억은 얼마나 씁쓸한가! 부와 가난은 모두 무덤에 들어갈 뿐이다. 이 세상의 오만한 자식들이여, 인간의 위대함으로 몸을 한껏 부풀려라. 언젠가 궁전에서 한 줌 먼지로 돌아갈 당신과 구빈원에 수용된 빈자가 무슨 큰 차이가 있단 말인가? 이 땅의 자식들이여, 당신들은 평등하다, 그 점을 끊임없이 되뇌어야 한다. 왜냐하면 그 점을 끊임없이 잊어버리니까! 이 세상에서 가장 무서운 일은 아무런 덕을 쌓지 못한 채 죽는 일이라는 사실을 모든 사람에게 가르치라.

요란한 사투르누스 축제를 복원하고, 1년에 단 하루만이라도 대저택의 대문에 거기 사는 사람의 인품을 써붙이도록 허락한다면, 대중이 그들의 성격을 심판하고, 대중은 결코 실수하지 않으리라고 나는 확신한다.

대중은 어떤 저택에는 '인색한 부인', 또 다른 저택에는 '거만한, 변덕스러운, 방탕한, 심술궂은' 등등을 써붙일 것이다. 저택 관리자들이 이러한 관습을 도를 넘은 방종이라고 부를 것이며, 벽보를 붙이는 사람들을 잡아들이려고 할 것임을 나는 잘 안다. 그러나 나는 대중의 경고가 좋은 결과를 낳으리라고 확신한다. 대중은 거물급 인사들의 모습을 아주 정확하게 파악하여 초상화를 그리는 재주를 가졌다는 사실을 나는 확실히 알기 때문이다. 이런 일은 어떻게 실현될 수 있을까? 나는 잘 모른다. 그것은 마치 고뇌를 겪은 뒤 질투와 비판을 받으면서도 일정한 수준에 오르는 문인들의 명성과 같다.

사람들은 대중이 국가의 짐을 지지 않는다는 사실만큼은 부인할 수 있다. 그들은 정부가 저지른 모든 잘못의 제물이기 때문에, 그 여파를 곧바로 느낀다. 그들만이 국가를 구성하기 때문에, 끊임없이 눈을 크게 뜨고 관심 있는 일을 지켜보면서 아주 공정하게 판단하고, 그들의 유일한 무기라 할 진실을 언제나 손에 쥐고 있다는 사실이 조금도 놀랍지 않다.

1020 바니외

이 아름다운 마을에서 나는 가끔 산보를 했는데, 기억하고 싶지 않아도 리슐리외 추기경 생각이 난다. 고위성직자의 관을 쓴 이 대신은 그의 야망을 좇아 모든 것을 희생시켰다. 그러나 그는 프랑스를 지탱했다고 사람들은 말한다. 그가 수석대신이 되기 15년 전 프랑스는 유럽을 지배하는 순간을 겪었다. 그 당시 프랑스는 쉴리 같은 사람이 있었지만, 리슐리외는 그런 인재를 채용하지 않았다.

지하감옥의 집무실 이야기는 날조된 것이 아니다.[57] 추기경의 성격, 전통, 사라진 사람들, 이 모두가 반대파를 은밀히 피비린내 나게 처형했음을 증명한다.

뤼엘은 바니외와 비슷한 곳이다. 수석대신은 자기 정책에 희생당할 사람들에게 우정의 표시를 보여주고 달콤한 행동으로 달래면서 그곳으로 유인했다. 그러고 나서 그들을 작은 아파트로 들어가게 했다. 아파트 한가운데에는 추기경이 직접 조작하여 문을 여는 함정이 있었고, 깊이는 100피에(30m)나 되었다. 50년 전 사람들은 이 추악한 우물의 입구를 찾아냈다. 밑바닥에서 여러 사람의 뼈와 옷조각, 시계, 보석, 돈을 건졌다. 우리가 지하감옥의 집무실을 뤼엘에서 일

57 리슐리외 추기경이 좋아하던 베니쿠르는 바니외에 랑스라는 사람의 시골집을 지었는데, 그 집은 추기경이 비밀회의를 여는 장소로 쓰였다. 작은 바깥채 구석 층계 근처에 우물이 있었는데, 사람들은 추기경이 그에게 반대하는 인물을 빠뜨려 죽인 곳이라고 상상하면서 '지하감옥의 집무실(Cabinet des oubliettes)'이라 불렀다.

어난 일과 비교해보면, 역사가 확인해 주듯이 추기경이 피에 굶주린 폭군이 되어 수많은 시민의 생명을 마음대로 처분했다는 사실은 의심할 여지가 없다.

1021 술꾼

농부, 노동자가 마을에서 취한다 해도 집으로 무사히 돌아갈 수 있다. 부인이 선술집으로 가서 남편을 꾸짖고 데려가기 때문이다. 그러나 파리에서는 수많은 술꾼이 문밖에서 술을 마신 뒤 비틀거리면서 문안으로 들어가 이리저리 벽에 부딪히면서 집으로 되돌아간다. 극장이 끝날 때, 다시 말해서 가장 위험한 시간에는 가장 덜 취한 사람이 취한 친구를 부축하지만, 한 걸음 한 걸음이 위험하다.

정신이 멀쩡한 사람이라면 누구나 그들이 마차가 오가는 길에서 비틀거리며 걷는 모습을 보면서 발걸음을 멈추고 몸서리를 친다.

인정 많은 마차 소유주들은 특히 일요일과 종교 축일에는 마차를 사용하지 않거나 마부들에게 특히 주의하라고 권고해야 할 것이다. 사실상 그런 날이 사고가 가장 빈번하게 나는 날이기 때문이다.

가끔 좋은 포도주를 마시고 취하는 일은 어느 정도까지 용서해줄 만하다. 제법 많이 마셔도 머리가 아프지 않고 잠도 잘 자기 때문이다. 그러나 파리인은 시큼하고 독하고 고약한 포도주를 싸구려 선술집에서 비싼 돈을 주고 마시고 취하는데, 이는 도저히 납득하기 어렵다.

영국과 홀란드에서 마시는 맥주는 건강한 음료이다. 프랑스 대중이 잔뜩 마시는 포도주만큼 해로운 것은 없다. 파리의 대중이 신 포도주에 열광하는 일은 정말이지 놀라운 일이다. 내 생각에 조금이라도 섬세한 입에는 단 한 방울도 대기 어려울 텐데 말이다.

게다가 취하면 일시적이나마 불편한 일이 벌어진다. 파리 서민이 취하면 끔찍하고 몸서리치게 만든다. 왜 그럴까? 그들이 마시는 포도주가 더 빨리 취하는 이유는 항상 여러 가지를 섞기 때문이다. 그렇게 섞은 포도주는 그만큼 더 인체의 여러 기관을 변화시킨다. 나를 가장 슬프게 만드는 폐단, 가장 엄격하게 벌하여 가장 먼저 없애고 싶은 폐단은, 바로 서민에게 가짜 포도주를 파는 일이라고 감히 주장한다.

그런 포도주를 마시고 취하면 온갖 무질서가 뒤따른다. 노동자가 조금이라도 술을 마시려면 30~40수가 필요하다. 그 돈이면 무게 4리브르짜리 빵 4~5개를 사서 자식을 일주일 먹일 수 있다.

영국에서 흔히 마시는 맥주를 프랑스에 들여오면 얼마나 좋을까. 영양이 풍부하고 원기를 회복시켜 주는 이 음료는 가난한 서민이 늘 마시는 시큼한 포도주를 훌륭하게 대신하리라.

포도주를 습관적으로 마시면 피부를 검게 하고 아무 때나 성질을 돋우는데, 이러한 포도주를 충동적으로 무분별하게 만든다. 한 마디로, 북쪽 나라 사람들의 특징인 냉정하고 차분하고 합리적인 상태에서 벗어나게 만든다.

파리에서는 맥주보다 포도주를 훨씬 더 많이 소비한다. 포도나무를 재배하려고 숲과 밀을 희생한 것이 과연 유리한 일인가? 포도를 수확하는 데 노예를 얼마나 많이 고용하는가! 잘 만든 맥주를 마시는 것이 파리인에게 유익할 것이다. 파리인은 언제나 안전하고 체력을 강화해 주며 설익은 포도주보다 더 건강한 음료를 마시게 될 것이다. 파리인은 시큼한 포도주를 마시고는 기껏해야 치안관들이 벌해야 하는 광란에 빠질 뿐이다. 그러나 만일 서민에게 맥주 같은 음료가 존재한다면, 총괄징세청부업자가 득달같이 달려와 건강한 음료를 마시는 서민과 함께 앉을 것이다. 그 뒤 서민은 맥주를 부르고뉴 포도주만큼 비싸게 마시게 될 것이다. 맥주 양조업자는 이미 포도주만큼 맥주값을 올려받지 않았던가?

1022 괘종시계

집집마다 벽난로에 괘종시계를 단다. 잘못이다. 그것은 마치 죽음을 알리는 조종 같다. 괘종시계를 볼 때에는 항상 우울하다. 생명의 시간이 흐르는 것을 볼 수 있다. 시계추는 우리에게서 사라져 다시는 돌아오지 않을 순간을 알려준다. 모든 아파트마다 괘종시계를 놓고, 시계추가 시간의 흐름을 두드러지게 추적해 주는데도 아무도 두려워하지 않는다. 작은 기둥, 금칠을 한 청동제 천장, 흰 대리석 지구와 그 주위를 함께 돌아가는 시간의 원이 괘종시계를 장식한다.

이러한 시계를 찬찬히 보면서 나는 변덕쟁이 장인이 시계 위에 올려놓은 금색 형체를 여러 번 바꾸었음을 알아차렸다. 내부의 바퀴 장치는 제 속도를 유지하면서 움직인다. 바늘도 제 할 일을 한다. 그러므로 금색 형체가 얼마나 크건, 또는 어떤 모습이건 별로 중요하지 않다고 나는 중얼거렸다. 사무실이 제대로 조직을 갖출 때 사물은 평등하게 돌아가며, 형체는 장식에 지나지 않는다.

사치는 이처럼 피상적인 장식에 모든 형식을 총동원했다. 별로 중요하지도 않은 낭비라 할 요소들을 조합해 놓으면, 조금도 유익하거나 기분이 좋지 않다. 그래서 돈을 이렇게 쓰는 것을 보면 괴롭기만 하다.

1023 검술사범

어떤 영국인이 루이 14세를 검술사범에 비유했다. 루부아는 모든 검술사범을 독일 지방의 모든 궁정에서 첩자로 써먹었다.

옛날에는 여성들이 오기로 연인에게 자기를 위해 목숨을 걸고 사소한 시빗거리에 복수해 달라고 하였다. 오늘날에는 자객이 이탈리아에서 온다.

결투의 정신, 검술의 취향은 진정한 군인의 용기와 완전히 반대이다. 어느 날 튀렌 장군이 말했다. "이 친구를 돌려보냅시다. 왜냐하면 그는 우리를 모두 죽일 테니까요." 튀렌은 이 방면에 도사였는데, 진정한 용기를 갖추지 못한 병사 둘 가운데 하나가 자기 동료 2명을 죽이자 그렇게 말했다. "게다가 나는 이 사람들이 언제나 칼에 손을 대고 다니긴 해도, 적 앞에서 가장 용감한 사람들은 아니라는 사실을 알아차렸습니다. 상류 계급이 하류 계급을 억압할 때, 검술은 일종의 평등을 회복시켜 주었습니다. 그러나 결투를 금지한 왕령과 사람을 죽이는 일만 배우는 검술사범 공동체를 어떻게 조화시키나요? 검술사범은 자신의 기술이 신체를 발달시킨다고 말합니다. 유쾌한 핑계지요! 몽테뉴가 말했듯이, 이 기민한 직업이 명예를 실추하지 않았다면, 시민을 검투사로 변화시켰을 테지요."

결투에 관한 한, 마법사 칼리오스트로[58]의 방법으로 되돌아갈

58 Joseph Balsamo(일명 Cagliostro, 1743~1795): 궁정 사제장 로앙 추기경의 신임을 얻었고, 그 때문에 왕비의 다이아몬드 목걸이 사건에 개입한 죄로 바스티유 감옥에 갇혔

필요가 있을 것이다. 그는 위대한 여성 군주의 수석시의는 제국에서 가장 위대한 사기꾼이라고 말해서 결투신청을 받았다. 칼리오스트로는 이렇게 말했다. "내가 싸운 방법은 결투가 아니었답니다. 나는 그에게 독이 든 알약을 주었지요. 그 알약은 작지만 효과가 그만이었지요. 그에게 먼저 알약을 삼킨 뒤, 가능하면 해독제를 삼키라고 말해주었습니다. 그리고 나는 그에게 악마의 알약을 달라고 했지요. 다시 말해서, 그가 상상하기에 가장 독성이 강한 약을 달라고 했지요. 그가 내 약을 먹은 직후 해독제를 먹는 동안, 나는 그가 준 약을 먹고 내 몸 안에서 독약과 한바탕 싸웠답니다. 그렇게 해서도 무너지지 않은 사람이 상대를 이기는 것이었지요."

이것은 재능의 평등이며, 힘의 평등이다. 작가는 이렇게 말할지 모른다. "나는 내 펜으로 싸웁니다. 내게 펜으로 대답하세요. 만일 그런 방법을 모른다면, 작가를 고용하세요. 이 세상에 흔하디 흔한 게 작가니까요!" 이처럼 사람들은 각자 자기 무기로 싸울 것이다. 일주일에 한 번, 또는 한 달에 30번이나 옳은 말을 하는 신문기자는 그들의 신문에 적들의 대답을 끼워넣어야 할 것이다. 그래야만 적들도 동등한 자격으로 싸울 수 있을 테니까.

검술사범이나 검술사범 대리가 싸워야 할 때, 그들은 적들에게 자신이 어떤 사람인지 먼저 알려야 한다. 그러나 아무런 규칙이나 절도를 지키지 않고 마구잡이로 싸우는 사람들이 있다. 그들은 검술사범의 과학적 동작을 마구 뒤틀어 버린다. 그는 자신의 과학을 믿다가 죽임을 당한다.

검술사범을 뽑는 날, 그들은 단체로 싸운다. 모두가 서로 공격한

다가 추방당했다.

다. 이튿날 『주르날 드 파리』 신문에서 그들을 재능 있는 사람들이라 부른다. 왕의 대소인은 관복을 입은 채 검술용 검을 승리자들에게 나눠준다.[59] 나는 이러한 관습보다 더 천한 것을 보지 못했다. 따라서 우리의 풍속에서 모든 것이 모순이다.

59 검술사범은 1759년의 특허장으로 정식 직업인 단체가 되었다. 18세기 말 파리에는 검술사범이 모두 16명이었다.

1024 박물관

우리는 박물관을 루브르 전시실의 가장 윗부분에 배치시켜야 한다. 예술품을 마지막으로 그곳에 전시할 때, 그곳은 아름다운 건물이 될 것이다. 그곳에 왕이 소유한 모든 그림을 보관해 두지만, 모든 사람에게 공개하지 않는다. 국민의 재능에 맞게 아주 천천히 실천해야 하며, 계획을 10번도 더 고칠 수 있다. 대중은 아주 늦게 즐길 수 있으리라.

언젠가 그날이 올 것이다. 첫눈에 모든 것을 보면서 말을 별로 하지 않는 사람이 있다. 그런가 하면, 아무것도 보지 않고 그저 아름다운 말로 수다를 떠는 사람도 있다. 나는 자신이 비록 계획을 세우지 않았고, 계획을 세우는 일에 서툴더라도, 어떤 계획을 실천하는 사람에게 영광을 돌리고 싶다.

루브르 건축이 이처럼 느리고 여러 모로 꼬여 있기 때문에 미술이 쇠퇴기를 맞이한다. 별들이 무기력하다. 여태 그랬듯이 앞으로도 눈에 띄지 않을 그림, 조각상, 그 밖의 진기한 것들에 관한 한, 프랑스에 온 외국인은 파리나 알제르를 별로 다르게 생각하지 않을 것이다. 왜냐하면 나는 아주 장황하게 얘기하는 것을 언제나 아주 나쁜 징조로 보기 때문이다. 남의 사고와 표현을 훔치기는 쉽지만, 실천하는 능력을 빼앗기는 어렵다.

예술가들은 언제나 이 대전시실에 숙박한다. 그곳에는 특히 화가들, 말하자면 이 세상에서 가장 쓸모없는 사람들, 행복과 휴식은 물론 시민사회의 즐거움에 아무런 쓸모없는 미술을 아주 비싸게 만드는 사람들에게 자리를 마련해 준다. 진정한 철학자는 생기 없고 거짓투성이 예술을 쓸데없다고 생각한다.

1025 아메트 3세[60]의 딸

그의 이야기는 지어낸 이야기가 아니다. 오스만 튀르크의 진정한 공주는 콘스탄티노플에서 태어나 기독교도 노예의 손에서 자라고 제노바에서 세례를 받았다. 16세에 그녀는 태생의 비밀을 알게 되었다. 교황 클레멘스 13세를 알현하고, 여러 군주의 초청을 받아 이 궁정 저 궁정을 다니다가, 프랑스에 정착했다. 프랑스는 이 세상의 불행한 왕자들의 피난처 같은 곳이었다. 그녀의 아버지인 술탄이 근위대원들에게 쫓겨났을 때, 그녀는 아버지를 찾아가 위로했다. 프랑스로 돌아온 뒤, 그녀는 파리에서 40년 동안 살고 있다. 그녀는 그 어떤 도시보다 이 도시를 좋아 한다. 나는 영광스럽게 그녀를 만날 수 있었고, 그녀가 직접 수도의 풍속과 주민들에 대해 끊임없이 찬미하는 이야기를 들었다.

파리 사람들은 지금의 술탄의 누이가 베이외 기숙사의 작은 방에서 가난하게 사는 모습을 보았다. 그녀는 1년에 20에퀴씩 내고 산다. 그녀는 사다리로 오르내린다. 운명의 장난에 끔찍하게 농락당한 그녀를 보면서 어느 누가 자기 운명을 기구하다 하리오!

60 Ahmet III(1673~1736): 오스만 튀르크의 술탄으로, 근위병에게 폐위된 형의 뒤를 이어 1703년에 즉위하였으나, 그 역시 1730년에 근위병에게 폐위되었다.

1026 에포케[61]

귀족의 기벽이 이 말을 만들어냈다! 그들은 이렇게 묻는다. "그것은 에포케인가?" 또 어떤 사람은 흙에서 태어난 것을 설명할 때, 말하자면 천한 것을 설명할 때, "그것은 수르생이다"라고 말한다.

한편, 지금 새로 유행하고 있는 대대적인 사기는 일부 귀족의 지혜에서 나왔다.

에포케가 되는 것은 좋은 일이다. 그러나 궁정인은 현학자가 되어서는 안 된다. 그렇다, 그들은 마치 자기 부하들에게 말하듯이 모든 사람에게 말한다. 그것은 거의 군주의 자태이다. 이렇게 학자인 척하는 태도는 가장 참을 수 없다. 옷으로 자신을 과대포장하는 편이 차라리 더 낫겠다.

61 이 말(époqué)은 다음에 나오는 말, '수르생(sourcin)'과 함께 메르시에가 만들어낸 말이다. 메르시에는 '기원(source)'이라는 뜻으로 쓴다.

1027 두 부류의 귀족

귀족의 편견에 대한 비참하고 그릇된 관념은 발작적으로 되살아난다. 자신이 귀족의 덕을 갖춘 아들이 된다는 고상한 야망을 품는 대신 귀족이 되기를 갈망하는 사람이 있으며, 어떤 사람은 평민이란 말을 명예를 실추시키거나 비통한 말로 듣는다. 가장 하위 귀족은 자신이 귀족임을 강압적으로 인식시키고 싶어 하고, 빼어난 가문을 자기 가문과 연결시킨다. 귀족이 되는 방법은 아주 많다. 그래서 평민이 오히려 희귀한 존재가 된다.

왕국의 12개 고등법원은 구성원 모두에게 당대에 귀족(noblesse au premier degré) 자격을 주었다. 회계법원과 보조세 법원, 대법정, 화폐법원도 귀족의 자격을 주었다. 심리부 판사들도 같은 지위를 얻었다. 바이아주, 세네쇼세의 대법관직, 총독과 법무관은 모두 50여 명으로서, 이들에게도 귀족 자격을 주었다. 900명이나 되는 대상서청의 공증인이나 국왕비서들도 20년 이상 봉사하거나 도중에 갑자기 사망하는 경우 귀족이 되었다. 끝으로, 740명이나 되는 재무부 소속 관리들에게는 다음 세대에 가서야 귀족 자격(noblesse au second degré)을 주었다. 하느님 맙소사, 귀족이 얼마나 많은가! 이 밖에도 시장, 시 행정관 등등이 줄을 서 있다. 상업에 종사하는 사람도 일정 기간 뒤에는 귀족 자격을 얻을 수 있다.[62]

62 17세기에 왕은 귀족이 상업활동에 대해 편견을 가지고 있는 데 대해 상업을 장려하려는 취지로 이러한 제도를 도입했다. 특히 항구도시의 선주와 도매업자 가운데 소

어디서나 귀족이 될 수 있는 가장 편리한 방법이 있다. 1만 프랑을 주면 그 자격을 살 수 있는데, 이는 재정가들이 유리하다. 재무부 소속 관리의 아들, 프랑스 재무관의 손자는 메시르(messire)와 기사(슈발리에)로 행세한다. 그들이 부유하다면 공작이나 후작 가운데 마음대로 하나를 고를 수 있다.

1482년의 칙령은 국왕 비서들에게 문구류를 지참할 수 있는 영광을 부여했다. 오늘날 그들은 더 이상 문구류를 가지고 다니지는 않지만, 참수형을 당할 특권을 누린다.[63]

왕의 마차에 함께 타고 사냥에 참여하는 전통 귀족(이들에 대해서는 『가제트』 신문이 세상과 후손들에게 널리 알린다)은 새로 귀족이 된 어중이떠중이를 멸시한다. 그들은 귀족이면 반드시 궁정에 발을 들여야 한다고 말한다. 1,400년 이전까지 거슬러 올라가는 전통을 자랑하고, 한 세대 한 세대가 확실히 칭호를 물려받았음을 증명해야 한다. 또한 이러한 증거를 가지고 누구의 가문이 뿌리가 더 깊은지 보여주어야 하고, 특히 평민에서 귀족으로 신분이 바뀐 흔적이 없어야 한다. 그것은 성령 기사단과 생라자르 기사단의 기사가 되는 것과는 전혀 별개이다. 사람들은 사망한 귀족을 면밀히 조사하는데, 무덤을 장식한 문장을 무시하고 그들의 벌레 먹은 해골을 파헤치기도 한다. 그때 후손은 어떤 표정을 지을까! 만일 무덤에서 몸과 머리가 분리된 뼈가 나온다면, 후손은 가장 큰 죄인의 자식임이 밝혀진다. 그는 조상이 지은 죄의 증거를 밝혀내게 된 것이다.

왕의 말 담당 시종이 되거나, 마구간의 책임자가 되거나, 침전의

수가 이 제도의 혜택을 받았다.

63 앙시앵 레짐의 사형제도는 평민과 귀족을 구별했다. 평민은 주로 교수형, 귀족은 참수형을 당했다.

시종이 되려면, 적어도 200년 전통의 귀족 가문 출신임을 증명해야 한다. 아, 믿기 어려운가? 오를레앙 가문과 콩데 가문, 팡티에브르 공작 가문에서 봉사하는 사람도 200년 전통 가문 출신임을 증명해야 한다.

평민으로 태어난 것이 다행이다! 왕족의 시종이 될 일은 없으니까 말이다. 내게는 오히려 이러한 특징이 아주 명예롭게 보인다. 그러나 귀족은 거의 영지의 이름만 사용한다. 그들은 가문의 이름을 잊어버린다.

이 두 가지 종류의 귀족 가운데 궁내부의 회식자들이 있다. 이들은 또 다른 종류의 귀족이며, 다른 귀족보다 우월한 특권을 누린다.

미리 말하건대, 머지않아 왕의 징세청부업의 서기와 사무원들도 프랑스에서 귀족이 될 것이다. 그들은 벌써부터 특권을 누리는 계급이다. 대부분은 암암리에 시종을 자칭하지만, 아무도 뭐라 하지 않는다. 그들은 칼을 찰 권리를 누리며, 민간 권력과 군대 권력의 보호를 받는다. 그들은 법적 소추를 당하면 바로 이들에게 도움을 받을 수 있다. 그들은 맡은 일의 성격상 타이유세를 내지 않거나, 낸다 하더라도 전보다 더 많이 내지 않는다. 그들의 수당은 압류당하지 않으며, 법 앞에 맹세를 한다. 그들이 직무상 죄를 지을 때, 오직 왕을 대신한 판사들만이 구속영장을 발부할 수 있다.

이 얼마나 특권을 누리는 인간들인가? 총괄징세청부업의 서기와 사무원들이 이러한 특권을 누린 뒤 곧 귀족과 닮아가지 않을까? 그렇다면 그들은 잘못이다.

이처럼 누구나 아낌없이 귀족 행세를 하도록 하는 것은 귀족을 타락시키는 일이 아닌가? 평민에게 무익한 권리를 인정해 주어, 그가 상업이나 현명한 사업에 쓸 재산을 수백 가문을 살리는 데로 돌리게 만드는 것만큼 건전한 정치에 죄를 짓는 일이 있을까? 평민이 되거나 조국에 유익하게 되는 것을 명예로 치는 날이 오기를 바란다. 사실상 평민이 되는 것과 조국에 유익하게 되는 것은 거의 같은 뜻이다.

1028 장님

사람들은 가난한 사람을 거부할 수 있지만, 장님을 거부하기란 어렵다. 장님에게는 간청하는 기관, 몸을 지탱해 주는 기관이 없다. 그를 성가시게 생각하는 사람이 있는 듯하다. 여느 사람은 그가 고통을 느끼지 않는다고 생각한다. 왜냐하면 고통은 눈에 가장 잘 나타나기 때문이다. 그러나 귀머거리, 벙어리, 불구자보다는 차라리 장님에게 적선하라. 장님이 아닌 사람들은 자신의 말을 남에게 전할 수 있고 동정심을 불러일으키지만, 장님은 그렇지 못하다. 사람들은 그가 사는 어둠의 세계, 그를 둘러싼 적막감을 상상도 해보지 않는다. 어느 날 영원한 빛을 보려면 장님에게 적선하라.

추잡한 풍자문을 퍼뜨리고 추적을 피하려는 중상 비방문 작가는 자기의 인쇄물을 불쌍한 장님 모금자의 손에 맡기면서 이렇게 말한다. "이것은 성인의 생애이며, 그의 찬송가요." 그리고 돈은 그들을 위한 것이라고 덧붙인다. 장님은 경건한 인쇄물을 팔려고 목청 높여 외친다. 그리고 사실상 아무것도 모르는 채 대담하고 외설스러운 작품을 판다.

지칠 줄 모르는 열정가인 아우이는 장님이 사용하도록 새로운 인쇄법을 발명했다. 그의 방법은 간단하고 쉽다. 촉각은 그들을 확실히 이끌어준다. 음악가 가운데 클라브생과 오르간 주자들도 마찬가지이다. 불행한 사람들은 이처럼 솜씨 좋고 선량한 교사가 날마다 정성껏 보살펴 주어야 한다. 아우이가 학생들 사이에 앉아 그들에게 사라진 감각을 되돌려 주면서 다른 감각도 완전하게 만드는 모습을 보고 감동하지 않는 사람은 없으리라.

적선으로 살아가는 어떤 장님에게 17세의 예쁜 딸이 있었다. 그는 딸이 집에 돌아올 때마다 자기를 안아달라고 했다. 딸이 어렸을 때부터 그것을 의무로 알고 시행하게 했다. 어느 날 장님은 딸이 자신을 안아주자마자 때리기 시작했다. 이웃 사람들이 달려왔다. 화난 아버지는 딸을 꾸짖었다. "저년이 몸을 망쳤어요." 딸은 울면서 잘못을 시인했다.

1029 펀치

우리는 지난 전쟁[64]이 끝날 때부터 이 음료를 들여왔다. 그것은 곧 우리나라에 정착했다. 이제 카페에서도 공공연히 판다. 여성은 독주가 뿜는 냄새 때문에, 게다가 샹파뉴 포도주를 첨가했기 때문에, 처음에는 선뜻 마시지 못했다. 그러나 1년 전부터 남성의 긴 코트, 머리 묶는 끈, 바지 주름, 구두를 따라하는 여성은 브랜디를 마신다. 이 술은 다른 종류의 증류주보다 더 건강한 음료이다.

옛날 포도주를 많이 마시는 관습은 상류사회에서 가장 훌륭한 교육을 받고 자란 귀부인 사이에서 처음 시작되었다. 오늘날 귀부인들은 독한 리쾨르 술을 마신다.

내가 아는 한 가장 훌륭한 펀치는 마자랭 정자에서 청량음료를 파는 레니의 집에서 마실 수 있다. 그 맛은 실로 가장 뛰어나다.

64 1763년에 끝난 7년 전쟁을 말한다.

1030 아이스크림

이 인공얼음은 삶에 활력을 주는 강장제, 맛좋은 원기회복제이다. 진정한 예술가라 할 아이스크림 장수는 대도시에만 있다. 파리를 벗어나 100리외 밖까지 가보라. 여름철이나 가을철 과일, 버터, 버찌술을 가지고 만든 아이스크림, 볼로냐식 아이스크림이나 아몬드 우유 아이스크림을 찾기 힘들 것이다. 이 분야는 파리 덕택에 진정한 발전을 이룰 수 있었다.

프로코프의 계승자 뒤뷔송은 맨 처음으로 아이스크림을 만들어 사시사철 팔려고 시도한 사람이다. 삼복의 찌는 더위 속에서 팔레루아얄에서는 한 잔에 12수짜리 아이스크림을 300루이어치나 판다.[65]

루이 14세 시대의 거물급 나리, 시인, 궁중의 우아한 사람들, 작가들은 주로 선술집에 다니면서 술을 마셨지만, 프로코프는 그들에게 커피를 부어주면서 선술집이 아닌 장소에 모이도록 만들었다. 그리하여 술에 취하는 부끄러운 취미가 사라졌다. 청량음료 장수는 1,800명이나 되며, 이들 때문에 선술집에 사람이 없다.

65 1루이가 24리브르이므로 하루 12,000잔을 판다는 말이다.

1031 1월의 달력과 연감

이 세상 어디에서도 볼 수 없는 공장이 있다. 그곳에서는 물건을 만들어 바리바리 싸서 지방과 외국으로 보낸다. 예쁜 새해 선물, 노래하는 연감[66] 등이 그것이다. 모든 생산품을 낱낱이 거론하려면 상품 목록을 봐야 한다. 이 상품은 검은 종이의 벽을 이루는데, 10월 말에 준비한다. 그러고 나서 빛나는 표지를 다는데, 그것은 제본업자의 몫이다. 제본업자는 생틸레르산을 완성하며, 서적상들은 이들에게 물건을 빨리 내라고 못살게 군다. 서적상은 이 시기에는 오직 연감에만 전념한다. 1월에 연감은 몽테스키외의 작품보다 1,000배나 더 소중하기 때문이다.

어떤 이는 연감을 24리브르에 생산한다. 『뮤즈 연감』을 발간하는 소트로 같은 사람은 다른 사람이 쓴 시 몇 편만 모아서 1년에 1,800리브르를 버는 비결을 알아냈다. 이처럼 눈먼 돈놀이가 연감의 세계까지 나타난다.

연감의 제목으로 등장하지 않는 것이 없다. 써먹을 만한 제목이 모두 사라질 지경이다. 어떤 시인은 자기 연감을 『성실한 사람의 연감』이라 했다. 그것은 일종의 달력이며, 천국의 모든 성인과 성모 마리아 대신 무신론적 철학자들의 이름을 적고 브루투스의 이름도 적었다. 그 일로 시인은 생라자르 감옥에 갇혔다. 한편, 세기에[67]는 이

66 almanach chantant: 주로 노래 가사를 담은 연감.

67 Séguier(1726~1791): 1755~1790년까지 고등법원 차장검사로 계몽주의에 맞서 싸웠

이상한 달력을 공격하면서 벼락처럼 비난을 쏟아부었고, 마침내 그것을 고등법원 중앙 층계 앞에서 집행인의 손으로 화형에 처하게 만들었다. 이 작품을 태울 때 나무를 쌓아놓을 필요는 없었다. 촛불만 가지고도 충분히 태워버릴 수 있었기 때문이다.

같은 시기, 어떤 이(리바롤)는 연감을 만들어 시를 쓰는 사람 400명에게 돌렸는데, 거기에 실은 풍자시는 별로 다양하지도 신랄하지도 않았다. 그 연감을 받은 시 쓰는 사람들은 최후의 심판일에 가서야 그것을 손에서 놓을 것이다. 수많은 사냥개가 저자를 추적하고 있다. 그러나 어찌 서투른 시인 400명을 약 오르게 만들려 하는가? 그것은 얼굴에 망을 쓰지 않고 장갑도 끼지 않은 채 말벌 통을 건드리는 겁 없는 행위가 아니겠는가? 말벌 몇 마리는 이미 침을 쏘았다.

이렇게 나온 연감은 손에 손으로 넘어가다가 2월부터는 죽게 된다. 수많은 젊은 여공의 주머니 속으로 들어가는 이런 종류의 상품이 어떻게 될지 아는 사람은 없다. 아무튼 여공은 신년에 노래하는 연감을 한 권씩 받는다.

아마도 수많은 연감 때문에 콧노래를 흥얼거리는 사람들이 거리에서 우리의 귀를 괴롭게 하는 것일지 모른다. 그들은 남의 얘기를 듣지 않은 채 곡조도 맞지 않는 노래를 흥얼거리는 족속이다.

베를린 아카데미의 수입은 순전히 연감을 팔아서 생긴다. 프로이센의 프리드리히 2세는 연감을 만드는 데 별다른 재능이 필요하지 않기 때문에, 이러한 종류의 작품을 아카데미의 여흥에 적용해도 좋겠다고 생각했다. 그는 아카데미 회원들에게 그해의 예언, 노래, 짧은 노래를 짓게 하고 돈을 주었다. 특권의 상징인 아카데미는 자신

으며, 혁명이 일어나자 외국으로 망명했다.

이 승인해준 연감에서 날씨가 좋거나 비가 오고, 우박이나 소나기가 쏟아지고, 폭풍이 불고, 유성이 온다는 낡고 불확실한 예언은 물론, 머리나 손톱을 깎고, 약을 먹거나 사혈을 하는 날이 언제가 좋을지 권고하는 내용을 없애는 일이야말로 자신들의 권위라고 믿었다. 그 결과는 무엇인가? 사람들은 예언이 빠진 연감을 사지 않았다. 아카데미는 솥을 잃고 쫄쫄 굶게 되었다. 아카데미는 반년 뒤 그해의 예언을 어김없이 되살렸다. 만일 그렇게 하지 않았다면, 아카데미 회원들(고대 그리스인과 라틴인과 같은 천문학자, 고증학자, 문법학자)의 밥상에는 국물도 올리지 못했으리라. 하늘의 상태, 천체의 운행을 설명하기 전에 밥부터 먹어야 하는 것이다.

내 생각에 프랑스도 프로이센을 본받은 것처럼 보인다. 프랑스에서도 문필가들에게 연감을 맡겼다. 우리의 과실수를 키우는 것은 퇴비와 채소의 쓰레기가 아니던가? 어째서 우리는 마티외 랑스베르의 연감[68]을 사서 보는가? 우리가 직접 이같은 걸작품을 만들어낼 수 없는가? 그것은 6만 부나 찍어낸다.

서적상에게 2만 5,000에서 3만 리브르의 연금을 가져다주는 『왕실 연감(*Almanach Royal*)』에 대해서는 할 말이 없을까? 천재성이 넘치는 작품에 대해 겨우 6년에서 9년간 특허를 주고 가족들에게서 그 특권을 앗아가는 데 비해, 어째서 이런 물건에게 영구적인 특허를 주는 것인가?

68 1636년부터 나온 『리에주 연감』을 가리킨다. 당시 서민 연감 가운데 가장 많이 팔렸다.

1032 기묘한 창고

장의관(葬儀官)들의 창고는 기묘하다. 영구차, 영구대, 영묘, 장례용 검은 장막을 보관하기 때문이다. 그들은 이러한 물건을 해체해서 보관한다. 방패꼴 가문을 다시 만들어 붙이면 새로운 영묘가 탄생한다. 이러한 장의용품을 여러 번 사용하지만, 그래도 훌륭하다.

인지세를 언젠가 신설하기를 원했지만 근거가 없었는데, 이제 매장통지서, 결혼통지서에 그 표시를 남기게 했다. 이 두 가지를 한데 묶는 일은 별로 좋지 못한 일이었고, 선량한 파리인들을 화나게 했다. 장의관들은 사망 소식을 직접 알리겠으며 직접 서명해 주겠다고 약속했다. 그들은 다음 차례에서 인지서 놀이를 했을 것이다.

매장통지서에 인지를 붙인다! 파리인들에게 얼마나 훌륭한 풍자거리인가! 풍자시는 여러 가지 세금을 멀리하듯이, 인지세도 멀리했다. 대중에게 재치가 있듯이, 풍자시에도 재치가 있어야 하기 때문이다.

1033 수요일 모임

이는 수요일마다 모여서 함께 밥을 먹는 사람들의 모임을 가리킨다.[69] 더도 덜도 아니다. 쾌락주의자이며 식도락가인 그들은 다시 세우기 어려운 4대 병원에 1만 프랑을 기부했다. 그들은 내게 자신들에 대해 쓰라고 독촉했고, 그래서 이 글을 쓴다.

밥상에 13명이 앉아 밥을 먹는 데 대해 항상 미신이 지배한다. "그들 중 한 명은 그해에 죽을 것이다." 스위스에서는 이러한 우울한 미신을 떨쳐버리기 위해, 13명이 매주 한 번 모여 왕성한 식욕으로 밥을 먹으면서도 19년간 건강하게 살았다. 이 글을 아주 소심한 남녀에게 바치는 편이 좋겠다.

69 1783~1786년에 그리모 드 라레니에르가 매주 수요일과 토요일에 조직한 철학자들의 모임을 가리킨다. 특히 수요일 모임에는 문인들이 참가했다.

1034 농촌 여성의 교육

다른 사람을 즐겁게 하면서 자신도 즐기는 섬세한 사람에게 좀 더 자극적인 일이 있다. 그것은 주의력 있고 새로운 구경에 타고난 취미를 가진 시골 아가씨에게 수도를 이리저리 구경시켜 주는 일이다.

아가씨는 놀라서 눈을 동그랗게 뜨고 본다. 그녀의 눈에서 주위의 풍요로운 모습과 자기가 태어난 마을이나 초가집을 끊임없이 은밀하게 비교하는 빛을 읽을 수 있다. 그녀를 극장, 오페라, 가면무도회, 그 밖의 오락거리가 있는 곳으로 데리고 다니면, 그녀는 안내자가 마치 마술사처럼 막대기를 흔들어 이 모든 기적을 보여주는 것처럼 생각한다. 그녀는 구경에 한껏 취한다. 그녀는 안내자가 자기만을 위해서 놀랍고 신기한 일을 마련해 주었다고 생각하는 것처럼 안내인에게 감사한다. 그녀가 기쁨과 경탄에 차 놀라면서 자연스럽게 동요하는 모습을 보는 안내인은 덩달아 즐겁다. 더욱이 경탄하는 마음으로 사물을 보면 사랑의 감정을 좀 더 깊이 스미게 만들고 기쁨을 2배나 얻는다. 새로운 아름다움을 바로 곁에서 보면, 보는 즐거움이 전혀 다르다. 더욱이 그녀가 극장의 바닥에 있는 당신을 뚫어져라 보고, 힘겹게 숨 쉬면서 그 생애에서 가장 감미로운 시간의 은혜를 당신에게 주려는 듯이 말없이 당신 손을 잡아준다면 더없이 즐거우리라. 당신은 그녀의 마음이 원하는 모든 것을 채워줄 것 같다. 그녀의 사랑은 도를 넘게 된다. 왜냐하면 그것은 예민한 사람들이 미술에 대해 느끼는 매력과 함께 녹아버리기 때문이다. 멋진 세계로 그녀를 안내하는 당신은 군주처럼 보이며, 더 나아가 그 세계를 장식하는 모든 축제를 마음대로 조정하는 중재자처럼 보이리라.

마음속에 그처럼 생생한 놀라움을 안겨줄 때의 쾌감만한 것은 없다. 무감각해질 만큼 경험이 많은 여성에게 돈을 퍼붓는 부자들은 당신이 안내하는 젊은 여성이 놀라면서 짓는 미소만큼 아름다운 매력을 맛보지 못했을 것이다. 그 여성은 새로운 것들을 볼 때마다 당신을 새롭게 바라보고, 당신이 말을 할 때마다 마치 몸이 어디에 걸린 듯이 멈추며, 당신이 하는 말을 모두 좋게 생각한다. 자신에게 깊은 인상을 심어주는 수많은 남성 가운데서 당신에게만 사랑의 손길을 줄 때의 기쁨을 과연 어떤 부자들이 알겠는가? 그녀의 마음은 만족하고 충만하기 때문에 사랑으로 바뀐다. 그녀의 영혼은 즐겁고, 정신은 계몽되었다. 당신은 그녀 속에 숨어 있던 감정을 활짝 피어나게 만들었다. 아, 도시의 수많은 대상을 보면서 기쁨을 처음 맛본 시골 처녀가 어찌 깊은 감흥을 불러일으키지 않겠는가? 그녀의 억양, 수줍은 태도가 무척 촌티가 난다고 생각했지만, 그녀가 점점 대담해지는 것을 보면서, 나는 그녀 앞에 놓인 모든 것이 거짓도 없고 그래서 더 흥미로운 매력을 안겨준다고 느꼈다.

부자들이 이러한 욕망을 갖지 않아서 우리에게 참 다행이다. 그들은 오로지 자만과 허영에 차 있기 때문에, 우리가 손을 뻗으면 얻을 수 있는 즐거움을 향유하도록 허용한다. 그러나 만일 그들이 그러한 즐거움이 존재한다는 사실을 알았다면, 우리가 향유하게 내버려두지는 않았으리라. 시골 처녀를 데리고 다니면서 그녀가 무엇을 느끼는지 살피려면, 플루투스의 앞잡이가 되어서는 안 된다. 철학자가 되어야 한다, 그것도 두 시대 사이의 철학자 말이다.

1035 앵무새

합주단 견습생이 부는 사냥 나팔소리 다음으로 견디기 어려운 소리가 있다. 앵무새가 우리 귀에 대고 언제나 같은 소리를 반복해 댈 때 참으로 듣기 힘들다. 앵무새의 힘을 빌리지 않고서도 바보처럼 반복해서 말하는 취미를 만족시키는 방법이 있다. 법, 의학, 신학을 가르치는 학교에서 들은 것을 거듭거듭 말하는 동물들이 있지 않은가! 믿음이 깊은 어떤 여성은 거리에서 작은 종소리가 들릴 때마다 앵무새에게 "아, 너그러운 하느님이 지나가신다"고 아주 분명하게 말하도록 가르쳤다. 그는 초록색 새를 이웃집에 가져갔다. 말하기를 완전히 배우고 익힌 수다스러운 이 동물을 문간에 놓았다. 성량(聖糧)이 지나가자 앵무새는 또다시 말했다. "아, 너그러운 하느님이 지나가신다." 그 말을 들은 모든 사람이 황홀해져 앵무새의 말에 감탄하고 무릎을 꿇은 뒤 "기적"이라고 외쳤다. 그들은 아기보다 앵무새에게 말을 가르치는 편이 더 쉽다는 사실을 잊었다.

어떤 부인이 엄격한 대신이 아끼는 앵무새를 어루만졌다. 이 앵무새는 성질이 사나웠다. 그 부인도 그 사실을 알면서도, 모종의 계획이 있었기 때문에 앵무새가 팔을 물게 했다. 대신은 부인이 피를 흘리자 마음이 흔들렸다. 부인이 말했다. "나는 며칠 전부터 사혈을 하고 싶었답니다. 대신님의 앵무새가 그 일을 해주었지요." 그렇게 말한 뒤, 그녀는 원하는 것을 얻었다.

내 지인은 말꼬리를 우습게 자른 모습에 화가 나서, 자기 앵무새에게 아무한테나 이렇게 말하도록 가르쳤다. "말꼬리를 생긴 대로 내버려 두세요." 나는 보기 좋게 꾸며 실제 값보다 비싸게 속여 판 말을 볼 때마다 내 지인처럼 괴로워한다.

1036 기묘한 사기

나는 그 누구와도 견줄 수 없을 정도로 뛰어난 사기꾼에 대해 들었다. 그는 중간 정도의 부잣집에서 환대를 받았는데, 거기서 숙소와 음식을 제공받았다. 그는 그 숙소에 이방인을 집어넣고 세를 받으려 하였다. 그것은 굉장한 수완이었다. 그는 어떻게 성공했는가? 비결은 이렇다. 이방인에게 "절반 값에 숙소를 얻어주겠다"고 말했다. 이렇게 접근한 뒤, 그는 이방인을 부잣집으로 데려가 마치 자기 집인 양 소개하고 들어가게 했다.

이미 그에게 친절하게 공짜로 숙소를 제공해준 주인은 그가 데려온 사람도 너그럽게 대하였다. 새로 온 사람은 성실하게 돈을 지불했고, 주인은 자기 친구의 친구처럼 정중하게 대했다. 돈을 지불한 사람은 꾸준히 돈을 낸 덕에 사소한 자유를 조금씩 더 많이 누릴 수 있게 되었다. 그는 음식에 대해 비평하고, 요리사의 솜씨에 대해 이러쿵저러쿵 하였다. 집주인은 그를 아주 친절한 사람으로 생각했지만, 어느 날 그에게 정중한 태도를 잃지 않은 채 자기 의견을 말했다. 주인은 그제서야 비로소 새로운 손님이 3개월마다 자신이 호의로 차려주는 밥값을 먼저 온 손님에게 미리 냈다는 이야기를 듣고 몹시 놀랐다. 그는 손님에게 말했다. "돈을 다시 주머니에 집어넣으세요. 당신은 내 집에 묵는 손님입니다. 당신은 내게 돈을 지불할 필요도, 내 요리사를 비판할 필요도 없습니다. 아무튼 요리사는 앞으로 당신 맘에 들 만큼 최선을 다하도록 할 겁니다."

내가 굳이 이름을 밝히고 싶지 않은 이 사기꾼이 얼마나 재주를 타고났으면, 두 사람이 서로 내용을 모르게 만들고, 주인이 공짜로 차려주는 밥상에 돈을 내게 한 뒤 가로챌 수 있었겠는가!

1037 요리

현대 요리는 맛과 건강에서 옛날 요리보다 낫다. 훌륭한 요리사는 우리를 더 오래 살게 해준다. 너무 자극적이지 않고 부드러운 음식을 만들기 때문이다. 자연은 우리에게 음식물을 날것으로 제공하고, 요리사가 그것을 바꾸고 완전하게 만든다. 따라서 훌륭한 예술가가 다룰 때 요리는 더 이상 사람을 죽이는 기술이 아니다. 무례한 레냐르의 말과 달리, "사람은 이로 자기 무덤을 파지 않는다." 섬세한 감각을 타고난 사람은 대식가가 되지 않는다. 음식을 절제하는 것은 언제나 섬세한 미각을 동반한다.

그렇다! 내가 메슬리에의 이론을 습득하면, 그 기술을 시로 표현하고 싶다. 요리법은 기껏해야 100가지쯤이다. 모든 학생이 그것을 달달 외울 것이다. 참으로 빼어나고 풍미가 넘치는 기본 지식이다! '나는 완전히 죽지 않으리.'

식욕을 충족시켜야지 감질나게 해서는 안 된다. 체레스 여신은 판다레이오스에게 소화불량에 걸리지 않고 마음껏 집어삼킬 수 있는 능력을 선물했는데, 과연 이렇게 잘 먹는 판다레이오스가 되려는 사람은 누구인가?

요리사는 주인의 취향을 꾸준히 연구해야 한다. 그러다가 주인의 입맛이 그의 입맛과 하나가 된다면, 이것이야말로 요리사의 명예이다. 요리의 섬세한 맛을 살리려면 정확한 온도에서 익혀야 한다. 필요 없는 부분을 가려내고 정수만 조리하면 위장을 피로하지 않게 하며, 유미를 적절히 분비하게 해준다.

천한 사람은 배가 고파 음식을 먹지만, 쾌락을 얻으려고 음식을 먹지는 않는다. 이 예술은 모든 사람의 천재성으로 더욱 완전해진다. 루이 14세의 밥상은 형편없었다. 그는 주위에 거물들을 모이게 했다. 그에게는 섬세한 요리사가 한 명도 없었다. 몸의 취향과 정신의 취향은 밀접한 관계를 맺는다. 이 두 가지 취향은 일정한 훈련을 거쳐야 섬세해진다. 훌륭한 요리를 계속 먹어보지 않은 사람은 요리에 대해 할 말이 없다.

스위스에 이단이 있다면, 그는 특히 요리의 이단일 것이다. 당신이 제아무리 남녀 요리사를 잘 교육시키려고 노력해도, 그들이 갖고 있는 이단 사상, 일상적인 분열의 방식, 그릇된 이론을 저주하게 만들 수 없다.

요리의 예술에 대한 책이 많다. 그렇다, 그것은 우리의 시론과 닮았다. 그것을 보고 만든 음식이라 해도, 가장 훌륭한 음식은 아니다. 요리는 본능을 따르는 사람의 집에서 더욱 두드러지게 발달한다. 뛰어난 요리사는 논문을 쓰지 않는다. 그 대신 손가락 끝으로 양념장을 찍어 맛보면서 음식의 간을 본다.

파리의 비싼 밥상이 기생하는 직업을 명예롭게 만들어 준다. 거기서는 음식을 먹는 대신 놀고, 특히 음식에 대해 찬양한다. 감각이 경제와 아주 잘 결합한다. 훌륭한 요리는 정성과 주의력에 달렸다. 나쁜 요리사는 오랜 노력의 열매를 모두 망친다. 훌륭한 요리사는 음식의 즙과 간을 모두 뽑아내고, 우리에게 완전한 음식을 내놓는다.

이 세상에는 먹는 방법을 모르는 사람들이 있다. 그들은 고기와 생선을 재미삼아 망치고, 미묘한 입맛을 결코 느껴보지 못할 것이다. 그들은 그저 음식을 뜯어먹으려고 태어났다. 누가 이 말을 믿을까? 독일인은 이러한 점에서 스위스 사람보다 더 비뚤어진 길을 간다.

건강에 관심을 쏟으면 섬세한 밥상을 찾게 마련이다. 위장이 그것의 장점을 알아차리기 때문이다. 제대로 조리하지 않은 음식은 소화하기도 어렵다. 자연이 준 선물의 성질을 뒤바꾸어서 좋을 일은 하나도 없다. 게다가 요리에 소금, 후추, 정향, 육두구 같은 양념과 향신료를 마구 뿌려도 좋을 리 없다. 물론 이러한 양념을 적절히 배합하고 정량만 쓰면 황금보다 더 값지겠지만, 너무 많이 쓰면 독약이 되는 것이다.

루쿨루스[70]의 밥상은 그가 브루투스를 제외하고 로마에서 가장 성실하고 가장 완전한 사람이 되는 데 조금도 방해하지 않았다. 그렇다고 해서 내가 로마인들의 과도한 식탐을 승인한다는 뜻은 아니다. 로마인들도 검은 양념장으로 밥을 먹는 스파르타 시민들을 비난한 만큼 지나치게 차린 밥상을 비난했다. 그러나 나는 아피키우스[71]에서 소개하는 진미를 승인한다. 거기 실린 요리법은 오랫동안 유행했고, 그리하여 아피키우스파 요리사라는 파벌이 생겼다. 그 파벌은 테르툴리아누스[72] 시대에도 존속했다. 나는 식도락 학교 같은 것을 바라지 않지만, 음식마다 독특한 맛을 그대로 지키는 행복한 전통을 물려주기를 바란다.

따라서 나는 아가리(입)의 포병술을 금지한다. 그것은 상식이 널리 퍼지는 덕택에 나날이 쇠퇴한다. 프랑스에서 요리의 예술, 즉 훌륭한 요리는 오랫동안 풍성했지만, 사람들이 제대로 이해하지 못한 상태에서 넘쳤을 뿐이다. 그러나 오늘날 그 문제를 미묘하게 조절

70 Lucullus(B.C. 117?~57/56): 술라를 도운 정치가로, 특히 미식가로 유명했다. 그의 밥상은 언제나 사치스러웠다. 여기서 브루투스는 18세기 다비드가 그림으로 표현한 사람을 가리킨다.

71 Apicius: 고대 로마의 요리법을 담은 책.

72 Tertullianus(160~225): 로마의 아프리카 속주 출신이며, 최초로 기독교 문헌을 라틴어로 작성했다.

하여 해결했다. 옛날 요리에서 보는 강렬한 즙과 몸에 해로운 음식보다는 건강과 훌륭한 맛을 함께 생각하는 요리를 발전시켰다. 요즘 유행하는 요리는 좀 더 섬세하면서도 단순한 방법으로서, 각각의 재료에 숨어 있던 휘발성의 맛을 존중한다.

우리는 확실히 이상한 취향을 가졌던 로마인보다 우월하다. 로마 시대에는 나귀 새끼 고기와 개고기가 잇따라 유행했다. 그들은 달팽이를 살찌게 하고, 공작새를 먹었다. 나는 페트로니우스[73]를 읽고 싶었지만, 고대인들의 밥상은 나를 유혹하지 않는다. 오늘날 군주의 요리사는 그리스인과 로마인의 요리사보다 더 많이 안다. 그러나 현대의 요리사보다 더 많이 아는 개인이 많다. 그들은 아주 섬세하게 훈련하여 신경돌기의 미묘한 차이까지 모두 활용할 수 있다.

어떤 미식가는 요리사가 아프자 (그리고 시골로 요양가자) 25리외나 역마차를 타고 의사 부바르를 모셔갔다. 그의 요리사가 낫자 그는 내가 보는 앞에서 의사를 껴안았고, 후하게 사례했다.

밥상의 즐거움은 풍속을 순화한다. 그래서 카이사르처럼 나도 볼과 몸이 통통한 사람이 아니라 창백하고 야윈 사람을 두려워할 것이다. 그럼에도 사치를 일삼고 2,000~3,000마리나 되는 잉어를 죽여 혀만 뽑아 국을 끓이고, 거기에 달걀 흰자 반숙을 넣고, 송아지 어깨살의 중심 부분만으로 요리한 음식을 먹어야 한다는 말은 아니다. 이러한 종류의 진미 음식은 자연이 준 선물을 아주 몹쓸 맛으로 처발라 망쳐버렸으니 비난받아 마땅하다.

수비즈 공작이 루이 15세만을 위해서 준비했다는 호화판 오믈렛

73 Petronius(27?~66): 네로 시대의 궁정인으로, 서양문학사에서 최초의 소설로 간주되는 『사티리콘(*Satyricon*)』을 지었다. 이 작품은 단편적인 풍자문을 엮은 것이다. 메르시에는 이 작품에서 특히 '트리말키온의 잔치'를 암시한다.

의 가치는 50에퀴 이상이었다. 그것은 닭벼슬 같은 재료로 만들었다. 내 지인은 그것을 먹어본 사람이 준 조리법을 가지고 있다. 직접 먹어본 사람이 시키는 대로 오믈렛을 재현해보니 모두 157리브르 10수나 들었다.

오늘날의 요리는 가볍고 섬세하며 독특한 향을 지닌다. 사람들은 더 많이, 더 잘 먹고, 더 빨리 소화시키는 비결을 알아냈다. 요리사는 재료를 변화시키는 화학자이다. 그는 자연을 바꾸고, 자연의 결점을 고친다. 그는 가장 자극적인 것을 순하게 만들고, 가장 순한 것을 자극적으로 만든다. 그는 사람들이 한 번도 먹어보려 하지 않은 것을 먹을 수 있게 만들어 준다. 어떤 재료라도 그의 손으로 다른 맛을 낼 수 있다. 그는 사람의 내부에 오만 가지 새로운 감각을 불러일으키고 신경총을 일깨워 준다. 그리고 솜씨 좋은 요리사는 깊이 숨어 있는 놀라운 맛을 모두 드러나게 해준다.

새로운 요리는 건강에 좋다. 수명과 체액의 형평, 마음의 평정을 유지해 준다. 우리는 조상보다 더 잘 먹고 건강하며, 이것은 사실이다.

왕의 고모들의 밥상에는 궁정에서 최상의 요리법으로 가장 섬세한 음식을 만들어 올린다고 한다.

미각의 초심자여, 나 그대를 측은히 여기노라! 만일 자연이 가장 아끼는 사람들에게만 준 섬세한 미각, 다시 말해서 인력으로 갖출 수 없는 미각을 완성하려면 얼마나 어려운지 안다면, 그대는 가장 훌륭한 음식도 솜씨 좋은 요리사의 손을 거치기 전까지 아무것도 아니었다는 사실을 알게 될 것이다. 아니, 그대는 현대 요리의 기적을 알지 못하는 한 진정한 음식을 아직 먹어보지 못한 것이다. 마치 프랑스 음악만 들은 사람이 진정 아름다운 가락이 무엇인지 알지도, 또 알 수도 없는 것과 같은 이치이다.

1038 식전 기도

수녀원, 수도원, 기숙학교에서 식전 기도를 올리는 관행은 사라진 지 오래이다. 더욱이 그런 것이 있었는지조차 모른다. 그 결과 모든 은총이 사라졌다.

밥상을 차려놓고 하느님이 우리에게 베풀어 주신 은혜에 감사하는 기도는 짧고 건전했다. 창조주의 자유로운 선의에 감사하는 일은 현명했다. 하느님께 감사를 표시하는 일은 정당했다. 그런데 이러한 관습이 완전히 사라졌다. 왕의 밥상은 아직도 궁중사제장의 축복을 받는다. 부자들에게 이렇게 말할 수 있다.

> 훌륭한 음식을 만드시오, 그러나 다른 사람들이 겨우 빵을 얻는다는 사실을 잊지 마시오. 당신이 누리는 기쁨을 모두 누리시오, 그러나 다른 사람들도 조금이나마 기쁨을 누릴 필요가 있음을 기억하시오. 맛나게 드시오, 그러나 당신 주위에 쌓인 과실을 먹으면서도 영혼을 하느님을 향해 드높이고, 당신 형제들의 일부에게 고통을 주는 굶주림에 대해 생각하시오. 합법적인 쾌락이라면 하나도 버리지 마시오, 그러나 음식을 낭비하지 마시오, 남는 것은 가난한 사람의 몫일지니. 항상 절제와 자비를 곁에 앉히시오, 당신의 영혼과 몸이 더 좋아지리니. 당신이 먹는 음식의 일부만 가지고도 가난하고 근면한 이웃의 힘겨운 삶을 지탱해 줄 수 있다고 생각할 때, 그 음식은 더욱 맛날 것이니.

나는 부르달루 신부의 강론에서 다음과 같은 구절을 읽었다.

다양한 고기를 다양한 방식으로 양념하고, 한 마디로 모든 것이 넘치는 밥상을 보면서 무척 놀랍니다. 그런데 이 모든 것을 홀로 차지하고 홀로 먹을 수 있는, 그리고 모든 사람이 마땅히 존경해야 할 군주에게 고기 요리를 올리지 않고서도 아무 탈이 없다는 점도 놀랍습니다.

1039 승리의 기념물

건축가들은 궁전 없이 기둥만 세우고 우리 왕족의 저택을 로마인의 피비린내 나는 전리품과 깃발로 장식한다. 우리는 부르봉 저택에서 S.P.Q.R.(로마 원로원과 로마 시민)을 본다. 이렇게 자리를 잘못 차지한 것은 이 세상에 더 이상 없다. 조각가는 우리의 정원에 대리석 화분을 놓는다. 그러나 화분은 항상 비어 있다. 아파트에서는 액체를 담지 않은 항아리와 단지를 본다. 짐승을 돌보던 비천한 아가씨 주느비에브 성인에게 바치는 건물은 아주 비싸지만, 우스꽝스럽게 좁은 건물로서 그 어디에서도 양치는 아가씨의 수호성인을 보여주지 않는다. 오히려 성녀를 여신으로 만들었다. 건축가들은 빵 바구니와 막대기를 들고 들판에서 살던 주느비에브를 재현하는 방식을 잊었다. 그녀가 살던 시대의 의상, 그녀가 하늘나라에서 태어나기 전의 천진한 삶의 모습을 보고 싶어 하지 않을 사람이 어디 있는가! 지상의 생활과 하늘나라의 생활이야말로 감동적인 동시에, 종교적인 차이를 두드러지게 보여주었을 텐데.

성녀 주느비에브는 언젠가 사람들이 유럽에서 가장 아름다운 중심지에 무려 2,600만 리브르가 넘는 돈을 들여가면서 신전을 지어 바치리라는 사실을 예상하지 못했다. 가톨릭교는 얼마나 돈이 많이 드는 종교인가!

이 새 교회를 짓는 데 돈이 많이 들겠지만, 나는 그것이 별로 웅장하지도 장엄하지도 않고, 그저 초라한 구조에 사소한 장식만 가득한 곳이라 생각한다. 그것은 내가 상상하는 것과 조금도 일치하지 않았다. 그것을 지은 건축가를 수많은 사람이 칭찬하지만, 나는 그에게 천재성이 없다고 생각한다. 교회 하나 짓는 데 40년 동안 수백만 리브르를 쓰다니! 아, 이 얼마나 시간과 돈을 슬프게 낭비하는 일이란 말인가! 나는 이 건축물을 볼 때마다 한숨 지으리라.

1040 불복종

몇 년 전부터 서민들, 특히 직업인들이 복종하지 않기 시작했다. 견습공과 종업원들은 독립하기를 바란다. 그들은 주인을 공경하지 않고, 자기들끼리 단체를 조직한다. 옛날부터 내려오는 규칙을 이처럼 무시하면서 질서를 위협한다. 왜 배는 돛을 활짝 펴고 항로를 잡는 것인가? 복종과 지휘 체계가 끊이지 않고 연결되어 있기 때문이다. 수많은 사람이 협력해야 하는 직업은 뱃사람들의 복종 체계를 닮아야 한다. 그리하여 하위 노동자들이 말을 듣지 않을 때 개인의 자유를 해치지 않으면서도 벌을 내릴 수 있어야 한다.

옛날, 내가 인쇄소에 들렀을 때, 인쇄공들은 나를 보고 모자를 벗었다. 오늘날, 그들은 당신을 빤히 보면서 히죽히죽 웃는다. 당신이 아직 문턱을 완전히 넘어서지 않았는데도, 벌써 그들은 마치 당신이 동료라도 되는 듯이 당신 등 뒤에서 상스럽게 말한다.

모든 인쇄업자는 노동자들이 인쇄소의 주인이라고 말할 지경이다. 그들은 서로 복종의 굴레를 벗어나자고 부추긴다. 노동자들은 인쇄소를 흡연실로 바꿔놓는다. 그들은 제멋대로 행동하면서 납품기한을 늦추기도 한다.

모든 직업에서 주인들은 자신이 고용한 사람들이 연합해서 일종의 법을 만들고 주인의 명령을 무시하는 데 대해 불평한다. 그들은 오만한 말, 악의 넘치는 편지 등 모든 것을 받아들인다. 노동자들이 여러 가지 관념을 그릇되게 이해한 나머지, 노동과 상업의 번영에 필요한 고리를 해체해 놓았다. 그 결과 노동의 질이 형편없이 떨어졌다. 노동자들은 그저 한 주간을 빨리 마치면 되는 듯이 작업을 서두르기 때문이다.

새해 첫날, 모든 가발공은 주인들을 팽개치고 가게를 옮긴다. 다른 직업 공동체에서도 같은 일이 일어난다. 노동자는 새해 선물을 받고 나면 다른 곳으로 옮긴다. 이집 저집 가리지 않는다. 그는 주인과 같은 자격으로 말하며, 오직 봉급에만 얽매인다.

이 종속적인 서민들은 부르주아 계층을 너무 창피하게 만들고, 그들의 특권을 잇따라 빼앗으며, 파리를 활성화시켜 주는 부르주아 계층의 시민들을 멸시하면서, 모든 것에 침입하고 모든 분야에서 형편없이 일하면서도 봉급을 많이 요구한다. 일꾼은 날마다 더 거칠어진다. 모든 것을 서둘러 해치우고 형편없이 만든다. 이미 며칠 전부터 직공이 일을 하지 않는다. 그래서 수많은 공동체의 견습공들을 훈육하기 힘든 형편이다.

오늘날 재치와 기술을 조화시키는 가발공을 보지 못하였는가? 그들은 허공을 떠다니는 낱말 몇 개를 잡아서 그 뜻과 적용 범위를 제대로 알지 못하면서도 계속 되풀이해서 말한다. 그들은 견습공에게 가장 위험한 선생 노릇을 하게 되었다. 견습공이 모자를 쓸 때, 그들은 자신이 부르주아 수준으로 올라갔다고 믿는다. 그 결과 그들은 주인을 비판하고 적대시하며 은밀히 반란을 일으킨다.

이 시대의 서민은 복종의 시대를 벗어났다. 나는 모든 규율을 잊어버린 결과가 머지않아 최악으로 나타나리라고 예언할 수 있다. 우리는 정치와 사회질서 속에서 모든 것이 서로 의존하고, 톱니처럼 물려 있다는 사실 이외에는 보고 싶지 않다. 돈을 얻을 수 있는 지배력을 갖는 방법이 아주 쉽다는 사실은 주인과 직공을 아주 혼동하게 만들었다.

1041 뜻밖의 발견

나는 우리가 사는 동안 모든 계층의 사람들을 만난다는 사실을 경험으로 알기 때문에, 오래전부터 그야말로 완전한 바보를 찾아다녔다. 천재는 지극히 희귀하고 그가 연마하는 분야에서만 천재이기 때문에, 나는 그와 정반대의 사람을 찾아다녔고, 마침내 찾게 되었다. 누가 그를 보든지 놀랍고 기묘하고 재미있다는 점에서 바보라고 확신할 것이라고 나는 믿는다. 사람들은 그가 하는 말을 듣고 놀라서 입을 다물지 못하기 때문이다. 그는 말이 많다. 그는 결코 허튼 짓, 어리석은 짓을 게을리하지 않는다. 요컨대, 그는 말끝마다 상식과 이성을 해체하는 기묘한 존재이다. 그는 확실히 무지하고 무분별하게 자만한 상태보다 더 아래에 있다. 그는 진홍색이 빨간색인 것처럼 명백한 바보이다.

주의력(정신)이란 무엇인가? 그것은 정확히, 빠르게, 그리고 멀리 보는 것이다. 이 정의는 어떤 여성이 내린 것이다. 남의 말을 들을 줄 아는 사람은 어리석지 않다. 그런데 파리에는 바보가 아주 흔치 않다. 사람들이 많이 움직이고, 삶의 현장이 아주 다양하게 변하고 급히 방향을 바꾸는 곳이기 때문이다. 파리에서 바보는 거드름을 피운다. 여기 그의 승리담이 있다. 어떤 여인이 그의 마음을 사로잡고, 그를 데리고 다니면서 사방에 소개했다. 내가 감히 말하자면, 그 여성에게 바보는 뜻밖의 발견이었다. 어쨌든 그 여성은 바보의 자만심을 살려주었고, 이에 만족했다. 그는 바보를 이리저리 돌려 조사하고 순화시켰다. 아주 예절 바르고 어린애처럼 혀짧은 소리를 내는 바보를 여성들은 사랑한다. 아무렴, 그렇지. 바보를 가지고 원하는 대로 만들 수 있다. 여성은 그를 감추고, 그를 이끌어 준다. 바보는 경탄한다. 여성은 바보의 수준이다. 바보는 여성이 그에게 불러준 대로 따라한다. 그는 결코 생각을 헛갈리는 법이 없다. 그는 자기 주위에서 일어날 일을 하나도 예언하지 못할 것이다. 바보는 건강하지만, 그렇다고 뽐내지 않는다. 바보를 남에게 조금은 소개할 만할 때, 그가 인간의 탈을 쓰고 아무런 의심도 없이 헛소리를 늘어놓을 때, 그를 잘 조종하는 여성은 얼마나 행복할까!

바보는 혼자 있기를 좋아하지 않는다. 자신에게 곧 싫증을 느끼기 때문이다. 따라서 그는 고독을 견디지 못한다. 바로 그 때문에 그는 사교계에 발을 들이고, 거의 언제나 거기서 편안하고 자신에게 만족하는 것이다. 그는 재사를 구별할 수 있는 섬세한 감각을 갖지 못했으므로 조금도 당황하는 일이 없고, 모든 것이 자신에게 즐거움을 준다고 여긴다. 그는 자신의 바깥에 있으려고 노력할 뿐이다. 재사는 인원이 많지 않은 사교계에 잘 적응하지 못한다. 그는 자신을 충족시킬 만큼 충분한 소재를 갖고 있다. 당신은 여느 곳에서처럼 파리에서도 어떤 여성이 바보를 좋아하는 것을 볼 수 있다. 그것이 그 여성이 하는 일이며, 잘못이 아니라는 사실을 인정해야 한다.

1042 아첨

루이 14세는 라틴어를 전혀 알지 못했다. 그러나 아첨꾼은 이 군주가 훌륭한 인문주의자였다고 믿게 하려고 노력했다. 리옹의 중등학교에서는 카이사르의 주석서를 최초로 번역한 책을 오랫동안 사용했다. 그것은 루이 대왕이 번역한 책으로서 2절판에 도판을 포함하고 있었다. 이 책이 신기하지 않은가?

루브르에는 예수회 신부 코로넬리가 루이 14세를 위해 만든 아름다운 지구본과 천구본이 있는데, 아주 이례적으로 크다. 지구본에는 믿을 수 없는 2행시가 새겨져 있다.

> 아, 프랑스 왕의 빛나는 군주권이여!
> 손가락 하나로 땅과 하늘을 모두 굴러가게 하도다.

부엌의 말단 설거지꾼도 잘 할 수 있는 일을 전하의 손가락이 한 일로 만드는 아첨보다 더 우스운 일이 어디 있겠는가?

베르사유 궁전에는 돌판 위에 해시계의 눈금과 함께 '루이 대왕의 정복'이라고 새겨 놓은 큰 판암 탁자가 있었다. 도대체 해시계와 승리 사이에 무슨 관계가 있다는 것인지! 아무튼 그것은 왕이 정복할 곳을 미리 알려주는 문자판이다. 문자판의 주변에 새긴 장식띠에는 각 시간을 알리는 줄과 만나는 곳에 루이 14세가 정복한 도시의 이름을 새겼다. 예를 들어, 8시에는 아무 해 아무 날 돌 정복이라 새기고, 다른 시간에도 각각 다른 도시와 요새 이름과 함께 연도와 날짜를 새겼다. 이처럼 판암 탁자를 보는 사람은 해시계의 그림자가 시시각각 이동할 때마다 루이 14세의 무훈을 생각하지 않을 수 없다.

신학자들은 아침의 극을 달려 논문의 첫머리를 항상 '루이 대왕(Ludovicus Magnus)'으로 장식하였다. 왕은 라틴어를 모르지만 이 두 낱말의 뜻만큼은 제대로 이해했다. 그는 키노의 오페라의 서곡을 들었다. 배우는 다음과 같이 노래했다.

> 그는 우리의 제단 위에 모실 만한 분이네.
> ⋮
> 그가 쉴 때에도
> 우레같은 목소리는 모두를 떨게 하네.

아카데미(프랑세즈)는 어느 해 '우리가 가장 칭송해야 할 전하의 덕목은 무엇인가?'라는 주제로 논문을 모집했다. 이번에는 주제가 너무 강렬했는지, 왕은 다른 주제를 내걸기를 원했다. 그러나 그가 스트라스부르를 점령했을 때, 아카데미 신입회원은 다음과 같이 연설했다.

> 루이는 스트라스부르가 복종한다고 말했으며, 스트라스부르는 굴복했습니다. 인간 이상의 권능, 오직 이 세상을 창조한 권능과 비교할 수 있는 권능을 가진 그는 이렇게 말했습니다. "빛이 생겨라, 그랬더니 빛이 생겼도다."

독자여, 나는 당신에게 억지로 믿으라고 강요하지 않는다. 그러나 아카데미 신입회원들의 연설을 모아놓은 책을 보라. 내가 인용한 것은 1683년 11월 19일 새로 뽑힌 오쿠르가 한 연설이다.

나는 오늘날의 아첨은 더욱 세련되었다고 생각한다. 그러나 아카데미(프랑세즈)의 찬사는 영원히 남는 것이다. 더 이상 칭찬할 대상이 없을 경우에는 수많은 얼굴을 앞세우면서 지나칠 정도로 찬사를 위한 찬사만 늘어놓는다. 진실만을 솔직히 말하는 사람, 아첨을 싫어하는 사람이 아카데미에 들어가면 어디 덧이 나기라도 하는 것일까?

1043 뗏목

이 수도는 얼마나 넓은 숲을 게걸스럽게 삼켜버렸던가! 이웃 마을에서는 더 이상 땔감을 조달하기도 어렵다. 뗏목이 들어오지 않는다면, 대저택에서 쓸 나무 외에는 없을 것이다. 대저택에서는 나무를 어마어마하게 탕진한다.

뗏목은 진흙투성이에다 젖었다.[74] 그래서 장작으로 땔 때 불도 잘 붙지 않고 연기만 많이 난다. 땔감나무는 운반하거나 쌓기 어려웠을 뿐 아니라, 벽난로에 제대로 집어넣기도 어려웠다. 부르주아의 집에서는 땔감을 아꼈다. 식당에서 밥을 먹는 동안 침실의 벽난로를 끄고, 밥을 다 먹고 난 뒤에는 침실 난로에 다시 불을 붙였다. 늘 불을 지필 수 있는 집은 아주 드물었다. 집에 아궁이 수가 늘어도, 부엌을 빼고는 아궁이를 좁게 만들었다. 부엌에서는 심부름꾼들이 주인을 난감하게 할 정도로 불을 활활 지폈다.

센 강변 진흙탕에서 나무를 끌어올려 등에 지고 일터로 옮기는 일꾼을 보면 참으로 가슴이 찢어진다. 일꾼은 알몸을 강물에 반쯤 담그고 이마에는 땀을 줄줄 흘리면서 일한다. 그들의 창백한 얼굴을 보면, 그들이 고된 노동을 오랫동안 버티지 못하리라고 짐작할 수 있다. 수렁에서 허우적거리면서 일하는 몸은 뒤틀리고 신경도 약해

74 나무는 땔감과 건축자재로 쓰였는데, 파리는 강물을 이용해서 뗏목으로 나무를 조달했다. 모르방의 숲에서 나무를 잘라 뗏목을 엮어 강에 띄워 파리로 보내면, 센 강변에서 일꾼들이 뗏목을 해체해서 용도에 맞게 구별하였다.

졌다. 뭇사람의 오만한 무관심 속에서 이 얼마나 비참한 삶인가!

요즈음 파리에서 소비할 나무는 한 해 평균 70~80만 부아[75]가 필요하다. 일은 여름에 하기 때문에, 일꾼은 추운 겨울에 난방에 쓸 나무를 준비하려고 땡볕에서 고생한다. 그들은 나무를 피라미드 형태로 집채만큼 높이 쌓는다. 파리 시민은 그것을 보고 땔감 걱정을 던다.

1776년 겨울은 그 어느 해보다 추웠다. 시골에서는 까마귀 떼가 모든 지붕 위에서 천천히 맴돌고 있었다. 파리에서 피카르디로 이륜마차를 몰고 가는 마부가 얼어서 꼼짝하지 못하는데, 여인숙으로 가는 동안 그는 그대로 죽었다. 산짐승들이 배가 고파 숲에서 뛰어나와 마치 길든 짐승처럼 산림간수의 뒤를 졸졸 따라다녔다.

모든 것이 얼어붙었을 때, 왕비와 왕족들은 신작로와 길에서 썰매를 타고 경주를 벌였다. 그 행렬은 아주 빨리 지나갔으므로, 사람들은 기껏해야 고귀한 인물의 옆모습만 잠깐 볼 수 있었다. 창문을 열고 내다 봐도, 그들은 이미 시야에서 멀리 사라지고 없었다. 그들은 파리와 베르사유에서 동시에 그렇게 즐겼다.

이처럼 혹독한 추위가 밀어닥치면, 도시의 곳곳에 장작불을 크게 피우는 관습이 있다. 가난한 사람들이 불가에 모여 손을 뻗어 몸을 녹인 뒤, 잉걸불이나 아직 꺼지지 않은 장작을 주워 간다. 그러나 적빈자들의 수에 비해 이러한 구호책은 아주 빈약하다. 기껏해야 한 번 불을 붙이는 장작더미 주위에서 겨우 몇 분 동안 불을 쪼이러 몰려드는 것 자체가 힘든 일이기 때문이다. 가난한 사람이 좁고 어두운 집으로 잉걸불을 가져가 온기를 더 오래 지키려고 한곳에 모아 잘 덮는다 해도 아주 위험한 일이 일어날 수 있다. 연기가 새나갈 틈

75 부아(voie)는 한 차 분량을 뜻하는 말이다.

이 없어 질식하기 때문이다. 그래서 잉걸불을 가져가면 위험하다고 말해줘도 소용없다. 추위의 고통을 겪느니, 죽을 작정을 하고 잉걸불을 껴안는다. 다락방 안에서 숨이 막혀 죽는 사람이 하나도 나오지 않은 겨울은 없다.

10월 중순경이면 도시의 모든 구역이 부산해진다. 나무를 잔뜩 싣고 천지사방으로 달리는 짐수레가 거리를 꽉 메운다. 나무를 던지고 켜고 옮길 때 행인이 깔리거나, 피하려다 곤두박질치거나, 다리를 다치기도 한다. 짐을 부리느라 바쁜 일꾼은 아무런 예고도 하지 않고 서둘러서 나뭇단을 수레 아래로 던진다. 땅바닥이 진동한다. 그들은 귀도 먹고, 눈도 멀었다. 오가는 행인의 머리가 깨지든 말든 짐만 빨리 부리면 장땡이다. 한 사람이 나타나 길 한가운데 자리 잡는다. 그는 주위를 살피지도 않고 재빨리 톱질을 해서 나무를 켠다. 나무가 그 주위에 쌓인다. 그는 주위 사람들이 어떻게 해도 다치지 않는다고 생각하는 듯이 마구 행동한다. 층계로 나무를 지고 오르는 사람이 있으면 그보다 앞서 올라가야 한다. 그의 뒤에 서게 되면 떨어지는 나무에 다치기 쉽다. 실제로 층계참에서 다치는 경우도 있다.

왜 뗏목을 부리는 강변 작업장에서 나무를 켜지 않는가? 왜 좁아터지고 불편한 거리에서 이처럼 황당한 일이 늘 일어나는가? 나무가 땅바닥에 떨어져 튀어오르거나 거리를 굴러다니다가 머리나 다리를 다치지 않는다면 참으로 기적이다. 모든 통로는 막혀서 둥글고 미끄러운 통나무를 피하려다가 잘못 디디면 날카로운 톱니 위에 쓰러지기도 한다.

경제적인 난방으로 왕국의 숲을 더 이상 파괴하지 않으려면, 파리인은 이제부터라도 석탄을 쓸 때가 되지 않았는가?[76] 어떤 회사는 수도에 석탄을 공급하기 시작했다. 그러나 그 어떤 청부업자도 이 문제를 더 이상 신경 쓰지 않는다. 석탄을 정제하면 공기를 맑게 유지할 수 있다. 아궁이를 일종의 창살 같은 철책 위에 세워 용광로처럼 만들어야 한다. 철책 위에서 붙은 불은 마치 제단 위에 올려놓은 것처럼 보인다. 석탄불은 아무런 말썽도 부리지 않고 오래 간다. 그것은 방안을 따뜻하게 덥혀주면서 연기를 조금도 내보내지 않는다. 어린아이라 할지라도 그 안에 빠지기란 어렵다.

벽난로보다 난로를 더 좋아하는 사람들은 미개하다. 난로는 비위생적이고 한심하며 음울하다. 독일과 스위스에서는 난로를 쓴다. 벽난로 이외의 난방기구를 쓰는 사람은 어리석다. 만일 벽난로의 불꽃을 보지 못한다면, 난로 곁에 있느니 차라리 꽁꽁 어는 편이 낫다고 생각한다. 프랑스 밖에서 나를 가장 거스르는 것은 이렇게 불쾌하고 우울한 관습이다.

조금이라도 생각하는 존재라면 파리에서 많이 사용하는 호화로운 장작 받침쇠를 보면서 화를 낼 것이다. 그만큼 어리석고 생각 없는 사치이기 때문이다. 불씨 근처에 조각하고 도금한 물건을 놓는다는 것은 유치한 오락이고 범죄라 할 정도로 낭비이며, 난방을 할 능력이 없는 사람들을 모독하는 일이다. 일부 예술가들이 부자들의 허영심을 충족시키는 일을 할 때, 그들의 의도는 유치하고 역겹다. 내가 부자들의 집에서 가장 고통스럽게 보는 물건이 바로 호화로운 장작 받침쇠이다. 그 물건을 볼 때마다 나는 사치스러운 벽난로를 애써 외면한다. 장작 받침쇠는 집주인의 뱃속을 상징한다. 경박하고 웅장한 장식을 거부하지도 지우지도 못하는 그는 순수한 아름다움 속에서 남에게 친절을 베풀며 즐거움을 느낄 만한 자격도 없다. 불꽃을 장식하다니, 참으로 어리석은 부자로다!

76 석탄은 유독성 기체를 발생시키기 때문에 아직 널리 쓰이지 않았다.

좋은 나무와 나쁜 나무, 또는 물에 오래 잠겨서 진이 빠져버린 나무와 신선하여 활활 잘 타는 나무 사이에 가격차는 별로 없다. 그러므로 새로 자른 나무를 사는 편이 경제적이다. 그런데도 도시의 4분의 3은 일상적인 계산법에 감각이 무뎌져서 (새것이 무조건 비싸다고 생각하는지) 이 점을 이해하지 못한다.

장작 1부아의 값은 운반비와 톱으로 켜는 값을 모두 합해 24리브르나 되지만, 그 양은 아주 적다. 마치 1팽트를 절반으로 나눈 것을 1부테이라 부르는 것처럼, 어디서나 1부아는 코르드라 부르는 분량의 절반에 지나지 않는다.[77] (마치 과일의 썩는 부분처럼 계속 커져갈 뿐인) 모든 세금과 경비를 지불한 나무 1부아는 아궁이 속에서 금세 사라진다. 그래서 사람들은 인조장작을 만드는 속임수를 쓴다. 얼마 전부터 흙을 빚어 속이 빈 장작 모양을 고안했다. 그것은 나무껍질까지 표현했다. 가정집에서는 실제로 불에 타서 재가 될 나무와 이 가짜 장작을 섞어서 넣는다. 호사스런 아궁이를 가진 집이라 해도 절반이 속임수인 경우가 많다. 파리인의 집에서는 아궁이에서 밥상까지 생활의 절반이 체면을 유지하는 방식을 쓴다. 인공장작을 경제적이라 하는데, 외국인이 보면 웃으리라. 그러나 외국인은 실제 사정을 모르고 웃는 것이다. 왜냐하면 인공장작이 불 속에서 열을 받으면 오랫동안 열을 보존하기 때문이다.

77 코르드(corde)는 나무의 양을 재는 단위로 약 4입방미터이며, 부테이(bouteille)는 약 반 리터이다.

1044 방부처리

왕과 방계 왕족의 시신은 방부처리를 한다. 그들은 오랫동안 자연에 빚진 사람으로 남고 싶어 하며, 자연이 그들에게 몸을 줄 때 빌려준 모든 것들을 될수록 먼 훗날 되돌려 주려 한다. 그러나 그들이 무슨 일을 했건, 먼 옛날에 살던 풍뎅이가 호박 속에 보존된 것처럼 아름답게 보존되지 않는다. 아, 우리의 앙리 4세를 액체 상태의 송진에 집어넣었다면 좋았을 것을! 그러면 아직도 앙리 4세를 볼 수 있으리라. 곤충들은 수백 년이 지난 오늘날까지도 모양을 하나도 잃어버리지 않았다. 그것들은 빨대나 빛나는 날개를 고스란히 보여주지만, 우리의 왕들은 이집트의 미라 같은 형체도 갖추지 못했다. 그들의 몸은 납관에 봉인되어 해체되지만, 그들에 대한 기억은 진실을 추구하는 역사의 준엄한 끌에 전적으로 달려 있다.

호박 속에 갇혀 자연의 우아함을 고스란히 간직한 이 작은 곤충은 얼마나 보기 좋은가! 그것들은 필시 종을 번식시키려고 노력하는 순간에 사로잡혔으리라. 그리고 수정체 속에서 아직도 생명을 유지한다. 그러나 우리의 군주는 벌써 세 부분으로 나뉘었다.[78] 해부칼로 그의 몸을 갈라 내장은 어딘지 모를 종교기관으로, 심장은 예수회에 각각 보낸다.

우스운 모습으로 잘 보존된 풍뎅이는 방부처리 방법을 제시하며,

78 왕이 죽으면 내장과 심장을 꺼내서 몸과 따로 보관한다.

생드니의 무덤보다 더 즐거움을 생각하게 만든다.[79]

루이 15세의 경우는 신성한 관습을 따르지 않았다. 그를 죽게 만든 병의 성격상 방부처리를 할 수 없었기 때문이다.[80] 궁정의 관리들은 궁정을 비우고 도망쳤다. 사람들은 방부처리 기술이 완성되었고, 주검을 화학처리하여 고대 이집트인들처럼 잘 보존할 수 있게 되었다고 말한다. 그러나 이 기술은 평민과는 전혀 상관없기 때문에, 군주와 거물급 인사들만이 이러한 발견을 자축할 수 있다. 그것은 얼굴을 1,500년에서 1,800년 동안 보여줄 수 있는 방법임이 분명하다. 지금부터 군주는 자신을 보게 될 사람들의 표정과 말을 상상하고, 자신도 먼 훗날의 후손을 보면서 기뻐하리라고 상상할 수 있다.

(제아무리 권력자라 해도) 자신을 구성한 물질을 조금도 붙들어 두지 못한다. 방향물질로 그것이 사라지지 않게 하기보다는 차라리 새로운 몸을 만드는 데 써야 한다.

이집트의 헌 신발장수는 오늘날 군주만큼 정성껏 방부처리되었다. 군주를 위해서 마지막으로 쓰는 돈은 하찮은 액수가 아니며, 화려한 장례식 비용은 때로는 군주가 죽은 지 반세기가 되어서야 겨우 청산된다. 말 그대로, 사람들은 군주의 장례식 비용을 빌려서 쓴다. 그가 호화로운 수라상을 차리고 결혼식과 수많은 잔치에 평생 쏟아부은 돈과 함께 호화 영묘는 모두 빚으로 충당했다.

죽은 볼테르는 역마차에 실려 매장지로 향하기 전, 그가 시인들

79 생드니 성당은 프랑스 역대 왕의 공식 무덤이다. 내장과 심장을 꺼낸 뒤, 몸을 납관에 넣어 봉인하여 생드니 성당에 안장했다. 전쟁이 나면 왕은 생드니 성당으로 가서 조상들에게 나라를 보호해 달라고 기도하고, 거기 있는 깃발을 꺼내들고 출정했다.

80 64세의 루이 15세는 베르사유 궁 근처 마을의 목수 딸과 자면서 천연두에 걸렸다. 그 뒤 10일 뒤에 죽었는데, 시신이 아주 빨리 썩어 심장을 꺼내지도 못한 채 서둘러 관에 넣고 봉했다.

의 왕이었지만 사람들은 그를 서둘러, 그러나 아주 형편없이 방부처리를 했다. 먼저 그의 뇌를 꺼냈다. 오늘날 우리는 어느 약사의 집에서 알코올 병에 담긴 그의 뇌를 볼 수 있다. 이 뇌가 무척 유명하지만, 알코올 병 아래에는 분명히 '볼테르의 뇌'라고 적어야 할 것이다. 왜냐하면 사람들이 쉽게 혼동할 만큼 그의 뇌와 최고 바보의 뇌는 완전히 닮았기 때문이다.

1045 소르본의 방[81]

사람들은 유명한 카조봉[82]에게 소르본의 방을 보여줄 것이다. 거기서 수세기 동안 논쟁이 벌어졌다고 그에게 말한다. 그는 묻는다. "그렇게 해서 무슨 결론을 얻었습니까?" 이 방 한가운데서 무의식과 무관심이 거닌다. 이 얼마나 강력하고 즐거운 일인가! 소르본에서 나온 주장들이 사람들의 마음속에 무엇을 불러일으켰는지 누가 예상할 수 있겠는가!

이집트인, 중국인, 파시교도[83]의 역사와 우리의 역사를 조화시키기란 어려운 일이다. 그러나 소르본은 이 문제를 해결했다. 그들은 모든 문제에 대한 답을 안다.

뷔퐁은 자기 주장을 꾀바르게 철회함으로써 소르본의 비위를 맞추었다.[84] 그는 소르본의 벼락을 두려워했다. 소르본은 그의 직위와 재산을 빼앗을 수도 있었기 때문이었다.

만일 얀센주의자들이 온힘을 다해 정통파라 자처하는 대신, 개혁자라 자처하면서 은총을 받아들이는 데 동의했다면, 소르본, 종교인, 왕은 무척 당황했을 것이다.

81 파리 대학에서는 신학부가 가장 먼저 발달했다. 메르시에는 신학논쟁과 이단에 대한 검열을 소르본의 방에서 했다고 비판한다.

82 Casaubon(1559~1614): 제네바로 피난간 프랑스 개신교도 가정에서 태어난 고전학자.

83 페르시아가 이슬람교로 개종한 뒤 인도로 피난간 조로아스터교도들을 가리킨다.

84 소르본은 1751년 초 『지구의 역사와 이론』을 유죄 판결했다. 당시 뷔퐁은 왕립 식물원 책임자였다.

200리외 밖에서는 존경받는 천재들을 이단이라 부르면서, 사실상 이단에 대해서 아무것도 모르는 수천 명을 이단이라고 공격한 곳이 바로 이 방이다.

사제가 될 사람들은 자신도 모르는 사이에 이단에 빠지지 말아야 하기 때문에 모두 이 방을 통과해야 한다. 이 방에서는 정통 종교가 왕좌를 차지하고, 법복을 입은 젊은이들은 수많은 논쟁이 벌어지는 가운데 건전한 교리로 몸을 흠뻑 적신다.

검은 옷을 입은 그들은 떼를 지어 그 방으로 들어갔다가, 똑같은 모습으로 나온다. 그들은 그 방의 큰 자리를 뒤덮고, 그중 몇 명, 다시 말해서 신학에서 다른 사람보다 더 열의를 증명한 사람들은 거리로 나가 자기 이론을 계속 주장할 것이다.

사람들이 믿지 않겠지만, 아직 인정받지 못한 주장을 믿지 못할 상상력을 발휘하여 밀고나가 검술연습장[85]을 통과하는 섬세하고 미묘한 정신의 소유자가 있다는 것은 사실이다.

루이 14세는 조세 문제에 대해 신학자들의 의견을 물었다. 그들은 왕에게 모든 재산권이 그에게 속했다고 말해 주었고, 이 말은 모든 난관을 해결해 주었다. 신학자들은 사람들의 영혼과 의지를 가로챘고, 이들의 몸을 군주의 재량에 맡겼다. 그것은 나눠먹기였다.

프랑스에서 신학 논쟁은 봉인장을 수없이 남발하게 만들었다. 주교들은 백지 봉인장을 가지고 얀센주의를 추적했다.

파리에서 어떤 주교가 정원에서 성무일과서를 읽는데, 바람이 불어와 봉인장 가운데 한 장을 날려보냈다고 한다. 그 봉인장은 놀랄 만한 일을 해냈다. 그것은 마침 이웃집에 떨어졌고, 그집 아내는 남

85 '검술연습장(salle d'escrime)'은 소르본 신학박사 학위를 받으려는 사람이 힘든 시험을 거치는 곳을 가리킨다.

편을 사랑하지 않았기 때문에 백지 봉인장을 주워 거기에 남편 이름을 적어서 치안담당관 사무실로 가져갔다. 경찰 하사관은 거기 적힌 가련한 남자를 감옥에 넣었다. 이 남자는 바스티유 감옥에 오랫동안 갇혀 지내면서도, 자기가 한 줄기 바람 때문에 거기 갇혔다는 사실을 알아내지 못했다.

1046 현자들

볼테르는 파리에 이름 없는 철학자들이 존재한다는 사실을 나보다 앞서 알아차렸다. 그들은 서로 자유롭게 사상을 교환하는 즐거움을 맛보면서 사건과 인간을 말없이 판단하고, 그 결과를 후손에게 남겼다. 그들의 눈썰미는 비교하는 습관, 섬세한 촉각, 정치가의 야심을 알아내는 기술, 완전한 공평성에서 나왔다. 그들은 남의 말, 특히 정치 문제에서 남을 속이는 말에 조금도 신경쓰지 않는다. 자유라는 말도 그들에게는 별 의미가 없다.

구성원의 상호의무가 없는 사회는 존재하지 않는다. 법이 없으면 의무도 없다. 기탁이 없으면 법도 없다. 공공의 자유를 옹호하는 사람이 없으면 기탁자도 없다. 신체상의 불가침성이 없이는 자유의 옹호자도 없다.

그렇다면 인민의 목소리는 어디 있는 것일까? 눈 멀고 야만스러운 힘을 누가 멈출 것인가? 국가를 보호하기 위해 만들었지만, 국가를 파괴할 수 있는 제도들을 누가 균형 있게 만들어 줄 것인가? 이 현자들은 정치에는 견제세력이 필요하고, 또 없어서는 안 된다는 사실을 안다.

그들은 조국을 사랑하고, 조국의 영광에 관심이 있다. 그러나 그들은 글을 쓰지 않는다. 자기 생각을 수정하기 바라기 때문이다. 그들은 자신들이 보호하기 바라는 약자에게 해로운 계획을 최선이라고 말하는 사람들이 있음을 안다. 그들은 제자들에게 "잠두콩을 집지 말라", 다시 말해서 "공직에 나서지 말라"[86]고 말한 피타고라스의 가르침을 따른다. 그들이 동료 시민들을 별로 소중하게 여기지 않는다면, 절대 관심을 쏟지 않는다. 그러나 그들은 자리에 연연하는 고위직과 그들의 말을 들으려 하지 않는 대중에 대해서는 아무런 지혜도 빌려주지 않고, 오히려 모든 면에서 공격한다. 그럼에도 그들은 몇 년이 지나 열정이 저절로 식을 때, 자신들을 있는 그대로 받아주는 시간이 온다는 사실을 위안으로 삼는다.

통치자들은 자잘하고 개별적인 규칙으로 사람을 판단하지만, 이 철학자들만큼은 특별 취급하지 않는다. 그들은 유럽의 큰 그림 안에 들어가야 하는 왕들의 모습을 그리는 데 재미를 붙였다. 그들은 자신들이 생각하는 왕의 모습을 강조해서 그리기 때문에, 유럽의 왕들은 그 초상화 속에서 스스로의 모습을 찾을 수 있다.

이 현자들은 농담을 따르기를 무척 좋아한다. 농담이라 할지라도 정당하고 예민하며 가벼울 때 언제나 최고의 이성이 될 수 있기 때문이다.

정신적으로 부패할 때 도처에 나타나는 윤리적 잘못을 보면서, 그들은 사람들에게 위대한 만큼 진실한 종교적 사상을 되돌려 주기를 좋아한다. 종교적 사상은 우리의 고귀한 이해력에 속하기 때문에 불멸이며, 그 반대는 광기이다. 그들은 무신론자를 경멸한다. 무신론자는 멸시받아 마땅하기 때문이다. 엉뚱한 무신론자들은 여느 사람과는 다른 세계를 좋아한다. 하느님이 없는 세계, 창조주가 없는 우주, 관리자도 없이 경탄할 만하게 조직된 커다란 기계, 후원자 없이 되살아나는 즐거움, 법 없이도 다정하고 사려 깊은 존재, 한 마디로 최고 존재가 없어도 보편적인 계획 속에서 눈에 띄는 개체, 그들은

86 고대 아테네에서는 추첨에서 잠두콩을 집는 사람에게 행정관직을 맡겼다.

바로 이러한 것들을 좋아한다. 천체를 뒤흔들 정도로 최초의 충격이 필요했다는 사실을 느끼지 못하는 사람에게 무슨 대답을 해줄 것인가? 이 커다란 충격이 무한한 지성에서 출발했다는 것, 도덕적 현상들이 물리적 현상 다음에 발전한 것은 바로 이 최초의 충격 때문이었다는 것을 굳이 알려줘야 할까?

그들은 이 세상이라는 무대를 조금도 혼란스럽게 만들지 않지만, 바빌론의 한가운데 있다. 한편, 야심만만한 소인배들은 덧없는 운명의 높은 신분들에게 열광하고 현기증을 느끼지만, 이 거물급 인사들의 운명은 덧없고 소인배를 안다는 사실을 창피하게 생각하면서 그들을 괴롭힐 것이다. 이 같은 세상에서 현자들은 언젠가 몇몇 사람의 애국심에 불을 붙일 이성의 신성한 불을 보존한다. 현자들이 좋아하는 모든 말, 인간의 언어로 설명하거나 번역할 수 없는 말, 그것은 무엇인가?

1047 비법

인간은 호기심이 많은 존재이다. 그래서 알고 배우는 일을 중시한다. 인간은 무한히 자신을 발전시켜야 한다. 따라서 경이로운 것에 관심을 가장 많이 쏟는다. 또한 모든 발견에 가장 활발히 이끌리므로, 항상 새로운 발견으로 나아간다. 인간은 자기 눈에 새롭게 보이는 것을 거부하느니, 차라리 속는 한이 있어도 받아들이고 본다. 자연이 만든 모든 것이 인간의 호기심을 불러일으키고 괴롭힌다. 호기심은 인간을 비법에 기대게 만든다. 인간은 주위의 경이로운 것의 신비를 벗겨줄 열쇠를 찾을 수 있다고 믿는다. 자연은 일상적으로 말없이 조용히 돌아가므로, 인간은 자연물리학보다 신비주의가 더 많은 것을 밝혀준다고 믿는다.

그래서 사람들은 자력에 대한 강의를 많이 한다. 그것은 우리 존재의 내밀한 부분을 좀 더 가까이 조사하는 것처럼 보인다. 그리고 인간은 영생불사의 희망을 가지고 있으므로, 대중은 일반적인 물리학자들의 세련되지 않은 물질주의보다, 영혼에 새긴 인상에 모든 것을 의존하게 만드는 체계에 더욱 열광한다.

내가 보고 들은 것은 동물의 자기가 존재한다는 사실을 의심하게 만들지 않는다. 그것은 존재한다. 그러나 상상의 힘은 그 효과를 얼마나 과장했던가? 모든 개인의 정념, 이기심과 자만심의 모든 악덕이 뒤섞여서, 새롭지만 아직까지 미약한 과학을 변질시켰다. 이 과학은 가장 신중한 발걸음으로, 그리고 가장 건전한 의혹을 품고서 묵묵히 연구해야 하는 것임에도…. 진정한 발견은 몇몇 특별한 인간으로 구성된 모임에서 나오지 않았음이 분명한데도, 대담하고 무모하고 사기성이 짙고 엉뚱한 사람들이 지금까지 큰소리치면서 살았다.

1048 유심론자

어째서 신학, 철학, 역사는 귀신, 유령, 악마가 나타나는 사례를 언급하는가? 고대인 가운데 일부는 사람마다 두 가지 정령을 가졌다고 믿었다. 좋은 정령은 덕으로 이끌고, 나쁜 정령은 악을 저지르도록 한다는 것이다.

새로운 분파는 이 세계에 귀신들이 돌아온다고 믿는다. 나는 귀신을 불러오는 방법이 실제로 존재한다고 확신하는 사람이 꽤 있다는 말을 들었다. 새로운 과학을 따르는 사람들은 다음과 같이 확신한다. 우리는 주위의 세계를 잘 알지 못한다. 즉 우리 주변에는 전혀 알 수 없는 존재들이 있다. 우수한 지성을 갖춘 그 존재들은 우리를 본다. 우주는 빈 곳이 하나도 없다.

이처럼 죽은 이의 영혼이 되돌아온다는 것을 고대인은 믿었다. 우리의 철학은 이같은 믿음을 멸시하지만, 오늘날 무지하거나 미신을 잘 믿지도 않는 사람 가운데 일부는 받아들인다. 성경에서 공중의 권세 잡은 자들로 불리는 정령들은 언제나 자연을 지배하는 존재의 선량한 즐거움 아래 있다.

아리스토텔레스는 정령이 나타나는 이유를 정령과 인간이 서로 필요로 하기 때문이라고 말했다.

나는 여기서 귀신의 존재를 믿는 사람들이 말하는 것만 인용한다.

만일 우리가 영혼불멸을 믿는다면, 사람이 죽은 뒤 귀신들이 나타날 수 있다는 사실을 받아들여야 한다. 이 세상의 모든 국가에서 말하는 경이로운 일 가운데 단 하나라도 실제로 일어났다면, 불신자는 잘못을 저지르게 된다. 따라서 나는 귀신이 출현한다고 믿는 사람이나 믿지 않는 사람이 모두 무모하다고 생각한다. 우리는 이 세상에서 일어나는 일을 잘 모르기 때문이다.

인간의 최초의 사상 가운데 하나는 언제나 신과 우리 사이에 어떤 존재들이 있다는 것이었다. 우리는 위대함과 지성의 무게에 짓눌리고, 우주를 움직이고 관리하는 유일한 신에 대한 사상에 좀 더 쉽게 다가서기 위해서 천사를 믿을 필요가 있기 때문이다. 히브류 민족은 하느님의 초자연적이고 특별한 활동에 대해서만 천사를 받아들였다. 이 체계는 오직 유일신을 최고로 받드는 종교만 확인해 준다. 유대인은 천사란 자신들이 유일하게 찬미하는 존재인 사물의 주님이 보낸 순수한 창조물이라고 보았다. 그들이 천사에게 붙인 이름도 그 점을 숭고하게 증명한다. 가브리엘 천사는 하느님의 힘, 라파엘 천사는 하느님의 치유를 뜻한다.

이 같은 고대의 사상은 조금도 부조리하지 않다. 무종교와 불신이 오히려 잘못과 사소한 것에 전적으로 매달리는 인간의 정신을 암울하게 만들어 줄 때, 고대 사상은 피조물의 차이를 받아들이면서 스스로 계몽한다. 그리고 우리의 미약한 지력을 최초의 존재까지 이끌어준다. 이 존재의 이름은 성경에 기록되었고, 숭고하다. "나는 스스로 있는 자이니라."[87]

87 「출애굽기」, 14절.

1049 르그로[88]

아카데미 프랑세즈는 이 여성이 37년 동안 감옥살이를 하는 국사범을 구해주려고 노력한 데 대해 덕의 상을 주기로 결정했다.

그녀는 경계표지 근처에서 서류 상자를 보았다. 거기 들어 있는 서류는 구겨지고 진흙투성이였다. 그녀는 서류를 가지고 집으로 돌아가 읽었다. 그것은 비세트르의 땅밑 8피에(자) 깊이 지하감옥에 갇혀 빵과 물만 먹으면서 연명하는 사람이 서명한 서류였다.

무엇이 강력한 의지를 막을 것인가? 르그로는 사회적 신분을 고려하지 않고 그를 자유롭게 해주려고 노력하기 시작했다. 그 어떤 것도 그녀에게 겁을 주거나 마음을 켕기게 만들지 못했다. 그녀는 수없이 거절당했지만, 계속 기도하고 간청했다. 가엾은 마음에 인내심을 더하여 더욱 열심히 매달렸다. 그녀는 수많은 조롱을 이겨내고, 남을 귀찮게 하는 일 때문에 일어날 위험을 과감히 무시함으로써, 3년 뒤에는 인정과 용기에 대한 보답으로 죄수가 석방되는 영광을 보았다.

그 죄수는 오랫동안 수감되었다는 사실 때문에 유명해졌다. 그는 한 번은 바스티유 감옥에서, 두 번은 뱅센 감옥에서 도망칠 만큼 용감하고 재빠른 사람이었다. 그의 탈옥은 확률의 법칙을 뛰어넘는 행

88 Madame Le Gros: 수년간 라튀드(Latude)의 재판을 요구하였고, 1783년 아카데미 프랑세즈의 상을 받았다. 그 상은 박애주의자 몽티옹(Montyon)이 '가난한 프랑스인의 덕행'을 보상해 주려고 만든 것이다. 라튀드는 퐁파두르 부인에 대한 거짓 음모를 퍼뜨려 감옥에 갇힌 뒤 여러 차례 탈옥하여 유명해진 사람이다.

위였다.

이 죄수의 이름은 라튀드였고, 그는 유죄였다. 그는 퐁파두르 부인의 눈에 들어 호의를 입으려고 부인에 대한 거짓 독살음모를 경고했다. 그것은 아주 그릇된 계산이었다. 그러나 그는 젊었고, 출세욕에 눈이 멀었기 때문에 이상한 방법을 택했다.

그는 내복을 찢어 60피에나 되는 사다리를 만들고, 160피에 높이에서 뛰어내렸다. 이것은 실행에 옮길 수 없는 일처럼 보인다.

오, 자유에 대한 사랑이여, 모든 사람이 가지고 태어나고, 그 어떤 것도 빼앗지 못할 그대여, 그대가 일으키지 못할 기적이 무엇인가!

라튀드는 트렌크 남작보다 더 인내심과 용기를 가진 사람이었던가? 선불리 판단하기 어려운 문제이다. 우리가 이 문제를 판단할 필요는 없으리라.

1050 초상화

○○○ 백작부인인 위라니는 한창 꽃다운 나이이다. 그녀의 매력을 돋보이게 하기 위해 촛대를 5개 제작했는데, 그 덕에 그녀의 매력은 더욱 완벽해졌다. 그 어떤 재물도 원치 않을 만큼 행운을 타고난 그녀에게 자연도 아낌없는 선물을 하였다. 그녀는 아름답다. 어느 한구석 빠진 데 없이 아름답다. 머릿결, 얼굴, 몸매 모두. 예술가는 방금 목욕을 마치고 나오는 디아나의 모습을 그리고 싶으리라. 그 어떤 사람도 그만큼 아름답지 못하다. 그녀의 눈에도 자기 얼굴보다 더 아름다운 것이 없을 정도이다. 그녀의 아파트에는 거울을 사방에 달아 놓아 자기 모습을 한없이 재현하게 만들었다.

이 아름다운 몸에는 자신감 넘치고 냉정하고 절대적인 영혼이 들어 있다. 모든 사람의 애정을 한몸에 듬뿍 담고 있다. 그는 정당하고 교양 있고 재능과 모든 예술에 대한 우아한 취미를 가졌다. 그러나 상냥함, 친절함, 사랑의 욕구란 그녀에게서 찾아보기 어렵다. 그녀는 남의 사랑을 받는 사람들이 느끼는 만족감을 전혀 모른다. 사람은 자기와 평등한 사람들과 사회에서 서로 배려하며, 서로에게 친절하려고 노력한다. 완전히 홀로 살아가는 백작부인은 그 어떤 것도 배려할 일이 없다. 그녀는 아랫사람들에게 둘러싸여 있으며, 이들은 백작부인의 비위를 맞추려고 노력한다.

백작부인에게는 야망이 지배적인 정념이므로 야망을 만족시켜야 한다. 군주의 애첩이 되는 것, 그녀의 이름으로 통치하는 것, 왕국을 발밑에 놓는 것, 이러한 야망이 그녀를 모든 즐거움이 있는 천국으로 데려다줄 것이다. 그녀는 끊임없이 위대해지고 신분을 높이는 꿈을 꾼다. 그것은 헛된 망상이다. 그럼에도 그녀는 남에게 망상을 심어주고자 노력한다. 그녀는 음모와 정치에 조금도 당황하지 않을 것이다. 그녀는 자신에게 접근하는 사람들을 한눈에 구별해내고, 자신이 원하는 것만 말하는 재능을 가지고 있다. 요컨대, 그녀는 정치가인 동시에 아름다운 여성이다.

그녀는 권력이란 아름다움을 나누는 것이어야 한다고 생각한다. 그녀는 자신의 아름다움에 끊임없이 관심을 기울이고, 장신구에 대해 특별히 연구한다. 그리하여 장신구를 달 때 미리 치밀하게 연구한다. 극장에서 그녀가 조금 지나치게 꾸미는 태도로 몸을 감추어도, 실제로 모든 이의 눈길을 끈다. 그리고 그와 비슷한 수준의 수많은 여성 속에서도 그녀처럼 아름다운 여성은 한 명도 없다.

이러한 여성의 초상화를 보는 사람은 이렇게 물을 것이다. "그녀는 행복합니까?" 아니, 마음의 빈 자리는 행복과 조화를 이루지 못한다. 백작부인의 영혼 속으로 적이 침투한다. 적은 그녀의 기분을 바꾼다. 적은 백작부인의 얼굴에서 우아함과 빛나는 안색을 지운다. 그리고 그녀의 주위에서 웃음을 주는 대상을 모두 바꿔놓는다. 그래서 어제까지 그를 즐겁게 하던 것이 오늘은 시큰둥해진다. 그녀의 의지가 명령한다. 사람들은 복종한다. 그것은 변덕에 비위를 맞춰주려는 행위이다. 그러나 변덕은 만족할 줄 모르고 끊임없이 나타난다.

백작부인이 탐내는 것을 누리지 못할 때는 비슷한 것이라도 가진다. 그녀는 사람들이 궁중의 정치적 난관 속에서도 자신을 가장 높은 평판을 받은 사람으로 믿어주기를 바란다. 그녀의 생활방식은 모든 시선을 피하고, 자신은 오직 한 가지 목표에 매진하는 것처럼 보이려 한다. 사람들이 그녀의 생활방식에 대해 이러쿵저러쿵 할 때 자존심은 상해도 불쾌하지는 않다. 그녀는 이처럼 야심만만하고 냉정한 상상력을 끊임없이 굴리면서 이상한 꿈을 꾼다.

그녀는 아녜스 소렐, 라발리에르, 퐁탕주, 프리 후작부인, 퐁파두르 후작부인의 이야기를 건성으로 읽었기 때문에, 그들처럼 되려고 원해도 절대로 되지 못할 것이다.

라브뤼예르는 말했다. “권태가 이 세상에 들어간 것은 게으름 때문이다. 아름다운 귀부인들이 게으름에서 시작해서 극장, 노름, 식도락, 상호 방문, 대화를 추구하면서도 지겨워 죽는다. 그들은 아무것도 하지 않고, 아무것도 할 줄 모른다. 그들은 일, 몸, 정신을 가지지 못했다. 그들은 쾌락을 좀 더 다듬고 싶어 한다. 그들의 미각은 마비되었을 뿐이고, 오락거리가 많지만 늘 똑같아서 단조롭게 제자리로 돌아온다. 그럼에도 그들은 한 자리에 머물지도 못하고, 그렇다고 그 쳇바퀴를 벗어나지도 못한다.”

맹트농 부인은 이렇게 외쳤다. “나는 더 이상 내 생활에 애착을 가질 수 없다. 나는 차라리 죽고 싶다. 인간의 위대함은 한창때에 소멸하지 않는가! 소중하게 추구하는 일이 없는 나날은 언제나 길기만 하고, 쾌락은 언제나 헛되다는 사실은 불변이다!”

나는 책을 쓰기 시작할 때부터 권태를 거의 모르고 살았다. 만일 내가 독자들에게 그 이야기를 들려준다 해도, 그들은 나를 용서해 줄 것이다. 나는 스스로 즐기는 방법을 잘 알기 때문이다. 인간은 생각만으로 존재하며, 너그러운 섭리는 내게 생각을 주어 그것을 무기 삼아 인류의 가장 잔인한 적을 이기게 해주었다.

참고문헌

1. 사전류

Dictionnaire de L'Académie, 1694.

Encyclopédie, 1751-1772.

Dictionnaire de Trévoux, 1771.

Bely, Lucien, *Dictionnaire de l'Ancien Régime*, PUF, 1996.

Bluche, François, *Dictionnaire du Grand Siècle*, Fayard, 1990.

Bollème, Geneviève, *Dictionnaire d'un polygraphe, textes de L. S. Mercier établis et présentés par G. Bollème*, collection 10/18, Union Générale d'Éditions, 1978.

Chéruel, Adolphe, *Dictionnaire historique des Institutions, moeurs et coutumes de la France*, Hachette, 1855.

Franklin, A., *Dictionnaire historique des arts, métiers et professions exercés dans Paris depuis le treizième siècle*, H. Welter, 1905-6.

Hillairet, Jaques, *Dictionnaire historique des rues de Paris*, 1957.

Lalanne, L., *Dictionnaire historique de la France contenant pour l'histoire civile, politique et littéraire... pour l'histoire militaire... pour l'histoire religieuse... pour la géographie historique*, Hachette, 1872.

2. 파리에 관한 연구

Bancquart, Marie-Claire, *Le Paris des surréalistes*, Seghers, 1972.

————, *Images littéraires du Paris, fin de siècle*, La Différence, 1979.

Benjamin, Walter, "Paris, capitale du XIX siècle" (1935), *Essais 1935-1940*, Denoël-Gonthier, 1983.

————, "Paysages urbains", *Sens unique*, Letters nouvelles-Maurice Nadeau, 1972.

Bourguinat, Elisabeth, *Les Rues de Paris, au XVIIIe siècle*, Paris-Musées, 1999.

Caillois, Roger, "Paris, mythe moderne", *Le Mythe et l'Homme*, Gallimard, 1938.

Caramaschi, Enzo, "Ville et individu", *Corps écrit*, n° 29: *La Ville*, PUF, 1989.

Citron, Pierre, *La Poésie de Paris dans la littérature française de Rousseau* à *Baudelaire*, Ed.

de Minuit, 1961.

Corbin, Alain, *Le Miasme et la Jonquille. L'Odorat et l'Imaginaire social. XVIIIe-XIXe siècles*, Aubier, 1982.

Davies, Simon, "Paris and the Provinces in 18th Century Prose Fiction", *Studies on Voltaire*, n° 214, 1982.

Ehrard, Jean, "L'Ami des hommes, Paris et la Capitale du Royaume", *Les Mirabeau et leur temps*, Société des études robespierristes, 1968.

Guichardet, Jeannine (éd.), *Errances et parcours parisiens de Ruteboeuf à Crevel*, Sorbonne Nouvelle, 1986.

Hillaire, Norbert, "L'Ange et le Flâneur", *Lumières de la ville*, n° 1, 1989.

Joly, Robert, *La Ville et la civilisation urbaine*, Messidor, 1985.

Jüttner, Siegfried, "Grossstadtmythen. Paris-Bilder des 18 Jahrhudert. Eine Skizze", *Deutshe Vierteljahsschrift für Literaturwissenschft und Geitesgeschichte*, 1981.

Kahn, Gustave, *L'Esthétique de la rue*, Charpentier, 1901.

Macchia, Giovanni, *Paris en ruines*, Flammarion, 1988.

Oster, Daniel et Jean Goulemot, *La Vie parisienne. Anthologie des mœurs du XIX siècle*, Sand/Conti, 1989.

Plumyène, Jean, *Trakets parisiens*, Julliard, 1984.

Rieger, Dietmar, *Diogenes als Lumpensammler. Materialien zu einer Gestalt der französischen Literatur des 19* Jahrhunderts, München, Fink, 1982.

Roncayolo, Marcel, *La Ville et ses territoires*, Gallimard, 1990.

Sansot, Pierre, *Poétique de la ville*, Klincksieck, 1971.

Simmel Georg, "Les grandes villes et la vie de l'esprit"(1903), *Philosophie de la modernité. La Femme, la ville, l'individualisme*, Payot, 1989.

La Ville au XVIIIe siècle. colloque d'Aix-en-Provence, Édisud, 1975.

La Ville. Histoire et mythe, éd. par M.-C. Bancquart, université de Nanterre, 1984.

Paris au XIXe siècle. Aspects d'un mythe littéraire, colloque de Francfort, Presses universitaire de Lyon, 1984.

Paris et le phénomène des capitales littéraires, carrefour ou dialogue des cultures, Paris-Sorbonne, 1986.

3. 파리의 역사와 건축사

Babeau, Albert, *Paris en 1789*, Firmin-Didot, 1889.

Benevolo, Leonardo, *Aux sources de l'urbanisme moderne*, Horizons de France, 1972.

Bertaud, Jean-Paul, *La Vie quotidienne des Français au temps de la Révolution 1789-1795*, Hachette, 1983.

Braham, Allan, *L'Architecture des Lumières de Soufflot* à *Ledoux*, Berger-Levrault, 1982.

Chagniot, Jean, *Paris au XVIIIe siècle*, Hachette, 1988.

Couperis, Pierre, *Paris au fil du temps. Atlas historique d'urbanisme et d'architecture*, Joël Cuénot, 1968.

Farge, Arlette, *Le Vol d'aliments* à *Paris*, Plon, 1974.

———, *Vivre dans la rue* à *Paris au XVIIIe siècle*, Gallimard, 1979.

———, *La Vie fragile. Viloence, pouvoirs et solidarités* à *Paris au XVIIIe siècle*, Hachette, 1986.

Fournel, Victor, *Le Vieux Paris. Fêtes, jeux et spectacles*, Tours, Mame, 1887.

Gallet, Michel, "Ledoux et Paris", *Cahiers de la Rotonde*, n° 3, 1979.

Gaxotte, Pierre, *Paris au XVIIIe siècle*, Arthaud, 1968: rééd. 1982.

Godechot, Jacques, *La Vie quotidienne en France sous le Directoire*, Hachette, 1977.

Histoire de la France urbaine, t 3: *La Ville classique*, éd. du Seuil, 1981.

Kaplan, Steven L., *Les Ventres de Paris, Pouvoir et Approvisionnement dans la France d'Ancien Régime*, Fayard, 1988.

Kapufmann, Emil, *L'Architecture au siècle des Lumières*, Julliard, 1963.

Lacombe, Paul, *Bibliographie parisienne. Tableaux de mœurs (1600-1880)*, Paris, 1887.

Lavedan, Pierre, *Histoire de Paris*, 3e éd., PUF, 1977.

L'Uranisme à *l'époque moderne*, Arts et métiers graphiques, 1982.

Le Parisien chez lui au XIXe siècle. 1814-1914, Archives nationales, 1976.

Lepetit, Bernard, *Les Villes dans la France moderne (1740-1840)*, Albin Michel, 1988.

Le Roy Ladurie, Emmanuel, *La Ville classique*, *Histoire de la France urbaine*, t. III, sous la direction de Georges Duby, Seuil, 1981.

Le Sain et le Malsain, numéro spécial de la revue *Dix-huitième siècle*, n° 9, 1977.

Les Architectes de la liberté. 1789-1799, École nationale supérieure des beaux-arts, 1989.

Loyer, François, *Paris XIXe siècle. L'immeuble et la rue*, Hazan, 1987.

Moser, Monique et Daniel Rabreau, *Charels de Wailly, peintre architecte (1730-1798)*, Caisse nationale des monuments historiques, 1979.

Paris et la Révolution, colloque de Paris, éd. M. Vovelle, Publications de la Sorbonne, 1989.

Paris, genèse d'un paysage, sous la direction de Louis Bergeron, Picard, 1989.

Quétel, Claude, *La Bastille. Histoire vraie d'une prison légendaire*, Robert Laffont, 1989.

Rabreau, Daniel et Moser, Monique, "Paris en 1779: l'architecture en question", *Dix-huitième siècle*, n° 11, 1979.

Radicchio, Giuseppe et Michèle Sajous d'Oria, "Parigi: i teatrinegli anni della Rivoluzione", *Atoria della citta*, n° 47, 1989.

Roche, Daniel, *Le Peuple de Paris. Essai sur la culture populaire au XVIIIe siècle*, Aubier-Montagne, 1981.

———, *La France des Lumières*, Paris, 1993.

———, *La Ville promise: Mobilité et accueil à Paris fin XVIIIe-début XIXe siècle*, Paris, 2000.

Soufflot et son temps. 1790-1980, Caisse nationale des monuments historiques, 1980.

Soufflot et l'architecture des Lumières, Paris, 1980.

Tulard, Jean, *Paris pendant la Révolution*, Hachette, 1989.

4. 루이세바스티앵 메르시에 연구

Aggéri, Robert, *Louis-Sébastien Mercier, la Brouette du vinaigrier*, Nouveaux classiques Larousse, 1972.

Béclard, Léon, *Mercier. Sa vie, son œuvre, son temps d'après des documents inédits. Avant la Révolution (1740-1789)*, Champion, 1903.

Bonnet, Jean-Claude, *Louis-Sébastien Mercier: un hérétique*, Paris, 1995.

Bruneteau, Claude et Bernard Cottret, *Louis-Sébastien Mercier, Parallèle de Paris et de Londres*, Didier érudition, 1982.

Cousin d'Avallon, Charles-Yves, *Merciériana, ou Recueil d'anecdotes sur Mercier; ses paradoxes, ses bizarreries, ses sarcasmes, ses plaisanteries*, P. H. Krabbe, 1834.

Darton, Darnton, *The Forbidden Best-Sellers of Pre-Revolutionary France*, New York, W. W. Norton, 1996.

Delisle de Sales, "Funérailles de L. S. Mercier le 27 avril 1814", suivi de "De Mercier considéré comme homme d'Etat" et d'une "Notice raisonnée des ouvrages de Mercier", Imprimerie de L. P. Sebier fils, 1814

Frantz, Pierre, "Appropriation bourgeoise et populaire de l'Histoire nationale dans le drame historique de Sébastien Mercier", *Cahiers d'Histoire des littératures romanes*, Heft 3-4, Carl Winter. Universitätsverlag, Heidelberg, 1979.

Girard, Gilles, *Louis-Sébastien Mercier, dramaturge*, thèse pour le doctorat de troisième cycle, université d'Aix-Marseille, 1970.

———, "Inventaire des manuscrits de L. S. Mercier à la Bibliothèque de l'Arsenal", *Dix-huitième siècle*, n° 5, 1973.

Guyot, Charly, "Mercier à Neuchâtel", *De Rousseau* à *Mirabeau, pèlerins de Môtiers et prophètes de 89*, Victor Attinger, 1936.

Hofer, Hermann éd., *L. S. Mercier précurseur et sa fortune*, München, Fink, 1977.

Majewski, Henry F., *The Preromantic Imagination of L. S. Mercier*, New York, Humanities Press. 1971.

Monselet, Charles, *"Mercier"*, *Les Oubliés et les Dédaignés Poulet-Malassis*, 1857, repris dans *Le Plaisir et l'Amour*, anthologie choisie et présentée par Sylvain Goudemare, Ed. du Griot, 1988.

Mormile, M., *La Néologie révolutionnaire de L. S. Mercier*, Rome, 1973.

Patterson, Helen, "*Poetic Genesis: Sébastien Mercier into Victor Hugo*", *Studies on Voltaire and the 18th century*, XI, 1960.

Pons, Alain, Edition de *L'An deux mille quatre cent quarante*, F. Adel, 1977.

Pusey, William, *Louis-Sébastien Mercier in Germany. His Vogue and influence in the eighteenth century*, Columbia University Press, 1939.

Rufi, Enrico, *Les Conceptions esthétiques de Louis-Sébastien Mercier, aperçu d'une poétique laïque*, thèse pour le doctorat, université de la Sorbonne nouvelle, 1992.

———, *Le Rève laïque de Louis-Sébastien Mercier entre littérature et politique*, Oxford, 1995.

Senancour, Étienne Pivert De, "Remarques sur deux notices relatives à L. S. Mercier, mort le 24 avril à l'âge de 73 ans dix mois et demi", *Mercure de France*, mai 1814; "Sur L. S. Mercier", *Le Mercure du XIXe siècle*, vol. 6, 1824, pp. 461-470.

Trousson, Raymond, *L'An deux mille quatre cent quarante, édition, introduction et notes*, Ducros, 1971.

Varrot d'Amiens, "Tribut de mon dernier hommage aux mânes de M. L. S. Mercier, Mathiot, 1814; "Mémoires sur la vie et les ouvrages de L.-S. Mercier", 1825, B. N., dép des ms. nouv. acq. fr. 10260.

Vecchi, Paola, "La balance et la mort; progrès et compensation chez Louis-Sébastien Mercier", Actes du Septième Congrès international des Lumières, *Studies on Voltaire*, n° 264, Oxford, 1989.

Wilkie, Everett C., jr., "Mercier's *L'An 2440*: Its Publishing History during the Author's Lifetime", *Harvard Library Bulletin* vol. l XXXII, 1984.

5. 「파리의 풍경」에 관한 연구

Bouard, Alain de, *Table analytique de Tableau de Paris*, Imprimerie nationale, 1908.

Hayer, Horst Dieter, "Paris dans *Les Caractères* de La Bruyère et dans le *Tableau de Paris* de Mercier", *Paris au XIXe siècle. Aspects d'un mythe littéraire*, colloque de Francfort, Presses universitaires de Lyon, 1984.

Julien, Jean-Rémy, "Paris: cris, sons, bruits. L'environnement sonore des années pré-révolutionnaires d'après le *Tableau de Paris* de S. Mercier", *Orphée phrygien. Les Musiques de la Révolution*, Ed. du May, 1989.

Küpper, Joachim, "Merciers Dramentheorie und die faktographische Gattung des Tableau de Paris", *Ästhetik des Wirklichkeitsdarstellung und Evolution des Romans von der französischen Spätaufklärung bis zu Robbe-Grillet*, Stuttagart-Wiesbaden, 1987.

Lough, John, "Women in Mercier's *Tableau de Paris*", *Woman and Society in Eighteenth-Century France. Essays in honor of John Stephenson Spink*, London, The Athlone Press, 1979.

Patterson, Helen "L. S. Mercier's *Tableau de Paris* (1781-1788)", *The Modern Language Review*, Cambridge, Oct. 1948.

Vissière, Jean-Louis, "La culture populaire à la veille de la Révolution d'aprés le *Tableau de Paris* de Mercier", *Image du peuple au XVIIIe siècle*, Colin, 1973.

단턴, 로버트, 『책과 혁명』, 주명철 옮김, 길, 2003.

뒤비, 조르주·로베르 망드루, 『프랑스 문명사』, 김현일 옮김, 까치, 1995.

샤르티에, 로제, 『프랑스 혁명의 문화적 기원』, 백인호 옮김, 일조각, 1999.

주명철, 『서양금서의 문화사』, 길, 1996.

주명철, 「루이 세바스티앵 메르시에의 앙시앵 레짐 문화비평」, 『서양사』, 책세상, 2007.

최갑수 외, 『프랑스 구체제의 권력구조와 사회』, 한성대학교출판부, 2009.

6. 『파리의 풍경』 선집

• 프랑스어본

Desnoireterres, Gustave, *Mercier: Tableau de Paris* (choix de textes) avec en préface "une étude sur la vie et les ouvrages de Mercier", Pagnerre, 1853.

Tableau de Paris. Collection des meilleurs écrivains. Librairie de la Bibliothèque nationale, 1884.

Tableau de Paris. Nouvelle édition avec notice. Dentu, 1889.

Tableau de Paris, édition abrégée, préface et notes par Lucien Roy, Louis-Michaud, 1908.

Tableau de Paris. Avant-propos de Louis Chaumeil, Horizons de France, 1947.

Tableau de Paris, anthologie choisie et présentée par Jeffry Kaplow, collection "La découverte", Maspero, 1979.

Paris le jour, Paris la nuit, par Michel Delon et Daniel Baruch (anthologie de textes de Mercier et de Rétif de la Bretonne, à partir du *Tableau de Paris*, du *Nouveau Paris* et des *Nuits de Paris*), collection Bouquins, Laffont, 1990.

Tableau de Paris. Édition établie sous la direction de Jean-Claude Bonnet, Mercure de France, 1994.

7. 『파리의 풍경』 번역본

• 독일어 번역본

Schilderung von Paris, aus dem französischen. Auszugsweise übersetzt [von Samuel Gottlieb Bürde], Breslau, Löwe, 1783-1784, in-8°.

Paris, ein Gemählde von Mercier, verdeutscht von Bernhard Georg. Walch. Leipzig, Schwickert, 1783-1784. In-8°.

Kleines Tableau von Paris, übersetzt und mit anmerkungen begleitet, von Bernhard Georg

Walch, Halle, 1784.

Historisch-kritische enzyclopädie über verschiedene Gegenstände, Begebenheiten und charaktere berühmter Menschen, herausgegeben von H. G. Hoff. Pressburg, Mahler, 1787.

Merciers neuestes Gemälde von Paris, für Reisende und Nichtreisende. Leipzig, Jacobäer, 1789.

Pariser Nahaufnahmen, Frankfurt am Main, Limitierte und numerierte, 2000.

• 네덜란드어 번역본

Nogle stykker af Tableau de Paris fremstillede med anmaerkninger til dem, hvis Indflydelse paa en Stats Regering er betydelig, af Professor Olivarius, Kiel, 1786.

Ansichten der Hauptstadt des französischen Kayserreichs, vom jahre 1806 an, von Pinkerton, Mercier und C. F. Cramer, Amsterdam, im Kunst und Industrie-Comptoir, 1807-1808, in-16.

Niemand ontbijt meer met een glas wijn: ableau van Parijs, 1781-1788, Amsterdam, De Arbeiderspers, 1999.

• 영어 번역본

Paris in Miniature: taken from the French picture at full length, entituled *Tableau de Paris*, together with a preface and a postface. By the english Limner [J. P. Macmahon]. London, G. Kearsley, 1782, in-8°

Paris delineated, from the French of Mercier, including a description of the principal edifices and curiosities of that metropolis, London, H. D. symonds, 1802.

Paris: including a description of the principal edifices and curiosities of that metropolis... [translated and adapted from the French] London, 1817. In-8°.

The Picture of Paris, before and after the Revolution, by Louis-Sébastien Mercier (The Broadway Library of Eighteenth Century French literature). Translated with and introduction by Wilfrid and Emilie Jackson. London, G. Routledge and Sons, 1929.

The Waiting City: Paris, 1782-1788. Being an abridgment of Louis-Sébastien Mercier's *Tableau de Paris*. Translated and edited with a preface and notes by Helen Simpson. London, Harrap, 1933.

Panorama of Paris, Selected from Le Tableau de Paris, J. D. Popkin(ed.), Pennsylvania State University Press, 1999.

• 일본어 번역본

十八世紀パリ生活誌: タブロー・ド・パリ, Jūhasseiki pari seikatsushi, taburō do pari, 原宏, 1929.

Louis-Sébastien Mercier; Hiroshi Hara, 東京: 岩波書店, 1989.

찾아보기

[사항]

[인명]

ㅁ

ㅂ

ㅅ

ㅎ

집필진 소개

지은이

루이세바스티앵 메르시에(Louis-Sébastien Mercier, 1740~1814)

파리의 전형적인 노동자 계층 출신이지만, 정규교육을 받고 교사·신문기자 생활을 하며 문학작품을 발표했다. 1771년 익명으로 발표한 『2440년, 한 번 꾸어봄직한 꿈』으로 큰 성공을 거둔 뒤, 파리의 살롱, 문학클럽, 카페에 드나들며 당대 최고의 철학자들과 교류했다. 1781년부터 출판하기 시작한 『파리의 풍경』이 18세기 최대의 베스트셀러가 되어 인기작가가 되었다. 1789년 혁명이 일어나자 일간지 『프랑스의 애국 문학 연보』를 창간하고 1791년 국민공회 의원에 선출되었으나, 루이 16세 처형 반대를 계기로 감옥에 갇혔다. 테르미도르 반동 이후 감옥에서 나온 뒤, 1797년 에콜 상트랄의 역사 교수가 되었으며, 1798년 『파리의 풍경』의 후편 격으로 혁명 당시의 파리를 묘사한 『새로운 파리』 6권을 출판했다.

옮긴이

송기형(건국대학교 영화예술학과)

『프랑스 문화와 예술』(공저, 한국방송통신대학교출판부, 2011)

『프랑스의 열정, 공화국과 공화주의』(공저, 아카넷, 2011)

양희영(서울여자대학교 사학과)

자크 고드쇼, 『반혁명』(역서, 아카넷, 2012)

『프랑스의 열정, 공화국과 공화주의』(공저, 아카넷, 2011)

이규현(서울대학교 불어불문학과)

미셸 푸코, 『말과 사물』(역서, 민음사, 2012)

『한국근현대문학의 프랑스문학수용』(공저, 서울대학교출판문화원, 2009)

이영림(수원대학교 사학과)

미셸 페로, 『방들의 역사』(공역, 글항아리, 2013)

『루이 14세는 없다』(푸른 역사, 2009)

장진영(서울대학교 불어불문학과)

장 도르메송, 『세계창조』(역서, 솔, 2008)

레미 코페르, 『앙드레 말로, 소설로 쓴 평전』(역서, 이룸, 2001)

주명철(한국교원대학교 역사교육과)

『오늘 만나는 프랑스 혁명』(소나무, 2013)

『서양 금서의 문화사』(길, 2006)

최갑수(서울대학교 서양사학과)

『근대 유럽의 형성 16-18세기』(공저, 까치, 2011)

『프랑스 구체제의 권력구조와 사회』(공저, 한성대학교출판부, 2009)